TIM DILENA

¿QUÉ TIENE DIOS PARA DECIR?

UNA COSMOVISIÓN BÍBLICA *de la* A *a la* Z

¿QUÉ TIENE DIOS PARA DECIR ?:
UNA COSMOVISIÓN BIBLICA de la A a la Z
Por Tim Dilena

Traducido del libro original en ingles WHAT DOES GOD HAVE TO SAY ?
A BIBLICAL WORLDVIEW from A to Z 2023 by Tim Dilena

Publicado por Carpenter's Son Publishing, Franklin, TN

Diseño de portada por Mark Karis

Diagramación por Adriana Zabala M.

Traducción al español por Angela y Sofia Meléndez Rojas

Impreso en los Estados Unidos de América

1 2 3 4 5 6 7 8 9 10 Impresión / Año 27 26 25 24

ISBN: 978-1-956370-66-9

A mi buen amigo Carter Conlon—

Carter, tú me inspiras e inspiraste también el nacimiento de ese libro.

Gracias por haber escuchado al Espíritu Santo aquel frío día de noviembre mientras hacías tus ejercicios matutinos. Siempre recordaré tu llamada y tu voz casi sin aliento al otro lado del teléfono: «Tim, creo que el Espíritu Santo me ha iluminado con una idea…». Aquellas palabras, amigo mío, no solo cambiaron mi vida, sino que transformarán las vidas de miles de personas más.

Gracias por creer, conmigo y junto a mí,
en beneficio de millones almas.

Gracias por tu generosidad
y por idear conmigo esta tan necesaria cosmovisión bíblica.

Arribemos juntos a buen puerto.

Índice

Prólogo

La tempestad fue peor de lo que hubiesen podido imaginar. No obstante, desatendieron el mensaje que Dios les había dado y se hicieron a la mar (ver Hechos 27:9-11), creyendo que su propio entendimiento bastaría para llevarlos —sanos y salvos— a su puerto de llegada.

En retrospectiva, nos cuesta entender la insensatez de aquellos hombres. Considero pertinente preguntarnos si nuestra generación realmente ha aprendido alguna lección de tan evidente disparate... Como dice el refranero popular: «¡Seguimos en las mismas!». Así, delante de nuestras narices vemos al *mal* camuflándose de *bien* y al *bien*, de *mal*. Proféticamente, la Palabra de Dios nos advierte que, si continuamos en el rumbo de ignorar la verdad, nuestra sociedad acabará como aquellos hombres: viendo, más pronto que tarde, cómo un idílico viaje se transforma en una —ya— vaticinada crisis.

Sin duda alguna, hoy nos encontramos ante la misma situación que enfrentaron aquellos hombres y, siguiendo sus pasos, hacemos todo lo posible para sostener a esta vacilante generación. Es más, estamos dispuestos a lanzar por la borda «herramientas de navegación» aceptadas y fiables, en las que solíamos confiar, pues la sabiduría que practicamos resulta hoy ser tan disparatada como lo han sido siempre las brújulas cuyo norte no apunta a Dios. Atravesamos una tormenta descomunal y los reinos de este mundo se hunden rápidamente. Por ello, antes de seguir —como los hombres que navegaban junto a Pablo— esta ruta hacia la decadencia, recordemos que aún hay esperanza. Para aquella tripulación a la deriva, la esperanza se materializó en las palabras de un hombre de Dios que afirmaba haber recibido un mensaje divino.

Espero que los lectores compartan mi preocupación, y sea esa la razón por la que hoy lean este libro. En sus páginas, encontrarán palabras de Dios que les darán esperanza y forjarán su futuro. Tal como el apóstol Pablo exhortó a los navegantes a «tener buen ánimo» a pesar de la inanición y del agotamiento, la iglesia de hoy tiene que volver al pensamiento bíblico y a la verdad fundamentada, comprobada y orientadora. No hay que temerle al peso de la verdad, ya que Jesús nos dijo que Su verdad nos hará libres. Aún existe verdad: la verdad de Dios; es justo de este tipo de verdades que trata este libro.

El pastor Tim Dilena es un amigo personal y un consagrado estudioso de las Escrituras; su búsqueda genuina de la Palabra de Dios resulta hoy increíblemente provechosa para sus lectores. Con certeza, este libro ayudará a quienes se zambullan en sus páginas a alcanzar la victoria y a encontrar la seguridad que solo viene con las advertencias y las promesas de Dios. Así como el mensaje que Dios le dio a Pablo animó a los navegantes a no rendirse y los fortaleció hasta llevarlos a tierra firme, la victoria de la cruz y la verdad que la acompaña brotarán de estas líneas para llevar a sus lectores a feliz puerto.

Sin importar lo que piensen los demás, el futuro está en escuchar lo *que tiene Dios para decir.*

— *Carter Conlon*

INTRODUCCIÓN

«La mejor prueba de la existencia de Dios es lo que sucede después de negarla».
WILLIAM SULLIVAN[1]

En 1992, el paso del huracán Andrew destruyó miles de casas en el sur de La Florida. Curiosamente, en un área repleta de escombros semejantes a los de una zona en guerra, solo una casa quedó en pie, firmemente anclada a sus cimientos. Cuando un periodista le preguntó al propietario por qué su casa no había sido arrasada como las demás, él respondió: «Yo mismo la construí, y lo hice siguiendo a rajatabla el Código de Construcción de La Florida; si el código decía que las vigas debían ser de 5 cm x 15 cm (2 in x 6 in), yo las instalaba con esas precisas dimensiones. Me aseguraron que una casa construida con esos parámetros podría resistir un huracán, y así fue».

Así como el Código de Construcción de La Florida contiene instrucciones detalladas sobre cómo hacer viviendas que puedan resistir huracanes, Dios también nos ha dado un código —divino— para construir a prueba de tormentas. En efecto, Jesús solía hablar de la importancia de edificar nuestras vidas según Su código y llamaba *sabios* a quienes lo hacían. En los versos finales del Sermón de la Montaña, el más bello sermón que se haya predicado jamás, Jesús dijo:

> «… Por tanto, cualquiera que oye estas palabras Mías y las pone en práctica, será semejante a un hombre sabio que edificó su casa sobre la roca; y cayó la lluvia, vinieron los torrentes, soplaron los vientos y azotaron aquella casa; pero no se cayó, porque había sido fundada sobre la roca. Todo el que oye estas palabras Mías y no las pone en práctica, será semejante a un hombre insensato que edificó su casa sobre la arena; y cayó la lluvia, vinieron los torrentes, soplaron los vientos y azotaron aquella casa; y cayó, y grande fue su destrucción». (Mateo 7:24-27)

De esta bella parábola de Jesús podemos sacar algunas conclusiones importantes: la primera es que edificar es labor de todos, y la segunda es que la obediencia a la Palabra es el material esencial de dicha construcción. Ir a la iglesia y leer la Biblia es bueno, pero ¡la clave está en *obedecer* a Dios! En últimas, la verdadera prueba viene cuando llegan las tormentas.

Tristemente, basta con un simple vistazo a la sociedad actual para percatarse de que ya hay una tempestad sobre nosotros, pues la mayoría de las personas llama al *mal* «bien» y al *bien*, «mal» (ver Isaías 5:20). Por eso, cuando la Iglesia llama a las cosas por su nombre, comienza la batalla. Mientras tanto, un tsunami de inmundicia azota nuestros hogares y la casa de Dios. Entonces, si no estuvieren edificadas según Su código, ambas caerán y —citando la parábola— grande será su destrucción.

Jeremías, el profeta, también nos advirtió que negarnos a obedecer a Dios provocaría una debacle en nosotros y en nuestra nación:

> «… ¿Se han avergonzado de la abominación que han cometido?
> Ciertamente no se han avergonzado,
> Ni aun han sabido ruborizarse;
> Por tanto, caerán entre los que caigan;
> En la hora que Yo los castigue serán derribados», dice el Señor.
> Así dice el Señor:
> «Párense en los caminos y miren,
> Y pregunten por los senderos antiguos,

Cuál es el buen camino, y anden por él;
Y hallarán descanso para sus almas.
Pero dijeron: "No andaremos en él".
Entonces puse centinelas sobre ustedes, que dijeran:
"Escuchen el sonido de la trompeta".
Pero dijeron: "No escucharemos".
Por tanto, oigan, naciones [...]
Oye, tierra: Yo traigo una calamidad sobre este pueblo,
El fruto de sus planes,
Porque no han escuchado Mis palabras,
Y han desechado Mi ley...».
(Jeremías 6:15-19)

Evidentemente, el no atender las advertencias tiene un alto precio. Por ende, es imperativo que nos tomemos el tiempo de comprobar que sí estemos edificando según el código. Sobra decir que nos encontramos en un momento crítico y que la iglesia debe estar preparada para alzar la voz ¡todos al unísono! Por ello, a lo largo de los siguientes 26 capítulos, exploraremos una *cosmovisión bíblica de la A a la Z*; o sea: ¡estudiaremos, en orden alfabético, el código de construcción de Dios!

La primera pregunta que debemos hacernos es: ¿Qué es una cosmovisión? Pues bien, una cosmovisión es un lente a través del cual *vemos* y *definimos* la vida; es la herramienta que usamos para interpretarla. Toda cosmovisión debe tratar temas de base como el origen y propósito del hombre, la muerte y la vida después de la muerte, además de incluir los peores momentos de la historia de la humanidad. Por ejemplo: ¿cómo aborda tu cosmovisión la cuestión del Holocausto? ¿Qué plantea ella sobre un colosal terremoto que solo deja a su paso muerte y devastación?

Es un hecho que todos tenemos una cosmovisión; no obstante, algunas no incluyen a Dios en sus planteamientos. Como humanos, solemos construir nuestra cosmovisión sobre alguno de estos seis cimientos: El relativismo (la mayoría decide), el subjetivismo (¿cómo me siento?), el pragmatismo (¿funciona?), el racionalismo (yo pienso), el posmodernismo (solo me importa el ahora) o sobre bases bíblicas (¡la Biblia dice!).

A lo largo de estas páginas dedicadas a la descripción y el análisis de una cosmovisión bíblica integral, ahondaremos en temas tales como: *la verdad absoluta y objetiva sí existe y está definida en la Biblia*; *Jesucristo era Dios encarnado*; *Dios es el creador del universo*; *el Espíritu Santo habita en todos los cristianos*; *la muerte, sepultura y resurrección de Jesús son la fuente de nuestra libertad*; *la salvación es un regalo de Dios que no se consigue por méritos individuales*; *el cielo y el infierno sí existen*, y *los cristianos deben hacer pública su fe*.

Aunque todos las hayamos oído alguna vez, estas afirmaciones —cimientos de una cosmovisión bíblica— suelen ser difíciles de comprender y no es usual que las personas las acepten de inmediato. De hecho, una encuesta reciente reveló que apenas una tercera parte de los pastores cristianos en los Estados Unidos tiene una cosmovisión bíblica.[2] Otros afirman tenerla, pero se desvían de ella cuando no logran reconciliar ciertos aspectos de la Palabra de Dios con su propio modo de vida u opiniones. No obstante, parafraseando al gran Agustín de Hipona: «Si crees en aquello que te gusta del Evangelio, pero rechazas lo que no te gusta, tú no crees en la Biblia, sino en ti mismo».[3] Entonces, ¿qué sucedería si Dios quedase fuera de nuestra cosmovisión, o si —por transigentes— acabásemos convirtiéndonos en los dioses de nuestra propia visión del mundo? En esencia, estaríamos ignorando el código de construcción e invirtiendo en materiales baratos. Por más atractivo que tal vez nos parezca, si seguimos ese camino, grande será la destrucción que vendrá.

Verbigracia, el libro de los Jueces —uno de los más oscuros de la Biblia— habla de un período que se extiende por más de 300 años, también conocidos como «los años oscuros» de la historia hebrea. Este pasaje describe una realidad no muy distante de la nuestra y relata lo que, a mi parecer, es el origen del problema. Pensemos en esta frase recurrente:

En aquellos días no había rey en Israel. Cada uno hacía lo que le parecía bien ante sus propios ojos. (Jueces 17:6)

> En aquellos días no había rey en Israel [...]. (Jueces 18:1)
> En aquellos días, cuando no había rey en Israel [...]. (Jueces 19:1)
> En esos días no había rey en Israel; cada uno hacía lo que le parecía bien ante sus propios ojos. (Jueces 21:25)

Claramente, las Escrituras recalcan que el problema es que *no había rey en Israel*. Del mismo modo, el mundo de hoy ha sacado al Rey de Reyes de las escuelas, de los sitios públicos, de las cortes y —de cierta forma— hasta de la Navidad. Analicemos las posibles consecuencias de ello: en ausencia del Rey, el hombre ocupa su lugar; cuando el hombre pasa a ser rey, la verdad se vuelve subjetiva, y cuando la verdad es subjetiva, el hombre se siente libre de elegir *su verdad* personal.

No hace mucho, mientras cenaba en la habitación del hotel en el que me hospedaba, encendí la televisión; estaban presentando un episodio de la serie *Everybody Loves Raymond* y decidí verlo. En él, un personaje llamado Amy —que antes era virgen— había tenido relaciones sexuales con su novio Robert; luego, los padres de la joven —muy religiosos, por cierto— llegaron a su apartamento. Cabe resaltar que, en las series de comedia, a las personas con moral e inclinaciones religiosas siempre se las representa como sentenciosas —y cuadriculadas—, como predicadores de reglas y no de Jesús.

Para ser franco, lo que realmente me impactó del episodio fue darme cuenta de cuán actuales y comunes son ese tipo de situaciones. Entonces, Amy miró a sus padres —que ya se habían hecho una idea de lo sucedido— y les dijo: «Mamá, papá, decidí que no es pecado que Robert pase la noche aquí». ¡Qué frase más peligrosa! ¡Es el posmodernismo en su estado más puro! ¡Así, sin más, la sociedad moderna estira y adapta la verdad a su conveniencia! En la serie, Amy se convirtió en su propio referente moral y en la autoridad máxima para decidir qué es pecado y qué no lo es.

Si tomásemos como base lo anterior, nos quedarían solo tres opciones: la primera, que todos le pidiésemos a Amy una lista de lo que, en su opinión, es pecado —pues ella sería el referente último—; la segunda, que cada uno de nosotros pudiese decidir por cuenta propia lo que es pecado y lo que no, o la tercera, que confiásemos en un Dios amoroso y justo —que nunca miente— y que nos ha provisto de las herramientas para discernir el pecado de la virtud.

En Proverbios 30:12, la Biblia dice: «Hay gente que se tiene por pura, pero no está limpia de su inmundicia». Cuán triste y oportuna es la expresión *se tiene por pura*, pues es un reflejo de la actual generación, de esta sociedad a la que le gusta parecer buena sin serlo en realidad. Ahora bien, todos sabemos que la fachada no necesariamente refleja los cimientos, y aun las casas más bonitas tambalean —o se derrumban— en tiempos de tormenta, en especial si no fueron construidas según el código.

En el libro de Proverbios, Salomón —el hombre más sabio de la historia— hizo dos veces la misma afirmación:

> «Hay camino que al hombre le parece derecho, pero al final, es camino de muerte» (Proverbios 14:12 y 16:25). Citando al Génesis 41:32: «"En cuanto a la repetición a Faraón dos veces, quiere decir que el asunto está determinado por Dios, y que Dios lo hará pronto"».

Detengámonos a pensar en algunas de las premisas que al hombre de hoy le parecen correctas, como: *Hay muchos caminos para llegar a Dios*; *debemos honrar todas las religiones*; *todo es aceptable, siempre y cuando seamos sinceros*, y *debemos ser tolerantes con los modos de vida y los preceptos de todos*. En ellas, encontramos que el hombre es libre de hacer lo que le parezca correcto —esto es: caminos que parecen derechos, pero que al final son de muerte—. ¿Por qué es importante recalcar esto? Porque no podemos confiar en nosotros mismos ni en nuestras conclusiones. Citando el código de Dios: «"[…] Porque de la abundancia del corazón habla la boca"» (Mateo 12:34) y «"Más engañoso que todo es el corazón, y sin remedio […]"» (Jeremías 17:9).

En suma, la verdad *debe provenir* de fuera de nosotros —de la sabiduría de Dios— y no de nuestro interior. Lamentablemente, las modas parecen estar reemplazando a la Biblia; la popularidad sustituye los principios a la hora de tomar decisiones, y la presión de grupo tiene más peso que la autoridad superior. El error radica en creer que los hechos y la verdad son lo mismo; ¡los hechos ya los conocemos, lo que necesitamos es más verdad!

Pero ¿qué es la verdad? He ahí la pregunta del millón. No es una pregunta nueva, ya en Juan 18:38 vemos que Pilato se la hizo a Jesús: «[…] "¿Qué es la verdad?". Y habiendo dicho esto, salió otra vez […]». En el pasaje, Pilato formuló la pregunta y ni siquiera se interesó por escuchar la respuesta. Por ello, hoy más que nunca es importante que no cometamos el mismo error de Pilato porque tal pregunta amerita una búsqueda exhaustiva que conduzca a respuestas sólidas.

A propósito, cabe advertir que más de uno tachará de locos a quienes hoy elijan vivir de acuerdo con la cosmovisión bíblica. Veamos lo que Pablo les dijo a los líderes políticos de la época y lo que ellos le contestaron:

> «... Así que habiendo recibido ayuda de Dios, continúo hasta este día testificando tanto a pequeños como a grandes, no declarando más que lo que los profetas y Moisés dijeron que sucedería: que el Cristo habría de padecer, y que por motivo de Su resurrección de entre los muertos, Él debía ser el primero en proclamar luz tanto al pueblo judío como a los gentiles».
> Mientras Pablo decía esto en su defensa, Festo dijo a gran voz: «¡Pablo, estás loco! ¡Tu mucho saber te está haciendo perder la cabeza!». (Hechos 26:22-24)
> A lo que Pablo —sabiamente— respondió: «[...] "No estoy loco, excelentísimo Festo, sino que hablo palabras de verdad y de cordura"» (Hechos 26:25).

¡Qué bella respuesta! Por más que el mundo crea que hemos perdido la cabeza, si vivimos de acuerdo con la Biblia, estaremos —por el contrario— abrazando la verdad y la cordura.

No será un camino fácil —debido a las distintas cosmovisiones que competirán constantemente por nuestra atención y preferencia—, pero ¡estamos advertidos!, y la tormenta se cierne ya sobre nosotros. Basta de vivir según lo que *parece* correcto; es hora de ser correctos: creer en lo correcto y hacer lo correcto. Sin más, te invito a que te sumerjas conmigo en este estudio de la cosmovisión bíblica, a que juntos profundicemos en Su divino código de construcción y a que edifiquemos a prueba de tempestades.

LA EXPIACIÓN
(«Atonement» es *expiación* en inglés)

¡Es hora de Declararnos en Bancarrota Espiritual!

«El mundo entero está en bancarrota,
solo que no todos la han declarado todavía».
C. S. Lewis[1]

¿Cómo es que la historia de un hombre que recibe una multa en un pequeño pueblo de Texas se vuelve viral en YouTube? Vaya, ninguna de mis multas se ha vuelto viral. Le ocurrió a Hayden Carlo, un joven que todos los días iba al trabajo en su auto, a pesar de tener la matrícula vencida. Hacía lo que podía para que su familia llegase a fin de mes con un salario mínimo. Ya que Hayden no podía pagar las cuentas de la casa y las de auto a la vez, tuvo que sacrificar una de las dos.

Un día, mientras conducía, la policía le ordenó que se detuviese. Cuando el oficial pidió ver su licencia de conducción y la matrícula del auto, Hayden dijo la verdad de inmediato: «Oficial, tuve que elegir entre la comida de mi familia y el pago de la matrícula del auto, y elegí la primera. Acepto mi culpa; han sido tiempos difíciles». El agente se llevó la licencia de Hayden y volvió con la multa al cabo de unos minutos.

Aunque, a diferencia del oficial, tal vez muchos de nosotros le habríamos condonado la sanción por piedad, Hayden había quebrantado la ley y, por eso, se la merecía. Debía pagar, pero no tenía con qué. Cabizbajo, el joven abrió la multa y supo que sería punido por conducir con la matrícula vencida. Con todo, lo que volvió viral esta historia fue que —para su sorpresa— el policía había puesto un billete de cien dólares junto a la multa.

En el caso de Hayden, la ofensa fue haber quebrantado la ley; el problema, no tener con qué pagar por su delito, y la bendición, que alguien más saldase su deuda por él.

Asimismo, el mundo entero ha recibido una multa de Dios. La ofensa es que todos somos pecadores; el problema, que no podemos pagar la sanción ni tampoco podemos corregirnos. He ahí el dilema: aquello que Dios odia con furia existe en quienes Él ama con pasión. Entonces, ¿qué hace Dios si las personas que ama viven en la condición que Él mismo odia? ¿Qué hace Él con respecto a la multa?

Pues bien, en vez de un billete de cien dólares, nos envió un Salvador crucificado para saldar nuestra deuda. ¡En la cruz, la multa se empapó con la sangre de Jesús para pagar por nosotros! Oswald Chambers —el gran escritor devocional y misionero— dijo acerca de la cruz: «Todo el cielo se centra en la Cruz de Cristo y todo el infierno le teme profundamente, mientras que los humanos son los únicos seres que más o menos ignoran su significado».[2] Definitivamente, en este libro no ignoraremos la cruz. ¡Qué oportuno es que la *A*, la primera letra de nuestro estudio de ¿Qué tiene Dios para decir?, esté en el corazón de la palabra *expiación*!

La expiación es la cruz. La palabra *expiación* significa «adoptar medidas para enmendar una falta cometida».[A] Así, disculparse por haber obrado mal es un acto de expiación. El sacrificio en la cruz fue la medida que adoptó Dios para reparar nuestras faltas y es la prueba de que somos importantes para Él.

El escritor británico G. K. Chesterton dijo: «Ya no ha sido suficiente con decir que Dios está en su cielo y que el mundo está en orden [...] se corrió el rumor de que Dios había dejado los cielos para poner las cosas en su sitio».[3] Hablemos de este rumor —que, de hecho, es real— comenzando por la ofensa.

La Ofensa

Hay un viejo himno que dice: «Por la Palabra de Dios, finalmente, mi pecado conocí». Es muy importante estudiar las Escrituras, pues de este modo conocemos la verdad de nuestra condición. La Biblia nos dice «Por cuanto todos pecaron y no alcanzan la gloria de Dios» (Romanos 3:23) y «Como está escrito: "No hay justo, ni aun uno"» (Romanos 3:10).

¿Por qué es el pecado una ofensa tan grande?

Un versículo que todos conocemos, Juan 3:16, reza: «"Porque de tal manera amó Dios al mundo [...]"», y Él, que tanto nos ama, odia el pecado y el mal. «Muy limpios son Tus ojos para mirar el mal, y no puedes contemplar la opresión [...]» (Habacuc 1:13). Como podemos ver, Dios ama profundamente al mundo, pero no tolera el pecado; mira nada más los problemas que este ha causado entre el Señor y la humanidad:

> Pero las iniquidades de ustedes han hecho separación entre ustedes y su Dios,
> Y los pecados le han hecho esconder Su rostro para no escucharlos.
> (Isaías 59:2)

La condición del pueblo amado de Dios lo ha separado de Él. Entonces, ¿cómo enmendamos la ofensa y superamos tal separación? Quizás convenga pensar antes en cómo *no* hacerlo.

El problema

Cuando era más joven, no sabía exactamente cómo definir las preguntas retóricas; lo que sabía era que algunas preguntas no debían contestarse porque su objetivo no era obtener respuestas. Estas son algunas de las grandes preguntas retóricas que les escuchaba a mis padres cuando era pequeño: *«¿No te has dormido?», «¿cuántas veces te lo tengo que repetir?», «¿quién está haciendo tanto ruido?», «¿acaso estás sordo?»*. Pronto entendí que las preguntas retóricas se hacen con una intención en mente, distinta de la búsqueda de información.

En Proverbios 20, Salomón lanzó la mayor pregunta retórica que se haya formulado jamás. Si analizamos el pasaje, notaremos que fue Dios, el Padre —quien escribió la Biblia—, el que se dirigió a Sus hijos para cuestionarlos de la siguiente manera:

> ¿Quién puede decir: «Yo he limpiado mi corazón,
> Limpio estoy de mi pecado»?
> (Proverbios 20:9)

Más que una pregunta, este versículo contiene una enorme afirmación; casi podría considerarse una exclamación. Para dar luz sobre el asunto, veamos las palabras del Apóstol Juan:

> Si decimos que no tenemos pecado, nos engañamos a nosotros mismos y la verdad no está en nosotros. Si confesamos nuestros pecados, Él es fiel y justo para perdonarnos los pecados y para limpiarnos de toda maldad. Si decimos que no hemos pecado, lo hacemos a Él mentiroso y Su palabra no está en nosotros.
> (1 Juan 1:8-10)

Tanto Juan como Salomón afirmaron que ningún hombre puede redimir sus pecados por sí mismo, ya que se necesita un tercero. Si en 1 Juan 1:9, *Él* no fuese Dios, ello querría decir que cada persona debería encontrar su propia forma de limpieza espiritual. Por cierto, muchos lo intentan; hay quienes se comparan con otros peores que ellos y por eso creen estar limpios, y hay —también— quienes recurren a la balanza de las buenas y las malas acciones. De hecho, todas las religiones, excepto el cristianismo, sostienen que el cielo —o la vida después de la muerte— es el resultado de nuestro buen comportamiento. Inclusive, hay quienes solo se concentran en limpiar su exterior, pues tratan de parecer buenos sin serlo en realidad. Finalmente, hay quienes se convencen de que, en esencia, todos somos buenos y al fin y al cabo iremos al cielo, sin importar nuestras acciones. No obstante, la Biblia nos dice en Marcos 10:18 que «"[...] Nadie es bueno, sino solo uno, Dios"».

Entre los peores crímenes de la humanidad está el empeñarse en solucionar, sin ayuda, su separación del Señor. Si alguna de las formas de limpieza espiritual ideadas por la humanidad fuese —en realidad— cierta y efectiva, entonces la venida de Jesús para morir por nuestros pecados en la cruz habría sido un mero escándalo y Dios sería solo un tonto.

Por todo lo anterior, debemos concluir que nosotros solos no podemos remediar nuestra condición de pecadores. La Biblia habla de esta condición como nuestra deuda pendiente. En otras palabras: ¡tenemos que declararnos en bancarrota espiritual!

Hay un viejo himno que dice:

> Él pagó una deuda que no era suya,
> Yo tenía una deuda que no podía pagar,
> Necesitaba a Alguien que mis pecados pudiese limpiar.

Tal es el mensaje de la cruz. Por supuesto, no será efectivo si minimizamos el pecado; pues para la enfermedad del pecado, la cruz es el remedio, y de poco sirve el remedio cuando se niega la enfermedad.

Ante las preguntas: «¿Por qué Jesús tuvo que morir en la cruz para perdonar nuestros pecados?» y «¿por qué es necesario el sacrificio para la expiación del pecado?», una respuesta concisa sería: «porque así funciona la justicia». Sencillamente, no se puede perdonar una deuda sin pago alguno ni saldarla con un simple *lo siento*.

Me atrevería a afirmar que son pocos los usuarios de tarjetas de crédito que nunca se han visto inmersos en deudas. Imaginémonos que una persona que se endeudó decide organizar mejor sus finanzas; luego llama al banco y dice: «Por favor, perdónenme. Es cierto, me gasté 5.000 dólares de manera irresponsable, pero voy a cambiar. En adelante, no vuelvo a gastar más de lo que pueda pagar a fin de mes». ¿Qué le respondería el banco? «Muy bien... pero ¿y qué hacemos con la deuda que ya tiene?». Del mismo modo, muchos le prometen a Dios cosas como: «Seré una mejor persona. Empezaré a ir a la iglesia». ¿Qué les respondería Dios? «Muy bien... pero ¿y qué hacemos con la deuda que ya tienes?».

Una vez que hayan tomado consciencia de su deuda con Dios, muchos intentarán pagarle con la moneda incorrecta. He aquí tres ejemplos de lo que Dios no aceptará como pago:

1. La sinceridad: dar por hecho que las buenas intenciones son suficientes.
2. El servicio: creer que Dios está en deuda con nosotros porque cumplimos con nuestros deberes básicos como sostener a la familia, hacer donaciones y no dañar a nadie.
3. La aflicción: pensar que a Dios le basta con nuestro sentimiento de culpa. Ninguna de estas monedas servirá para saldar la deuda en cuestión.

La bendición

Un verdadero cristiano hace frente a su deuda admitiéndose insolvente; reconociendo que no puede pagarla. Con todo, la buena noticia es que Dios siempre ha tenido un plan para ello. De hecho, poco más de 700 años antes de la venida de Cristo, el profeta Isaías ya nos contaba las razones por las que habría de morir Jesús en la cruz:

> Fue despreciado y desechado de los hombres
> Varón de dolores y experimentado en aflicción;
> Y como uno de quien los hombres esconden el rostro,
> Fue despreciado y no lo estimamos.
> Ciertamente Él llevó nuestras enfermedades,
> Y cargó con nuestros dolores.
> Con todo, nosotros lo tuvimos por azotado,
> Por herido de Dios y afligido.
> Pero Él fue herido por nuestras transgresiones,
> Molido por nuestras iniquidades.
> El castigo, por nuestra paz, cayó sobre Él,
> Y por Sus heridas hemos sido sanados.
> Todos nosotros nos descarriamos como ovejas,
> Nos apartamos cada cual por su camino;
> Pero el Señor hizo que cayera sobre Él
> La iniquidad de todos nosotros.
> (Isaías 53:3-6)

La palabra clave en Isaías 53 es *nuestras*: nuestras tristezas, nuestras penas, nuestras faltas, nuestras injusticias; pues no fueron Suyas, sino *nuestras*, y ¡todas ellas recayeron sobre Jesús! Entonces, hemos de reconocer que todos somos responsables de haber llevado al Hijo de Dios al calvario. En efecto, una palabra que suele asociarse con la cruz es *sustitución*, ya que Jesús ciertamente lo hizo todo en nuestro lugar: Él recibió el castigo por *nuestros pecados*, pues debían ser castigados. Por tanto, si Jesús no hubiese pagado por nuestras faltas, habríamos tenido que asumirlas nosotros… ¡por eso Le agradezco tanto por la cruz!

> Hijitos míos, les escribo estas cosas para que no pequen. Y si alguien peca, tenemos Abogado para con el Padre, a Jesucristo el Justo. Él mismo es la propiciación por nuestros pecados, y no solo por los nuestros, sino también por los del mundo entero. (1 Juan 2:1-2)

R. T. Kendall nos recuerda que la sangre de Jesús tiene dos funciones principales: *limpiar* y *propiciar*. A la primera función se la relaciona con la *expiación*, pues es precisamente lo que hace la sangre de Jesús por *nosotros*: lavar nuestros pecados. Por su parte, a la segunda se la conoce como *satisfacción*[4] y es lo que la sangre de Jesús hace por Dios: alejar Su ira de nosotros, pues la sangre de Su Hijo *satisface* Su justicia divina.

Reflexionemos por un momento sobre el poder de la cruz. ¿Qué ocurrió cuando Jesús murió por nuestros pecados?

> Entonces Jesús, clamando otra vez a gran voz, exhaló el espíritu. En ese momento el velo del templo se rasgó en dos, de arriba abajo, y la tierra tembló y las rocas se partieron; y los sepulcros se abrieron, y los cuerpos de muchos santos que habían dormido resucitaron; y saliendo de los sepulcros, después de la resurrección de Jesús, entraron en la santa ciudad y se aparecieron a muchos. El centurión y los que estaban con él custodiando a Jesús, cuando vieron el terremoto y las cosas que sucedían, se asustaron mucho, y dijeron: «en verdad este era Hijo de Dios». (Mateo 27:50-54)

He aquí algunos sucesos clave que tuvieron lugar en el momento en que Jesús murió: primero, el velo del templo se rompió en dos. Dicho velo separaba a Dios de los hombres, con la única excepción del sumo sacerdote, a quien una vez al año se le permitía cruzar al otro lado para pedirle a Dios misericordia por los pecados de Israel. En esencia, simbolizaba la separación entre el cielo y la tierra y, cuando Jesús murió y este se rasgó en dos, a todos los hombres se les permitió acceder a Dios. En otras palabras: al rasgar el velo, Dios rompió, a su vez, la religión. Seguidamente, hubo un gran terremoto que evidenció el señorío y el poder de Dios sobre la tierra y, luego, las tumbas se abrieron para proclamar la victoria de Dios sobre la muerte. El mensaje fue claro: ni la religión ni la tierra ni la muerte estaban al mando… Era Jesús quien estaba —y está— al mando, y ¡su sangre nos libera!

En mi vida, solo he tenido una visión, y aún hoy la recuerdo con increíble claridad. En verdad, no estoy seguro de si lo que vi fue lo que sucedió durante los tres días en que Jesús permaneció en su tumba, solo sé que tuve una visión de las entrañas del infierno.

Vi más demonios de los que podía contar, y, en medio de todo aquello, había una plataforma de madera. Entonces, Lucifer subió a la tarima y empezó a nombrar a fieles cristianos y a subirlos uno por uno al bloque de subasta, mientras preguntaba: «¿Quién da más por este de aquí?». A medida que avanzaba la puja, podía verse a una miríada de figuras demoníacas emitiendo rugidos macabros tan sombríos que no pueden describirse con palabras. Allí, la depresión, el suicidio, las adicciones, el divorcio, las perversiones sexuales, la rabia, el odio y el racismo… todos los males apostaban contra Cristo. Una tras otra, las personas encadenadas eran llevadas con su mejor postor.

De repente, por debajo de las puertas de acero negro, se coló una luz brillante que hizo retroceder al infierno entero. De golpe —como si las hubiesen derribado de una patada— se abrieron las puertas, y el Cordero de Dios entró caminando y declaró: «¡Seré yo el mejor postor!». Acto seguido, el infierno se acobardó y dio alaridos mientras Jesús rompía las cadenas y reclamaba a todas y cada una de las personas que Le pertenecían: «¡Son míos! ¡Mi sangre ya pagó por ellos!».

Cristo «"[…] Llevó cautivo un gran número de cautivos […]"» (Efesios 4:8). ¡*Él* es la victoria!

El cómo

Entonces, ¿cómo podemos obtener todo lo que nos brinda la expiación?

Pues bien, el punto de partida de la libertad es la confesión, ya que nos será imposible tener una relación con Dios sin que antes hayamos reconocido nuestra deuda pendiente. Analicemos el siguiente versículo de 1 Juan:

> Si confesamos nuestros pecados, Él es fiel y justo para perdonarnos los pecados y para limpiarnos de toda maldad. (1 Juan 1:9)

La palabra clave aquí es *confesar*, que significa «decir lo mismo», «concordar» o «estar de acuerdo».[B] Por ello, debemos *estar de acuerdo* con Dios; debemos *decir lo mismo* que Él y llamarle «pecado» al pecado, pues solo cuando *concordemos* con el Señor, llegará nuestra limpieza.

Es justo en este punto donde la gente puede atascarse. Por ejemplo, ¿sabías que en varios himnarios le cambiaron la letra al clásico himno *Sublime Gracia*, que dice: «Sublime gracia del Señor que a un infeliz salvó»? Pues bien, algunos eliminaron la parte que decía «que a un infeliz salvó» y la reemplazaron con «que me salvó y me liberó».

¿Qué habrá motivado tal cambio? Pareciera que a la humanidad le incomodase su naturaleza pecadora, e intentase ignorar la necesidad de un Salvador. Así, si quitásemos el pecado, la gracia dejaría de ser *sublime*. Por ello, ¡confesemos! ¡Concordemos hoy con Dios!

A propósito, ¿qué dice Dios sobre nuestra relación con Él? Según la Carta a los romanos, si queremos estar en paz con el Señor, no podemos depender solo de nosotros mismos, e indiscutiblemente, Jesús debe ser parte de la ecuación.

> [...] fuimos reconciliados con Dios por la muerte de Su Hijo [...].
> (Romanos 5:10)
> [...] tenemos paz para con Dios por medio de nuestro Señor Jesucristo.
> (Romanos 5:1)

Por medio de la muerte de Jesús, nuestra deuda fue saldada y nuestra separación de Dios, remediada. Su calvario fue nuestro pago total y ¡al contado!

Hace algunos años, conocí la historia de una joven que un día, durante un servicio de la iglesia, aceptó a Jesús como su Salvador. A pesar de su difícil pasado —que incluía problemas con el alcohol, las drogas y la prostitución—, el cambio en ella era evidente.

Con el tiempo, se convirtió en miembro fiel de la iglesia y no tardó en despertar el interés del hijo del pastor, con quien luego se comprometió. Todo marchaba bien hasta que el pastor decidió jubilarse y quiso que fuese su hijo quien lo reemplazase. La noticia contrarió a la congregación: la mitad de los miembros de la iglesia creía que una mujer con tal pasado no debía ser la esposa de un pastor, y no tardaron en aparecer las disputas en la comunidad. Finalmente, decidieron reunirse para discutir el asunto. A medida que el debate avanzaba y los argumentos en su contra iban y venían, la joven se sentía cada vez peor, y, en un momento dado, rompió a llorar. Entonces, el hijo del pastor se puso de pie y dijo con firmeza: «No es el pasado de mi prometida lo que está en tela de juicio aquí; lo que ustedes están poniendo en entredicho es la capacidad que tiene la mismísima sangre de Jesús para lavar el pecado». De repente, todos en la iglesia estallaron en llanto al darse cuenta de que, con sus prejuicios, habían difamado la sangre del Señor Jesucristo.

En definitiva, si la sangre de Jesús no fuese capaz de limpiar y purificar del todo a nuestro prójimo, tampoco podría hacerlo con nosotros. En tal caso, ¡la humanidad estaría en gravísimos problemas! Por eso, ¡démosle gracias a Dios porque la muerte de Jesús fue nuestro pago total y nuestra limpieza!

Aunque confesar no siempre resulte fácil, a veces la parte más difícil es recibir lo que Jesús hizo por nosotros. Todo ello me recuerda una anécdota que viví con mi familia en un restaurante. Cuando estábamos terminando de comer, vi que la mesera nos trajo la cuenta, se la llevó y luego la trajo de nuevo, la colocó sobre la mesa, sonrió y dijo: «Alguien en el restaurante pagó su cuenta, señor. Ya no debe nada», se giró y se fue. Me quedé ahí sentado, con una sensación muy extraña —como de impotencia— porque no podía hacer nada al respecto; no había factura alguna que pagar. De hecho, no habría tenido ningún sentido insistir en pagarla; solo me quedaban dos opciones: asumirlo como cierto o crear mi propia realidad en la que la cuenta no estaba saldada.

Al fin y al cabo, el daño ya estaba hecho: mis cuatro hijos —como lobos— habían devorado todo a su paso… ¿Cómo era posible que no hubiese nada que pagar? He ahí la bendición: la expiación fue tener la cuenta ya saldada, y el milagro, que alguien más la hubiese pagado por mí. No me quedó más remedio que confiar en que ya no debía nada.

Lo que más nos cuesta es confiar en que alguien ya hizo *algo* en nuestro lugar, y creer que la gracia pagó la totalidad de la cuenta. En *Mero Cristianismo*, C. S. Lewis nos recuerda la grandeza de Dios y la labor de la cruz: «Cristo nos ofrece algo por nada. Incluso nos lo ofrece todo por nada. En cierto modo, toda la vida cristiana consiste en aceptar este asombroso ofrecimiento. Pero la dificultad está en alcanzar el punto en el que reconocemos que todo lo que hemos hecho y podemos hacer es nada».[5]

En suma, la expiación no es sino la increíble solución de Dios para enmendar nuestros pecados; Él lo hizo todo porque sabía que nosotros solos nunca habríamos sido capaces. Esa sí que es la sublime gracia.

PREGUNTAS

1. ¿Existe algún aspecto de tu vida en el que aún estés intentando pagar una deuda con Dios usando la «moneda» equivocada (como las promesas sinceras, la culpa, etc.)?

2. ¿Cómo le explicarías la cruz a alguien que no conociese a Jesús?

3. Lee la parábola de Jesús en Mateo 18:21-35. Desde la perspectiva de la expiación, ¿cuál debería ser nuestra respuesta frente a aquellos que tuviesen deudas con nosotros?

LA BIBLIA

Si está Viva, Activa y Afilada, No la Dejes Morir, Apagarse Ni Perder El Filo

«Una Biblia que está hecha añicos normalmente le pertenece a alguien que no lo está».
CHARLES SPURGEON[1]

Durante décadas, Billy Graham ha predicado el Evangelio —en persona— frente a más asistentes que cualquier otro predicador en la historia de la iglesia, pues lo han escuchado más de 210 millones de espectadores en 185 países distintos. En 1949, justo antes de su primera cruzada en Los Ángeles —que habría de llegar a 350.000 almas—, Graham sufrió una crisis de fe, al empezar a cuestionarse si la Biblia era realmente la *inspirada* Palabra de Dios.

En su autobiografía *Just as I Am*, Graham dijo: «Si no hubiese confiado en la Biblia, no habría podido seguir; todavía estaba a tiempo de dedicarme a la ganadería lechera». Mientras caminaba por la sierra de San Bernardino, Graham iba peleando con Dios. Una noche, cayó de rodillas en medio de la oscuridad y, dejando la Biblia en el suelo, gritó a los cielos: «Oh, Dios, hay tanto en este libro que no consigo entender. ¡Hay muchos problemas para los que no tengo solución!». Finalmente, el Espíritu Santo le concedió un grito liberador en medio de las montañas: «Padre, con fe aceptaré esta como Tu Palabra. ¡Dejaré que la fe sobrepase mis cuestionamientos y dudas intelectuales para recibirla como Tu inspirada Palabra!».[2]

Aquella noche, Dios iluminó al gran evangelista con las palabras que habrían de resonar en millones de corazones alrededor del mundo: «La Biblia dice...», frase que acabaría por convertirse en la insignia de sus prédicas. De hecho, si observamos las fotografías de esa primera cruzada en Los Ángeles, podremos ver que en el centro del escenario hay una réplica a gran escala de una Biblia abierta, de unos seis metros (20 pies) de alto por otros seis de ancho.

De este modo, Billy hizo de la Biblia el punto central de sus prédicas, tanto física —en el escenario, detrás de sí— como conceptualmente —detrás de cada una de sus enseñanzas—. En efecto, la Biblia nunca dejó de ser el eje de sus predicaciones durante sus 58 años de ejercicio.

La frase: «La Biblia dice...» es equivalente a «Dios dice...» porque la Biblia en sí misma es la *Palabra* de Dios; es la forma en la que el Señor le habla a la humanidad. Ella es también el *corazón* de Dios, ya que contiene Sus palabras, y —como sabemos— el corazón habla a través de las palabras: «"[...] Porque de la abundancia del corazón habla la boca"» (Mateo 12:34). Por eso, cada vez que leemos la Biblia, escuchamos lo que dice el corazón de Dios.

Sabiendo esto, démosle un vistazo al libro de Judas. Cuando él estaba por escribir sobre un tema, de repente, otro asunto captó su atención:

> Amados, por el gran empeño que tenía en escribirles acerca de nuestra común salvación, he sentido la necesidad de escribirles exhortándolos a luchar ardientemente por la fe que de una vez para siempre fue entregada a los santos. Pues algunos hombres se han infiltrado encubiertamente, los cuales desde mucho antes estaban marcados para esta condenación, impíos que convierten la gracia de nuestro Dios en libertinaje, y niegan a nuestro único Soberano y Señor, Jesucristo. (Judas 1:3-4)

En esencia, el mensaje de Judas era: «Me disponía a escribir sobre la salvación, pero, dada la creciente alarma que ha ido surgiendo en la iglesia, preferí tomar un desvío y referirme a la lucha por la fe». Tomó esta decisión, pues se sintió obligado a señalar a las personas e ideas que estaban «infiltrándose en secreto» en la iglesia.

Curiosamente, Judas usó el verbo «infiltrarse» como sinónimo de «colarse», que es un término de origen latino con tres interesantes acepciones: *colarse* en el agua sin hacer ondas; *colarse* por la puerta lateral en un evento al que todos entran por la puerta principal, o lo que pasa cuando un abogado tramposo deja que cierta frase *se cuele* en su alegato para que el jurado la escuche, a sabiendas de que lo dicho no será admisible en la corte. Por más que el juez diga: «Bórrenlas del acta», esas palabras se quedarán en las mentes del jurado.[C]

Hablando en plata, los impíos se habían *colado* sigilosamente, y, para cuando fueron descubiertos, su falsa doctrina ya se había *infiltrado* en la iglesia. Judas sabía que este asunto debía atenderse con suma urgencia y —por ello— le dio prioridad. A mi modo de ver, no es muy distinto de lo que sucede hoy en día; es más, hay una profecía del libro de Malaquías que se está cumpliendo en nuestros tiempos:

> Entonces volverán a distinguir entre el justo y el impío, entre el que sirve a Dios y el que no le sirve. (Malaquías 3:18)

En el pasaje, los verbos *volver* y *distinguir* resaltan por sobre las demás palabras.

Actualmente, Estados Unidos está experimentando un fuerte resurgimiento de la fe, con miles de estudiantes universitarios clamando por un reavivamiento; estamos presenciando una increíble efusión del Espíritu Santo en los campus a lo largo y ancho del país. Mientras el reavivamiento se expande entre las nuevas generaciones, Dios nos lleva a distinguir los justos de los malintencionados; Él desenmascara las falsas doctrinas y a cualquier predicador que no se ciña a lo que dicen las Escrituras. Así, hoy nos encontramos con pastores que enturbian la Palabra, tomando el claro mensaje de la Biblia sobre la identidad de género y la sexualidad como «pasajes de ataque» que discriminan a quienes se identifican como personas LGBTQ. No obstante, lo que ellos predican contradice la Biblia, especialmente en 1 Corintios 6:9-11.

Es extremadamente peligroso enturbiar lo que Dios ha dejado tan en claro, porque, al hacerlo, enlodamos y corrompemos las Escrituras. En palabras del teólogo Søren Kierkegaard: «La Biblia es muy fácil de entender, pero nosotros los cristianos no somos más que unos taimados y embrolladores. Fingimos ser incapaces de entenderla porque sabemos muy bien que, en cuanto la entendamos, estaremos obligados a actuar de conformidad con Ella».[3]

Incluso, un pastor del Sudeste de los Estados Unidos se volvió viral por exhortar a su congregación a que sembrase cannabis en los terrenos de la iglesia, bajo el pretexto de enseñarle a la comunidad cómo cultivar y cómo ganar dinero. ¡Ese hombre se aprovechó de su púlpito y de su posición como pastor para hacer que la iglesia plantase marihuana!

Entonces, ¿qué está sucediendo en realidad? Creo que la descripción del Salmo 80 es muy acertada al referirse a ello como «vallados derribados».

> ¿Por qué has derribado sus vallados,
> De modo que la vendimian todos los que pasan de camino?
> (Salmo 80:12)

Un vallado es un cerco de protección contra los enemigos; asimismo, la Palabra de Dios es la valla que nos protege en tiempos de cosecha. Sin embargo, nuestro vallado ha sido derribado y nuestros muros han caído. Ya sin cercos, cualquiera que pase puede robar los frutos de nuestra preciada cosecha.

Lamentablemente, el cerco está siendo destruido, y no por personas externas, sino ¡por los propios guardianes de la viña! Tomemos como ejemplo el caso de la Gran Muralla China, una increíble estructura construida hace más de 2500 años que se extiende por más de 16.000 kilómetros (10.000 millas), con alturas que oscilan entre los 5 y los 10 metros (entre 15 y 30 pies). ¡Es visible incluso desde el espacio! Con todo, ha sido vulnerada tres veces —y no desde afuera, sino desde adentro— porque, si el enemigo soborna a los guardias para poder cruzar las puertas, la fortaleza pierde su impenetrabilidad. O sea, la enorme inversión de dinero y de mano de obra para la protección de su país no fue suficiente, ya que el gobierno chino subestimó la importancia de la moral de sus centinelas. A fin de cuentas, sin virtudes como la lealtad y la incorruptibilidad, ¡cualquier muralla pierde su grandeza y utilidad!

Del mismo modo, nuestro vallado se está quebrando desde el interior, debido a que el dinero, la notoriedad, los «me gusta» en las redes sociales y las ventas de libros sobornan a los púlpitos. Cabe mencionar que hoy en día hay hambre de la Palabra de Dios, tal como lo dice el profeta Amós:

«... Vienen días», declara el Señor Dios,
«En que enviaré hambre sobre la tierra,
No hambre de pan, ni sed de agua,
Sino de oír las palabras del Señor.
La gente vagará de mar a mar,
Y del norte hasta el oriente;
Andarán de aquí para allá en busca de la palabra del Señor,
Pero no la encontrarán...».
(Amós 8:11-12)

En Amós también dice: «"Aparten de Mí el ruido de tus cánticos, pues no escucharé ni siquiera la música de sus arpas"» (Amós 5:23), pues aumentaban los cánticos, pero la Palabra disminuía, tal como lo vemos en muchas iglesias de hoy, donde la carencia de la Palabra en los púlpitos se suple con canciones emotivas.

Leyendo el libro del Apocalipsis entendemos la gravedad de nuestra situación: «[Jesús] está vestido de un manto empapado en sangre y Su nombre es: El Verbo de Dios» (Apocalipsis 19:13). ¿No es acaso interesante que Dios hubiese llamado a la Biblia prácticamente de la misma manera en que llamó a Jesús? Aunque no sean idénticos, ambos son —de hecho— inseparables. Por ello, ¡perder la Palabra es perder a Cristo en Su Iglesia!

Pablo preguntó en la Carta a los romanos: «[...] ¿Y cómo oirán sin haber quien les predique?» (Romanos 10:14). Él no dijo: «¿Y cómo oirán sin todos esos efectos especiales y sin el escenario?». ¡No! Dijo: ¿Y cómo van a escuchar sin haber *quien les predique*? Tristemente, nos hemos concentrado tanto en la producción y en el espectáculo que hemos descuidado al predicador y, con él, a nuestro vallado.

Necesitamos *predicadores*, no "comunicadores", como algunos los llaman hoy en día. En efecto, todo predicador sabe que, sin la Biblia, su prédica está vacía, puesto que los pensamientos, las confusiones y las ideas propias no tienen cabida en el púlpito.

Veamos la descripción de la Palabra de Dios en la Carta a los hebreos:

> Porque la palabra de Dios es viva y eficaz, y más cortante que cualquier espada de dos filos. Penetra hasta la división del alma y del espíritu, de las coyunturas y los tuétanos, y es poderosa para discernir los pensamientos y las intenciones del corazón. (Hebreos 4:12)

Hoy por hoy, muchos pastores toman la Palabra de Dios, que está viva, activa y afilada, y la dejan muerta, apagada y sin filo. Por tanto, ¡tenemos que afilar nuestras espadas ahora! La Biblia nos cuenta que «Los hijos de Efraín eran arqueros bien equipados, pero volvieron las espaldas el día de la batalla» (Salmo 78:9). En otras palabras, estaban equipados con todo lo necesario para el combate, pero a la hora de pelear, dieron la espalda. Cabe precisar que el día es hoy y la batalla es ahora, y —aun así— muchos nos dan la espalda desde los púlpitos.

Asimismo, con la cosecha de almas que llega, no podemos darnos el lujo de tener el vallado derribado y en el suelo. Recordemos que la Palabra de Dios es nuestro cerco protector y, por triste que sea ver cómo la tergiversan y la menosprecian en tantos púlpitos, creo que —incluso en esta situación— es evidente la misericordia Divina, pues el momento en el que estamos es solemne. Con certeza, Dios no permitirá que, por corromper Su Palabra, los predicadores dejen perder los frutos del reavivamiento entre los estudiantes de esta nueva generación.

El Señor llama a Su Iglesia a levantarse y a reconstruir lo que ha sido derribado; ¡es hora de reparar el vallado de arriba abajo! A fin de equiparnos lo mejor posible para tan noble tarea, veamos cuatro características de la Biblia o, dicho de otro modo, los cuatro pilares de una verdadera fortaleza:

La Biblia es *inerrante*, *infalible*, *indestructible* e *irrefutable*.

1. La Biblia es INERRANTE

Que la Biblia sea inerrante significa que es verídica y que no contiene errores en absoluto; que es completamente precisa y que no puede estar equivocada. La *inerrancia*, palabra de la cual deriva *inerrante*, significa que la Biblia no contiene errores de hecho ni afirmaciones contradictorias.[D]

Para muchos, la antigüedad de la Biblia es sinónimo de *errancia* (o sea: de que contiene errores). Sin embargo, la edad de las Escrituras no afecta —para nada— su contenido. Hemos de saber que la Biblia fue escrita en el transcurso de 1600 años, por 40 autores diferentes y en 13 países de tres continentes distintos. Además, su redacción se llevó a cabo en tres idiomas: griego, hebreo y arameo. A pesar del escepticismo que ronda sus orígenes, ¡la Biblia es inerrante desde su creación! Como prueba de ello, tenemos los más de 100.000 manuscritos que han sido desenterrados hasta la fecha —muchísimos más que los de ningún otro texto de la historia—, y todos confirman que la Biblia que tenemos es tan precisa como si proviniese de Dios mismo… ¡y es justamente porque fue Él quien inspiró su escritura![4]

A continuación, ahondaremos en tres factores que apoyan la inerrancia de la Biblia: su precisión histórica, su concordancia con la ciencia y sus profecías cumplidas.

Precisión histórica

Numerosos descubrimientos arqueológicos confirman la precisión histórica de la Biblia. Por ejemplo, en 1947, en una zona escarpada de la orilla oeste del mar Muerto, un pastorcillo se topó con una cueva, y tal fue la magnitud de su descubrimiento que este no tardó en ser proclamado como el mayor hallazgo arqueológico del siglo XX. En el interior de la cueva, se encontraron vasijas que contenían antiquísimos documentos muy bien preservados: se trataba de entre 800 y 900 manuscritos —en lengua hebrea— del Antiguo Testamento.[5] Increíblemente, tras haber examinado los pergaminos —hoy conocidos como los Manuscritos del mar Muerto—, solo se hallaron diferencias mínimas entre ellos y el Antiguo Testamento que utilizamos en la actualidad.

Otro ejemplo de ello fue una tablilla de piedra descubierta en 1961 en Cesarea, sobre la costa este del Mediterráneo. Aunque mucho se haya escrito para desacreditar los Evangelios que mencionan la existencia de Pilato, esta tablilla contiene una prueba de su existencia: una inscripción que menciona el nombre de Poncio Pilato, Prefecto de Judea. También aparece mencionado el *Tiberium*, una edificación construida por Pilato en honor al emperador Tiberio, quien gobernó del año 14 d. C. al 37 d. C. La tablilla de Cesarea nos confirma el nombre del constructor: «Poncio Pilato, Prefecto de Judea», lo cual ratifica que él —en efecto— fue contemporáneo de Jesús.[6]

Se han desenterrado muchos otros sitios arqueológicos en Oriente Medio que concuerdan con la manera en la que la Biblia los menciona y describe: desde el Estanque de Betesda hasta el Pozo de Jacob o el conocido Túnel de Ezequías.[7]

Concordancia con la ciencia

Si bien podría parecer que a veces la ciencia y la Biblia se contradicen mutuamente, la realidad es que el conocimiento científico aún no se ha puesto al día con las Escrituras. Un ejemplo de ello es que, desde tiempos muy remotos, ha existido la creencia de que la Tierra se sostenía sobre elefantes y tortugas. No obstante, ya en uno de los primeros versículos de la Biblia, Job dijo sobre Dios: «Él extiende el norte sobre el vacío, y cuelga la tierra sobre la nada» (Job 26:7). Iluminado por el Espíritu Santo —y mucho antes de que la humanidad descubriese la fuerza de gravedad y su influencia en la órbita terrestre—, Job supo que ¡no eran elefantes ni tortugas, sino «la nada» lo que la sostenía!

Es más, para el año 1492 —cuando Colón viajó a América— la humanidad seguía creyendo que la Tierra era plana, pero más de 700 años antes del nacimiento de Cristo, Isaías ya declaraba: «Él es el que está sentado sobre la redondez de la tierra [...]» (Isaías 40:22). Así pues, Isaías aseveró que la Tierra era *redonda* mucho antes de que el hombre dijese que era *esférica*; es evidente que ¡la ciencia todavía se estaba poniendo al día con lo que Dios ya había dicho!

Además, de todos es sabido que la humanidad lleva siglos observando y enumerando las estrellas. Alrededor del año 150 antes de Cristo, Hiparco —un renombrado astrónomo y científico de la época— estableció un conteo de unas 1.022 estrellas, que se consideró preciso por 250 años. Posteriormente, Ptolomeo dijo al respecto: «¿Acaso Hiparco habló de 1.022 estrellas? Qué absurdo, ¡son 1.056!». Por su parte, el recuento de Ptolomeo representó un gran y duradero aporte a la ciencia del momento. Pasados unos 1300 años, un joven estudiante de medicina llamado Galileo inventó el primer telescopio y descubrió que había más estrellas de las que se podían contar.[8] Pues bien, Dios ya se lo había revelado a Jeremías mucho antes de que Galileo lo hiciese público: «"Como no se puede contar el ejército del cielo, ni se puede medir la arena del mar, así multiplicaré la descendencia de Mi siervo David […]'"» (Jeremías 33:22). Ahora hay quienes concluyen que existen más de 12.000 cuatrillones de estrellas —sí, son 27 ceros en total—, y los científicos afirman que hay más estrellas en el firmamento que granos de arena en toda la Tierra.

Ni qué decir del conocimiento que se tenía antiguamente sobre la sangre humana, cuando las sangrías eran consideradas curativas. Dicho sea de paso, George Washington —el primer presidente de los Estados Unidos— no murió luchando por la independencia de su país; falleció después de que sus doctores le drenasen, mediante sangrías, casi el 50 % de la sangre.[9] Cabe añadir que, todo este tiempo, la Biblia ha sostenido que «"[…] la vida de toda carne es su sangre […]"» (Levítico 17:14).

Profecías cumplidas

Las profecías cumplidas bien podrían ser la mayor prueba de la inerrancia de la Biblia. Si alguien fuese capaz de encontrar una sola ocasión en que no haya sucedido algo predicho en las Escrituras, entonces ¡la Biblia completa estaría equivocada! Incluso así, Dios no le teme a que Su Palabra sea puesta bajo la lupa.

El historiador Alfred Edersheim encontró 456 versículos del Antiguo Testamento en los que se vaticinaban eventos de la vida de Jesús: dónde habría de nacer, cómo habría de vivir, en cuál ciudad habría de crecer, cómo habría de morir, qué palabras habría de decir en la cruz… y ¡todas las 456 predicciones se cumplieron![10] Por ejemplo, Miqueas 5:2 dijo: «Pero tú, Belén Efrata, aunque eres pequeña entre las familias de Judá, de ti me saldrá el que ha de ser gobernante en Israel […]» y, en efecto, esta profecía se cumplió en Mateo 2:1: «Después de nacer Jesús en Belén de Judea […]».

En Isaías 53, el profeta habló de un Siervo doliente que, para justificar a muchos, habría de derramar Su sangre hasta la muerte. Siglos más tarde, Jesús vino, y todos y cada uno de los vaticinios del profeta se hicieron realidad. Así también, las 33 profecías del Antiguo Testamento sobre a la muerte de Jesús se cumplieron en su totalidad con el Calvario; sobra decir que ¡todas fueron predichas cientos de años antes de Su nacimiento!

2. La Biblia es INFALIBLE

La palabra *infalible* quiere decir que la Biblia es confiable y que nunca nos fallará.[E] Pedro la describió de la siguiente manera:

> Y así tenemos la palabra profética más segura, a la cual ustedes hacen bien en prestar atención como a una lámpara que brilla en el lugar oscuro, hasta que el día despunte y el lucero de la mañana aparezca en sus corazones. (2 Pedro 1:19)

Además, la Biblia es *fidedigna*, es decir: lo que dice es provechoso y verdadero siempre, pues al ser atemporal e inalterable, su contenido no fue «digno de fiar» solamente cuando se escribió;[F] ¡la Palabra de Dios trasciende el tiempo y el espacio! Ella no varía con base en los sucesos de la historia; al contrario, a veces, se les anticipa.

> Para siempre, oh, Señor,
> Tu palabra está firme en los cielos.
> Tu fidelidad permanece por todas las generaciones;
> Tú estableciste la tierra, y ella permanece.
> Por Tus ordenanzas permanecen hasta hoy,
> Pues todas las cosas te sirven.
> (Salmo 119:89-91)
> La suma de Tu palabra es verdad [...].
> (Salmo 119:160)

La Biblia nos enseña lo que es verdadero y correcto:

> Toda Escritura es inspirada por Dios y útil para enseñar, para reprender, para corregir, para instruir en justicia, a fin de que el hombre de Dios sea perfecto, equipado para toda buena obra. (2 Timoteo 3:16-17)

¡Toda Escritura es inspirada por Dios! Señala nuestros errores y nos enseña a hacer lo correcto; por eso, no debemos temer a que la Palabra nos reprenda. Un buen símil sería decir que la Biblia es como el manual de instrucciones del fabricante que viene con los autos nuevos. Así, Dios es nuestro «Fabricante» y ¡Él sabe que seguir las indicaciones del manual hace que todo funcione de la mejor manera!

Por ser infalible, la Biblia es nuestro legítimo estándar.

Pensemos, por un instante, ¿cómo sería el mundo si no hubiese estándares ni medidas? ¿Qué tal que no existiese el alfabeto ni el sistema métrico ni el cambio de divisas ni las horas ni los minutos ni el 1+1=2?... Para Alex McFarland, «Un mundo sin estándares no carece realmente de ellos; es —más bien— uno en el que hay demasiados, definidos por quien sea y como él o ella lo considere apropiado».[11] En efecto, necesitamos estándares para que todo en la vida funcione como debería, porque sin ellos, viviríamos en completa anarquía. Si bien todo el mundo acepta que son necesarios en las matemáticas, la medicina, las divisas, los idiomas y la ciencia, ¡son pocos los que quieren estándares de moralidad y vida honesta!

David lo expresó así en su salmo:

Por tanto, amo Tus mandamientos
Más que el oro, sí, más que el oro fino.
Por tanto, estimo rectos todos Tus preceptos acerca de todas las cosas,
Y aborrezco todo camino de mentira.
(Salmo 119:127-128)

Asimismo, nosotros debemos seguir atentamente la palabra de Dios en y para todo, porque Él siempre tiene la última palabra. Como dijo E. Paul Hovey: «Los hombres no rechazan la Biblia porque se contradiga a sí misma; la rechazan porque los contradice a ellos».[12]

3. La Biblia es INDESTRUCTIBLE

A lo largo de la historia, el hombre ha intentado destruir la Biblia. Para la muestra, un botón: en el siglo XVIII, el filósofo francés Voltaire dijo: «Pasados cien años de mi muerte, la Biblia será tan solo una pieza de museo». Irónicamente, un siglo después de su fallecimiento, la Alianza Bíblica Francesa instaló su sede principal en la antigua casa de Voltaire en París, e incluso utilizó la imprenta del escritor para producir Biblias.[13]

Sin importar cuánto lo haya intentado, ¡parece que la humanidad no ha logrado deshacerse de este Libro! Por el contrario: cada vez se hace más popular. Se estima que cada año se imprimen entre 60 y 100 millones de Biblias, ¡muchísimas más que cualquier otro libro que exista! En la actualidad hay más de 6.000 millones de volúmenes de las Escrituras en el mundo.[14] A saber: para que un libro esté en el *top* 5 de superventas de Amazon debe vender una media de 300 ejemplares al día,[15] lo que al final del año sumaría unas 100.000 unidades. Si nos basásemos en el promedio de Biblias impresas al año —80 millones— y lo prorrateásemos para obtener el número diario de ventas, el resultado serían unas 219.178 Biblias vendidas cada día. Es decir: ¡la Biblia supera con creces las ventas diarias de cualquier *best seller* de Amazon! ¿No es increíble?

No obstante, la Palabra escrita de Dios sorprende por mucho más que sus ventas, puesto que, de los 6.900 idiomas hablados en el mundo hoy en día,[16] la Biblia se ha traducido a 2.846, en 157 países.[17] Así pues, el asombroso número de ejemplares que se imprimen al año solo comprende esos 2.846 idiomas. Cabe preguntarse, entonces, ¿cuántas más se imprimirán cuando empecemos a traducirla a las 4.000 lenguas restantes?

¡Ningún otro libro en la historia puede siquiera competir con la Biblia! Por eso sé que hay algo sobrenatural en ella; ¡es el libro de Dios!

> Pues han nacido de nuevo, no de una simiente corruptible, sino de una que es incorruptible, es decir, mediante la palabra de Dios que vive y permanece. Porque:
>
> «Toda carne es como la hierba,
> Y toda su gloria como la flor de la hierba.
> Sécase la hierba, cáese la flor.
> Pero la palabra del Señor permanece para siempre».
>
> (1 Pedro 1:23-25)

La Biblia perdura para siempre. ¡Es indestructible!

4. La Biblia es IRREFUTABLE

El impacto de la Biblia es innegable: 2.400 millones de personas en el planeta son servidores de Jesucristo.[18] A fin de cuentas, ¿quién puede contradecir a los millones de vidas que han sido transformadas? Y es que Jesús mismo nos enseñó en una parábola que cuando Dios entra al corazón de una persona, la transforma para siempre:

> «... Pero la semilla en la tierra buena, son los que han oído la palabra con corazón recto y bueno, y la retienen, y dan fruto con su perseverancia...». (Lucas 8:15)

Las simientes de la Biblia han dado abundantes frutos por doquier. Un ejemplo de ello es la tribu Walamo, en Etiopía: antes de la II Guerra Mundial, dos misioneras fueron a esta nación africana para comenzar su trabajo allí; sin embargo, en 1936, el ejército de Mussolini se tomó Adís Abeba y, acto seguido, ordenó la expulsión de todos los misioneros que hubiese en el país. Lo único que aquellas mujeres pudieron hacer fue dejar algunas Biblias con los cerca de 150 cristianos a quienes habían evangelizado. Así, una vez se hubieron marchado todos los misioneros y predicadores, lo único que se quedó entre los Walamo fue la Palabra —escrita— de Dios. Pasados seis años, las misiones regresaron y, para sorpresa de todos, durante su ausencia ¡alrededor de 48.000 miembros de la tribu Walamo se habían acercado a Cristo![19] Se edificaron iglesias y cesaron las enemistades mortales entre las diversas tribus... todo gracias a la Palabra de Dios que había quedado —físicamente— entre ellos.

Por siglos, la Biblia ha transformado a muchos, ¡incluso a aquellos que comenzaron a leerla buscando la manera de desacreditarla! Un ejemplo cercano ocurrió en nuestra iglesia de Detroit: un joven que ya había pasado por todas las religiones orientales llegó —finalmente— al cristianismo. Como ignoraba que ya existía una Biblia en versión de audio, decidió grabarla él mismo y, en el proceso, ¡encontró la salvación!

Insisto, ¿cómo contradecir a los millones de vidas que ya han sido transformadas?

Liberar al león

La Biblia es inerrante, infalible, indestructible e irrefutable; es una fortaleza amurallada que rodea los labrantíos donde Dios quiere sembrar Su iglesia para cosechar maravillas.

Por todo lo anterior, si ves a una persona un poco perdida, ¡te recomiendo que le des una Biblia! En palabras de Charles Spurgeon: «¿Cómo defiendo la Biblia? La trato como a un león; ¡la libero de su jaula y dejo que se defienda sola!».[20] Con certeza, el inherente poder de la Palabra de Dios conseguirá todo lo que Él desee.

> «... Porque como descienden de los cielos la lluvia y la nieve,
> Y no vuelven allá sino que riegan la tierra,
> Haciéndola producir y germinar,
> Dando semilla al sembrador y pan al que come,
> Así será Mi palabra que sale de Mi boca,
> No volverá a Mí vacía
> Sin haber realizado lo que deseo,
> Y logrado el propósito para el cual la envié.
> ... En lugar del espino crecerá el ciprés,
> Y en lugar de la ortiga crecerá el mirto.
> Y esto será para gloria del Señor,
> Para señal eterna que nunca será borrada».
> (Isaías 55:10-11, 13)

La Palabra de Dios nunca vuelve a Él vacía, pues es como la lluvia que riega las plantas, y en lugar de espinos y ortigas hace crecer cipreses y mirtos; da frutos incluso en los ambientes más hostiles, en aquellos en los que nadie logra que nada crezca.

A la Biblia —como a un león— hay que liberarla de su jaula. Así, la pregunta correcta no sería: «¿Por qué no *crees* más en ella?», sino: «¿por qué no la *lees* más?». Como bien dijo Juan en el libro del Apocalipsis:

> Bienaventurado el que lee y los que oyen las palabras de la profecía y guardan las cosas que están escritas en ella, porque el tiempo está cerca. (Apocalipsis 1:3)

Si nos fijamos en la palabra *bienaventurado*, veremos que es un sinónimo de *dichoso*;[G] el Señor nos está diciendo que nuestra *dicha* está vinculada a la Biblia. En efecto, cuanto mayores sean nuestros hábitos de lectura de la Biblia, más dichosos seremos. Por eso: leámosla, escuchemos Sus palabras y obedezcamos lo que en ella está escrito. ¡Recordemos que la Palabra de Dios jamás volverá vacía hasta Él!

PREGUNTAS

1. Menciona un ejemplo de cómo la Biblia ha impactado tu vida.
2. ¿Ha cuestionado alguien, alguna vez, tu creencia en la Biblia? ¿Cuál fue tu respuesta en aquel momento? ¿Cuál sería tu respuesta hoy en día?
3. ¿De qué otras maneras podrías incorporar —aún más— la Palabra de Dios en tu día a día?

LA IGLESIA
(«Church» es iglesia en inglés)

El Cuerpo, la Esposa y el Ejército: la Iglesia de Jesucristo

«Si se trata de mi salvación,
lo único que necesito es a Jesús;
luego de mi salvación, todo es Jesús y la iglesia...
Cuando la gente predica que lo único que se necesita es a Jesús,
nos priva a ti y a mí de una de las mayores fuentes de sanación,
que es el Cuerpo de Cristo. No lo intentes tú solo:
¡no lo conseguirás!».
JOSH MCDOWELL[1]

Con frecuencia, la gente me pregunta: «¿Se puede ser un buen cristiano sin ir a la iglesia?». Suelo tener una respuesta simple y es que *sí, sí es posible ser un buen cristiano*, mas *no se puede crecer como cristiano* sin ir a la iglesia. En palabras del pastor retirado y autor R. Kent Hughes: «Básicamente hablando, usted no tiene que ir a la iglesia para indicar que es cristiano. Tampoco necesita ir a la casa para demostrar que está casado. Pero en ambos casos, si no lo hace, tendrá una relación pobre».[2] Según un estudio reciente —dirigido por un profesor de la Escuela de Salud Pública de Harvard— en el que se analizaron los beneficios de asistir a la iglesia, los matrimonios que la frecuentan juntos tienen entre un 30 % y un 50 % menos de probabilidades de divorciarse, en comparación con aquellos que no lo hacen. Además, tienen casi un 30 % menos de probabilidades de padecer depresión y —tras un seguimiento de 16 años— se evidenció que su riesgo de muerte también disminuye con esta práctica.[3]

Antes de profundizar en los múltiples beneficios que tiene el ir a la *iglesia*, considero importante definir lo que ella es y lo que no; si se toma a *la iglesia* por algo que no es, su efectividad disminuye.

La iglesia no es un «salón de la fama» lleno de gente perfecta a la que siempre le sale todo bien; tampoco es un museo en el que solo se habla de los viejos tiempos; menos aún es un «club nocturno» hecho para resultarle cómodo a las nuevas generaciones. La iglesia es una alternativa a la vida mundana: es un *contraste*. No tiene que ser el reemplazo de nuestra vida de antes —ni siquiera un sustituto cercano— ¡debería ser la *antítesis* de nuestra antigua vida!

D. Martyn Lloyd-Jones dijo en su libro *Studies in the Sermon on the Mount*: «La gloria del Evangelio es que cuando la Iglesia y el mundo son absolutamente disímiles, es inevitable que esta lo atraiga. Entonces, el mundo se ve obligado a escuchar su mensaje, aunque en un principio pueda llegar a odiarlo».[4] Veo con tristeza que el inmenso esfuerzo de la iglesia por adaptarse a los tiempos modernos y por ser *actual* ha acabado por hacerla *banal*. Por ejemplo, en el Día de San Valentín de 2022 —cuando la guerra entre Rusia y Ucrania era inminente—, muchas iglesias seguían predicando sobre las citas románticas y las relaciones de pareja. Mientras tanto, el mundo se encontraba al borde de la total destrucción, que ha causado más de 250.000 muertes.

Hace poco, varios estrategas de la iglesia me informaron que los fieles solo la frecuentan un promedio de 1,8 veces al mes.[5] Por ello, dichos expertos me hicieron recomendaciones para incentivar a este grupo de fieles a ir más a la iglesia. Sin embargo, yo creo que se equivocaron en el diagnóstico, pues no considero que el problema esté en los fieles: ¡pienso que es *la iglesia* misma la que necesita mejorar!

Si la iglesia en realidad fuese lo que el Señor tenía planeado para ella, estoy seguro de que la gente la frecuentaría más de 1,8 veces al mes. Si este fuese un lugar para hallar la presencia, la sanación y la liberación de Dios, ¡el recinto se quedaría corto para tantas almas deseosas de encontrarlo a Él!

La iglesia fue concebida como un hospital para cuidar y recuperar nuestra salud, un cuartel en el que prepararnos para la batalla, una escuela donde formarnos y un faro para iluminar la oscuridad del mundo. Charles Spurgeon lo sintetizó maravillosamente en la frase: «La iglesia, la esperanza del mundo», que hace muchos años empleó como título para uno de sus sermones (*The Church, the World's Hope*).[6] ¡Qué bello y apropiado nombre! ¡Es justo eso lo que la iglesia habría de ser! En efecto, Jesús la dejó en la tierra para cumplir con Su misión.

No hace mucho, leí la historia de un pastor que vio en Atlanta un restaurante llamado *Church of God Grill* (Iglesia de la Divina Parrilla). El peculiar nombre despertó su curiosidad, y decidió llamar por teléfono al local. «Iglesia de la Divina Parrilla, ¿en qué puedo servirle?», dijo un hombre al otro lado de la línea. Acto seguido, el pastor le preguntó por qué habían elegido un nombre tan inusual para su restaurante, a lo que el hombre le respondió: «Bueno, vinimos como misioneros y, para ayudarnos económicamente, empezamos a vender platillos con pollo los domingos a la salida de la iglesia. A la gente le gustó mucho nuestro pollo y, con lo bien que le estaba yendo al negocio, tuvimos cada vez menos encuentros de la iglesia. Al cabo de un tiempo, cerramos la iglesia y nos quedamos solo con la venta del pollo. De todos modos, en honor a la iglesia original, decidimos llamar al local: *Iglesia de la Divina Parrilla*».[7]

Increíblemente, lo que más me llamó la atención de la historia no fue que aquella iglesia se hubiese desviado del camino, sino la honestidad de los otrora misioneros. Pienso que, si no se puede ser lo que Dios pidió, entonces es mejor dedicarse a otra cosa, en lugar de ser una iglesia; si uno no ha de ser el faro, el hospital ni el cuartel, ¡qué menos que contribuir a la comunidad vendiendo buen pollo!

Entonces, ¿cómo es la *iglesia* que Dios quiere que su pueblo sea? La respuesta a esta pregunta es crucial en nuestra cosmovisión bíblica y, por ello, creo que lo mejor es buscar en las Escrituras la definición de *iglesia:*

El libro de los Efesios nos presenta tres enfoques de *iglesia* que abordaremos en este capítulo:

1. La iglesia es el cuerpo de Cristo: es una extensión de Él.
2. La iglesia es la esposa de Cristo: tiene una relación íntima con Él.
3. La iglesia es el ejército de Cristo: libra una batalla por Él.

1. La Iglesia Es el Cuerpo de Cristo

> Y todo lo sometió bajo Sus pies, y a Él lo dio por cabeza sobre todas las cosas a la iglesia, la cual es Su cuerpo, la plenitud de Aquel que lo llena todo en todo. (Efesios 1:22-23)

¿Qué significa que la *iglesia* sea el cuerpo de Cristo? Quiere decir que Jesús es la cabeza que nos guía y nosotros somos una extensión de Él; somos Sus manos y Sus pies a lo largo y ancho del planeta. Así pues, la mente de Cristo dicta adónde hemos de ir, y —como bien sabemos— Él nos dice que Lo conozcamos y Lo demos a conocer ante el mundo. Si lo pensamos bien, es nuestro cuerpo el que permite que la gente sepa cosas sobre nosotros y que nos comuniquemos. Del mismo modo, el cuerpo de Cristo revela quién es Jesús, y ¡será mediante Su cuerpo que el mundo lo conocerá!

Por consiguiente, sin *unidad* entre el cuerpo y la cabeza no será posible llevar a cabo acción alguna. Así, el cuerpo de Cristo *no* puede tener sus propios planes, y debe existir concordancia entre este y Su cabeza para que Él pueda llevar a cabo Su obra. Una analogía que resulta muy útil para explicar este concepto es la de un avión, ya que, a pesar de estar compuesto —en su totalidad— por partes que no pueden volar (asientos, motores, etc.), una vez ensambladas las piezas, todas funcionan en conjunto y llegan a levantar más de 80 toneladas. Asimismo, entre muchos miembros de la iglesia se puede lograr colectivamente lo que ninguno de ellos podría conseguir de forma individual. Definitivamente, ¡el cuerpo —unificado— de Cristo tiene el poder de hacer lo inimaginable!

El apóstol Pablo describió el cuerpo de Cristo de la siguiente manera:

> Porque así como el cuerpo es uno, y tiene muchos miembros, pero, todos los miembros del cuerpo, aunque son muchos, constituyen un solo cuerpo, así también es Cristo. Pues por un mismo Espíritu todos fuimos bautizados en un solo cuerpo, ya judíos o griegos, ya esclavos o libres. A todos se nos dio a beber del mismo Espíritu. Porque el cuerpo no es un solo miembro, sino muchos. (1 Corintios 12:12-14)

Enaltecer una parte del cuerpo y no a la *persona* en su totalidad es cometer un peligroso error, dado que el cuerpo debe trabajar en conjunto para poder funcionar. De este modo —como si de un avión se tratase— el pregonar a los cuatro vientos nuestro credo, estilo de prédica o coro no hará más que anclarnos a la tierra, en vez de permitirnos volar. En palabras del apóstol Pablo:

> Si todo el cuerpo fuera ojo, ¿qué sería del oído? Si todo fuera oído, ¿qué sería del olfato? Ahora bien, Dios ha colocado a cada uno de los miembros en el cuerpo según le agradó. Y si todos fueran un solo miembro, ¿qué sería del cuerpo? Sin embargo, hay muchos miembros, pero un solo cuerpo. Y el ojo no puede decirle a la mano: «No te necesito»; ni tampoco la cabeza a los pies: «No los necesito». (1 Corintios 12:17-21)

Dado lo anterior —incluso en el ámbito natural—, los seres vivos necesitamos de todas las partes del cuerpo para funcionar. Un claro ejemplo de ello es que, si nos golpeásemos el dedo chiquito del pie contra la pata de la cama, este le mandaría un mensaje al cerebro para que le dijese a las manos que sujetasen con fuerza el dedo lastimado. Luego, el mismo cerebro le diría a la pierna contraria que se preparase para sostener el peso de todo el cuerpo mientras el pie lastimado se levanta del piso. Finalmente, la boca recibiría la instrucción y sabría que es momento de gritar: «¡Jesús, ayúdame!». Asimismo, nosotros funcionamos como una unidad —y necesitamos de muchas piezas distintas para ello—, de modo que, incluso cuando una parte de nuestro cuerpo se lastima, ¡necesitamos de todo el conjunto para expresarlo! Como el cuerpo de Cristo que somos, también nosotros debemos estar preparados para hacer lo que Dios quiere que hagamos, juntos y al unísono.

Un interesante ejemplo de cómo la unidad hace maravillas es el caso de Ébano y Marfil. En 1982, dos mujeres en Nueva Jersey —de tez morena y blanca, respectivamente— sufrieron un derrame cerebral que les paralizó un lado del cuerpo. Sus nombres eran Ruth Eisenberg y Margaret Patrick, mujeres de avanzada edad que tocaban piano clásico y que, como consecuencia del derrame, no pudieron volver a tocar dicho instrumento a dos manos. Pasado un año del trágico evento, las mujeres se conocieron y descubrieron que cada una tenía paralizada una mano distinta; así pues, dedujeron que, si tocaban juntas el piano —una con la mano derecha y la otra con la izquierda—, podrían volver a interpretar sus piezas favoritas. La historia fue famosa a nivel nacional, y un reportero las apodó *Ébano y Marfil* en honor al éxito de 1982 de Paul McCartney y Stevie Wonder.[8] Aquellas dos mujeres consiguieron juntas lo que ninguna de ellas habría podido hacer por separado, pues necesitaban la una de la otra —por igual— para tocar obras maestras. Del mismo modo, la obra de Dios requiere de una orquesta sinfónica entera, no de un solista, y ¡qué mejor sinfonía que el cuerpo de Cristo!

2. La Iglesia Es la Esposa de Cristo

Por años, he sido consejero matrimonial de muchísimas parejas. La razón es que me he dado cuenta de que —a menudo— el matrimonio podría describirse como «dos personas completamente distintas que viven bajo el mismo techo, cada una de las cuales intenta cambiar a la otra».

Recuerdo que hace años viví —con mi esposa— una graciosa anécdota que ejemplifica bastante bien el concepto anterior, y que, por cierto, es lo más tonto que he hecho en mi matrimonio. En aquel entonces, Cindy y yo llevábamos poco menos de un año de casados y paramos a comprar pizza en la plaza de comidas del aeropuerto de Pittsburgh. Desde hacía días, yo quería decirle a Cindy todo lo que me molestaba de ella y de nuestro matrimonio, e ideé para ello un plan brillante. Comenzaría por mostrarme humilde y le diría: «Cindy, dime cómo puedo ser un mejor esposo para ti: ¿en qué debo cambiar?». Por supuesto, en mi plan perfecto, yo esperaba que ella también me preguntase: «Tim, ¿qué debo cambiar para ser una mejor esposa para ti?». Obviamente, yo ya tenía toda una lista preparada para responderle.

No obstante, cuando se lo pregunté, ella no paró de hablar de todo lo que yo debía hacer para mejorar, y cuando por fin terminó, se limitó a comerse la pizza que habíamos comprado. ¡Ni siquiera me devolvió la pregunta! Total, mi plan perfecto fracasó estrepitosamente. Fue así como comprendí que lo que yo buscaba no era convertirme en un mejor esposo para ella, sino hacer que ella cambiase para adaptarse a mí. ¡Tremenda tontería!

Tal como un matrimonio implica una relación mutua, Dios tiene una relación con Su pueblo. En la Biblia, Jesús es descrito como el esposo, y la iglesia, como Su esposa. Esta bella analogía se deja entrever en las instrucciones de Dios para maridos y mujeres:

> Maridos, amen a sus mujeres, así como Cristo amó a la iglesia y se dio Él mismo por ella, para santificarla, habiéndola purificado por el lavamiento del agua con la palabra, a fin de presentársela a sí mismo, una iglesia en toda su gloria, sin que tenga mancha ni arruga ni cosa semejante, sino que fuera santa e inmaculada. (Efesios 5:25-27)

Inspirado en la relación descrita en el pasaje anterior, por las noches, hago esta plegaria por mi matrimonio: «Dios, ayúdame a amar a mi esposa como Cristo amó a la iglesia», a lo que Cindy siempre agrega: «y... se dio a Sí mismo por ella». Tristemente, es justo esa parte la que siempre se nos olvida cuando hablamos de la vida en pareja: la muerte del *yo*. A saber: el matrimonio, para el esposo, podría verse como la crucifixión de Jesús. En efecto, durante el casamiento, al hombre se le entrega una cruz como símbolo de liderazgo —nunca de trono—, para que recuerde siempre que ser el líder en el matrimonio —como lo fue Jesús— implica aceptar con humildad la crucifixión, no imponer una dictadura.

Tras 40 años como consejero matrimonial, me atrevo a asegurar que las tres causas más comunes de los conflictos de pareja son: (1) el egoísmo, (2) el egoísmo y (3)... ¡el egoísmo! Creo que funciona igual con la esposa de Cristo. ¿Y si Jesús y Su esposa acudiesen a consejería matrimonial? ¡El problema no sería, —en absoluto— Jesús, sino el egoísmo de Su esposa!

La Biblia, en Amós 3:3, nos plantea la siguiente pregunta: «¿Andan dos hombres juntos si no se han puesto de acuerdo?». Ante la obviedad de la respuesta, cabe agregar que para que la iglesia camine en unidad con su esposo, ¡debe estar de acuerdo con Él! Así pues, no es Cristo quien debe ponerse de acuerdo con nosotros ni ajustarse a nuestro estilo de vida, ¡de ninguna manera! De hecho, si no nos gusta lo que dice el esposo, entonces también nosotros cargaremos una cruz.

Como el esposo perfecto que es, Jesús ama a Su esposa, la iglesia. Por ende, nosotros —al igual que Él— debemos amarla y respetarla. Con el pasar de los años, he visto a muchas personas frustradas con la iglesia, que encuentran en sus miembros un motivo para abandonarla. Así, frases como: «¡Es que no nos parecemos en nada!» se repiten con frecuencia. El problema radica en que, aunque sintamos que no tenemos nada en común con otros fieles de la iglesia, Dios sí que lo tiene, pues ella es Su esposa, o sea: ¡Su elección! Irónica y maravillosamente, el Señor no preselecciona individuos que tengan una facilidad natural para llevársela bien. Cabe preguntarse: ¿cuál es la razón por la que Dios salvó a todas aquellas almas? De hecho, si conociésemos el pasado de quienes se sientan a nuestro lado en la iglesia, ¡nos moriríamos del susto!

Elegir iglesia basándonos en nuestra afinidad con sus miembros solo muestra que buscamos un club, no a la Esposa de Cristo. Por ello, recordemos siempre que la iglesia no es una comunidad *natural* conformada por gente con intereses afines; ¡es una comunidad *sobrenatural* de personas salvadas por la gracia de Dios!

El mensaje de Mateo 10 es una de las mejores formas de explicar cómo Jesús reúne a Su esposa. Antes de abordar ese pasaje, quisiera mencionar brevemente la historia de dos grupos de personas que aparecen en el Antiguo testamento: los recaudadores de impuestos y los zelotes. Los primeros eran judíos que —en representación del Imperio romano— recolectaban los impuestos de los demás judíos. Se ganaban la vida cobrándoles de más a sus compaisanos; incluso, muchos de ellos llegaron a tener bastante más de lo necesario para vivir. Cobraban todo cuanto podían y, de ese modo, amasaron grandes fortunas. Por este motivo, los recaudadores de impuestos eran considerados traidores entre los judíos porque se enriquecían colaborando con los romanos y aprovechándose de su propio pueblo. Los zelotes, por su parte, eran un grupo de judíos nacionalistas radicales que —básicamente— llevaban a cabo actos terroristas contra los romanos, en nombre de su religión. Además, odiaban con fervor a los traidores, en especial a los recaudadores de impuestos. ¿Qué habría pasado, entonces, si se hubiesen reunido estos dos grupos antagónicos? ¡Pues que habríamos tenido que llamar a la policía!

Teniendo en cuenta lo anterior, veamos lo que dice Mateo 10:

> Llamando a Sus doce discípulos, Jesús les dio poder sobre los espíritus inmundos para expulsarlos y para sanar toda enfermedad y toda dolencia. Los nombres de los doce apóstoles son estos: primero, Simón, llamado Pedro, y Andrés su hermano; y Jacobo, el hijo de Zebedeo, y Juan su hermano; Felipe y Bartolomé; Tomás y Mateo, el recaudador de impuestos; Jacobo, el hijo de Alfeo, y Tadeo; Simón, el cananita, y Judas Iscariote, el que también lo entregó. A estos doce envió Jesús después de instruirlos [...]. (Mateo 10:1-5)

En la lista de discípulos, Mateo puso el nombre de un recaudador de impuestos muy cerca del de un zelote: «Mateo, el recaudador de impuestos, y Simón, el cananita [también llamado Simón, el zelote]». Lo que más me gusta de la lista de Jesús es que no dice: «Pedro, el pescador; Juan, el pescador; Simón, el pescador». ¡No! Él tuvo la sabiduría de escoger polos opuestos y juntarlos.

Normalmente, nos gusta departir con quienes se nos asemejan, pero —con toda seguridad— Dios pondrá a alguien que nos irrite justo en el asiento de al lado. De hecho, algunos matrimonios bien podrían parecer una pareja formada por un zelote y un recaudador de impuestos; pero es así como funcionan las lijas: *a fuerza de pura fricción, suavizan los bordes ásperos.* Así pues, hemos de ser francos: no podríamos crecer como seres humanos si únicamente nos rodeásemos de personas iguales a nosotros. Oswald Chambers lo resumió usando las siguientes palabras: «Decimos: "Si tan solo Dios, con sus propias manos, de manera especial, me convirtiese en el pan repartido y el vino servido, ¡seguro no me opondría!", mas cuando Él se vale de alguien que nos desagrada... entonces nos oponemos».[9]

Una buena práctica es que, la próxima vez que tu zelote interno se siente junto a un molesto recaudador de impuestos —o que tú, con tu crianza cristiana, te sientes junto a alguien que ha sido recientemente tocado por la gracia y que aún lleva sus conflictos a flor de piel—, no digas: «Esta persona me incomoda»; mejor, prueba a decir: «¡Esta persona me santifica!». Si repasamos el pasaje de Efesios 5, veremos que la meta de Jesús es una iglesia «[...] sin [...] mancha ni arruga [...]» (versículo 27). Todo esto y más hace Jesús por su esposa, *la iglesia.*

¿Te has topado con una de esas parejas en las que el uno completa las frases del otro cuando hablan? Pueden hacerlo porque están sintonizados y conocen las necesidades del cónyuge. De forma similar, encontramos en las Escrituras que «el Espíritu y la esposa dicen: "Ven". [...]» (Apocalipsis 22:17). Así pues, si estamos en correcta relación con Él, la iglesia y el cielo dirán lo mismo y al mismo tiempo.

Hoy en día, son muchas las palabras que salen de nuestra boca, pero no todas concuerdan —necesariamente— con las del Espíritu. En lo personal, quiero decir lo mismo que Él, no lo que diga un estratega, un credo ni un predicador. Creo que debemos estar alineados con el cielo, donde el Espíritu y Su esposa caminan juntos y hablan al unísono. De este modo, un día llegará la gloriosa celebración de la que habla Juan en el libro del Apocalipsis:

Oí como la voz de una gran multitud, como el estruendo de muchas aguas y como el sonido de fuertes truenos, que decía:

> «¡Aleluya!
> Porque el Señor nuestro Dios Todopoderoso reina.
> Regocijémonos y alegrémonos, y démosle a Él la gloria,
> Porque las bodas del Cordero han llegado y Su esposa se ha preparado».
> Y a ella le fue concedido vestirse de lino fino, resplandeciente y limpio,
> Porque las acciones justas de los santos son el lino fino.
> El ángel me dijo: «Escribe: "Bienaventurados los que están invitados a la cena de las Bodas del Cordero"» [...].
> (Apocalipsis 19:6-9)

3. La Iglesia Es el Ejército de Cristo

Luego de que Pablo hablase del cuerpo de Cristo —en Efesios 1— y de la esposa por la que Él se dio a sí mismo —en Efesios 5—, se refirió a la armadura de Dios —en Efesios 6—. En otras palabras, ¡la esposa de Efesios 5 tiene que portar la armadura de guerra en Efesios 6! Esto es: debemos cambiar el vestido de novia por el traje de combate, pues la iglesia es el ejército de Cristo, y hemos de librar la *buena batalla* siempre.

Hace un tiempo, leí sobre un hombre llamado Policarpo, que vivió en el siglo II y que, sin lugar a duda, se puso la armadura de guerra. Se trataba del obispo de Esmirna —la misma iglesia a la que se dirigió Jesús en el libro del Apocalipsis—, que en su momento sufría una terrible persecución. El Emperador Tiberio les exigía a todos los ciudadanos espolvorear incienso en su estatua una vez al año y declarar ante él: «César es el señor». En el año 156 d. C., Policarpo se rehusó a seguir dicha exigencia y, por ello, fue condenado a muerte. Al dársele la posibilidad de retracto —en virtud del poder de su iglesia—, Policarpo exclamó: «Durante 86 años Le serví y Él nunca me ha fallado; ¿cómo podría, entonces, blasfemar a mi Rey, que me salvó?».

Cuando estaba a punto de ser quemado en la hoguera, un funcionario de la iglesia se puso de pie y le dijo: «¡De la iglesia militante y de la iglesia triunfante, quedas excomulgado, Policarpo!». Justo antes de su martirio, Policarpo levantó la cabeza y respondió: «De la iglesia militante, tal vez; pero de la iglesia triunfante, ¡jamás! Solo el ejército de Dios triunfa por siempre».[10]

Como le ocurrió a Policarpo, también nosotros pareceremos inadaptados, desfasados con respecto a los tiempos en los que nos ha tocado vivir. En efecto, cuando edifiquemos para Dios, siempre habrá enemigos tratando de entorpecer nuestro trabajo. Por ello, como Su esposa, debemos tener la armadura siempre puesta y estar prestos al combate. Sin embargo, con más frecuencia de la que nos gustaría, será allí donde yazca el desafío mayor. La iglesia está entrenada para pelear y, si no nos enfrentamos al enemigo, terminaremos peleando entre nosotros. Si no luchamos contra el egoísmo, el pecado, el espíritu de estos tiempos, la lujuria ni las cadenas que quieren venir a atarnos, la ofensiva del enemigo acabará por derrotarnos desde dentro. Por todo lo anterior, no basta con tener la armadura bien puesta, también hemos de concentrarnos en librar la batalla correcta.

Resulta interesante ver que, en los cuatro Evangelios, Jesús solo pronunciase la palabra *iglesia* en dos ocasiones, y que ambas tuviesen lugar en un contexto bélico; en concreto, mencionó a la *iglesia* para referirse al infierno y a la ofensa.

Él lo sabía: no es azar que las dos cosas que más alejen a las personas de la iglesia sean el engaño y la ofensa —una proveniente del exterior y la otra, del interior—. Dicho esto, debemos estar siempre alerta, sin olvidar lo que Jesús declaró acerca de Su iglesia, pues nos llenará de valor para pelear:

> «... Yo también te digo que tú eres Pedro, y sobre esta roca edificaré Mi iglesia; y las puertas del Hades no prevalecerán contra ella...». (Mateo 16:18)

La frase: «Las puertas del Hades no prevalecerán» suena extraña, dado que la colocación «las puertas prevalecen» no tiene mucho sentido porque las puertas no luchan, sino que protegen. De hecho, una ofensiva militar nunca se lleva consigo sus propias puertas para asediar una ciudad enemiga. Por tanto, entendemos que Jesús no quiso decir que la iglesia fuese invencible frente al ataque del infierno —el Hades—, sino que se torna *inconquistable* cuando está a la ofensiva. Nos describe la imagen de una iglesia que se dirige a terreno enemigo —al inframundo— y, mientras lo ataca, las puertas del infierno caen ante a ella, incapaces de evitar que el ejército de Dios infiltre los amurallados campos del Hades para reclamar todo lo que allí ha permanecido encadenado y cautivo.

En palabras de Smith Wigglesworth: «Una gran fe es el resultado de grandes luchas, los grandes testimonios nacen de las grandes pruebas y los grandes triunfos solo pueden surgir de las grandes adversidades».[11] La iglesia tiene una gran historia que contar debido a las inmensas luchas que ha ganado a través de Jesús.

Pero ¿cómo ganar esa pelea? Busquemos pistas en Efesios 6, conocido como el capítulo de la guerra espiritual del Nuevo Testamento.

> Por lo demás, fortalézcanse en el Señor y en el poder de su fuerza. Revístanse con toda la armadura de Dios para que puedan estar firmes contra las insidias del diablo. Porque nuestra lucha no es contra sangre y carne, sino contra principados, contra potestades, contra los poderes de este mundo de tinieblas, contra las fuerzas espirituales de maldad en las regiones celestes. Por tanto, tomen

> toda la armadura de Dios, para que puedan resistir en el día malo, y habiéndolo hecho todo, estar firmes. (Efesios 6:10-13)

Este pasaje contiene algunos contrastes interesantes. Para comenzar, «no luchamos contra sangre y carne, sino contra principados y poderes de las tinieblas». No obstante, el contraste que solemos pasar por alto es el que existe entre *luchadores* y *soldados*. Cabe resaltar que en el versículo 12, Pablo habla de que «nuestra lucha no es...» y luego dice: «tomen toda la armadura de Dios»; con ello, nos aclara que no somos *luchadores*, sino *soldados*. La diferencia radica en que los luchadores solían enfrentarse cuerpo a cuerpo: untados de aceite de pies a cabeza, luchaban a muerte, uno contra otro. Sin embargo, Pablo nos recuerda que nosotros no peleamos de esa forma, pues no somos luchadores que se baten solos a título propio, ¡somos soldados que luchan juntos en un ejército! Al igual que las tropas romanas que se enfrentaban al enemigo juntando sus escudos para protegerse, nosotros peleamos uniendo los brazos unos con otros, como el ejército que somos.

En una escena de la película *Gladiador*, Máximo —antiguo general del ejército romano, interpretado por Russell Crowe— se encontraba en el Coliseo luchando contra otros gladiadores y, consciente de que todos se jugaban la vida, alentó a los demás hombres diciéndoles: «Sea lo que sea que salga de esas puertas, tenemos más posibilidades de sobrevivir si trabajamos juntos. ¿Entienden? Si permanecemos juntos, sobreviviremos».[12] Aquellas palabras de Máximo les dieron la clave para ganar la pelea, tal como Pablo nos la dio a nosotros en Efesios 6: tú y yo somos soldados y formamos parte de un ejército. Si peleamos solos por nuestra cuenta, moriremos, mas si luchamos juntos, ¡venceremos!

Vuelven a mi mente los versos de una vieja canción que solíamos cantar:

> Dios tiene un ejército
> Que marcha por la tierra,
> La liberación es su canto,
> Y hay sanación en sus manos,
> Eterno júbilo y gozo en sus corazones,
> Es de este ejército del que formo parte.

¡Tú también formas parte de este maravilloso ejército! De hecho, desempeñas un papel vital en *el cuerpo, la esposa* y *el ejército de Cristo*. Si contamos con el cuerpo que funciona en conjunto, la esposa que camina en unidad con su esposo, y el ejército cuyos soldados juntan sus brazos y avanzan: ¡las puertas del infierno no *prevalecerán* contra nosotros! Pertenecemos a la iglesia triunfante y no nos hundiremos, ¡emergeremos por la gracia de Dios!

PREGUNTAS

1. ¿En qué ocasiones has visto al cuerpo de Cristo lograr colectivamente lo que sus miembros no habrían podido conseguir de manera individual?

2. ¿Qué impacto ha tenido en ti encontrar en la iglesia a alguien que tú consideres un «recaudador de impuestos» o un «zelote»?

3. ¿De qué maneras podría la iglesia ir a la ofensiva contra el infierno?

4. ¿Cómo cuestiona este capítulo tu percepción y tu actitud frente al papel que desempeñas en la iglesia?

EL DISCIPULADO

Convertir a Multitudes en Discípulos

«El hombre que lleva una cruz dejó de controlar su destino; perdió todo control al tomarla. La cruz, de inmediato, se convirtió para él en un interés asfixiante, en una abrumadora necesidad. Sin importar lo que desee, solo habrá una cosa que pueda hacer; avanzar hacia el lugar de la crucifixión».
A. W. TOZER[1]

Podría alguien fundar un movimiento a nivel mundial en tan solo 36 meses? La verdad es que sí, de hecho, el ministerio de Jesús así lo prueba. Durante los últimos tres años de Su vida en la tierra, Jesús instruyó a sus doce discípulos, quienes, a su vez, habrían de cambiar el mundo. Como el discipulado fue lo último de lo que Jesús habló antes de irse de esta tierra, es apenas justo que le demos prioridad en nuestro orden del día.

Al renacer en Cristo, quedamos atados al cielo y, por ello, somos llamados a mostrar nuestras marcas de nacimiento celestial. El apóstol Juan emplea la frase «nacido de Dios» muchas veces en 1 Juan y menciona ejemplos de marcas de nacimiento que demuestran que formamos parte de la familia de Dios:

> Ninguno que es nacido de Dios practica el pecado, porque la simiente de Dios permanece en él. No puede pecar, porque es nacido de Dios. (1 Juan 3:9)

Los cristianos no estamos libres de pecado, pero —sin duda— pecaremos cada vez menos porque *nacimos de Dios.*

> Amados, amémonos unos a otros, porque el amor es de Dios, y todo el que ama es nacido de Dios y conoce a Dios. (1 Juan 4:7)

El amor por los demás proviene de aquellos que son nacidos de Dios.

> Porque todo lo que es nacido de Dios vence al mundo. Y esta es la victoria que ha vencido al mundo: nuestra fe. (1 Juan 5:4)

Quienes nacen de Dios viven en victoria.

Asimismo, una vida marcada por el amor y la victoria —y no dominada por el pecado— es la prueba de que estamos creciendo como personas y como cristianos. Crecer es la prueba de que hay vida; por eso debemos crecer también en nuestra fe, y llevarla cada vez más lejos. En consecuencia, hoy te reto a que pases de la fe en Dios al *discipulado.*

Lo explicaré usando una analogía bíblica: *los mares Rojos llevan a los ríos Jordán.* Comenzaré por aclarar que tanto el mar Rojo como el río Jordán desempeñaron un papel crucial en el recorrido que llevó a Israel de su pasado —esclavo— en Egipto a su futuro —liberto— en la Tierra Prometida. Su viaje hacia la libertad se asemeja a nuestro viaje hacia la salvación; el mar Rojo representa el pasado que queda atrás y el río Jordán, la llegada de un nuevo futuro.

En ambos casos, Dios abrió los cuerpos de agua y creó caminos donde antes no los había. Cada uno de estos milagros marcó el inicio de una nueva época, pero los dos sucedieron de formas distintas. Por una parte, el milagro del mar Rojo se dio frente a miles de personas que solo miraban a Dios desde la orilla:

> Pero Moisés dijo al pueblo: «No teman; estén firmes y vean la salvación que el Señor hará hoy por ustedes [...]». (Éxodo 14:13)

> Moisés extendió su mano sobre el mar, y el Señor, por medio de un fuerte viento del este que sopló toda la noche, hizo que el mar se retirara, y cambió el mar en tierra seca. Así quedaron

> divididas las aguas. Los israelitas entraron por en medio del mar, en seco, y las aguas les eran como un muro a su derecha y a su izquierda. (Éxodo 14:21-22)

Por otra parte, el milagro del río Jordán fue diferente, dado que los sacerdotes tuvieron que pararse en medio del río, en lugar de observar desde la orilla.

> Así que cuando el pueblo salió de sus tiendas para pasar el Jordán con los sacerdotes llevando el arca del pacto delante del pueblo, y cuando los que llevaban el arca entraron en el Jordán y los pies de los sacerdotes que llevaban el arca se mojaron en la orilla del agua [...] las aguas que venían de arriba se detuvieron y se elevaron en un montón [...] Las aguas que descendían hacia el mar de Arabá, el Mar Salado, fueron cortadas completamente. Así el pueblo pasó hasta estar frente a Jericó. (Josué 3:14-16)

Los israelitas no se mojaron al cruzar el mar Rojo, pero sí debieron mojarse los pies para cruzar el río Jordán. Del mismo modo, para avanzar hacia el futuro que Dios nos tiene preparado, también nosotros hemos de entrar al agua y mojarnos los pies. Cuanto más caminemos junto a Dios, más nos pedirá que saltemos al agua y menos nos permitirá quedarnos quietos viendo el milagro acontecer. Es decir, Dios te liberó de la esclavitud del pecado, y ahora Él quiere guiarte hacia el discipulado; hacia tu futuro de victoria.

Según el apóstol Pablo, esto es lo que debemos hacer para nacer del cielo y estar atados a él:

> Que si confiesas con tu boca a Jesús por Señor, y crees en tu corazón que Dios lo resucitó de entre los muertos, serás salvo. Porque con el corazón se cree para justicia, y con la boca se confiesa para salvación. (Romanos 10:9-10)

Sin embargo, una vez confesamos a Jesús como nuestro Señor, Él pone en tela de juicio nuestra confesión, tal como pasó con la pregunta más vergonzosa enunciada por Jesús:

> «... ¿Por qué ustedes me llaman: "Señor, Señor", y no hacen lo que Yo digo?...». (Lucas 6:46)

Ciertamente, llamar «Señor» a Jesús implica hacer lo que Él diga; si reconoces a Jesús como tu Señor, has de saber que Él te exhorta a empaparte los pies en el discipulado. A decir verdad, no existe el discipulado a medias, ya que ¡el cristianismo solo funciona cuando nos comprometemos *totalmente*! Si bien es cierto que se puede llegar a Jesús siendo adictos a las drogas o la pornografía, usando un lenguaje espantoso, llevando una vida sexual que no agrade a Dios, o siendo mentirosos o tramposos; *no se puede* caminar junto a Jesús sin cambiar en el trayecto. Con Él, la salvación es gratuita, pero el discipulado cuesta. Por eso, si Jesús realmente es tu Señor, te aseguro que Él te dirá cosas con las que —en un principio— no estarás de acuerdo.

Tristemente, no todos se someterán —por completo— ante Jesús. Veamos lo que ocurrió en la Última Cena:

> Al atardecer, estaba Jesús sentado a la mesa con los doce discípulos. Y mientras comían, dijo: «En verdad les digo que uno de ustedes me entregará». Ellos, profundamente entristecidos, comenzaron a decirle uno por uno: «¿Acaso soy yo, Señor?». Él respondió: «El que metió la mano al mismo tiempo que Yo en el plato, ese me entregará. El Hijo del Hombre se va, según está escrito de Él; pero ¡ay de aquel hombre por quien el Hijo del Hombre es entregado! Mejor le fuera a ese hombre no haber nacido». Judas, el que lo iba a entregar, dijo: «¿Acaso soy yo, Rabí?». «Tú lo has dicho», le contestó Jesús. (Mateo 26:20-25)

En el pasaje, Judas llamó a Jesús «Rabí», mientras todos los demás discípulos lo llamaron «Señor». Ello muestra que Judas disfrutaba de las enseñanzas de Jesús —como maestro—, pero él no quería cambiar su vida ni rendirse ante Él —como su Señor—. Cuando confesamos que Jesús es nuestro Señor, tenemos que hacer las cosas a Su manera. En las acertadas palabras de C. S. Lewis: «No llegué a la religión buscando que me diese felicidad, pues siempre supe que para eso bastaría apenas con una botella de Oporto. La verdad es que si lo que uno busca es una religión que lo haga sentir muy cómodo, con certeza yo no recomiendo el cristianismo».[2]

Lo cierto es que Jesús dejó muy en claro lo que se necesita para ser Su discípulo. Al inicio, lo seguían enormes multitudes; no obstante, Él mismo —a fuerza de *señorío*— habría de reducir la cantidad de espectadores. A diferencia de Jesús, los predicadores de hoy diluyen el mensaje para atraer un público cada vez más numeroso; sabemos que Cristo, en su momento, hizo todo lo contrario: Su mensaje se volvía más fuerte a medida que crecía Su audiencia. Un día, se dirigió a la multitud y le habló del discipulado:

> «Si alguien viene a Mí, y no aborrece a su padre y madre, a su mujer e hijos, a sus hermanos y hermanas, y aun hasta su propia vida, no puede ser Mi discípulo. El que no carga su cruz y me sigue, no puede ser Mi discípulo. Porque, ¿quién de ustedes, deseando edificar una torre, no se sienta primero y calcula el costo, para ver si tiene lo suficiente para terminarla? No sea que cuando haya echado los cimientos y no pueda terminar, todos los que lo vean comiencen a burlarse de él, diciendo: "Este hombre comenzó a edificar y no pudo terminar". ¿O qué rey, cuando sale al encuentro de otro rey para la batalla, no se sienta primero y delibera si con 10.000 hombres es bastante fuerte para enfrentarse al que viene contra él con 20.000? Y si no, cuando el otro todavía está lejos, le envía una delegación y pide condiciones de paz. Así pues, cualquiera de ustedes que no renuncie a todas sus posesiones, no puede ser Mi discípulo.
> Por tanto, buena es la sal, pero si aun la sal ha perdido su sabor, ¿con qué será sazonada? No es útil ni para la tierra ni para el montón de abono; la arrojan fuera. El que tenga oídos para oír, que oiga». (Lucas 14:26-35)

En tres ocasiones, dijo Jesús que quien no suscribiese estas condiciones no podría ser Su discípulo. Jesús le habló a la enorme multitud y la redujo a un puñado de discípulos. Hoy en día, la iglesia está llena de muchedumbre, pero los discípulos de verdad escasean.

A continuación, hablaremos de cinco particularidades que destacan en los discípulos:

- Una **comparación** extraña
- Una **crucifixión** diaria
- Una **construcción** calculada
- Un **conflicto** constante
- Un **contraste** marcado

Siguiendo las analogías bíblicas sobre la partición de las aguas, el día en el que tú oraste pidiendo volver a nacer representaría la decisión de cruzar el mar Rojo y, a su vez, atravesar el río Jordán representaría tu decisión de profundizar en el cristianismo e ir incluso más lejos. Hoy no estoy cuestionando tu decisión de cruzar el mar Rojo, pero sí quisiera retarte a que atravieses el río Jordán; te invito a que cruces ambos cuerpos de agua, no solo uno. Todos los que hicieron la oración para renacer en Cristo tienen los pies secos, y ya es hora de que se los mojen entrando al discipulado; mas ¿qué implica ello exactamente? Analicemos cada una de las características distintivas de los verdaderos discípulos de Jesús.

1. Una COMPARACIÓN Extraña: Tenerle un Amor Tan Grande a Dios que parezca que Aborrecemos a la Gente

En infinidad de ocasiones, le he dicho a mi esposa que ella es la segunda voz más importante en mi vida, después de la de Jesús. Con ello, no pretendo menospreciar a Cindy al colocarla en segundo lugar, nada de eso; su voz me importa muchísimo, mas no es la primera, pues en mi vida la voz de la Biblia tiene la prioridad. Si estuviésemos decidiendo de qué color pintar las paredes de nuestro apartamento y ella optase por un verde como el de los Jets de Nueva York, tal vez yo se lo discutiría, pero al final la dejaría ganar: nuestra sala sería verde, y todos los días, yo haría de cuenta que estamos acampando en el bosque. Si, en cambio, me dijese: «Quiero que dejemos de dar el diezmo», no existiría ni la más remota posibilidad de que yo accediese porque en mi vida la Palabra de Dios siempre es ley.

Cuando Jesús dice que Sus discípulos deben aborrecer a su padre, su madre y otros más, no se refiere a aborrecerlos en realidad; por el contrario, Él desafía a sus discípulos a amar tanto a Dios que el aprecio por los demás llegue a confundirse con desprecio. Lejos de querer que ellos desdeñen al prójimo, Jesús prepara a sus discípulos para las acusaciones que han de venir cuando las segundas voces en sus vidas pretendan ser las primeras. Dicho de otra forma: si alguien quiere ser discípulo de Jesús, debe amar tanto a Dios que, en comparación, parezca como si odiase a su padre, madre, hermanos y hasta su propia vida. La palabra clave aquí es *comparación.*

Con certeza, seguir el camino del discipulado en Jesús nos hará ver como personas que odian a su familia, sus raíces, su gente y hasta a sus hermanos de fraternidad. Si alguien abraza el cristianismo y vive con su pareja, cuando le diga que no pueden seguir viviendo juntos, seguramente escuche un fuerte reproche y la frase: «Tú ya no me quieres», a lo que —con honestidad y absoluta tranquilidad— podrá responder: «Tienes razón, ya no te quiero; ahora te amo con el amor de Cristo, y por eso voy a mudarme fuera de aquí».

Si alguien quiere ser Su discípulo, Jesús tiene que estar por delante de cualquier otra relación que esa persona tenga; por delante incluso de su crianza, sus padres y su origen étnico. Todo deberá pasar a un segundo plano *comparado* con Cristo, y cualquier cosa que contradiga Su Palabra deberá quedar de lado.

2. Una CRUCIFIXIÓN Diaria:
Darnos cuenta de que hay cosas en nuestra vida que no hace falta arreglar, sino que deben morir para siempre en nosotros

Jesús usó la cruz para hablar del discipulado: «El que no carga su cruz y me sigue, no puede ser Mi discípulo» (Lucas 14:27). En aquel entonces, la cruz era un instrumento de ejecución de la pena capital, no un adorno para llevar en el cuello; haberla considerado un accesorio habría sido tan reprochable como lo sería llevar hoy —a modo de joya— una cadena con la silla eléctrica. Cada vez que Jesús habla de la cruz que cargamos, nos está invitando a *dejar morir el yo* y a abandonar el *egoísmo*. Una vez le escuché decir a un pastor que «se puede pensar en la cruz como las incomodidades que llegan a la vida de un cristiano como resultado de su compromiso innegociable de seguir a Jesús».

Ahora bien, cuanto más muere un hombre para sí mismo, más vive para Dios. En nuestros días, existe un cristianismo que atiende a las opiniones externas y a los intereses personales; no obstante, el verdadero cristianismo implica la *muerte* del yo. De hecho, el motivo por el cual muchos cristianos no logran avanzar en su fe es que no han terminado —definitivamente— con su *yo*. Dios no te permitirá llevar tu egoísmo hacia el futuro, ¡solo podrás llevar la versión nueva y transformada de ti!

En su clásico libro *Portales de esplendor*, Elisabeth Elliot relató la historia de su esposo, Jim Elliot. El 8 de enero de 1956, Jim y otros cuatro misioneros fueron a llevar el Evangelio —por primera vez— a una tribu indígena del Ecuador conocida en ese entonces como los auca, quienes los atacaron con sus lanzas hasta matarlos. Cuando a Elisabeth le avisaron por radio que su esposo había muerto, ella contestó que Jim «no había muerto allí». Se lo repitieron varias veces, y ella no dejaba de insistir en que no era así, entonces creyeron que Elisabeth estaba en *shock* y que, por eso, se negaba a aceptarlo. Entonces, ella dijo: «Jim no murió en el río Curaray, murió en un altar del Wheaton College hace algunos años, cuando renunció a todo por Jesús». ¡Había muerto desde antes de emprender su camino como misionero! Qué apropiado es que el autor de estas famosas palabras sea el mismo Jim: «No es tonto el perder lo que no se puede guardar, por ganar lo que no se puede perder».[3]

De manera similar, las Escrituras nos muestran que la vida cristiana consiste en una serie de muertes y funerales de principio a fin.

> «... Con Cristo he sido crucificado, y ya no soy yo el que vive, sino que Cristo vive en mí; y la vida que ahora vivo en la carne, la vivo por fe en el Hijo de Dios, el cual me amó y se entregó a sí mismo por mí...». (Gálatas 2:20)

> Así también ustedes, considérense muertos para el pecado, pero vivos para Dios en Cristo Jesús. Por tanto, no reine el pecado en

> su cuerpo mortal para que ustedes no obedezcan a sus lujurias; ni presenten los miembros de su cuerpo al pecado como instrumentos de iniquidad, si no preséntense ustedes mismos a Dios como vivos de entre los muertos, y sus miembros a Dios como instrumentos de justicia. (Romanos 6:11-13)

Según la Biblia, ahora estamos oficialmente muertos para el pecado, y este nos es indiferente. No obstante, muchos de nosotros nos esforzamos por seguir con vida, cuando en realidad ¡deberíamos morir! Watchman Nee lo explica de la siguiente manera: «Dios no nos libra del dominio del pecado fortaleciendo a la persona que solíamos ser, sino crucificándola; tampoco lo hace ayudándola en su actuar, sino dejándola completamente fuera del panorama».[4] En pocas palabras, dejar que el *yo* muera es llegar a la conclusión de que la persona más importante del mundo no es uno mismo… ¡sino Jesús!

3. Una CONSTRUCCIÓN calculada: edificar una vida para la gloria de Dios, sin importar lo que cueste

Hay una historia muy conocida que dice que, en 1519, al llegar al puerto de Veracruz para empezar su conquista de México —con un reducido ejército de apenas 600 hombres—, Hernán Cortés intencionalmente le prendió fuego su a flota de 11 embarcaciones.[5] Sus hombres, desde la orilla, vieron a los barcos hundirse en las profundidades del golfo de México. Ya sin posibilidades de retirada, solo podían moverse en una dirección: hacia delante. Asimismo, para poder avanzar, nosotros debemos quemar las naves que quieren llevarnos de regreso a nuestra vida y hábitos de antes. Según el libro de los Hebreos:

> Y si en verdad hubieran estado pensando en aquella patria de donde salieron, habrían tenido oportunidad de volver. Pero en realidad, anhelan una patria mejor, es decir, la celestial [...]. (Hebreos 11:15-16)

También, el mismo Jesús habló de la importancia de hacer una construcción calculada para evitar la tentación de retirarnos:

«... Porque, ¿quién de ustedes, deseando edificar una torre, no se sienta primero y calcula el costo, para ver si tiene lo suficiente para terminarla? No sea que cuando haya echado los cimientos y no pueda terminar, todos los que lo vean comiencen a burlarse de él, diciendo: "Este hombre comenzó a edificar y no pudo terminar"...». (Lucas 14:28-30)

Siendo realistas, el verdadero discipulado implica revisar los planes y contabilizar los costos. Yo era consciente de que mi mudanza a Nueva York —para ponerme al frente de la Iglesia de Times Square— habría de pasarle factura a mi matrimonio, a mi familia y a mi vida personal. Por eso, Cindy y yo calculamos los costos *a priori*: previmos muchas de las batallas que enfrentaríamos y, desde luego, nos topamos con otras tantas que no esperábamos; con todo, éramos conscientes de que no sería fácil. Siguiendo la analogía bíblica, la gente del mar Rojo nos preguntaba qué estábamos haciendo en el Jordán, a lo que nosotros respondíamos: «Ya se abrirán las aguas; no sabemos cuándo, pero sucederá». Honestamente, ha sido una de las cosas más difíciles y a la vez más satisfactorias que he hecho en la vida.

A veces viene a mi memoria el diálogo de Tom Hanks en la película *Un equipo muy especial*, cuando su personaje dice, en otras palabras: «Tiene que ser difícil; si no lo fuese, cualquiera lo haría. En la dificultad radica la grandeza».[6] Debido a ello, Dios nos insta a que calculemos el *precio* del discipulado antes de decidirnos a cruzar el río Jordán. Vivir en la fe es magnífico, pero también es difícil y costoso.

William Borden, heredero del imperio de lácteos Borden, es el ejemplo de un discípulo que sí contabilizó el costo anticipadamente. Borden ya era millonario cuando se graduó de la secundaria en una escuela de Chicago y sus padres le obsequiaron un viaje por el mundo. Su recorrido por Asia, el Medio Oriente y Europa despertó en William una preocupación por las almas perdidas; entonces, le escribió a su familia el siguiente mensaje: «Daré mi vida para prepararme para el campo misional». Al tomar esa decisión, escribió dos palabras en el reverso de su Biblia: «Sin reservas». Años más tarde, rechazó jugosas ofertas de trabajo tras graduarse de la Universidad de Yale, y en aquel momento, agregó dos palabras más a su Biblia: «Sin retiradas». Posteriormente, cuando culminó sus estudios en el Princeton Seminary, William zarpó con destino a China como misionero, e hizo una parada en Egipto como parte de sus preparativos. Mientras se encontraba allí, enfermó de meningitis y falleció al cabo de un mes. Después de su muerte, sus familiares le dieron un vistazo a su Biblia y encontraron —debajo de las dos anteriores— una última anotación de William que completaba su trilogía: «Sin reservas. Sin retiradas. Sin arrepentimientos».[7] ¡Él sí que había contabilizado el costo!

4. Un CONFLICTO constante: La Disposición de Enfrentarse a los Enemigos de la Cruz

En el capítulo anterior, vimos que quien vive la vida cristiana se mantiene en guerra: se pelea contra el diablo, contra la carne, contra el mundo. Pelearemos por orar, por diezmar, por leer la Biblia, por la salvación de nuestros hijos, por la paz, por la alegría y por nuestros matrimonios. Jesús nos dijo que un discípulo debe estar preparado para pelear, sin importar que todo apunte a su derrota, dado que justo ahí yace el reto.

> «... ¿O qué rey, cuando sale al encuentro de otro rey para la batalla, no se sienta primero y delibera si con 10.000 hombres es bastante fuerte para enfrentarse al que viene contra él con 20.000?...». (Lucas 14:31)

En este pasaje, el otro ejército duplica al propio, pero, si Dios está a tu favor, entre los dos serán siempre mayoría. Incluso cuando todo parezca ser una pelea, es preciso recordar que es una *buena pelea*. Citando al apóstol Pablo:

> Pelea la buena batalla de la fe. Echa mano de la vida eterna a la cual fuiste llamado [...]. (1 Timoteo 6:12)

He peleado la buena batalla, he terminado la carrera, he guardado la fe. (2 Timoteo 4:7)

Con seguridad —y la ayuda y la gracia de Dios—, ganarás la batalla. Muchos dirán que es cobardía, conformismo y cautela extrema; lo cierto es que el discipulado constantemente pone batallas en el camino, todas acompañadas de sus respectivas victorias.

En su libro *La firma de Jesús*, Brennan Manning cita una nota cuya copia le fue entregada. La original se encontró en la oficina de un joven pastor en Zimbabue, África, luego de ser martirizado debido a su fe en Cristo:

> Soy parte de la hermandad de los sin vergüenza. Tengo el poder del Espíritu Santo. La muerte fue echada. Me he parado en el límite. Tomé la decisión: soy discípulo de Él. No voy a mirar atrás, amainar, frenar, detenerme, ni quedarme quieto. Mi pasado fue redimido, mi presente tiene sentido, mi futuro es seguro. Ya se terminaron para mí los bajos estándares de vida, el caminar por fe, las rodillas lisas, los sueños descoloridos, las visiones aburridas, las charlas de este mundo, las dádivas baratas y los objetivos pequeños. Ya no necesito preeminencia, prosperidad, posición, ascensos, elogios ni popularidad. No tengo que ser correcto, ni ser el primero, ni el mejor, ni ser reconocido, ni alabado, ni respetado, ni recompensado. Ahora vivo por fe, recostado sobre su presencia, camino con paciencia, me levanta la oración y hago mi tarea con poder.
>
> Mi rostro, decidido, mi marcha es rápida, mi meta es el cielo, mi sendero es angosto, mi camino dificultoso, mis compañeros son pocos, mi Biblia confiable, mi misión es clara. No me pueden comprar, ni comprometer, ni desviar, ni tentar, ni torcer, ni engañar, ni retrasar. No voy a flaquear ante el sacrificio, ni a dudar ante la presencia del enemigo, ni a complacer a la cantidad de popularidad, ni tampoco a deambular por los laberintos de la mediocridad. No voy a rendirme, callarme, ni ceder, hasta que no haya permanecido en pie, conservado, elevado una oración, predicado por la causa de Cristo. Soy un discípulo de Jesús. Debo

seguir hasta que Él venga, dar hasta entregar todo, predicar hasta conocer, y trabajar hasta que Él me detenga. Y, cuando Él venga en persona, no va a tener ningún problema para reconocerme... ¡mi estandarte será claro![8]

En suma, un verdadero discípulo es alguien a quien no le bastó con adentrarse en el río Jordán, ¡sino que, a pesar de las dificultades, consiguió llegar hasta la otra orilla!

5. Un CONTRASTE Marcado: Vivir una Vida Diferenciada

Jesús les dijo a Sus discípulos que eran ellos la sal de la tierra (ver Mateo 5:13). En aquella época, la sal se usaba para preservar los alimentos y evitar que se descompusiesen; del mismo modo, el pueblo de Dios debe ser el conservante que impida que la sociedad se pudra. Sin embargo, de poco sirve la sal si ha perdido su sabor y sus propiedades.

«... Por tanto, buena es la sal, pero si aún la sal ha perdido su sabor, ¿con qué será sazonada? No es útil ni para la tierra ni para el montón de abono; la arrojan fuera. El que tenga oídos para oír, que oiga». (Lucas 14:34-35)

Lamentablemente, la transigencia de la iglesia ha minimizado su influjo en la sociedad. Las iglesias pretenden rescatar al mundo actuando como él; desde los pastores gritones hasta los santos bebedores. Mas nosotros, como discípulos de Jesús, estamos llamados a vivir vidas diferenciadas, un claro contraste con el espíritu de estos tiempos.

Es hora de Mojarse losPies

Para cerrar, he aquí la pregunta del millón: ¿Estás preparado para ser un verdadero discípulo de Jesús? Con seguridad, tendrás que empaparte los pies en el río Jordán; amar tanto a Dios que cualquier otro afecto parezca desprecio; dejarte morir a ti mismo cada día; edificar una vida para la gloria del Señor—sin importar lo que cueste—; estar dispuesto a enfrentarte a los enemigos de la cruz, y vivir una vida diferenciada.

A mis 17 años, el que era entonces mi pastor de jóvenes me entregó un libro sobre un increíble misionero que trabajó con los indígenas de Suramérica. Aunque parezca extraño, no fue el libro en sí mismo lo que me inspiró a convertirme en discípulo de Jesús, sino la dedicatoria que mi pastor había escrito en la primera página: «El mundo aún no ha visto lo que Dios puede lograr a través de un hombre totalmente entregado a Él. Tú puedes ser ese hombre, Tim».

Fue así como comenzó mi discipulado.
Sin reservas.
Sin retiradas.
Sin arrepentimientos.

PREGUNTAS

1. ¿Hay algún área de tu vida sobre la que Jesús no ejerza señorío?

2. A la hora de contabilizar los costos, ¿qué reservas tienes que te impidan comprometerte del todo?

3. ¿Qué cambios has hecho (o necesitas hacer) para vivir *una vida diferenciada*?

4. ¿Cuál es el río Jordán que Dios te pide que cruces y que has esquivado por miedo a mojarte los pies? Bien, ahora que lo has identificado, es tiempo de dar el primer paso. ¡Recuerda que solo unos pies empapados podrán llevarte al futuro y a la victoria!

LA ETERNIDAD

La Vida Después de la Vida

«Hay muchas cosas sobre las que no me haría falta molestarme si fuera a vivir solo setenta años, pero por las que más valdrá que me moleste, y mucho, si voy a vivir eternamente».
C. S. Lewis[1]

Una vez, Charles Spurgeon —gran predicador del siglo XIX— hizo algo desconcertante: subió al púlpito a predicar sin su Biblia. Sin lugar a duda, era insólito ver a Spurgeon, el príncipe de los predicadores, sin su Biblia en la mano. Se dirigió a la congregación y explicó que había recibido críticas que lo tachaban de anticuado por citar la Biblia siempre y hablar poco sobre ciencia y cultura.

«Bien, hoy en nuestra iglesia tenemos a una viuda que acaba de perder a su único hijo —un buen chico cristiano— en un trágico accidente; justo ayer lo enterramos. Ahora, busquemos respuestas en la ciencia. ¿Acaso volveremos a verlo? ¿Qué puede decirnos al respecto la ciencia?». Tras la intervención de Spurgeon, hubo un prolongado silencio.

«¿Qué dirá la ciencia? ¿Él estará en la eternidad? ¿Podemos tener la esperanza de que exista una vida más allá de la tumba?». De nuevo, silencio total.

«Hay una mujer ansiosa por saberlo. ¡Nos urgen respuestas de la ciencia acerca de la eternidad! ¿Qué? ¿Qué le decimos a esta mujer que está sufriendo? Bien, como la ciencia no puede responder, consultaré el libro que *sí* puede». A continuación, sacó su Biblia y leyó las maravillosas promesas de Jesús sobre la vida eterna.

Cuando se trata de los grandes interrogantes de la vida, el gobierno y la ciencia nos hablan del *que*, mas no del *porqué*. Son expertos en describir situaciones, pero rara vez nos dicen lo que debemos hacer, y ni hablar de darnos el poder para hacerlo. Naturalmente, el conocimiento humano es limitado. Por eso, hemos de acudir a un Dios *sin límites* para hallar las respuestas que nuestras almas anhelan, ya que solo un Dios *eterno* y las *eternas* Escrituras pueden hablar de la *eternidad*; valga la redundancia. Veamos lo *que tiene Él para decir*.

Encontramos en el libro de Eclesiastés esta corta pero sustanciosa frase:

> Él [...] también ha puesto la eternidad en sus corazones [...]. (Eclesiastés 3:11)

En mi opinión, es bastante diciente: somos criaturas del tiempo. Nuestros cuerpos lo viven, y lo vemos pasar en nuestras manos, rostros, cabellos, piernas y ojos. Al final, todo empieza a deteriorarse; nos salen canas, nos hacemos más lentos y sentimos dolores. Entretanto, algo llamado eternidad habita todos los corazones porque Dios ha instalado para siempre en nuestro interior la idea de que hay vida después de la vida.

Así, surge una importante pregunta: ¿Cuánto dura la vida humana? Dura *para siempre*. Luego de nacer, nuestra existencia se vuelve tan imperecedera como la de Dios. Sin importar que solo pasemos setenta u ochenta años *en esta tierra* —lo que en la Biblia se llama «un vapor»—,[2] seguiremos existiendo eternamente. Por eso, incluso nuestros amigos que se han ido existen todavía.

Hay una guerra constante entre el tiempo que duran nuestros cuerpos y la eternidad de nuestros corazones. La cuestión radica en decidir cuándo ser felices: en el limitado tiempo del cuerpo o en la eternidad del corazón. Quien busque la felicidad en su tiempo terrenal y excluya de su vida al Dios eterno se topará —inevitablemente— con un callejón sin salida.

La eternidad podrá no ser inmediata, pero sí que es inminente. Aunque tomemos vitaminas, bebamos té verde y nos bañemos en aceites esenciales todas las noches para prolongar nuestro tiempo terrenal, tarde o temprano, habremos de hacerle frente a la eternidad. En el planeta, mueren —en promedio— tres personas por segundo, esto es: cada día, habrá unas 250.000 que enfrenten la eternidad, sea en el cielo o en el infierno.[3] La muerte es inevitable —e innegable—, y por estadística sabemos que nuestra probabilidad de morir es del 100 %. No importa si nos alimentamos de tofu o nos atiborramos de golosinas; indefectiblemente, todos moriremos.

No obstante, evitamos a toda costa el tema de la muerte, pues «ojos que no ven, corazón que no siente». Así, nos escudamos en eufemismos para hablar de nuestra fugaz existencia humana, hasta el punto de que ya ni siquiera permitimos que *mueran* nuestras mascotas; las *dormimos*. De modo que, si un niño pregunta dónde está su perrita Manchas y le responden que «la tuvieron que dormir», será tal su confusión que —seguramente— se lo pensará dos veces antes de hacer su próxima siesta. ¿No es eso contraproducente? Hemos llegado al punto de asignarle lugares a la muerte, y ya no dejamos que las personas fallezcan en casa: hoy es más frecuente que suceda en hospitales o en ancianatos.

Intentamos suavizar el tema y adornamos el lenguaje con el que nos referimos a la muerte. Así, expresiones como: «él ya no está con nosotros» o «ella pasó a mejor vida» abundan en las funerarias, a las que hoy nos referimos como «Centros de Gestión de Ciudadanos Eternos», y cuyos encargados y trabajadores se han convertido en «gestores póstumos». Además, es fácil darse cuenta de que la gente hace todo lo posible para evitar la muerte. Por ejemplo, el Instituto Nacional sobre el Envejecimiento de los Estados Unidos destina unos 325 millones de dólares al año en investigaciones sobre el componente biológico de la vejez.[4] También, la Hevolution Foundation de Arabia Saudita tiene planeado invertir hasta mil millones de dólares anuales —¡de manera indefinida!— para apoyar investigaciones sobre el envejecimiento y buscar formas de extender el tiempo en que los humanos gocen de buena salud.[5] Adicionalmente, en California, existe —para los más adinerados— la práctica de la criogenización de los cuerpos; es decir: congelar cadáveres en nitrógeno líquido. Así, quienes guardan la esperanza de volver a despertar algún día —y cuentan con el dinero para pagarlo— tienen otra alternativa. Sin embargo, nada de lo anterior cambia el carácter definitivo de la muerte ni el hecho de que haya vida después de la vida.

El apóstol Pablo nos recuerda que «[…] las cosas que se ven son temporales, pero las que no se ven son eternas» (2 Corintios 4:18). Las cosas que no se ven… ¡está hablando de la eternidad! ¡No olvidemos nunca que nuestra vida en la tierra es tan solo la página inicial de una historia que no termina!

Como ya habremos visto alguna vez, las lápidas de los cementerios suelen separar, con un guion intermedio, las fechas del nacimiento y la muerte de una persona. Ese pequeño signo comprende todo lo que hacemos durante nuestra vida en este planeta: las decisiones, los golpes, los sufrimientos y los buenos —y malos— tiempos. Debemos tener en cuenta lo que cada uno de nosotros hace con ese guion, pues del otro lado nos espera el cielo o el infierno, que son lugares reales y que están en el mapa.

A continuación, hablaremos de los lugares que ofrecen vida después de la vida. Comenzaremos por echarle un vistazo a:

El Cielo

La Biblia menciona el cielo más de 500 veces, y habla de tres «cielos» distintos. El primero se ve de día, el segundo se ve de noche y el tercero se ve con la fe; de este último hablaremos hoy. Estoy convencido de que la mejor definición del cielo es la que aparece en Juan 14: «la casa de Mi Padre», nuestro hogar eterno. Al morir, quienes hayan recibido la salvación irán al cielo de inmediato:

> Por tanto, animados siempre y sabiendo que mientras habitamos en el cuerpo, estamos ausentes del Señor. (Porque por fe andamos, no por vista). Pero cobramos ánimo y preferimos más bien estar ausentes del cuerpo y habitar con el Señor. (2 Corintios 5:6-8)

Veamos la descripción del cielo que nos presenta Apocalipsis 7:

> Después de esto miré, y vi una gran multitud, que nadie podía contar, de todas las naciones, tribus, pueblos y lenguas, de pie delante del trono y delante del Cordero, vestidos con vestiduras blancas y con palmas en las manos. (Apocalipsis 7:9)

¡Esa «gran multitud» somos nosotros mismos! Todas las naciones, tribus, pueblos y lenguas, sin separar a los blancos, los indígenas, los hispanos, los chinos ni los árabes... ¡todos estamos incluidos! Hoy en día, presenciamos luchas por la diversidad, y ¿¡qué mayor diversidad que la del cielo!? Considero que la gran lucha no debería centrarse en aumentar la diversidad en nuestras iglesias —por más noble que esta causa sea—, sino en llevar el alma hasta el cielo, que es donde —al fin y al cabo— existe la verdadera diversidad.

> Clamaban a gran voz: «La salvación pertenece a nuestro Dios que está sentado en el trono, y al Cordero». Todos los ángeles estaban de pie alrededor del trono y alrededor de los ancianos y de los cuatro seres vivientes. Estos cayeron sobre sus rostros delante del trono y adoraron a Dios. (Apocalipsis 7:10-11)

Al llegar allí, nos uniremos todos a una adoración en curso; habrá ángeles y ancianos que Lo adorarán diciendo: «[...] "¡Amén! La bendición, la gloria, la sabiduría, la acción de gracias, el honor, el poder y la fortaleza, sean a nuestro Dios por los siglos de los siglos. Amén"». (Apocalipsis 7:12)

La adoración de la que habla este versículo se intensifica a lo largo del libro del Apocalipsis. Si prestamos atención, notaremos cómo aumentan las notas de alabanza en cada versículo:

Vemos dos en Apocalipsis 1:6:

> [...] a Él sea la <u>gloria</u> y el <u>dominio</u> por los siglos de los siglos. Amén.

En Apocalipsis 4:11, aumentan a tres:

> «Digno eres, Señor y Dios nuestro, de recibir la <u>gloria</u> y el <u>honor</u> y el <u>poder</u> [...]».

Siguen incrementando en Apocalipsis 5:13:

> [...] «Al que está sentado en el trono, y al Cordero, sea la alabanza, la honra, la gloria y el dominio por los siglos de los siglos».

En Apocalipsis 7:11-12, el número asciende a un perfecto siete:

> [...] Estos cayeron sobre sus rostros delante del trono y adoraron a Dios, diciendo: «¡Amén! La bendición, la gloria, la sabiduría, la acción de gracias, el honor, el poder y la fortaleza, sean a nuestro Dios por los siglos de los siglos. Amén».

Luego, de repente, en medio de esta adoración in crescendo —con siete notas de alabanza— ¡el cielo se detiene!

> Uno de los ancianos habló diciéndome: «Estos que están vestidos con vestiduras blancas, ¿quiénes son y de dónde han venido?». (Apocalipsis 7:13)

Se detiene la adoración y alguien pregunta: «¿Quiénes son ellos? ¿De dónde han venido?». ¿Quiénes serán estos nigerianos, rusos, ucranianos, indios, italianos y mexicanos? ¿Quiénes son estas personas vestidas de blanco?

> Y le respondí: «Señor mío, usted lo sabe». Y él me dijo: «Estos son los que vienen de la gran tribulación, y han lavado sus vestiduras y las han emblanquecido en la sangre del Cordero...». (Apocalipsis 7:14)

En Apocalipsis 7, Juan nos habla de tres cosas que se encuentran en la gloria:

1. Una invitación no merecida

> «[...] han lavado sus vestiduras y las han emblanquecido en la sangre del Cordero...». (Apocalipsis 7:14)

Lo que estás a punto de experimentar escapa completamente a tu imaginación y te es ajeno. Para entenderlo mejor, comenzaré por aclarar que la identidad cristiana es la única que *se recibe* en vez de *lograrse*, pues no se basa en el desempeño ni en los fracasos de una persona; tampoco discrimina a nadie, sino que ¡llega como consecuencia de haber sido bañados en la sangre del Cordero!

Para continuar, te explicaré que Dios castiga el pecado de dos maneras distintas: el fuego del infierno y la sangre de Jesús. La cuestión no radica en si tus pecados recibirán castigo o no; se trata del *cómo*. Ya vimos en el primer capítulo —la expiación— que la justicia de Dios ha quedado completa y eternamente satisfecha con lo que Jesús hizo por nosotros en la cruz; Su sangre basta para permitirnos la entrada al cielo.

2. Una gratitud que trasciende las palabras

Hace muchos años, a Cindy y a mí nos regalaron boletos para un partido en el Yankee Stadium. Por lo general, cuando recibimos entradas gratis, nuestros lugares suelen quedar en las ubicaciones más alejadas de la cancha, las más altas del estadio. Por supuesto, agradecemos el gesto, pero nos agota un poco el tener que subir por las graderías casi hasta el cielo; por eso, al recibir aquellos boletos, no guardábamos mayores expectativas. Sin embargo, al llegar al estadio, los acomodadores que nos guiaban se acercaron más y más a la cancha, y nosotros —detrás de ellos— estábamos muy confundidos. Para nuestra sorpresa, los asientos que nos habían obsequiado estaban justo detrás del *home*. ¡Qué diferencia! ¡La vista, la comida y hasta el aire eran mejores!

Realmente no importa si llegamos tarde al cielo, lo importante son los asientos que nos corresponden allí. El libro del Apocalipsis 7 nos describe el mapa del lugar; específicamente el versículo 9 habla de una multitud de naciones, tribus, pueblos y lenguas, y el versículo 15 detalla su ubicación:

> «... Por eso están delante del trono de Dios, y le sirven día y noche en Su templo; y Aquel que está sentado en el trono extenderá Su tabernáculo sobre ellos...». (Apocalipsis 7:15)

¡Qué maravilla estar delante —o justo en frente— del trono! El versículo 11 nos cuenta que los ángeles están «alrededor del trono», y nosotros recibiremos lugares aún más cercanos que los suyos y los de quienes ya llevan milenios en el cielo; iremos directamente a la primera fila. En el versículo 15, vemos: «"[...] y Aquel que está sentado en el trono extenderá Su tabernáculo sobre ellos"». Cabe resaltar que los ángeles tienen la rectitud de las criaturas, pero nosotros tenemos la rectitud de Jesús, que nos cubre y nos da una belleza superior a la de ellos.

Además, una vez en los asientos privilegiados, se nos darán artículos para la adoración, como los objetos que dan en los estadios para animar a los deportistas. Así, se nos darán palmas para avivar la adoración, como dice el versículo 9.

La elección de las palmas no es aleatoria, ya que los judíos las usaban en la Fiesta de los Tabernáculos. Al finalizar la cosecha, acudían a una fiesta comunitaria y agitaban sus palmas; dicho movimiento simbolizaba un proceso de principio a fin, que quería decir: «Hemos trabajado duro, y, aunque hayamos pasado tiempos difíciles, ¡la cosecha por fin ha llegado!». Asimismo, al llegar al cielo, agitaremos palmas que simbolizarán el fin del recorrido: «¡Hemos llegado a la meta! ¡Solo la gracia de Dios nos ha traído hasta aquí!».

Curiosamente, solo los humanos recibirán palmas; los ángeles, no. Ellos no han peleado ninguna batalla, por ende, no saben lo que es dar la pelea de la fe, resistir la tentación, plantarse en firme con la armadura de Dios, llorar en medio de la oración y seguir orando, alabar al Señor con canciones tras haber recibido un diagnóstico de cáncer o levantar las manos afectadas por la artritis. Dios les da más valor a los cánticos en la tierra que en el cielo, pues sin dolor no habrá palma y sin cruz no habrá corona. El blanco de las vestiduras simbolizará el camino de Jesús —que seguimos para llegar allí— y las palmas representarán que es *mediante* la batalla que se obtienen los asientos de primera fila. Ahí, nadie cuenta historias tristes, solo se escuchan gritos de júbilo que afirman: «¡Salve, salve, salve Dios!».

3. Una vida inimaginable

> «... Ya no tendrán hambre ni sed, ni el sol les hará daño, ni ningún calor abrasador, pues el Cordero que está en medio del trono los pastoreará y los guiará a manantiales de aguas de vida, y Dios enjugará toda lágrima de sus ojos». (Apocalipsis 7:16-17)

Cuando vivíamos en Detroit, compramos un teatro XXX y lo transformamos en una iglesia. Allí, la primera conversación que tuve fue con la prostituta del lugar. Compartí con ella el Evangelio; le conté sobre el cielo y le leí el pasaje de Apocalipsis 7. Mientras le hablaba, ella me interrumpió sobresaltada y dijo: «¿Es cierto? ¿Existe un lugar donde no tendré que llorar más?». Su voz entrecortada resonó en las paredes del teatro.

A menudo, las personas riñen con la eternidad que Dios ha puesto en su corazón y se empeñan en ignorar la voz que les dice que están hechas para algo mejor... que, a todas estas, es la pura verdad. Hay unas vestiduras blancas, un asiento preferencial y una palma esperando por cada uno de nosotros. Dios ofrece una vida eterna que supera cualquier cosa que pudiésemos imaginar. Fue por eso que Pablo dijo:

> Pues considero que los sufrimientos de este tiempo presente no son dignos de ser comparados con la gloria que nos ha de ser revelada. (Romanos 8:18)

¡Cuán sabia fue la reflexión de Pablo! Sin importar lo que tuviese que afrontar en nombre de Cristo, sus ojos estaban fijos en la gloria que se revelaría en él. Antes de enfrentar cada batalla, se confortaba diciendo: «¡No vale la pena! ¡No se compara!».

Ahora que ya le hemos dado un vistazo al cielo de las Escrituras, pensemos en la siguiente cita de Leon Morris: «Algunos dicen: "Creo en el cielo, pero no en el infierno"; yo les respondo que *sin infierno no hay cielo*. La autoridad única para creer en el cielo es la Biblia, y ella nos enseña que existe un infierno. Solemos pasar por alto que Jesús habló con más frecuencia del infierno que del cielo. Para Él, las consecuencias de los pecados sin perdonar eran aterradoras».[6]

A continuación, le daremos un pequeño vistazo a:

El Infierno

El infierno es la única reacción posible de un Dios santo. ¿Qué pasaría si un juez viese a un asesino o acosador de niños y le dijese: «Lo perdono; solo le pido que no lo vuelva a hacer»? ¡Sería un escándalo! Nadie querría que un juez así tuviese autoridad alguna. Dentro de nosotros, algo nos dice que lo correcto sería que se hiciese justicia, pues las malas acciones deben ser punidas. Llegados a este punto, vemos claro el dilema: queremos justicia, pero no queremos infierno.

El infierno es la justicia última de Dios, y no solo se encarga de las personas malvadas, sino *de toda la humanidad*. ¡Cuán profundo es que —en el libro de los Salmos— el salmista se regocije en el juicio! Lo hace porque sabe que este último es el mecanismo de la justicia divina.

El infierno es la factura; sin él, los domingos tendríamos la iglesia repleta de personas respetables estrechando la mano de Dios y dándole las gracias. Por el contrario, habiendo un infierno, el domingo la iglesia se llena de almas que se postran a los pies del Señor para alabarlo, conscientes de aquello de lo que se han salvado: del mismísimo Hades.

¿Qué tal si pudiésemos escuchar —de boca de alguien que ya murió— cómo es el infierno? Es lo que encontramos en Lucas 16. En ese capítulo, Jesús nos muestra un atisbo de lo que hay más allá de la muerte. Para ser franco, he escuchado —con escepticismo— las historias de quienes dicen haber visto una luz y visitado el cielo, mas en esta ocasión no puedo ser escéptico porque fue el mismo Jesús quien volvió del más allá:

> «... Había cierto hombre rico que se vestía de púrpura y lino fino, celebrando cada día fiestas con esplendidez. Y un pobre llamado Lázaro que se tiraba en el suelo a su puerta cubierto de llagas, ansiaba saciarse de las migajas que caían de la mesa del rico; además, hasta los perros venían y le lamían las llagas. Sucedió que murió el pobre y fue llevado por los ángeles al seno

> de Abraham; y murió también el rico y fue sepultado. En el Hades el rico alzó sus ojos, estando en tormentos, y vio a Abraham a lo lejos, y a Lázaro en su seno. Y gritando, dijo: "Padre Abraham, ten misericordia de mí, y envía a Lázaro para que moje la punta de su dedo en agua y refresque mi lengua, pues estoy en agonía en esta llama". Pero Abraham le dijo: "Hijo, recuerda que durante tu vida recibiste tus bienes, y Lázaro, igualmente, males; pero ahora él es consolado aquí, y tú estás en agonía. Además de todo esto, hay un gran abismo puesto entre nosotros y ustedes, de modo que los que quieran pasar de aquí a ustedes no pueden, y tampoco nadie puede cruzar de allá a nosotros". Entonces él dijo: "Te ruego, pues, padre, que lo envíes a la casa de mi padre, pues tengo cinco hermanos, de modo que él los prevenga, para que ellos no vengan también a este lugar de tormento". Pero Abraham dijo: "Ellos tienen a Moisés y a los profetas; que los oigan a ellos". Y el rico contestó: "No, padre Abraham, sino que si alguien va a ellos de entre los muertos, se arrepentirán". Pero Abraham le contestó: "Si no escuchan a Moisés y a los profetas, tampoco se persuadirán si alguien se levanta de entre los muertos"». (Lucas 16:19-31)

Así es la vida después de la vida. Antes que nada, ¿pertenecerá este relato a la historia o se tratará de una parábola? Analicemos las dos opciones: si fuere historia, ello querría decir que en realidad sucedió. Si, por el contrario, fuere una parábola, encontraríamos en ella indicios de su función instructiva, como lo son las expresiones: «puede compararse...» o «es semejante a...».

Veamos la introducción de algunas parábolas en Mateo 13:

> «... Ustedes, pues, escuchen <u>la parábola</u> del sembrador...». (versículo 18)
>
> Jesús les contó otra parábola: «El reino de los cielos <u>puede compararse a</u> [...]». (versículo 24)
>
> Otra parábola les contó Jesús: «El reino de los cielos <u>es semejante a</u> [...]». (versículo 31)

> Les dijo otra parábola: «El reino de los cielos es semejante a [...]». (versículo 33)

Jesús también repite: «El reino de los cielos es semejante a [...]» en los versículos 44 al 47. También, Mateo 22 y Lucas 13-15 presentan ejemplos de parábolas claramente descritas como tales.

Observemos, una vez más, la introducción de este pasaje... ¿se tratará de una parábola o de un hecho histórico?

> «... Había cierto hombre rico que se vestía de púrpura y lino fino, celebrando cada día fiestas con esplendidez...». (Lucas 16:19)

El texto inicia con «había», lo que nos confirma la existencia de una persona en concreto. La redacción misma nos indica que se trata de un hecho histórico y no de un caso hipotético con fines aleccionadores.

> «... Y un pobre llamado Lázaro que se tiraba en el suelo a su puerta cubierto de llagas...». (Lucas 16:20)

Adicionalmente, Jesús no empleó nombres específicos en ninguna de sus parábolas, pero aquí habló de *un* pobre llamado Lázaro. Así, la Biblia señala a aquel hombre entre todos los demás para que no haya lugar a confusión; sabemos que había muchos pobres en Jerusalén, pero este tenía nombre propio. Para salir de dudas, veamos otros pasajes que nombran a personajes concretos:

> Pero cierto hombre llamado Ananías, con Safira su mujer, vendió una propiedad. (Hechos 5:1)
> Hacía tiempo que cierto hombre llamado Simón, estaba ejerciendo la magia en la ciudad y asombrando a la gente de Samaria, pretendiendo ser un gran personaje. (Hechos 8:9)
> Había en Cesarea un hombre llamado Cornelio, centurión de la cohorte llamada la Italiana.
> (Hechos 10:1)

Si Ananías, Simón y Cornelio fueron reales, el pobre Lázaro no pudo ser la excepción. Seguramente lo veamos cuando lleguemos al cielo. Por todo lo anterior, me inclino a pensar que se trata —en efecto— de hechos históricos.

Cabe aclarar que el objeto del pasaje no es que la gente piense que los ricos siempre van al infierno ni que la salvación es un privilegio exclusivo de los pobres, pues nada de eso es cierto. En el relato, vemos que la posición económica de los personajes en la tierra no marcó diferencia alguna para ellos, pues en la eternidad, las alegrías y las penas terrenales pierden todo su poder. El mensaje de los versículos en cuestión es muy claro: todos —pobres y ricos— moriremos y seremos juzgados, y cuando eso suceda, se determinará nuestro destino.

> Y así como está decretado que los hombres mueran una sola vez, y después de esto, el juicio. (Hebreos 9:27)

Tanto el rico como el pobre nacieron sin Cristo. Al morir los dos, Lázaro tenía a Cristo y el hombre rico no tenía nada; el primero tenía todo menos a Dios, mientras que el segundo no tenía nada más que a Dios. Así como el creyente murió y llegó a la presencia del Señor desde el instante mismo de su fallecimiento, el hombre rico de la historia no tardó en arder en el infierno.

Es importante entender que solo hay dos destinos posibles. A este respecto no debería haber confusión, pero —con frecuencia— el diablo busca hacernos creer que tenemos más opciones. Por ejemplo, es usual escuchar afirmaciones como: «Yo no soy una mala persona, por eso no necesito a Cristo. Tengo la certeza de que no acabaré en el infierno». Sin embargo, bien sabemos que Jesús es el único camino a la salvación; que no hay ningún otro.

A todas estas, ¿qué pecado cometió aquel hombre rico para terminar en el infierno?

Su error fue haberse conformado con una existencia carente de Dios, pues vivía su vida sin Él. Puede que, para algunos, esto no sea razón suficiente para ir al infierno, ya que en los versículos donde aparece no hay mención de que maldijese, matase o cometiese adulterio alguno. No obstante, eligió al mundo —y a lo mundano— y excluyó a Dios de sus días en la tierra.

¿Qué nos enseña Jesús con esta aleccionadora historia? Que *el infierno es darse cuenta de la verdad demasiado tarde*. Todo aquel que no anhele un Salvador en la tierra, sin duda lo anhelará en el infierno. Mientas vivió, el hombre rico estuvo satisfecho con su existencia sin Él, pero, apenas llegó al infierno, entendió que sí lo necesitaba.

> «... En el Hades el rico alzó sus ojos, estando en tormentos, y vio a Abraham a lo lejos, y a Lázaro en su seno...». (Lucas 16:23)

¡Cuán tormentoso habrá sido para quienes estaban en el infierno el ver más allá del río! El rico no solo sintió el fogaje del Hades, también vislumbró lo que pudo haber sido y no fue: el cielo. El problema es que, para él, ya era demasiado tarde.

> «... Y gritando, dijo: "Padre Abraham, ten misericordia de mí, y envía a Lázaro para que moje la punta de su dedo en agua y refresque mi lengua, pues estoy en agonía en esta llama"...». (Lucas 16:24)

¡Cuántas plegarias se han de escuchar en el infierno! En la historia, el hombre rico no solo cayó en cuenta de cosas que jamás había visto en la tierra, sino que su primer instinto al llegar al inframundo fue uno que nunca tuvo en vida: el de orar. ¡No pasó más que un versículo allí cuando ya estaba orando! Tristemente, era demasiado tarde para él.

Quien tenga dudas sobre su salvación —o lleve tiempo posponiéndola— podrá estar seguro de que lo primero que hará en el infierno será orar. En el relato, Jesús dijo: «Él vio...» y luego: «Él gritó». Con certeza, cuando un hombre vea el reino de los cielos, bien desde la tierra, bien desde el infierno, gritará. ¿Por qué? Porque verá algo que necesita, algo de lo cual su corazón está sediento. Si esto le sucede en la tierra, su oración será escuchada y su sed, saciada; mas si lo ve ya estando en el infierno, su oración habrá llegado demasiado tarde. En suma, solo Cristo puede satisfacer la necesidad del hombre, y Él no está en el infierno. Por eso, el hombre rico que se desbordaba en súplicas delante de Abraham lleva 2000 años orando en vano.

Si el rico hubiese orado en la tierra, Dios le habría dado ríos de agua viva, pero tanto su oración como su sed llegaron tarde. En vida, no sintió la necesidad de aquello que habría de anhelar en el infierno, y allí no hay piedad: nadie le ofreció una sola gota de agua. Para dicha nuestra, el calvario de Jesús ya pagó —anticipadamente— por nuestros pecados, para que no viviésemos tormentos como los de aquel hombre; por ello, ¡recibamos la gracia de la salvación mientras aún estemos a tiempo!

> Después de esto, sabiendo Jesús que todo ya se había consumado, para que se cumpliera la Escritura, dijo: «Tengo sed». (Juan 19:28)

Cuando, en la cruz, Jesús dijo: «tengo sed», no se refería a una necesidad física, pues no le hacía falta ninguna ayuda para sobrellevar Su calvario. En realidad, Él estaba experimentando nuestros tormentos infernales en Su propio cuerpo; Cristo padeció todo aquello para que ni tú ni yo tuviésemos que padecerlo. Si nos fijamos en el mensaje de Juan 6:35, donde Jesús dijo: «[…] "Yo soy el pan de la vida; el que viene a Mí no tendrá hambre, y el que cree en Mí nunca tendrá sed"», veremos que no solamente la sed y la oración del hombre rico llegaron tarde, sino que también sus plegarias fueron para la persona equivocada: dirigió sus súplicas al Padre Abraham.

> «… Y gritando, dijo: "Padre Abraham, ten misericordia de mí […]"». (Lucas 16:24)

¡Ni siquiera en la tierra su oración habría obtenido respuesta alguna! En todas las Escrituras, esta es la única ocasión en la que un hombre le ora a un santo y, como pudimos notar, no dio fruto. Vemos aquí cómo se originó la práctica de *rezarles* a los santos: ¡vino del infierno mismo! Comenzó con un alma perdida que clamaba en medio de su agonía.

¿Tuvo alguna respuesta su tardía y mal encaminada plegaria? No precisamente, pero el hombre sí obtuvo la siguiente explicación:

> «… Pero Abraham le dijo: "Hijo, recuerda que durante tu vida recibiste tus bienes, y Lázaro, igualmente, males; pero ahora él es

> consolado aquí, y tú estás en agonía. Además de todo esto, hay un gran abismo puesto entre nosotros y ustedes, de modo que los que quieran pasar de aquí a ustedes no pueden, y tampoco nadie puede cruzar de allá a nosotros"...». (Lucas 16:25-26)

Vemos que Abraham lo llamó «hijo»: un apelativo terrible, al referirse a un hijo de Abraham en el infierno. Para nosotros, un hijo de Abraham sería un hijo de la iglesia. Probablemente, este hombre tenía moral y era muy religioso, pero no tenía a Cristo, y tuvo que aprender —por las malas— que su afinidad con un sistema religioso no lo llevaría al cielo. A saber, se necesita más que *tener moral* para salvarse del infierno.

Además de llamarlo «hijo», Abraham también le recordó «los bienes» que tuvo en la tierra. Recordemos que aquello que satisface la vida mundana servirá de poco en el infierno, y que —muchas veces— solo se dimensiona el valor de Cristo cuando ya se Lo ha perdido para siempre. En este caso, el hombre rico no perdió a Cristo por causa de las drogas, el sexo ni la pornografía, sino por sus «bienes».

Cabe resaltar que aquel hombre, aún en el infierno, conservó sus facultades: reconoció a Lázaro tan pronto como alzó la vista; abrió su boca y clamó a Abraham; estaba sediento y suplicó por una mísera gota de agua; podía sentir los tormentos del Hades, y —además— recordaba a sus hermanos y la casa de su padre. Conservar la memoria y los sentidos estando en el infierno ha de ser terrible. ¡Cuántos remordimientos tendrán —aún hoy— Acán, Balaam, Herodes, Félix, Agripa, Judas, Demas, el joven rico regente, Ananías y Safira, entre muchos otros!

En la historia que nos atañe, el hombre rico hizo una segunda oración:

> «... Entonces él dijo: "Te ruego, pues, padre, que lo envíes a la casa de mi padre, pues tengo cinco hermanos, de modo que él los prevenga, para que ellos no vengan también a este lugar de tormento"...». (Lucas 16:27-28)

Qué interesante reflexión la que se nos plantea aquí: si uno pudiese enviar cartas desde el infierno a la tierra, ¿sobre qué escribiría? De seguro no sería sobre los bienes materiales ni sobre la universidad de los hijos; nada de eso. Vemos, en la historia, que el hombre rico intenta mandarle un mensaje a su familia para que no termine en el mismo lugar que él. El infierno acabó por convertirlo en evangelista, pero —como bien sabemos— ya era demasiado tarde.

Dudo que la oración del hombre rico por sus hermanos haya surgido de su preocupación por ellos, ya que en el infierno no existe el amor ni la compasión. Entonces, ¿por qué oró? Lo hizo porque quería librarse la culpa de haber arrastrado a otros a un trágico destino; el rico era consciente del ejemplo que les había dado a sus hermanos al conformarse con una vida sin Dios, y sus remordimientos lo torturaban. Mientras oraba por ellos en el infierno, sus familiares vivían en la tierra siguiendo el ejemplo que él les había dejado. ¡Quien viva y muera sin interesarse por las almas de sus familiares puede tener la certeza de que se interesará por ellas cuando esté en el infierno! Nuevamente, las opciones se limitan solo a dos: orar por ellas ahora o intentarlo después, en el Hades.

La primera oración del hombre rico fue rechazada, al igual que la segunda. Sin embargo, le hablaron del poder de la Palabra de Dios.

> «... Pero Abraham dijo: "Ellos tienen a Moisés y a los profetas; que los oigan a ellos"...». (Lucas 16:29)

La Palabra del Señor basta para otorgar la salvación; no hace falta adornarla. Si los hermanos de aquel hombre la escuchasen, incluso ellos podrían salvarse. Analicemos la respuesta de Abraham:

> «"... Además de todo esto, hay un gran abismo puesto entre nosotros y ustedes, de modo que los que quieran pasar de aquí a ustedes no pueden, y tampoco nadie puede cruzar de allá a nosotros"...». (Lucas 16:26)

Primero, aquel hombre fue llamado a pensar, en retrospectiva, sobre los bienes por los que había vendido su alma. En el pasaje, se lo llamaba a mirar hacia delante y a entender que no podía cambiar su destino. Al final, Abraham no pudo ayudarlo; ni siquiera darle un dejo de esperanza, pues, en el infierno, no hay cabida para ella. Si la hubiese, el Hades dejaría de ser lo que es, y el hombre rico habría encontrado consuelo en saber que un día descansaría. No obstante, en Marcos 9 —en el sermón de toda la Biblia que más fuertemente habla sobre el infierno— Jesús deja claro que el tormento es eterno:

> «... Si tu mano te es ocasión de pecar, córtala; te es mejor entrar en la vida manco, que teniendo las dos manos ir al infierno, al fuego que no se apaga, donde el gusano de ellos no muere, y el fuego no se apaga...». (Marcos 9:43-44)

Cuatro veces menciona Jesús «el fuego que no se apaga» (ver también Marcos 9:45-48). De hecho, les adjudica una característica en común al *fuego que no se apaga* y a la *vida eterna*: la eternidad (valga la redundancia). Por lo tanto, si el infierno no es *eterno*, tampoco el cielo puede serlo. Si los malvados no sufren por siempre, tampoco los rectos podrán regocijarse para siempre.

Leonard Ravenhill alguna vez me dio un libro de J. M. Humphrey, llamado *The Lost Soul's First Day in Eternity*. He aquí un extracto aleccionador:

> Los amigos que se perdieron, perdidos estarán por siempre; sabemos que no hay un asomo de esperanza para ellos. Una vez que la puerta de hierro del infierno se cierre tras de sí, no se volverá a abrir para que salgan libremente... La anestesia última de la naturaleza, la muerte, no surte efecto alguno en el infierno. Esa habría podido ser una feliz liberación. Un hombre puede contar las fatigantes horas que faltan para que la muerte le dé el descanso; pero ¡ah!, recuerda que no existe muerte en el infierno. La muerte, a pesar de ser un monstruo en la tierra, sería un ángel en el infierno. Si la muerte pudiese llegar hasta allí, todos los condenados caerían al suelo para adorarla; cada lengua cantaría, cada corazón alabaría, cada caverna daría eco a un grito triunfal, hasta que todo se aquietase y el silencio se cerniese donde antes reinaba el terror. Pero no; es esta la terrible realidad:

> el gusano de ellos no muere y el fuego no se apaga. En el infierno no hay esperanza; allí ni siquiera tienen la esperanza de morir, de ser aniquilados. Están perdidos por siempre, siempre, ¡siempre! Cada una de las cadenas del infierno tiene escrita la palabra «siempre», y en las llamas arde, también, la palabra «siempre».[7]

Después de todo lo anterior, bien vale la pena abordar una pregunta frecuente: «Si Dios es un Dios amoroso, ¿cómo es que Él puede enviar personas al infierno?».

Para comenzar, el mero cuestionamiento es incriminatorio, pues presenta a Dios como el villano y a la humanidad, como la víctima. No obstante, ¿qué tal si nos lo planteásemos desde otra perspectiva? Así, la pregunta sería: «¿cómo puede un Dios santo enviar a los pecadores al infierno?». Hemos de entender que Dios juzga a los criminales, no a las víctimas, pero el hombre tiende a verse a sí mismo como víctima y no como transgresor. Además, cabe aclarar que Dios no creó el infierno para el hombre:

> «... Entonces dirá también a los de Su izquierda: "Apártense de Mí, malditos, al fuego eterno que ha sido preparado para el diablo y sus ángeles..."». (Mateo 25:41)
>
> En el principio Dios creó los cielos y la tierra. (Génesis 1:1)

El anterior pasaje nos dice que Dios creó los cielos y la tierra, pero en ninguna parte menciona que haya creado el infierno; este último no se hizo para el hombre porque —en el principio— no había necesidad de ello. En efecto, el Hades fue creado para Satán y para aquellos que no querían a Dios, sino que deseaban ser dioses de sus propias vidas. Vemos, entonces, que quien va al infierno lo hace en contra de la voluntad de Dios.

> El Señor no se tarda en cumplir Su promesa, según algunos entienden la tardanza, sino que es paciente para con ustedes, no queriendo que nadie perezca, sino que todos vengan al arrepentimiento. (2 Pedro 3:9)

> «… Diles: "Vivo Yo", declara el Señor Dios, "que no me complazco en la muerte del impío, sino en que el impío se aparte de su camino y viva. Vuélvanse, vuélvanse de sus malos caminos. ¿Por qué han de morir, oh casa de Israel?"…». (Ezequiel 33:11)

Como el Dios amoroso que es, Él ha hecho todo lo posible para mantener al hombre fuera del infierno. Se ha encerrado a Sí mismo por causa de quienes aún no se arrepienten; Él está retrasando el final porque no quiere que nadie se pierda. A la larga, las almas que no quieran tener nada que ver con Cristo durante su vida en la tierra obtendrán justamente eso… pero por toda la eternidad. En suma, el infierno es el destino al que llegan quienes se han elegido a sí mismos antes que a Dios.

De esta forma concluyen nuestros vistazos al cielo y al infierno. Para cerrar, Eclesiastés 3 nos dice que *Dios ha puesto la eternidad en nuestros corazones* y Eclesiastés 12 contiene los sabios consejos de Salomón al respecto:

> Acuérdate de Él antes que se rompa el hilo de plata,
> Se quiebre el cuenco de oro,
> Se rompa el cántaro junto a la fuente,
> Y se haga pedazos la rueda junto al pozo;
> Entonces el polvo volverá a la tierra como lo que era,
> Y el espíritu volverá a Dios que lo dio.
> (Eclesiastés 12:6-7)

¡Es tu turno! ¡Acuérdate de Dios! ¡Recuérdalo a Él antes de que todo esto suceda! Nadie tiene la vida comprada, y la muerte puede llegar de manera súbita.

Recuerdo una vez que me invitaron a la Asociación Médica Cristiana de mi *alma mater*. Fue todo un privilegio dirigir un estudio bíblico con aquel grupo de futuros enfermeros y doctores. Justo al terminar, recibí la invitación más inusual de mi vida: un estudiante de medicina —próximo a graduarse— me dijo: «Venga conmigo al sótano y permítame enseñarle los cuerpos que han sido donados a la ciencia». Me puse un poco nervioso, pero pronto llegamos a las entrañas del edificio adonde llevaban los cadáveres para ser estudiados. Una vez allí, me mostró un corazón humano y señaló lo que parecía un hilo amarillo que lo atravesaba.

«Aquí está: tiene ante usted al mayor asesino del país», dijo mientras señalaba el tejido. «Cuando se tapona, causa un ataque cardíaco. Lo crea o no, ha acabado con más vidas que cualquier otro en los Estados Unidos». A pesar de lo peculiar de la experiencia, en aquella morgue me di cuenta de que ¡es gracias a un hilo que estamos hoy aquí! No obstante, algunos seguimos jugando con la eternidad. El cielo y el infierno no son lugares remotos, y el momento para pensar en la vida después de la vida es *ahora*, pues la eternidad es demasiado larga para sufrir las consecuencias de un error terrenal: el de haber ignorado a Jesús.

PREGUNTAS

1. ¿Sabes en dónde pasarás la eternidad? ¿Cómo sabes que irás al cielo? *Si tienes dudas, consulta la sección «¿Cómo se llega al cielo?», al final de este libro.

2. ¿Qué persona en tu vida debería conocer la eternidad? ¿Cuándo le hablarás al respecto?

3 ¿Qué le responderías a alguien que cuestionase la existencia del cielo y/o del infierno?

4. ¿Cómo vivir tu vida diaria con una perspectiva de eternidad?

E L P E R D Ó N

(«Forgiveness» es *perdón* en inglés)

Actuar Como Dios

«Si nuestra principal necesidad fuese la información,
Dios nos habría enviado un educador; si fuese la tecnología,
nos habría enviado un científico; si fuese el dinero,
nos habría enviado un economista. Con certeza,
si nuestra principal necesidad fuese el placer,
Dios nos habría enviado un artista, pero nuestra principal
necesidad era el perdón, entonces Dios nos envió un Salvador».
AUTOR DESCONOCIDO

En marzo de 2023, el país entero se horrorizó —una vez más— cuando Audrey Hale, de 28 años, entró a una escuela primaria de Nashville, Tennessee, vestida con pantalones camuflados y gorra roja, y les disparó a tres estudiantes de 9 años, a una maestra suplente, a un conserje y a la directora de la escuela. Este ha sido el tiroteo escolar con más víctimas mortales desde el trágico ataque de 2022 en Uvalde, Texas, que dejó 21 muertos. Por escalofriante que parezca, nada más en el año 2022 hubo 50 tiroteos en escuelas de los Estados Unidos.[1]

Nuestra sociedad es como una bomba de tiempo: parece que en todos los rincones del país hay alguien a punto de estallar. Pero ¿qué le sucedió a Audrey Hale, exalumna de la Covenant School? ¿Qué está pasando con todos estos tiroteos escolares? ¿Cuál debería ser nuestra reacción como iglesia? ¿Qué mensaje podemos darle a esta sociedad volátil que, por lo visto, está siempre a punto de explotar?

Creo que estamos viviendo las repercusiones de tener una población despiadada, ya que un mundo violento es el resultado de que las personas vivan consumidas por el rencor. En medio de todo ello, la gloria del cristianismo es vencer a sus «enemigos» por medio del perdón y —a decir verdad— no hace falta ser un experto para darse cuenta de que los problemas espirituales no se combaten con leyes ni con legislación política. Aunque estas ayuden en algunos casos, no son una solución definitiva, y será cuestión de tiempo antes de que ocurra la siguiente tragedia. Todo apunta a que la socorrida frase acabará siendo una profecía: «con el "ojo por ojo", acabaremos todos ciegos».

Así las cosas, el perdón parece ser la única salida. Pero ¿qué es perdonar? Bien, el *perdón* consiste en renunciar a la idea de dañar al prójimo como respuesta al daño que este nos ha infligido. Su antítesis sería la *venganza* misma; sin embargo, en palabras del gran C. S. Lewis: «Ser cristiano significa perdonar lo inexcusable, porque Dios ha perdonado lo que hay de inexcusable en ti».[2]

Una de las historias más asombrosas sobre la lucha que conlleva el perdón es la de Corrie Ten Boom, la escritora neerlandesa cuyo libro *The Hiding Place* es todo un clásico. Como buenos cristianos, Corrie y su familia le brindaron refugio a un grupo de judíos durante el Holocausto, y, al ser descubiertos, fueron todos enviados a campos de concentración. Corrie fue la única sobreviviente, ya que sus parientes fallecieron en aquellas hórridas circunstancias. Tras su milagrosa liberación de Ravensbrück —el campo de concentración nazi—, ella dedicó las siguientes tres décadas de su vida a recorrer el mundo predicando el Evangelio.

Un buen día, años después de su cautiverio, mientras predicaba en una iglesia de Múnich, Corrie vio —desde el púlpito— un rostro familiar entre los asistentes: se trataba un antiguo guardia de Ravensbrück que solía mofarse de los prisioneros y torturarlos psicológicamente haciéndoles creer que serían exterminados en el acto. También había sido el responsable directo de la muerte de Betsy, la hermana de Corrie. En aquel momento, Ten Boom reconoció al guardia, pero él a ella, no. Más tarde, el hombre se le acercó y le dijo: «*Fräulein*, la escuché mencionar Ravensbrück. Yo fui guardia allí, pero luego me convertí al cristianismo; sé que Dios me perdona… ¿podrá usted perdonarme?».

Corrie relata que se quedó paralizada, pues aquel hombre era el monstruo que había llenado sus días de pena y sufrimiento, y que —además— había asesinado a su hermana. Ten Boom no sabía qué hacer: ¿Cómo podía ella predicar sobre el perdón y, a la vez, sentirse incapaz de perdonar a quien tenía en frente? Corrie cuenta que, en aquel momento, no pudo decir más que una oración: «Perdóname, Padre, ¡porque soy incapaz de perdonar!».

De repente, una fuerza sobrenatural surgió en ella, y pudo sentir cómo su propia mano estrechaba la de aquel hombre, mientras salían de su boca las palabras: «Está usted perdonado».[3] En aquel momento, el antiguo guardia fue liberado, pero ¡Corrie reconoció que fue ella quien más *se liberó* ese día!

Tristemente, vivimos en una cultura en la que la falta de perdón es la tendencia, y acabamos consumidos por ella. Debemos aprender a soltar porque —a fin de cuentas— ofendernos es una elección individual. Aunque las acciones de los demás no estén en nuestras manos, la decisión de ofendernos por ellas o no sí que lo está. En todo caso, perdonar no cambia nuestro pasado, sino nuestro futuro.

Perdonar a los demás es una materia obligatoria en el *plan de estudios* de Dios. Indiscutiblemente, forma parte del proceso de madurez y crecimiento de todo cristiano, pero es bastante más incómodo cuando el sujeto de nuestro perdón —en su arrogancia— es incapaz de reconocer que ha cometido una falta. Por el contrario, nos es mucho más fácil perdonar al «perdonable» y al arrepentido.

Dicho esto, nos viene bien un poco de perspectiva, y por eso traigo a colación las últimas tres acciones de Jesús antes de morir en la cruz: Él *oró* al Padre, *testificó* para el ladrón que estaba a Su lado y *perdonó* a quienes tenía en frente.

Desde la cruz, Jesús nos dio una lección sobre cómo perdonar a los que no se arrepienten de sus faltas. Me gusta llamar a este bello acto de indulgencia «el perdón del Calvario» porque en él, Jesús respondió la pregunta más difícil de todas: ¿cómo perdonar a quienes no creen —o no reconocen— haber hecho nada malo?

Jesús miró, desde la cruz, a los hombres que Lo golpearon y flagelaron, a quienes se burlaron de Él y apostaron por Sus ropas, y dijo: «[…] "Padre, perdónalos, porque no saben lo que hacen" […]» (Lucas 23:34). Nadie le estaba pidiendo perdón; nadie estaba arrepentido por sus actos. Sin embargo, mientras Lo crucificaban, ¡Él los perdonó! ¡Qué Maestro era Jesús! En efecto, perdonar a quienes no se arrepienten es de lo más difícil que hay, pero Jesús demostró que sí se puede —y se debe— perdonar incluso a aquellos que no sientan culpa ni asuman responsabilidad alguna por sus acciones. Así, la liberación los toca a ellos y también a nosotros.

Tengo la absoluta certeza de que —en algún momento de la vida— alguien te ofenderá: tu pareja, el pastor, un diácono, un miembro del coro o de la iglesia, un colega, un socio, un supervisor de la residencia estudiantil, un profesor... alguien. ¿Por qué? Porque así es el ser humano: está lleno de problemas. Las personas están rotas por dentro, y por eso yerran de palabra y de acción cuando interactúan con los demás. Ningún ámbito está exento de este tipo de actitudes —ni siquiera la iglesia—; yo mismo he sido víctima y victimario, ofendido y ofensor.

Herir al prójimo solo tarda un minuto, pero nos puede llevar una vida entera enmendar nuestra ofensa. En efecto, el daño más difícil de remediar es el causado por las personas a las que más amamos, en las que confiamos y quienes menos esperaríamos que nos lastimasen. Según el evangelista de juventud Winkie Pratney, «el sufrimiento es directamente proporcional a la cercanía»[4]; cuanto más cercana a nosotros sea una persona, más profundo será el dolor que nos causen sus acciones. En mis prédicas por las calles del país he sido blanco de disparos, escupitajos y ataques con botellas y piedras, y —a decir verdad— nada de eso me ha afectado. No obstante, basta con que mi esposa me mire mal una sola vez para que yo me estremezca, ¡eso es muchísimo peor para mí que todo lo demás! Mientras más queramos a una persona, más fácil le resultará lastimarnos.

El salmista David habló de ello:

Porque no es un enemigo el que me reprocha,
Si así fuera, podría soportarlo;
Ni es uno que me odia el que se ha alzado contra mí,
Si así fuera, podría ocultarme de él;
Sino tú, que eres mi igual,
Mi compañero, mi íntimo amigo;
Nosotros que juntos teníamos dulce comunión,
Que con la multitud andábamos en la casa de Dios.
(Salmo 55:12-14)

Dado que —inevitablemente— te lastimarán, debes saber qué hacer con esa ofensa, pues el sufrimiento que no se trata acaba convirtiéndose en amargura y desatando el caos. El dolor tiende a mutar en confusión, por lo que un corazón herido nunca está en calma y vive en una encrucijada constante.

Entonces, ¿cómo muta el dolor? Bien, cuando no se hace nada respecto al sufrimiento, entra un tercero a la ecuación:

> Enójense, pero no pequen; no se ponga el sol sobre su enojo, ni den oportunidad al diablo. (Efesios 4:26-27)

¡Quien se va a dormir dolido, amanece con el diablo! Según estos versículos, hay que lidiar con las ofensas antes del anochecer; entonces, ¿qué pasa si el otro no viene a disculparse durante el día? ¿No lo perdonamos antes de la puesta del sol? ¡Por supuesto que sí! Siempre podemos recurrir al *perdón del Calvario*. Si Jesús pudo perdonar —desde su cruz— a los que no se arrepentían, nosotros podemos perdonar a quien nos haya ofendido, desde donde sea que estemos.

Al tratar con el dolor y las ofensas, debemos cambiar el enfoque: solemos pensar primero en lo que otros han hecho *contra* nosotros, y no en lo que han hecho *por* nosotros. ¡Cuánto cambia las cosas una preposición! Equivocadamente, creemos que la libertad llega cuando el otro admite su error y nos ofrece sus sinceras disculpas, pero no es así como nos liberamos de los sufrimientos más profundos. Nos cuesta mucho perdonar a los demás porque centramos nuestra atención en ese horrible suceso que nos hirió, y no en el excepcional evento que nos transformó; vemos la herida que nos causaron, en lugar de ver la sanación que recibimos.

Para aprender a perdonar, lo primero es entender cómo nos ha perdonado Dios. Perdonar es entre difícil e imposible para quienes no se sienten perdonados por Dios. El famoso psiquiatra Karl Menninger dijo alguna vez que, si lograse convencer a los pacientes de los hospitales psiquiátricos de que sus pecados ya habían sido perdonados, ¡el 75 % de ellos quedaría curado y podría irse a casa![5]

Por eso, de los muchos pasajes bíblicos que tratan del perdón de Dios, analizaremos uno:

«... Yo, Yo soy el que borro tus transgresiones por amor a Mí mismo,
Y no recordaré tus pecados...».
(Isaías 43:25)

A partir de este versículo, podemos comprender algunos aspectos importantes sobre el perdón de Dios.

1. Dios Jamás Le Ha Negado El Perdón A Nadie Que Lo Haya Pedido

¡Dios tiene una marca imbatible de 100/100 en perdonar! Si se lo pides, Él te perdonará. Isaías dijo que el perdón del Señor es sorprendente: si buscamos el historial de cualquier pecado que se nos pueda ocurrir, encontraremos que Él siempre lo ha perdonado. ¿Cómo lo sabemos? Tengamos siempre claro que lo importante aquí no es *el perdonado* —tú, en este caso—, sino *quien te perdona* —Dios—.

«Yo, Yo soy el que borro tus transgresiones».

El énfasis en el *Yo* es la manera hebraica de decir: «Que quede claro que nadie más que Dios puede otorgarnos el perdón», y es de vital importancia que lo entendamos porque Dios es el único que debe perdonarnos, puesto que es contra Él que hemos pecado. Tal como reza el Salmo 51:4: «Contra Ti, contra Ti solo he pecado [...]»; hemos ofendido al Señor, pero la buena noticia es que ese mismo Dios ofendido es también un Dios que perdona.

Hace poco, un amigo pastor me contó la historia de un abogado que asiste a su iglesia y que —tras meditar en las escrituras— se inspiró en Zaqueo para condonarles a sus clientes las deudas que superasen los seis meses de antigüedad. Así, el hombre escribió una carta donde explicaba tal decisión —con sus respectivas bases bíblicas— y procedió a enviar por correo certificado 17 copias de dicha carta de condonación.

Una tras otra, las cartas le fueron devueltas sin firmar y sin entregar. De las 17 cartas que envió, recibió 16 tal como las había enviado, pues sus clientes se rehusaron a firmar la constancia de entrega y recibir los sobres, por temor a que se tratase de demandas instauradas a raíz de las deudas que tenían con él. ¡Solamente uno de los deudores recibió, abrió y leyó la carta, y obtuvo el pleno perdón de su deuda! ¡Cuán bello y profundo! Tenemos una deuda por nuestros pecados y Dios está dispuesto a anularla; aun así, son muchos los que —por temor a enfrentarla— se niegan a abrir el sobre para leer la carta que contiene su perdón.

2. Dios Perdona Tan A Fondo Que Nos Ve Como Si Jamás Lo Hubiésemos Ofendido

«… Yo, Yo soy el que borro tus transgresiones […]». (Isaías 43:25)

En la cita bíblica, llama la atención el uso del verbo «borrar». Aquí, «Yo soy el que borro» no significa «Yo soy el que analizo cada detalle y luego decido si te perdono o no»… ¡en absoluto! Si le pedimos perdón, Él nos lo concede *ipso facto*. Entonces, ¿¡cuán completo es su perdón!?

Como está de lejos el oriente del occidente,
Así alejó de nosotros nuestras transgresiones.
(Salmo 103:12)

También David describió la profundidad del perdón de Dios:

Ten piedad de mí, oh, Dios, conforme a Tu misericordia;
Conforme a lo inmenso de Tu compasión, borra mis transgresiones.
Lávame por completo de mi maldad,
Y límpiame de mi pecado.
(Salmo 51:1-2)

Si nos conformásemos con que Dios perdonase el 99 % de nuestros pecados, también habríamos de contentarnos con —casi— la totalidad de muchas otras cosas. Por ejemplo: ¿Deberíamos estar satisfechos si en el aeropuerto O'Hare de Chicago aterrizase solo el 99 % de los aviones que despegan?[6] Bueno, eso significaría que solamente dos aviones se accidentasen al día... Y ¿tendría que bastarnos también que el servicio postal de los Estados Unidos entregase el 99 % de las cartas?[7] Al fin y al cabo, *solo* se perderían unas 176.000 cartas por hora...[8]

Definitivamente, ¡no! ¡Nada de esto sería aceptable! La buena noticia para nosotros los creyentes es que, gracias a Cristo, Dios perdona *todos* nuestros pecados. Si los cristianos nos enfrascamos en la culpa e imaginamos que el peso de la ira de Dios cae sobre nosotros —en vez de recaer sobre Cristo— es porque olvidamos nuestro estatus frente a Jesús.

El perdón de Dios es enorme, tanto así que Él nos ve como si nunca hubiésemos hecho nada malo. Por ejemplo, si alguien te lastimase, ¿serías capaz de verlo de la misma manera? En realidad, no solemos perdonar a quienes nos ofenden, más bien los ponemos en período de prueba, y pensamos: «Bueno, te perdono, pero más te vale que no vuelva a suceder». Si bien se trata de un proceso —casi— inconsciente, es como si dijésemos: «yo perdono, pero no olvido» porque, en esencia, no se trata de un perdón verdadero.

Por crudo que parezca, responde con honestidad: ¿le has pedido perdón a Dios más de una vez por lo mismo, tras haber reincidido en tu error? ¿Acaso qué te ha respondido Dios? ¿Ha dicho: «si me engañas una vez, es culpa tuya; si me engañas dos veces, la culpa es mía»? ¡Por supuesto que no! Dios ya borró tu falta y la tachó del registro; por eso, tu deuda está completamente saldada... no Le debes nada. Las Escrituras nos enseñan que Dios ve a los cristianos como si no hubiesen pecado *jamás*. ¡Cuánta generosidad y qué maravillosas noticias!

3. Dios Perdona Porque Él Mismo Es Más Grande Que El Daño Que Le Han Hecho

Vuelve a leer el título del apartado y reflexiona. La buena nueva es que Dios es más grande que el pecado; es mayor que la ofensa. Francamente, hay más gracia en el corazón de Dios que pecados en tu pasado. Ahora, cabe preguntarnos, ¿por qué perdona Dios?

> «... Yo, Yo soy el que borro tus transgresiones por amor a Mí mismo,
> Y no recordaré tus pecados...».
> (Isaías 43:25)

La respuesta es incluso más bella de lo que habría podido imaginar: «Por amor a Mí mismo». En especial, me gusta cómo lo describe la Biblia Reina Valera Contemporánea:

> «... Yo, y nadie más, soy el que borra tus rebeliones, porque así soy yo, y no volveré a acordarme de tus pecados...». (Isaías 43:25 RVC)

Él perdona porque así es Su naturaleza, y no se fija en la cantidad ni en la magnitud de nuestros pecados; mucho menos en nuestra reincidencia. ¡La grandeza del perdón de Dios radica en que quién es Él! En otras palabras, es como si el Señor nos dijese: «Me resulta fácil perdonar porque así soy Yo; este es Mi carácter».

En la Biblia encontramos frases como «no hay ningún otro», «no hay ninguno fuera de Mí» y «el Dios verdadero», que el Señor usa para que no caigamos en la trampa de creer en *un dios de imitación*. Los productos de imitación son como esos bolsos que venden por las calles de la ciudad, con logos de marcas costosas como Louis Vuitton, Prada o Chanel, pero a precios irrisorios. Si te cruzas con alguna de estas ventas callejeras, debes saber que ¡sus productos no son originales! Justo por eso los llamamos «de imitación». Al respecto, la advertencia de Dios es muy clara: «Solamente Yo perdono por la gracia. ¡Así soy!».

Observemos las palabras de Charles Spurgeon:

> «Por amor a Mí mismo». Ningún hombre recibe el perdón de sus pecados porque estos sean pequeños, pues incluso el pecado más minúsculo arruina el alma; todos los pecados son grandes, por pequeños que nos puedan parecer. Cada pecado tiene una esencia de rebelión, y la rebelión es un mal grande para Dios. Por

lo tanto, ningún hombre escuchará a Dios decir: «He borrado tus pecados dada su pequeñez» ¡jamás! Tampoco nos dice el texto que Dios perdone los pecados de los hombres porque confía en que, después de ser perdonados, harán mejor las cosas. Es por Su gracia que los hombres perdonados acaban mejorando; pero no es la previsión de su mejoría lo que lleva a Dios a perdonarlos. Ese no puede ser un motivo, pues si ellos mejoran, será como resultado de Su obrar en ellos... A fin de cuentas, según el texto, el único motivo de Dios para perdonar a los pecadores es el que yace en Su ser: «Por amor a Mí mismo».[10]

4. Dios Jamás Ha Hablado Mal De Nadie A Quien Haya Perdonado

En su libro *A Forgiving God in an Unforgiving World*, Ron Lee Davis cuenta una historia sobre el perdón total del Señor a un sacerdote en Filipinas, un hombre de Dios —muy querido por su comunidad— que cargaba con el lastre de un pecado secreto de muchos años atrás. A pesar de haberse arrepentido, no tenía paz ni sentía el perdón divino. Un día, se topó con una mujer de su parroquia que amaba profundamente a Dios y afirmaba tener visiones en las que hablaba con Cristo y Él le respondía. Ante tal afirmación, el sacerdote se mantuvo escéptico y la puso a prueba diciéndole: «La próxima vez que hables con Cristo, quiero que le preguntes cuál fue el pecado que cometió tu sacerdote cuando era seminarista», a lo que la mujer accedió. A los pocos días, el sacerdote la vio y le preguntó si Cristo la había visitado en sus sueños.

—Sí, así fue —le contestó ella.

—¿Le preguntaste cuál fue mi pecado en el seminario?

—Sí.

—Y bien, ¿qué contestó Él?

—Dijo: «¡No lo recuerdo!».[11]

Al final del pasaje en Isaías 43:25, Dios dice: «"[...] Y no recordaré tus pecados"». En palabras de Corrie Ten Boom: «Cuando Dios perdona, olvida.

Él lanza nuestro pecado al fondo del mar y pone un letrero en la orilla que dice "prohibido pescar"». ¡Qué bella forma de describirlo!

Quisiera que dedicásemos un momento a reflexionar sobre los desencadenantes de la ofensa y sobre el hecho de que ver a una persona nos recuerde —inmediatamente— el daño que ella nos ha hecho. ¿Qué pasaría si Dios reaccionase de la misma forma? Si así fuese, el mero sonido de nuestra voz al orar ¡sería una provocación para Él!

El otro día, mientras navegaba por internet, oí en mi teléfono algo que me tomó por sorpresa: de repente, reconocí una voz de mi pasado. Los recuerdos evocaron dolor y sufrimiento en mí, por lo que decidí dejar de escuchar y, cuando quise detener la reproducción, Dios puso en mi corazón las enseñanzas de Jesús. Entendí el mensaje y, desde entonces, procuro seguir Su ejemplo ante los desencadenantes del dolor: nunca huir de ellos, sino esforzarme por perdonarlos.

Para hablarles a Sus discípulos sobre el perdón, Jesús se valió de una operación matemática: *setenta veces siete*; una bella metáfora que nos invita a ser como Él.

> Entonces acercándose Pedro, preguntó a Jesús: «Señor, ¿cuántas veces pecará mi hermano contra mí que yo haya de perdonarlo? ¿Hasta siete veces?». Jesús le contestó: «No te digo hasta siete veces, sino hasta <u>setenta veces siete</u>...». (Mateo 18:21-22)

Así las cosas, podría pensarse que cada uno tiene un cupo de apenas 490 —setenta veces siete— ofensas que perdonarles a los demás, pero yo no creo que el número se limite a eso. Este es tan solo un freno de emergencia para ayudarnos a aplacar la rabia que intenta colarse en nuestras almas. C. S. Lewis nos brinda la mejor perspectiva de lo que son esas setenta veces siete: «Perdonamos, nos mortificamos con resentimiento; una semana después alguna asociación de ideas nos lleva de vuelta a la ofensa original y descubrimos el viejo resentimiento disparándonos a discreción, como si no nos hubiésemos ocupado de él nunca. Necesitamos perdonar a nuestro hermano setenta veces siete, pero no por cuatrocientas noventa ofensas, sino por una sola».[12]

Respecto de las ofensas, queda decidir si las *perdonamos* o las *revivimos*. A diario, Dios ve a quienes Lo han maldecido y han blasfemado contra Su nombre, y no por eso dice: «¡Ah! Tú fuiste el que habló mal de mí». ¡Jamás lo ha hecho! Ni siquiera una sola vez. Es más, cuando Le pedimos perdón, Él decide no acordarse nunca de nuestras faltas.

Piensa, por un momento, en el mayor pecador arrepentido que conozcas: ¿qué ha hecho Dios por él? El Señor jamás ha rechazado a nadie que Le haya pedido perdón —ni lo hará— porque Su perdón no tiene límites. ¿No es este el tipo de perdón más asombroso que hay?

Ahora, piensa en el pecado —la ofensa— más grande que se haya cometido en tu contra. Para ti, ¿qué ha sido lo más difícil de perdonar? ¿Te has negado alguna vez a perdonar a alguien que te lo haya pedido?

Si es así, analiza este versículo:

> Sean más bien amables unos con otros, misericordiosos, perdonándose unos a otros, así como también Dios los perdonó en Cristo. (Efesios 4:32)

¡Perdónense los unos a los otros, así como *Dios los perdonó en Cristo*! Hemos de basar nuestro perdón en lo que Dios ha hecho por nosotros, no en lo que los demás nos hayan hecho. Este versículo nos pide que actuemos como Dios; es decir que, si Dios perdona, entonces ¡nosotros también debemos hacerlo!

Ante el desafío de perdonar, nuestra mente se enfrascará y nos surgirán dudas y rabia al recordar la ofensa: *¿Debo perdonar el adulterio? ¿Y el abuso sexual? ¡Es que él me golpeaba a diario! ¡Ella traicionó mi confianza! ¡Es que él me violó! ¡Ella me robó muchísimo dinero y puso a mi familia en peligro! ¡Es que ellos me despidieron y me difamaron!...* No importa cuán larga sea la lista, el trasfondo de todo es que, si Dios puede perdonarlos, tú también puedes y debes hacerlo. No es una sugerencia, ¡es una orden! Pablo, en Efesios, nos ilumina con la perfecta conclusión para este asunto:

> Sean, pues, imitadores de Dios [...]. (Efesios 5:1)

En otras palabras, ¡se nos pide que sigamos Su ejemplo! Cuando se trata de imitar a Dios, nos encantaría emularlo en aspectos como: Su soberanía, para que nadie pudiese darnos órdenes; Su poder, para controlarlo todo; Su sanación, para que los demás nos adorasen; Su enseñanza, para que los demás nos siguiesen y escuchasen; Su santidad, para que todos nos admirasen… ¡En cuántas cosas nos gustaría ser como Dios! Sin embargo, rara vez buscamos emular su infinita capacidad de perdonar… Seguramente, no hay suficientes elogios allí.

Sin embargo, nunca se es más parecido a Dios que al perdonar al prójimo. He aquí una hermosa historia que lo ejemplifica a cabalidad: Corría el año 1948 entre las ciudades coreanas de Yeosu y Suncheon, cerca del paralelo 38. Un grupo de comunistas se había tomado el lugar y habían ejecutado a dos hijos del Pastor Son Yang-Won, quienes, a propósito, murieron como mártires mientras les pedían a sus perseguidores que tuviesen fe en Jesús. Al cabo de un tiempo, cuando los comunistas fueron expulsados del lugar, las autoridades lograron determinar que Chai-Sun —un joven de la aldea— les había propinado los fatales disparos a los hijos del pastor. En consecuencia, el joven fue juzgado y condenado a muerte.

Increíblemente, Son Yang-Won —el devoto pastor— solicitó que se retirasen los cargos y que Chai-Sun quedase en libertad como su hijo adoptivo. Por su parte, Rachel —de 13 años—, hija del Pastor y hermana de los chicos fallecidos, testificó y apoyó la petición de su padre. El tribunal, aunque sorprendido, accedió a entregar a Chai-Sun a la piadosa familia, que —tan solo unos meses atrás— había perdido violentamente a dos de sus miembros.[13] Chai-Sun se convirtió en el hijo adoptivo del pastor, además de convertirse al cristianismo. ¿Acaso el joven tenía otra alternativa? ¿Cómo más se puede responder a tan inmensa muestra de perdón?

Para terminar, quiero que recuerdes siempre que la razón por la que perdonas no depende del *ofensor* ni de la *ofensa* misma; depende de ti, el *ofendido*. No esperes a que el otro se disculpe para perdonarlo, puesto que Dios que ya te perdonó, y tú —como cristiano— estás llamado a imitarlo a Él. En suma, el perdón no solo es *para nosotros*, sino que debe pasar *a través de* nosotros hasta salir *de* nosotros. De ser necesario, podemos recurrir a la oración de Corrie Ten Boom: «Perdóname, Padre, por mi incapacidad de perdonar» y, con certeza, Dios nos dará la fuerza para lograrlo.

Hemos de perdonar a los demás profunda, pronta y certeramente, tal como Dios nos ha perdonado. De nuevo, ¿cómo más se puede responder a tan inmensa muestra de perdón?

PREGUNTAS

1. ¿Por qué a la gente le resulta tan difícil perdonar?

2. ¿Por qué exige Dios que perdonemos a los demás?

3. ¿Hay alguna persona en tu vida a la que aún asocies con un daño que te hizo? ¿Cómo manejarás esta «provocación»? ¿Cómo llegarías a perdonarla?

DIOS

(«God» es *Dios* en inglés)

Hubo Un Terrible Malentendido... ¡Pensaste Que Yo Era Tal Como Tú!

«Lo que necesitas no es tener una gran fe; es tener fe en un gran Dios».
N. T. Wright[1]

Creo en Dios» es, tal vez, una de las afirmaciones más carentes de sentido que uno puede emitir hoy en día. Los sondeos de opinión dicen que el 80 % de los estadounidenses cree en Dios, y la cifra asciende al 84 % cuando se tienen en cuenta los datos a nivel mundial. Contrario a lo que se piensa, no vivimos en un mundo ateo, sino en un mundo muy creyente. Sin embargo, esto no necesariamente quiere decir que la gente crea en el mismo Dios del que habla la Biblia.

A decir verdad, lo que más me preocupa de estos tiempos es lo que la iglesia cree de Dios. Las palabras de A. W. Tozer son especialmente ciertas en nuestros días: «La Iglesia ha abandonado su elevado concepto de Dios. Esto no se ha hecho de manera deliberada, sino poco a poco y sin conocimiento de la Iglesia, y el hecho mismo de que no esté consciente de lo que está pasando sólo sirve para hacer aún más trágica su situación. [...] Lo que nos viene a la mente cuando pensamos en Dios es lo más importante de nosotros».[2]

¿Qué es lo que la iglesia cree de Dios hoy por hoy? Pues bien, ahora más que nunca encuentro valiosa la reflexión a la que nos invita el siguiente fragmento de prosa:

> Véndame $3 de Dios, por favor. No tanto que me haga estallar el alma o me trastorne el sueño; quiero apenas el equivalente de una taza de leche tibia o de una siesta bajo el sol. No quiero tanto de Él como para amar a alguien de un color distinto ni para trabajar con inmigrantes. Quiero emoción, no transformación; quiero la calidez de la matriz, no un nuevo parto. Quiero llevarme una libra de lo Eterno en una bolsa de papel, ¿entiende? Véndame $3 de Dios, por favor.[3]

Ese dios de $3 es el que se está predicando por todo Estados Unidos; lo cual fue bastante obvio el pasado Domingo de Pascua, cuando la música secular acompañó los festejos en las grandes iglesias del país. ¡Qué absurdo es pensar que para conmemorar la resurrección de Cristo se necesite la ayuda de una canción secular! Pensar en ello trae a mi mente el *fuego extraño* que aparece en Levítico (ver Levítico 10:1-3). Se trata de un concepto muy bajo de Dios; semejante al dios de $3. Quien crea que Jesús —el que venció la muerte— necesita que le pongan accesorios es porque lo considera un dios de $3.

El mayor pecado de la iglesia del siglo XXI es banalizar y menospreciar a Dios —cuyo valor es inconmensurable—, y preferir a una deidad más segura, o —más bien— la ilusión de ella. Salta a la vista que nos hemos esforzado en reducirlo a proporciones que nos resulten más «manejables». Cualquiera podría suponer que la idolatría es un grupo de personas de una selva remota bailando alrededor de una imagen tallada por ellas mismas. Sin embargo, el hecho de imaginarse a una deidad totalmente distinta al Dios que se reveló a Sí mismo en la Biblia no es menos idólatra que adorar un tótem. En esencia, la idolatría consiste en fabricar una idea de Dios según las opiniones y preferencias individuales; entonces, ¿qué la diferencia de la adoración del «yo»? En últimas, lo que se acaba adorando es un dios personal —de creación propia— cuyos méritos recaen en su inventor, y no el dios al que se idolatra.

Pues bien, este fenómeno no es para nada nuevo, ya que, en el Antiguo Testamento, Dios le entregó diez mandamientos a una nueva nación llamada Israel, con el ánimo de protegerla. Veamos cuál fue el primer mandamiento que Él le dio a Su pueblo luego de su partida de Egipto:

> Entonces Dios habló todas estas palabras diciendo:
> «Yo soy el Señor tu Dios, que te saqué de la tierra de Egipto, de la casa de servidumbre.
> No tendrás otros dioses delante de Mí…». (Éxodo 20:1-3)

Dios fue enfático al decirle a Israel: «No tendrás otros dioses». Cabe resaltar que dicha nación no era pagana; entonces, ¿qué quiso decir en realidad? Bien, les advertía del peligro de *inventarse* un dios propio; distinto del Verdadero. Hoy, más que nunca, debemos recordar que creer en Dios no garantiza estar adorando al Dios real. De hecho, somos aún más susceptibles de renunciar al Dios vivo por seguir a otro —de nuestra propia creación— que nos resulte más cómodo y flexible. Al respecto, alguna vez le escuché a alguien decir: «En Génesis 1:27 se describe cómo Dios creó al hombre a imagen Suya; ahora, la humanidad le devuelve el favor creando un Dios a imagen nuestra».

¿Cómo y por qué se llega a tan aberrante situación? Dios responde a esta pregunta en el Salmo 50.

> Pero al impío Dios le dice:
> «¿Qué derecho tienes tú de hablar de Mis estatutos,
> Y de tomar Mi pacto en tus labios?
> Porque tú aborreces la disciplina,
> Y a tus espaldas echas Mis palabras.
> Cuando ves a un ladrón, te complaces con él,
> Y con adúlteros te asocias.
> Das rienda suelta a tu boca para el mal,
> Y tu lengua trama engaño.
> Te sientas y hablas contra tu hermano;
> Al hijo de tu propia madre calumnias.
> Estas cosas has hecho, y Yo he guardado silencio;
> Pensaste que Yo era tal como tú;
> Pero te reprenderé, y delante de tus ojos expondré tus delitos.
> Entiendan ahora esto ustedes, los que se olvidan de Dios,
> No sea que los despedace, y no haya quien los libre…».
> (Salmo 50:16-22)

Dios dice: «Hubo un terrible malentendido… ¡pensaste que Yo era tal como tú!». He ahí la raíz del problema y la acusación del Señor. Hemos fabricado un dios que cree en todo lo que creemos nosotros. No queremos que nos digan qué es correcto y qué es pecado; queremos una teología que evolucione con nuestra cultura. Un claro ejemplo de ello es la libre decisión del género de una persona, pues el tema trasciende el ámbito de la identidad y se adentra en el campo de la autoridad divina. Hoy en día, vivimos en una sociedad que cree en la autonomía del hombre. Así, cualquiera que decida —por cuenta propia— si es hombre o mujer solo estará demostrando rebelión contra Dios, pues Él ya había lo había determinado desde el vientre materno.

A saber, si afirmamos creer en Dios, ¡más nos vale haberlo entendido bien! Veamos la acusación de Jeremías 10, dirigida a quienes Lo han falsificado:

> «… Pasen, pues, a las islas de Quitim y vean;
> Envíen gente a Cedar y observen atentamente,
> Y vean si ha habido cosa semejante:
> ¿Ha cambiado alguna nación sus dioses,
> Aunque esos no son dioses?
> Pues Mi pueblo ha cambiado su gloria
> Por lo que no aprovecha.
> Espántense, oh cielos, por esto,
> Y tiemblen, queden en extremo desolados», declara el Señor.
> (Jeremías 2:10-12)

Luego, Jeremías continúa hablando del horroroso cambio de dios que hizo Israel y que, tristemente, la iglesia de hoy también ha hecho. Cabe destacar que las frases «no hay nadie como tú» y «Dios verdadero» se repiten varias veces:

> No hay nadie como Tú, oh Señor.
> Grande eres Tú, y grande es Tu nombre en poderío.
> ¿Quién no te temerá, oh Rey de las naciones?
> Porque esto se te debe.
> Porque entre todos los sabios de las naciones,

Y en todos sus reinos,
No hay nadie como Tú.
Pero ellos a una son torpes y necios
En su enseñanza de vanidades, pues su ídolo es un leño.
Plata laminada es traída de Tarsis
Y oro de Ufaz.
Ese ídolo es obra de un artífice y de las manos de un orfebre;
Su vestido es de violeta y púrpura;
Todo ello obra de peritos.
Pero el Señor es el Dios verdadero;
Él es el Dios vivo y el Rey eterno.
Ante Su enojo tiembla la tierra,
Y las naciones son impotentes ante Su indignación.
Así les dirán: «Los dioses que no hicieron los cielos ni la tierra,
perecerán de la tierra y de debajo de los cielos».
Él es el que hizo la tierra con Su poder,
El que estableció el mundo con Su sabiduría,
Y con Su inteligencia extendió los cielos.
(Jeremías 10:6-12)

Mas ¿cómo se llegó a esta situación? La respuesta la da el mismo Jeremías, más adelante:

Porque los pastores se han entorpecido
Y no han buscado al Señor; por tanto, no prosperaron,
Y todo su rebaño se ha dispersado.
(Jeremías 10:21)
Recordemos las palabras de Dios dijo en el capítulo anterior:
Así dice el Señor:
«No se gloríe el sabio de su sabiduría,
Ni se gloríe el poderoso de su poder,
Ni el rico se gloríe de su riqueza;
Pero si alguien se gloría, gloríese de esto:

> De que me entiende y me conoce,
> Pues Yo soy el Señor que hago misericordia,
> Derecho y justicia en la tierra,
> Porque en estas cosas me complazco», declara el Señor.
> (Jeremías 9:23-24)

«Si alguien se gloría, gloríese de esto: De que me entiende y me conoce». Creo que es claro por qué las iglesias de hoy le temen a estar del lado correcto: porque no conocen a Dios. Los pastores se abstienen de hablar con la verdad por miedo a la opinión y juicio públicos, pero, como bien dijo Leonard Ravenhill: «Un hombre cercano a Dios jamás será intimidado por otros hombres». Debemos ser cercanos a Dios porque la intimidación está en todas partes, y no podemos ser aquello que estamos destinados a ser si no conocemos al Señor. Al respecto, la Biblia nos dice:

> «[...] Pero el pueblo que conoce a su Dios se mostrará fuerte y actuará...».
> (Daniel 11:32)

Podemos notar que este versículo lleva la conjunción *pero*, lo que significa que responde a una idea; que tiene un antecedente claro. En este caso, el *pero* se contrapone al anticristo, a su corrupción y a su sistema de los últimos días. En Daniel 11:21 se habla de él como «un hombre despreciable» que causa una abominable desolación y que, con halagos, corrompe a aquellos cuya lealtad hacia el pacto se ha quebrantado (Daniel 11:31-32). Así, se demuestra que la *acción* del pueblo de Dios es una *reacción* al anticristo. El pueblo que conoce a su Dios no le teme al malvado hombre que pronto recorrerá este planeta.

Me atrevo a afirmar que peleamos la mayor batalla de nuestra época con el ejército menos preparado de todos. La lamentable situación de nuestras tropas es la consecuencia de haber perdido de vista quién es Dios; pues, sin ser Él como nosotros, ¡hicimos que se nos pareciese! No obstante, pienso que los cristianos que conozcan a su Dios se harán cada vez más valientes: no los intimidarán las multitudes, los tribunales, las leyes ni las protestas; cuanto más oscuros sean los tiempos, más valientes se tornarán ellos.

Entonces, ¿vemos ahora la gran importancia de conocer a Dios? Conocerlo nos preparará para resistir. Por supuesto, el desafío es servir al Dios vivo y *verdadero*: no al dios de un determinado país ni al de un partido político ni al de un continente… ¡sino al Dios de los cielos! Así, solamente Dios puede revelarse a Sí mismo; de otro modo, acabará por ser lo que el hombre imagine, una versión inventada por una mente imperfecta.

En consecuencia, lo más sensato sería tomar como punto de partida lo que Dios ha manifestado y descrito en Su Palabra. Cabe señalar que, cuando Dios se devela a Sí mismo, sucede lo que se conoce como *revelación*, ya que está dando a conocer un misterio divino. Al *revelarse* ante nosotros, Dios nos da la gracia y la capacidad de recibir tal bendición, y lo hace porque —como humanos— nos resultaría imposible entenderla por medios propios.

Dios nos dio al Espíritu Santo para que pudiésemos reaccionar a Su revelación; ante ella, nuestra reacción se llama *fe* e implica creer en que Dios dice la verdad cuando nos habla de Sí mismo. Aquello que Él nos cuenta sobre Sí son Sus *atributos*: o sea, Su carácter y el proceder confiable que Lo identifica. He aquí tres atributos de Dios que debemos conocer para aumentar nuestra fe y hacer proezas.

1. Nuestro Dios Es Omnipresente

Su *omnipresencia* quiere decir que Dios está en <u>todas partes</u>, siempre

Él puede atender las oraciones de Nueva York y las de la India a la vez, pues tiene la capacidad de escuchar a cada persona en cada momento, cada día, cada oración… todo al mismo tiempo. Dios nunca le dice a nadie: «Silencio; ahora estoy tratando de escuchar a otro» porque Él nos escucha a todos.

> «… ¿Acaso soy Yo un Dios solo de cerca», declara el Señor,
> «Y no un Dios de lejos?».
> «¿Podrá alguien esconderse en escondites
> De modo que Yo no lo vea?», declara el Señor.
> «¿No lleno Yo los cielos y la tierra?», declara el Señor.
> (Jeremías 23:23-24)

No existen espacios ni lugares donde Dios no esté.

¿Adónde me iré de Tu Espíritu,
O adónde huiré de Tu presencia?
Si subo a los cielos, allí estás Tú;
Si en el Seol preparo mi lecho, allí Tú estás.
Si tomo las alas del alba,
Y si habito en lo más remoto del mar,
Aun allí me guiará Tu mano,
Y me tomará Tu diestra.
Si digo: «Ciertamente las tinieblas me envolverán,
Y la luz a mi alrededor será noche»;
Ni aun las tinieblas son oscuras para Ti,
Y la noche brilla como el día.
Las tinieblas y la luz son iguales para Ti.
(Salmo 139:7-12)

Dios está en contacto con cada rincón de la creación y no se Lo puede excluir de ningún ámbito de nuestra vida. Él no es un padre distante; de eso no podremos acusarlo nunca. No obstante, existe un matiz que vale la pena aclarar: si bien Dios está por doquier, Su presencia no se experimenta del mismo modo en todas partes.

Hace poco, Cindy y yo afrontamos uno de nuestros momentos más difíciles como padres. Mi hija Grace —jugadora de voleibol en un equipo nacional juvenil— hacía poco que había terminado su recuperación de cinco meses, tras una cirugía de rodilla. Muy feliz de volver a las canchas, Grace fue a Filadelfia para jugar un partido de clasificación, y, durante el evento deportivo, la rodilla de otra jugadora chocó fuertemente contra su boca. Fue horroroso. Vi a mi niña gritar: «¡Papá!», mientras yo oraba: «Dios, ¡no quebrantes su espíritu!». Ella acababa de regresar después de cinco meses de pausa forzada, y —en aquel momento— ni siquiera sabíamos si aún conservaba los dientes, ya que estaba sangrando mucho. Mi primera reacción fue sacar mi pañuelo de tela —tal vez yo sea el único hombre en los Estados Unidos que todavía lleva uno en el bolsillo del pantalón— y usarlo para contener el sangrado, pues era lo único que teníamos a mano. Fuimos al hospital —que quedaba tan solo a ocho minutos del estadio— lo más rápido que pudimos, y, una vez allí, nos condujeron de inmediato al quirófano porque mi hija necesitaba una cirugía urgente.

Mientras la operaban, Cindy sostuvo el brazo de Grace y yo, su pierna; ni siquiera fui capaz de mirar lo que le estaban haciendo, solo conseguí orar en lenguas y preguntar: «¿Dónde estás, Dios? Esta pequeña ha luchado bastante, y mira cómo está ahora. ¿Dónde estás?». Confieso que me enojé con Dios. Puede que yo sea un pastor y conozca bien las bases teológicas, pero —en medio de mi dolor de padre— no paraba de reclamarle al Dios omnipresente: «¿Dónde estás? ¿Dónde estás?».

Como una avalancha, Dios trajo a mi mente la verdad y me hizo ver cada uno de los detalles que demostraban que Él sí que había estado allí todo el tiempo. Para comenzar, me recordó que la directora estaba en el lugar y que había llevado su auto; que el mejor hospital infantil del país quedaba muy cerca de la cancha; que nos habían atendido de inmediato, sin necesidad de esperar; que habíamos entrado directamente a cirugía, y que —al final— los médicos habían conseguido desincrustarle los dientes a mi niña. La situación estaba bajo control. En ese instante, Dios me dijo: «¿Te preguntas dónde estaba Yo? Pues estaba encargándome de que todo se diera para acompañar a tu pequeña». Justo ahí, en el Hospital de Niños de Filadelfia, la revelación llegó a mí de un tajo: La gratitud hace visible la omnipresencia; la gente ingrata nunca se percata de la acción de Dios. Así pues, cuando le damos gracias al Señor, reconocemos Su presencia y notamos todo lo que Él ha estado haciendo por nosotros. Al comprenderlo, me llené de una inmensa gratitud por cada detalle que —por inconexo que parezca— forma parte del perfecto entramado de Dios, que Le permite estar siempre presente junto a nosotros.

2. Nuestro Dios Es Omnisciente

Su *omnisciencia* quiere decir que Dios lo sabe <u>todo</u>, siempre

Muchos se olvidan de que no existen misterios para Dios; Él no tiene que buscar nada en Google —nunca— ni se rasca la cabeza por no entender algo, pues nada escapa a Su entendimiento. Él habla todos los idiomas, conoce todos los temas y siempre sabe todo a la perfección; Su conocimiento sobre todos los saberes es exhaustivo, vasto e ilimitado. Para Dios no hay nada oculto.

Repasando la historia de Daniel, vemos que, cuando su vida estaba en juego, él dijo en su oración: «"Él es quien [...] conoce lo que está en tinieblas [...]"» (Daniel 2:22). ¡El mismo Daniel sabía que solo Dios puede ver lo que hay en la oscuridad! Encontramos también en el Nuevo Testamento —más específicamente en 1 Juan— más pruebas de la omnisciencia de Dios: «[...] Dios es mayor que nuestro corazón y Él sabe todas las cosas» (1 Juan 3:20).

Reconocer la omnisciencia de Dios es aceptar que Él sabe lo que es mejor para todos. Por eso, es de suma importancia que los políticos que se consideren a sí mismos creyentes en el Señor la tengan siempre presente. Así las cosas, Jueces y congresistas cristianos: recuerden que, cuando Dios da una definición o una determinación respecto de algo, ella ha de prevalecer, incluso si la política, los fallos de las cortes o las consultas populares la contradicen. La definición última viene de Dios, que es omnisciente, ¡no de la opinión de la mayoría!

> Grande es nuestro Señor, y muy poderoso;
> Su entendimiento es infinito.
> (Salmo 147:5)

Durante la construcción de la sede de las Naciones Unidas en Nueva York, surgió una controversia con respecto a la posibilidad de incorporar —o no— un lugar de culto en sus instalaciones. Un periódico de la ciudad publicó una genial caricatura en la que se podía ver una enorme mano —la mano de Dios— que sostenía un pequeño globo terráqueo en su palma. Sobre la esfera, se encontraba un grupo de hombrecitos de las Naciones Unidas en medio de una acalorada discusión. La imagen estaba acompañada del texto: «¿También tenemos que invitarlo a Él?».[4]

¡Por supuesto que tenemos que invitarlo! Con todo lo que el mundo está atravesando en este momento, necesitamos desesperadamente a un Dios omnisciente. ¡Es hora de que Lo volvamos a recibir en el gobierno, las Naciones Unidas, las escuelas y los tribunales!

3. Nuestro Dios Es Omnipotente

Su *omnipotencia* quiere decir que Dios es todopoderoso, siempre

Es importante tener claro que Dios jamás diría frases como: «Esto está por encima de mis posibilidades», «es demasiado difícil de arreglar» o «no cuento con las herramientas necesarias para resolver esta circunstancia». ¡*Para* Dios, todo es posible! ¡*Con* Dios, todo es posible!

Un día, mientras hacía fila para pagar en una librería, mi vista se dirigió hacia los libros que había junto a la registradora, esos que suelen ubicar allí para propiciar compras de último minuto. Entre los títulos que vi, un libro atrajo mi atención: era un volumen sobre datos curiosos del mundo, y su sección sobre los césares romanos me resultó muy interesante. Según el libro, la residencia imperial romana estaba repleta de bustos del emperador de turno, pero —dada la brevedad de cada mandato— ¡se había optado por usar bustos con cabezas removibles! Así, cuando un césar perdía el poder, su cabeza era retirada de los bustos e inmediatamente reemplazada por la del nuevo mandatario. ¡Cuán irónico es que los césares, que se tenían a sí mismos por dioses todopoderosos... tuviesen cabezas intercambiables![5]

En contraposición, nosotros contamos con una Cabeza que jamás podrá intercambiarse por otra, ya que nuestro Dios es omnipotente. Veamos cómo lo expresa el Libro del Apocalipsis:

> Oí como la voz de una gran multitud, como el estruendo de muchas aguas y como el sonido de fuertes truenos, que decía:
> «¡Aleluya!
> Porque el Señor nuestro Dios Todopoderoso reina...». (Apocalipsis 19:6)

Es crucial entender que Dios tiene todo el poder y que es el único en el universo que está capacitado para manejarlo. Por ello, Él es capaz de hacer mucho más de lo que nosotros podríamos siquiera imaginar.

> Y a Aquel que es poderoso para hacer todo mucho más abundantemente de lo que pedimos o entendemos, según el

> poder que obra en nosotros, a Él sea la gloria en la iglesia y en Cristo Jesús por todas las generaciones, por los siglos de los siglos. Amén. (Efesios 3:20-21)

Dios se ha revelado a Sí mismo y ha revelado Sus atributos ante nosotros, lo cual recibimos con fe. Tan asombrosa revelación también nos despierta una profunda *adoración*. Así, adorar es responder a la revelación de Dios, pues sin ella, acabaríamos por adorar a la *adoración misma*, y no responderíamos a la revelación divina, sino a la buena música y a los accesorios mundanos. Veamos esta respuesta a la revelación de Dios en el Salmo 95:

> Vengan, cantemos con gozo al Señor,
> Aclamemos con júbilo a la roca de nuestra salvación.
> Vengamos ante Su presencia con acción de gracias;
> Aclamemos a Él con salmos.
> Porque Dios grande es el Señor,
> Y Rey grande sobre todos los dioses.
> (Salmo 95:1-3)

Como consecuencia, clamamos y cantamos con fuerza porque Dios es grandioso, no porque la música sea bella. La adoración ocurre cuando nos concentramos en la naturaleza, la grandeza y la revelación del Señor.

> Los que temen al Señor, alábenlo [...].
> De Ti viene mi alabanza en la gran congregación [...].
> [...] Los que buscan al Señor, lo alabarán [...].
> (Salmo 22:23, 25-26)

Entonces, ¿de dónde proviene la alabanza? ¡Solo de quienes temen, conocen y buscan al Señor! No se trata de la música ni de los instrumentos; se trata de que —irremediablemente— una vez que se conoce a Dios, las manos se levantan solas, las rodillas se doblan y la voz grita de júbilo. Por el contrario, cuando la iglesia Lo pierde a Él, la alabanza se transforma en manipulación, pues los efectos especiales de la música, los instrumentos y el espectáculo entero solo les hacen falta a quienes no están concentrados en la grandeza del Todopoderoso. Por todo lo anterior, sabemos que una alabanza verdadera solo necesita al Dios verdadero para existir.

Teniendo en cuenta Sus atributos, la única conclusión posible es: ¡Cuán grande es nuestro Dios! Él no solo es omnisciente y omnipotente, sino que —además— es omnipresente. En pocas palabras, su grandeza no implica lejanía, pues todo su conocimiento y poder están siempre presentes.

Un día, mientras leía el Libro de los Salmos, sentí un enorme sobrecogimiento cuando entendí el delicado equilibrio que hay entre la grandeza y la cercanía de Dios; entre Su inmensidad y Su intimidad con nosotros:

> Sana a los quebrantados de corazón
> Y venda sus heridas.
> Cuenta el número de las estrellas,
> Y a todas ellas les pone nombre.
> Grande es nuestro Señor [...].
> (Salmo 147:3-5)

Si analizamos este versículo, veremos que, justo después de decir que Dios «sana a los quebrantados de corazón», el texto nos transporta al espacio sideral, mencionando que el Señor cuenta las estrellas y ¡a todas les da nombre! Si observamos la *distancia* entre los versículos 3 y 4, es difícil no emocionarnos al leer que Dios sana nuestros corazones, y —sin darnos tiempo de proferir siquiera un «aleluya»— el salmista prosigue a afirmar que Dios tiene el control del universo entero.

Como todos sabemos, el sol —la estrella más cercana a nosotros— está a 150 millones de kilómetros de la tierra.[6] Con todo, Dios puede tener Su atención en esa lejana y enorme estrella y —al mismo tiempo— escucharte llorar en la intimidad de tu habitación porque Él presta atención a todo y a todos a la vez. El Señor puede secar tus lágrimas mientras se asegura de que el sol no deje de brillar por las mañanas; Su compasión está tanto en los pequeños círculos de la existencia humana como en los ámbitos más grandes de la creación. Desde el universo hasta el individuo; desde las estrellas hasta los corazones rotos, ¡nuestro Dios se ocupa de todo y de todos!

Conozcamos y adoremos al único Dios verdadero. Él es omnipresente, pues está con nosotros en todo momento; es omnisciente, pues conoce todos nuestros nombres y sabe qué es lo correcto y lo mejor, y también es omnipotente, pues nada es demasiado difícil para Él.

PREGUNTAS

1. Piensa en un período difícil de tu vida; ¿dónde estaba Dios durante ese tiempo?

2. Si Dios es omnipotente y es bueno, ¿cómo explicarías el hecho de que haya tragedias en este mundo?

3. ¿Recuerdas alguna ocasión en la que agradecer te haya hecho más consciente de la omnipresencia de Dios?

EL ESPÍRITU SANTO

(«Holy Spirit» es *Espíritu Santo* en inglés)

Los 380 O Los 120: ¿En Cuál Grupo Estás Tú?

«Sin el Espíritu de Dios, nada podemos hacer. Somos cual barcos sin viento y cual ramas sin savia; somos inútiles, cual brasas sin fuego».
CHARLES SPURGEON[1]

Un fenómeno que intriga a líderes de iglesias, investigadores y creadores de pódcast es la tendencia de los cristianos a asistir a la iglesia un promedio de 1,5 veces al mes.[2] En efecto, muchos recurren a su ingenio para tratar de resolver este notorio problema: algunos optan por acortar los encuentros religiosos para que duren menos de una hora —y así, adaptarse a las ocupadas agendas de los feligreses— y otros, a su vez, ofrecen comida y café para que los miembros puedan desayunar en sus instalaciones. También hay quienes intentan atraer a más personas recurriendo a la parafernalia de las grandes producciones. Ahora bien, tras haber leído múltiples estudios sobre el tema, veo que los expertos se centran en las flaquezas de la iglesia y en la búsqueda de su adaptación cultural, pero no parecen comprender que la iglesia de hoy no necesita más que recibir de nuevo al Espíritu Santo.

El Espíritu Santo debería ser suficiente para abarrotar iglesias, pues ¡es imposible aburrirse en la presencia de Dios! Con certeza, si Él viene, los fieles también vendrán. E. M. Bounds, el gran escritor cristiano especializado en la oración, lo expresó de la siguiente manera: «Lo que la iglesia necesita no es más ni mejor maquinaria ni nuevas organizaciones ni más novedosos o mejores métodos, sino hombres que el Espíritu Santo pueda usar: hombres de oración, hombres poderosos en la oración».[3] Los líderes están muy ocupados intentando comprender qué necesitan las iglesias, en lugar de detenerse a invitar al Espíritu Santo a regresar a ellas.

Cuando llegué a la Iglesia de Times Square en 2021, durante mi ceremonia de investidura, el Pastor Carter Conlon fue el encargado de la prédica y el Dr. R. T. Kendall, de los encargos y de la oración. En aquel momento, las palabras del Dr. Kendall para mí fueron: «¡Honra la sangre de Cristo y honra al Espíritu Santo!». Aún hoy, llevo su sabia frase por bandera: debemos honrar al Espíritu Santo porque —sencillamente— no podemos ser iglesia sin Su presencia.

Pero ¿por qué necesita la iglesia al Espíritu Santo? ¿Qué Lo hace indispensable para nosotros? He aquí 31 cosas que el Espíritu Santo hace por nosotros:

- Nos ayuda. (Romanos 8:26)
- Nos guía. (Juan 16:13)
- Nos enseña. (Juan 14:26)
- Habla. (Apocalipsis 2:7)
- Revela. (1 Corintios 2:10)
- Da instrucciones. (Hechos 8:29)
- Da testimonio de Jesús. (Juan 15:26)
- Nos da paz. (Hechos 9:31 DHH)
- Nos llena. (Hechos 4:31)
- Nos llama. (Hechos 13:2 DHH)
- Nos fortalece. (Efesios 3:16)
- Ora por nosotros. (Romanos 8:26)
- Atestigua la verdad. (Romanos 9:1)
- Trae gozo. (1 Tesalonicenses 1:6)
- Trae libertad. (2 Corintios 3:17)
- Nos ayuda a obedecer. (1 Pedro 1:22)
- Nos transforma. (2 Corintios 3:18)
- Habita en nosotros. (1 Corintios 3:16)
- Nos liberta. (Romanos 8:2)
- Nos renueva. (Tito 3:5)

- Produce frutos en nosotros. (Gálatas 5:22-23)
- Otorga dones. (1 Corintios 12:8-10)
- Nos conduce. (Romanos 8:14 NBV)
- Nos convence. (Juan 16:8)
- Nos santifica. (2 Tesalonicenses 2:13)
- Nos entrega poder. (Hechos 1:8)
- Nos unifica. (Efesios 4:3-4)
- Nos sella. (Efesios 1:13)
- Nos permite acceder al Padre. (Efesios 2:18 RVC)
- Nos permite esperar. (Gálatas 5:5)
- Expulsa nuestros demonios. (Mateo 12:28)

Sabiendo todo ello, ¿acaso podríamos, como humanos, superar la labor del Espíritu Santo?

Para profundizar en la cuestión, repasemos la doxología que Pablo escribió en las líneas finales de sus cartas a los Corintios: «La gracia del Señor Jesucristo, el amor de Dios [...]» (2 Corintios 13:14). En lo personal, si me hubiesen pedido completar la frase, sin dudarlo habría dicho: «y el *poder* del Espíritu Santo», pues mis raíces pentecostales habrían salido a relucir. Sin embargo, el versículo continúa así: «[...] y la *comunión* del Espíritu Santo sean con todos ustedes».

Pablo relacionaba la *comunión* con lo que hacemos no con otras personas, sino con el Espíritu Santo. En esencia, la palabra comunión es sinónimo de alianza, de caminar juntos. Por eso, en sus cartas, Pablo instaba a la iglesia de Corinto a recuperar su conexión y su comunión con el Espíritu Santo.

Las Escrituras nos cuentan que, cuando Jesús resucitó de entre los muertos, les habló a unas 500 personas (ver 1 Corintios 15:5-6) y les dio instrucciones específicas que condujeron al nacimiento de la iglesia de Jesucristo. Pero ¿cuáles fueron Sus encargos exactamente?

> «... Por tanto, Yo enviaré sobre ustedes la promesa de Mi Padre; pero ustedes, permanezcan en la ciudad hasta que sean investidos con poder de lo alto». (Lucas 24:49)

Quinientas personas recibieron tal aviso de Jesús resucitado; todas ellas habrían de experimentar las 31 acciones del Espíritu Santo. Así —cuarenta días después—, Jesús ascendió al cielo, y se abrieron las puertas de un aposento alto en Jerusalén, donde los 500 habrían de esperar a que el Espíritu Santo los llenase de poder.

> Entonces los discípulos regresaron a Jerusalén desde el monte llamado de los Olivos, que está cerca de Jerusalén, camino de un día de reposo. Cuando hubieron entrado en la ciudad, subieron al aposento alto [...] Todos estos estaban unánimes, entregados de continuo a la oración junto con las mujeres, y con María la madre de Jesús, y con Sus hermanos. Por este tiempo, un grupo como de <u>ciento veinte personas</u> estaba reunido allí, y Pedro se puso de pie en medio de los hermanos [...]. (Hechos 1:12-15)

Tras leer el pasaje, me surgen algunas preguntas: Si Jesús resucitado les dijo a 500 personas que esperasen a ser llenas del Él, ¿cómo es que solamente hubo 120 en el aposento alto? ¿Dónde estaban las otras 380 que habían recibido el aviso?

Al parecer, el 76 % de las personas dijo: «Excelente enseñanza, Jesús. De aquí en adelante, nos encargaremos nosotros». Creo que ese 76 % era cristiano, al igual que el 24 % que sí se presentó al llamado, pero la diferencia radica en que aquellas 120 personas fueron llenas del poder y de la comunión con Dios, mientras que las 380, no.

Me surge, entonces, otra duda: ¿por qué quienes habían sido *testigos oculares* no pudieron ser *testigos* de Jesús en esa ocasión? ¿Por qué les pidió Jesús a esas personas que esperasen por el poder?

> «... Pero recibirán poder cuando el Espíritu Santo venga sobre ustedes; y serán Mis testigos en Jerusalén, en toda Judea y Samaria, y hasta los confines de la tierra». (Hechos 1:8)

En mi opinión, si alguien estaba calificado para ser *testigo de Jesús*, sin duda eran aquellos que habían presenciado Su resurrección: quienes, luego de haber estado frente al cadáver de Jesús, Lo habían visto atravesar paredes y ascender al cielo. Si hubiese alguien idóneo para crear una página web para una iglesia, abrir una cuenta de Instagram, alquilar oficinas y mandar a hacer tarjetas de presentación ¡serían esas 500 personas! Aun así, Jesús les dijo: «Esperen. No empiecen a hacer nada hasta tanto inviten al Espíritu Santo a que los transforme. Ya lo han visto todo, pero aún no Lo han recibido».

> Quinientas personas recibieron un mensaje, pero solo 120 *recibieron el poder.*
> Quinientas personas recibieron una promesa, pero solo 120 *la hicieron efectiva.*
> Quinientas personas recibieron una herencia, pero solo 120 *la reclamaron para sí.*
> ¿En cuál de los grupos estarías tú?

Hace poco hablé con alguien que mencionó que había muerto un pariente —lejano— suyo, de quien él y su esposa recibirían una herencia tal que cambiaría sus vidas para siempre. El dinero habría de ingresar a su cuenta en el transcurso de pocos días. Me dijo: «¡La muerte de mi pariente y esta herencia lo cambiarán todo para nosotros!». Se me hizo inevitable pensar en cuánto más hemos heredado nosotros tras la muerte, resurrección y ascensión de Jesús: ¡nos quedó el Espíritu Santo, que nos habita y cambia nuestras vidas! Sin embargo, algunas personas todavía no han recibido en sus cuentas bancarias la realidad de quién es y qué anhela hacer Él, y siguen viviendo por debajo de las posibilidades que les brinda su verdadera herencia.

Algunos años atrás, cuando aún vivía en Detroit, muchos rodajes cinematográficos se trasladaron al estado de Michigan en busca de beneficios tributarios para sus producciones. En aquella época, al lado de mi casa, estaban rodando una película —de esas que no suelen ganar muchos premios— llamada *S.W.A.T.: Unidad especial de bomberos 2*; la secuela de otro filme homónimo. Visto que una de las escenas incluiría algunas tomas de mi casa, la producción me ofreció dinero para poder mostrarla en la película.

—¿Cuánto? —le pregunté al encargado.

—¿Qué tal $50? —respondió.

—¡Trato hecho! Permítame deletrear mi apellido: D-i-l-e-n-a.

Y así nada más, en cuestión de minutos, me hicieron un cheque.

Esa noche, me invitaron a ver la filmación donde aparecería mi casa. Por pura curiosidad, le dije a uno de los asistentes de dirección:

—Vi que tenían todo listo para rodar desde antes de saber si yo estaría de acuerdo con que grabasen mi casa, ¿puedo preguntar qué habrían hecho si me hubiese negado?

—Le habríamos ofrecido más dinero —contestó, muy directo.

—A veces subimos la oferta hasta $6.000 o $7.000, pero usted aceptó muy rápido. ¡Nunca antes había sido tan fácil negociar con nadie como lo fue con usted!

¿Cómo? ¿¡Acaso había más!?

Del mismo modo, algunos —ingenuos como yo— se conforman con hacer la oración del renacimiento en Cristo y reclamar su cheque por valor de $50. Pero ¡hay más! ¡Hay mucho más! Hoy, te invito a formar parte del *grupo de los 120.* Por algún motivo, el 76 % —la mayoría— no consideró que necesitase vivir la experiencia del aposento alto para lograrlo. Francamente, no somos tan distintos de ellos. En palabras de A. W. Tozer: «Si hoy se retirase al Espíritu Santo de la iglesia, el 95 % de las cosas que hacemos continuarían, y nadie notaría la diferencia. Si se hubiese retirado al Espíritu Santo de la iglesia del Nuevo Testamento, el 95 % de lo que hacían ellos se habría detenido, y todos habrían notado la diferencia».[4]

La primera iglesia de Éfeso que aparece en Hechos 19 tuvo ese problema; sostenía encuentros y contaba con enseñanzas acertadas, pero le faltaba la presencia del Espíritu Santo. Sus miembros formaban parte de los 380 discípulos que no habían experimentado aquel poder que sí recibieron los otros 120 en el aposento alto.

> Llegó entonces a Éfeso un judío que se llamaba Apolos, natural de Alejandría, hombre elocuente, y que era poderoso en las Escrituras. Este había sido instruido en el camino del Señor, y siendo ferviente de espíritu, hablaba y enseñaba con exactitud las cosas referentes a Jesús, aunque solo conocía el bautismo de Juan. (Hechos 18:24-25)

Pablo llegó a la ciudad y se dio cuenta de que allí se encontraba una parte de ese 76 %.

> Mientras Apolos estaba en Corinto, Pablo, después de haber recorrido las regiones superiores, llegó a Éfeso y encontró a algunos discípulos, y les preguntó: «¿Recibieron el Espíritu Santo cuando creyeron?». Ellos le respondieron: «No ni siquiera hemos oído si hay un Espíritu Santo». Entonces Pablo les preguntó: «¿En qué bautismo, pues, fueron bautizados?». «En el bautismo de Juan», contestaron ellos. (Hechos 19:1-3)

«No habíamos oído que hubiese un Espíritu Santo. ¿Quién lo dijo?». ¡Lo dijeron los discípulos! El problema era el predicador, Apolos, que había perjudicado a la iglesia de Éfeso por mantener a sus discípulos al margen del Espíritu Santo. En lo personal, no pienso seguir los pasos de Apolos; ¡aquí necesitamos al Santo Espíritu!

Ahora bien, la mejor manera de acercarnos a Él es observar cómo presentó Dios —por primera vez— al Espíritu Santo en la Biblia. En los temas bíblicos, se aplica la «ley del primer uso» o «ley de la primera mención», que consiste en tomar la primera aparición de un tema en las Escrituras como base para su estudio.

La primera mención del Espíritu Santo es en Génesis 1, cuando se habla de la creación. ¿Qué aprendemos sobre el Espíritu Santo en esta sección?

Él *se mueve.*

> En el principio Dios creó los cielos y la tierra. La tierra estaba sin orden y vacía, y las tinieblas cubrían la superficie del abismo, y el Espíritu de Dios se movía sobre la superficie de las aguas. (Génesis 1:1-2)

La primera vez que Lo vemos, está en movimiento; no está quieto o sin hacer nada, sino que se mueve. Es un Espíritu Santo activo. No es posible que alguien lleno del Espíritu *en movimiento* permanezca inmóvil durante la adoración ni que el Espíritu *activo* haya llegado a la vida de una persona y esta siga sin cambiar su comportamiento. Es imposible; ¡el Espíritu en movimiento mueve a los hombres!

Él *habla.*

> Entonces dijo Dios: «Sea la luz». Y hubo luz. (Génesis 1:3)

Primero, el Espíritu Santo se mueve y, luego, llega la Palabra. En los servicios de la iglesia, se promueve tanto la adoración como la Palabra de Dios, ya que la primera no debería opacar a la segunda y porque es el movimiento del Espíritu el que invita y llama a la Palabra. Donde se mueva el Espíritu Santo, se enunciará la Palabra de Dios… que todo lo definirá.

Él *define.*

> Dios vio que la luz era buena; y Dios separó la luz de las tinieblas. Y Dios llamó a la luz día y a las tinieblas llamó noche. Y fue la tarde y fue la mañana: un día. (Génesis 1:4-5)

La Palabra de Dios conlleva *definición* y, donde exista definición, con frecuencia también habrá separación. Esto es porque, al moverse, el Espíritu de Dios trae orden. Cuando Dios define, empieza a darles nombre a las cosas: en la creación, Él separó la luz de las tinieblas y dio nombre al día y a la noche. Él puso todo en su debido lugar.

Cuando C. S. Lewis se convirtió al cristianismo y empezó a escribir libros sobre la fe, le preguntaron por su pasado como autor de material erótico, y su respuesta fue, en pocas palabras: «Ya no puedo escribir así. Es la diferencia que hay entre la tierra y la suciedad. Para sembrar una semilla en el jardín, la colocamos en la *tierra*, pero, si sacásemos esa tierra del ambiente en el que normalmente prospera y es útil, y la esparciésemos sobre la mesa del comedor, entonces esa tierra pasaría a ser *suciedad*».[5]

Una vez nos convertimos en cristianos, el Espíritu Santo renombra las cosas de antes y empieza a redefinirlo todo. Lo que antes llamábamos tierra pasa a llamarse suciedad si se encuentra en el contexto equivocado. Por ejemplo: Dios llama fornicación y pecado —nunca amor— al sexo antes del matrimonio, y llama robo y evasión de impuestos a los pagos por debajo de cuerda. Dios llama asesinato de nonatos al aborto, asociado por muchas personas con la frase «mi cuerpo, mi decisión». En esencia, cuando recibimos al Espíritu Santo, comenzamos a ver el mundo con otros ojos: podemos diferenciar la luz de las tinieblas.

El Espíritu Santo está constantemente moviéndose, hablando y definiendo. Todos lo necesitamos, pues lo que está por venir no se puede combatir sin Él. Leamos lo que Pablo nos dijo:

> Guarda, mediante el Espíritu Santo que habita en nosotros, el tesoro que te ha sido encomendado.
> (2 Timoteo 1:14)

¡Cómo no salvaguardar al Espíritu Santo que vive dentro de nosotros! Veamos cuatro verdades sobre el santo Espíritu que se nos pide guardar con sumo celo y cuidado. Esto nos ayudará a estar preparados para la lucha que nos espera, que sería imposible de enfrentar si no pedimos a gritos la —tristemente— olvidada comunión.

1. Él Es Mi Sello

> En Él también ustedes, después de escuchar el mensaje de la verdad, el evangelio de su salvación, y habiendo creído, fueron sellados en Él con el Espíritu Santo de la promesa. (Efesios 1:13)

Un sello era un emblema o logotipo que indicaba pertenencia; el fabricante de un determinado objeto lo marcaba con su sello. ¿Sabías que la tumba más famosa de la historia tenía un sello?

> Y fueron y aseguraron el sepulcro; y además de poner la guardia, sellaron la piedra. (Mateo 27:66)

Se trataba del sello imperial de Roma —en aquel entonces, epicentro del poder mundial—, y dicha marca en la tumba enviaba un mensaje claro: «Nadie puede tocar el cuerpo de Jesús; es propiedad del Imperio romano». Por supuesto, ya todos sabemos lo que sucedió después, pero esta vez quiero añadir un matiz a la historia de la resurrección, un detalle que suele pasarse por alto:

> Pasado el día de reposo, al amanecer del primer día de la semana, María Magdalena y la otra María vinieron a ver el sepulcro. Y se produjo un gran terremoto, porque un ángel del Señor descendiendo del cielo, y acercándose, removió la piedra y se sentó sobre ella. (Mateo 28:1-2)

Literalmente, el cielo *se posó* sobre el sello para demostrar que ni el Imperio ni los guardias mandaban, pues ¡era Dios quien estaba a cargo!

En su libro *Emblems of the Holy Spirit*, F. E. Marsh aborda la importancia del sello en la tumba de Jesús. Antiguamente, los sellos identificaban las pertenencias de cada individuo. Por ejemplo, los comerciantes, que solían comprar madera en el Líbano, muchas veces no podían llevársela con ellos; cuando esto sucedía, la estampaban con su respectivo sello familiar para que, más adelante, fuese enviada por barco —a través del Mediterráneo— hasta el puerto de destino. Así, se sabía que eran suyos todos los troncos que tuviesen su marca de propiedad. El sello representaba la pertenencia.[6]

¡Cuán increíble es darse cuenta de que los cristianos estamos sellados con el Espíritu Santo! Tenemos la marca de propiedad de Dios, y Él no abandona a los suyos. Nuestro dueño dijo: «No puedo llevarlos conmigo en este momento, pero Me pertenecen. Que nadie los toque; Yo regresaré por ellos». Ser salvos en Cristo equivale a estar sellados por Él.

2. Él Es Mis Arras

> En Él también ustedes, después de escuchar el mensaje de la verdad, el evangelio de su salvación, y habiendo creído, fueron sellados en Él con el Espíritu Santo de la promesa, que nos es dado como garantía de nuestra herencia, con miras a la redención de la posesión adquirida de Dios, para alabanza de Su gloria. (Efesios 1:13-14)

Las arras son un desembolso, una fianza. Cuando era más joven, la gente no solía endeudarse con las tarjetas de crédito, como ahora; lo más usual entonces era reservar algunas compras entregando un depósito inicial. Si a uno no le alcanzaba el dinero para aquello que pretendía adquirir, con $20 podía apartarlo en la tienda. Así, semana tras semana, uno abonaba un poco cada vez, hasta pagar el precio en su totalidad. Claro que en el momento no lo veíamos, pero, para cuando dábamos la última cuota y recibíamos el producto, ¡este ya había pasado de moda! Lo que quiero destacar de esta práctica es que, a partir de nuestro primer desembolso, la tienda se comprometía a no venderle esa misma unidad a ningún otro cliente.

La palabra «arras» proviene del griego *arrabona*, que quiere decir «anillo de compromiso».[H] Recuerdo que, cuando le propuse matrimonio a Cindy en el Rockefeller Center de Nueva York, le puse un anillo en el dedo. Este anillo llevaba consigo un claro mensaje: «Estás comprometida; fijaremos una fecha, nos casaremos y construiremos juntos nuestro futuro». En otras palabras: «Esto no es todo, ¡tenemos un *porvenir*!».

Cuando alguien es salvo en Cristo, queda prometido. El Espíritu Santo que habita dentro de aquella persona dice: «Esto no es todo. Están preparando un recinto y una cena de bodas; habrá un futuro». Prepárate para entregar el anillo, porque ya tenemos fijada una fecha en la que Él vendrá —conocida como el *rapto de la iglesia*— y llevará a Su esposa a casa. Definitivamente, ¡lo mejor está *por venir*!

3. Él Es Mi Cobijo

> Y yo le pediré a Dios el Padre que les envíe al Espíritu Santo, para que siempre los ayude y siempre esté con ustedes. (Juan 14:16 TLA)

La palabra *cobijo* —por su similitud con *cobija*— me recuerda a mi madre y algunas frases que ella me solía decir: «¡No te duermas sobre las cobijas!» o «¡baja los pies de la cobija!», entre otras. Por su parte, la expresión «dar cobijo» es sinónimo de proteger, acompañar, resguardar y consolar. Si lo analizamos, se refiere a que Él camina a *nuestro lado*; marcha y pelea junto a nosotros.

Como dato curioso, la palabra griega *paráclito* aparece cuatro veces en el libro de Juan para describir al Espíritu Santo. Según explica Gordon Dalbey en su libro *Healing the Masculine Soul*, «paráclito» era un término de uso común entre los guerreros de la antigüedad. Los soldados griegos iban a la batalla de dos en dos, de modo que, cuando el enemigo atacase, pudiesen juntarse —espalda con espalda— para que cada uno cubriese el punto ciego del otro.[7] ¿Cómo podríamos creer que Dios nos enviaría a librar la *buena batalla* sin un compañero de combate? No estamos solos; ¡tenemos al Espíritu Santo que nos cubre las espaldas y nos defiende!

> Jesús, lleno del Espíritu Santo, volvió del Jordán y fue llevado por el Espíritu en el desierto por cuarenta días, siendo tentado por el diablo [...]. (Lucas 4:1-2)

Jesús, nuestro precursor y maestro, nos dio una enorme lección mediante Su tentación en el desierto: Él, lleno del Espíritu Santo, se enfrentó al mismísimo Satán y salió victorioso. Tras Su lucha, «Jesús regresó a Galilea en el poder del Espíritu [...]» (Lucas 4:14). Cuando estamos llenos del Espíritu Santo, también nosotros podemos afrontar cualquier batalla que se encuentre en nuestro camino; es más, con certeza, ¡acabaremos más fuertes de lo que éramos antes de la pelea!

En lo personal, saber que el Espíritu Santo me cuidaba las espaldas cobró un significado aún mayor luego de una batalla que involucró a mi familia; situación que yo desconocía al principio. Justo antes de mudarnos de Detroit, un hombre fue a verme a mi oficina. Se trataba de un antiguo —buen— servidor de la iglesia, a quien yo había tenido que apartar de su puesto en el ministerio por eventos relacionados con el pecado. A raíz de lo sucedido, le había explicado que la iglesia seguía siendo su casa, pero que su servicio en ella no podía continuar hasta tanto Dios obrase en su interior. Mis palabras no fueron bien recibidas y su resentimiento hacia mí fue tal que lo llevó a abandonar la iglesia.

Aquel día, su visita me sorprendió, pues llevaba años sin verlo. Cuando entró a mi despacho, colocó una borla trenzada sobre el escritorio y dijo: «Quiero entregarle esto para que siempre recuerde que Dios pelea por usted, incluso las batallas que usted desconoce». Aquella borla la había recibido él al graduarse como *Ranger* del Ejército estadounidense, en cuya unidad de fuerzas especiales había estado.

El joven prosiguió: «Le diré lo que sucedió cuando usted me apartó del ministerio: me enfurecí tanto que fui a mi casa dispuesto a ponerme el uniforme del ejército, tomar todas mis armas (los rifles de asalto que usaba en las fuerzas armadas) y matarlo a usted y a su familia; yo sabía dónde vivían».

La noticia me impactó. Recordé que, para el momento de la destitución del joven, muchos asuntos ocupaban mi atención: tenía luchas relacionadas con la iglesia, estaba criando cuatro hijos e intentaba ser el mejor esposo y pastor que podía… en verdad ¡no estaba —en absoluto— enterado de la situación! Afortunadamente, entonces —como ahora— tenía a mi Cobijo que peleaba por mí y que me cubría las espaldas.

En mi oficina, el muchacho continuó con su relato: «Empaqué las cosas, las metí al auto y me subí. Sentado en el asiento del conductor, escuché una voz; créame, era una voz audible que decía: "Si enciendes el motor y mueves el auto, te mataré". Pastor Tim, la voz fue tan real que empecé a llorar desconsolado; me arrepentí inmediatamente. En aquel instante supe que usted era un hombre protegido».

Al escuchar todo esto, solo pude pensar: «Gracias, Espíritu Santo, ¡por pelear por mí hasta las batallas que yo mismo ignoro!». Para mí no hay duda, ¡Dios nos cubre las espaldas!

4. Él Es Mi Ayudante

> De la misma manera, también el Espíritu nos ayuda en nuestra debilidad. No sabemos orar como debiéramos, pero el Espíritu mismo intercede por nosotros con gemidos indecibles. (Romanos 8:26)

¡El mayor cristiano del planeta dijo que no sabía orar! Si el Apóstol Pablo no sabía orar, ¡lo más probable es que nosotros tampoco sepamos!

La primera vez que nos reunimos para orar tras la fundación de nuestra iglesia en Detroit, todo fue un poco desastroso; bueno, ¡en realidad fue la peor reunión de oración en la historia del país! Asistimos cinco personas: dos señoras; un hombre que no oraba, nada más leía la Biblia; un endemoniado de la calle, y yo. Así comenzaron las oraciones de aquella nueva iglesia. Un día, las señoras llevaron a un hombre con tres costillas rotas por causa de una golpiza callejera; venía directamente del hospital, y ellas lo habían convencido de unirse a nosotros para orar por su sanación.

En materia de oraciones de sanación, yo no tenía el mejor historial, pues, cada vez que oraba por alguien, lo más probable era que nada sucediese. En aquel entonces, no se me había ocurrido pensar que, aunque yo no supiese orar, el Espíritu Santo podría ayudarme. Ahora sé que, además de habernos dado la mala noticia de que «no sabemos orar», en Romanos 8, Pablo nos dio una buena nueva: Dios toma nuestras peticiones, las mejora y las engrandece.

> Y a Aquel que es poderoso para hacer todo mucho más abundantemente de lo que pedimos o entendemos, según el poder que obra en nosotros. (Efesios 3:20)

En otras palabras, Pablo nos dijo: «Adelante, digan algo —cualquier cosa— y el Espíritu Santo acertará. Él irá más allá de lo que le pidan». ¡Me encantan estas palabras! Él toma nuestros pedidos y va aún más lejos. No importa si acabas de ser salvo en Cristo, tu oración puede ser igualmente poderosa porque no se trata de ti, sino de Dios, que la escucha y la amplifica.

Aquel día en Detroit, el hombre de las costillas rotas se encontraba de pie, esperando a que un pastor —con pésimos antecedentes de sanación— le hiciese una imposición de manos. Entonces, para intentar librarme de toda responsabilidad sobre los resultados, antes de orar, dije: «Dios, Tú puedes sanarlo, pero si no lo haces, ha de ser porque no es Tu voluntad».

De repente, el hombre empezó a arrancarse el vendaje y golpearse en las costillas mientras gritaba: «¡Estoy curado!».

—No, no lo estás; esto lleva tiempo —dije, incrédulo.

—Deme un golpe en las costillas —insistió—. Ya estoy curado.

—No voy a golpearte —le dije, seguro de que, si lo hacía, la prensa local me tacharía del pastor más violento de Detroit.

Mientras tanto, me preguntaba cómo había podido suceder aquello con la oración que yo acababa de hacer. Realmente dudaba de mi capacidad para lograr tal proeza, pero, si he de ser honesto, no había sido yo: Dios había tomado mi débil petición y la había llevado un paso más allá. Desde entonces, aprendí a vivir según las poderosas palabras de Brennan Manning: «La única manera de fracasar en la oración es no presentarse a ella».[8]

Para entender cómo Dios mejora y engrandece nuestras palabras, traeré a colación la historia de Elías. Se trataba de un profeta del Antiguo Testamento que era perseguido por una mujer llamada Jezabel, poseída por un demonio. Al enterarse de que ella quería matarlo, esta fue su respuesta:

> Elías tuvo miedo, y se levantó y se fue para salvar su vida; y vino a Beerseba de Judá y dejó allí a su criado, y anduvo por el desierto un día de camino, y vino y se sentó bajo un arbusto; pidió morirse y dijo: «Basta ya, Señor, toma mi vida porque yo no soy mejor que mis padres». (1 Reyes 19:3-4)

Prácticamente, lo que dijo fue: «Mátame, Señor; ¡no puedo más con esto!». Esa fue su oración. ¿Cómo le contestó Dios?

> Y acostándose bajo el arbusto, se durmió; pero un ángel lo tocó y le dijo: «Levántate, come». Entonces vio que en su cabecera había una torta cocida sobre piedras calientes y una vasija de agua. Comió y bebió, y volvió a acostarse. El ángel del Señor volvió por segunda vez, lo tocó y le dijo: «Levántate, come, porque es muy largo el camino para ti». (1 Reyes 19:5-7)

Elías dijo: «Mátame, Dios». El Espíritu Santo tomó esas palabras y las transformó en: «Padre, lo que quiere decir no es que lo *mates*, sino que lo *alimentes*».

¿No es maravilloso? Cuando oramos, el Espíritu Santo reformula nuestras palabras para comunicar los verdaderos deseos de nuestro corazón. ¡Así nos quitamos toda la presión de encima! Repasemos el versículo donde Pablo nos da la mala noticia, concentrándonos, esta vez, en la segunda parte:

> De la misma manera, también el Espíritu nos ayuda en nuestra debilidad. No sabemos orar como debiéramos, pero el Espíritu mismo intercede por nosotros con gemidos indecibles. (Romanos 8:26)

La buena noticia es que el mismísimo Espíritu Santo intercede por nosotros: Él toma las torpes e inseguras palabras de nuestras oraciones y las llena de poder. Es como nuestro intérprete y corrector personal; le dice a Dios: «Padre, lo que esta persona en realidad quiso expresar fue esto…». ¿No es acaso grandioso? A veces digo cosas muy tontas, pero ¡gracias a Dios, el Espíritu Santo interpreta y traduce mis oraciones! Es más, de no haber sido por Él, muchos de nosotros nos habríamos casado con la persona equivocada. Seguramente, algunos habríamos dicho: «La amo y quiero casarme con ella. Sé que será mi esposa», y el Espíritu Santo habría reformulado nuestras palabras ante Dios: «Padre, lo que él quiso decir es que se siente solo, y ella es la única que le ha aceptado una cita. Por lo pronto, nada de bodas».

Asimismo, cuando —cegada por el dolor— una persona dice en oración: «Me da igual si ellos mueren», el Espíritu Santo interpreta sus palabras ante el Padre: «Lo que ella quiso decir es que la ayudes a perdonarlos, pues la lastimaron y tiene una pena muy grande». También, cuando alguien grita: «¡Te odio, Dios!», el Espíritu Santo escucha su mensaje y le transmite al Padre: «En este momento, él no Te comprende y está frustrado». El poder de nuestras oraciones no viene de las palabras que empleamos, ¡sino de cómo las interpreta, traduce y transmite el Santo Espíritu!

¡Ah, cuánto necesitamos del Espíritu Santo hoy por hoy! Él es nuestro *sello*, nuestras *arras*, nuestro *cobijo* y nuestro *ayudante*. Depende de cada uno de nosotros observar estas verdades sobre el Santo Espíritu, pues Él nos ha sido encomendado. Recordemos que la gracia del Señor Jesucristo, el amor de Dios y la comunión del Espíritu Santo están siempre disponibles para nosotros. Día tras día, está en nuestras manos la decisión de pertenecer al grupo de los 380 o al de los 120. ¿Cuál eliges tú?

PREGUNTAS

1. Dale un vistazo a la lista de las 31 cosas que el Espíritu Santo hace por nosotros. ¿Cuál de ellas has experimentado en tu vida?

2. Si apartasen de ti al Espíritu Santo, ¿en qué cambiarían tus días?

3. ¿Qué podrías hacer para involucrar más al Espíritu Santo en tu cotidianidad? Menciona al menos una acción.

ISRAEL

La Nación De Israel Y los Últimos Días

«Sin el Dios de Israel,
la tierra de Israel hoy está aquí,
mañana ya no».
Abraham Joshua Heschel[1]

Honrar a la nación de Israel no debería ser apenas un valor de la Iglesia de Times Square, sino un valor del cuerpo de Cristo. Nosotros, como personas de fe, hemos de honrar aquello que es importante para Dios y considerar un privilegio el amar aquello que Él ama. Sabemos—sin lugar a duda— que Dios bendice a la nación de Israel y que Él bendice aquello que ama. Recuerdo que, cuando me enamoré de Cindy, había algo de ella que yo no conseguía entender: su amor por los perros y por el hockey; sin embargo, hoy reconozco que ambas cosas me gustan, pues, cuando se ama, se acaba amando también aquello que el otro ama. Entendí que el estar enamorados nos quita el miedo a cambiar, aunque sea de gustos. Lo mismo sucede con Jesús: cuando uno Lo ama, empieza —también— a amar lo que ama Él.

El relato de Rut en la Biblia es más que una historia de amor; es el símbolo de cada gentil que ha llegado a la salvación por medio del Dios de Israel. Esto le dijo la moabita a Noemí, su suegra judía: «"[…] Tu pueblo será mi pueblo, y tu Dios mi Dios"» (Rut 1:16). Dichas palabras —aún hoy— resuenan en los corazones de los no judíos y representan el pacto que cada uno de nosotros debe hacer con Dios.

Comenzaremos este capítulo hablando de las dos cosas que los críticos de la Biblia odian: la profecía y los milagros. La primera es una predicción de Dios sobre el futuro; esto es: la forma como Dios interviene a través de Su *Palabra*, y los segundos hacen referencia a la intervención de Dios a través de Sus *acciones*. Si creemos en Dios, necesariamente creemos en ambas cosas. En la historia bíblica, el clímax de los milagros y la profecía llegó con la encarnación de Jesús, pero recordemos que la historia de ambos se remonta a Israel. Cabe resaltar que tanto los milagros como la profecía son las razones por las que Israel hoy en día vive y prospera.

A decir verdad, no existe otra nación cuyos inicios y futuro conozcamos con tanta claridad. Sabemos, además, que Dios le habló a Abraham sobre una nueva nación llamada Israel, que sería bendecida, además de ser una bendición.

> Y el Señor dijo a Abram:
> «Vete de tu tierra,
> De entre tus parientes
> Y de la casa de tu padre,
> A la tierra que Yo te mostraré.
> Haré de ti una nación grande,
> Y te bendeciré,
> Engrandeceré tu nombre,
> Y serás bendición.
> Bendeciré a los que te bendigan,
> Y al que te maldiga, maldeciré [...]».
> (Génesis 12:1-3)

Dios prometió bendecir a aquellos que bendijesen a Israel y maldecir a quienes la maldijesen. Aquí —en la Iglesia de Times Square— Israel siempre ha ocupado un lugar muy especial en nuestros corazones. De hecho, nuestra primera pareja de misioneros —David y Karen Davis— partió hacia Israel a prestar su servicio. Él —un actor de Broadway— encontró en nuestra querida iglesia la salvación que viene con la Palabra, y, al poco tiempo, trajo a su novia, Karen —judía y también actriz de Broadway— a nuestra comunidad. Si bien al inicio Karen se mostró escéptica, su cambio fue radical y fue salva en Cristo aquí en la Iglesia de Times Square. Finalmente, se casaron, y el señor Davis contó con la fortuna de tener a David Wilkerson como su mentor.

Por su parte, Wilkerson siempre había tenido una preocupación por Israel, que compartió con David y Karen. Así, al emprender su viaje misionero, la pareja fue directamente a Israel para establecer allí *La Casa de la Victoria*, un programa de rehabilitación para adictos a las drogas. Como dato curioso, dicho programa aún funciona hoy en día. Wilkerson siempre había anhelado fundar una iglesia en el monte Carmelo, y tuvo la alegría de ver su sueño materializarse más adelante, cuando los esposos Davis —junto con Peter Tsukahira— fundaron Kehilat HaCarmel, una iglesia situada en ese preciso lugar, donde las Escrituras nos cuentan que Elías se enfrentó a los profetas de Baal. Por décadas, la Iglesia de Times Square ha apoyado a esta congregación mesiánica; uno de los pocos lugares del país en que los judíos, los gentiles y los árabes se reúnen para adorar a Jesús.

En la Biblia, vemos que Dios le prometió a Israel: «Bendeciré a quienes te bendigan», y esta frase Suya jamás ha perdido vigencia. La Iglesia de Times Square ha experimentado tal bendición de Dios, ya que, tan pronto como empezamos a apoyar a Israel, comenzamos a recibir cuantiosas sumas de dinero para destinar a nuestras propias misiones y también a ChildCry y Feed New York, nuestros programas de auxilio alimentario. En la actualidad, apoyamos más de cinco programas distintos en Israel.

Indudablemente, las bendiciones de Dios a Israel y a aquellos que la bendicen han sido notorias desde el principio y lo seguirán siendo hasta el final. A través de ellas, vemos la obra sobrenatural de Su mano en esa nación. Como objeto de abundantes bendiciones, ¡resulta muy apropiado que Dios haya puesto a Israel en plena mitad del mundo!

> «... Así dice el Señor Dios: "Esta es Jerusalén. Yo la coloqué en el centro de las naciones y de los territorios a su alrededor..."». (Ezequiel 5:5)

Jerusalén es la ciudad más importante sobre la faz de la tierra e Israel, la más solemne nación; es el centro espiritual del mundo. Como creyentes, estamos en deuda con los judíos porque ¡los diez mandamientos, la Biblia y —hasta— el propio Mesías provienen de Israel!

Esta magna nación ha sido objeto de grandes bendiciones por parte de Dios, y Su mano la ha favorecido. Asimismo, ha sido blanco de fenómenos que demuestran su carácter *sobrenatural*: el antisemitismo, la supervivencia del pueblo judío y el establecimiento de la nación de Israel.

1. El Antisemitismo

Como hay odio hacia Dios, hay odio hacia Israel. La gente odia lo que Dios ama, y no es una cuestión de intolerancia, sino de ir en contra de Cristo; quieren el exterminio de Israel porque quieren exterminar a Dios.

> Sabemos que somos de Dios, y que el mundo entero está bajo el poder del maligno. (1 Juan 5:19)

Tristemente, cuanto más se aleje Estados Unidos de Dios y de la Biblia, menos probable será que este país apoye a la nación de Israel.

2. La Supervivencia Del Pueblo Judío

A pesar de la continua persecución, el pueblo de Israel ha prosperado. Son muchos los que han procurado su exterminio, mas siempre se han visto frustrados por la protección divina a los judíos: el Faraón quiso ahogarlos, pero él —y su ejército— terminaron ahogados en su lugar; Nabucodonosor intentó quemarlos, pero acabó perdiendo la razón; Amán redactó un decreto para erradicarlos, pero terminó colgado en la horca que él mismo había construido para un judío; Hitler trató de exterminarlos, pero acabó por propiciar el establecimiento de una nación formada por y para ellos. Dios ha bloqueado cada intento de exterminar al pueblo judío. ¿Por qué? Porque Él le concedió un pacto eterno:

> «... Estableceré Mi pacto contigo y con tu descendencia después de ti, por todas sus generaciones, por pacto eterno, de ser Dios tuyo y de toda tu descendencia después de ti...». (Génesis 17:7)

Así dice el Señor,

> El que da el sol para luz del día,
> Y las leyes de la luna y de las estrellas para luz de la noche,
> El que agita el mar para que bramen sus olas;
> El Señor de los ejércitos es Su nombre:
> «Si estas leyes se apartan
> De Mi presencia», declara el Señor,
> «También la descendencia de Israel dejará
> De ser nación en Mi presencia para siempre».
> [...] «Si los cielos arriba pueden medirse,
> Y explorarse abajo los cimientos de la tierra,
> También Yo desecharé toda la descendencia de Israel
> Por todo lo que hayan hecho», declara el Señor.
> (Jeremías 31:35-37)

¿Acaso ha dejado de brillar el sol o de salir la luna? Hasta tanto eso suceda, ¡Israel seguirá existiendo!

Tengo casi 60 años, y hasta ahora, nada me ha conmovido tanto como mi visita a Alemania, adonde fui para la conmemoración de los 500 años de la Reforma. Durante mi estadía allí, viajé por varias horas hasta el campo de concentración de Buchenwald, que en su momento estuvo dedicado a la experimentación médica en judíos, así como a su exterminio masivo. De todo lo que vi en aquel lugar, fueron las cosas más cotidianas las que me impactaron profundamente: en el museo había una exhibición con utensilios que los judíos empleaban para comer. Las latas y los platos tenían talladas algunas imágenes de sus familias y hogares —muchas con cercos y flores— que les ayudaban a no olvidar sus vidas de antes. Hoy contamos con teléfonos celulares y álbumes de fotos para recordar a quienes más queremos, pero los judíos de Buchenwald no tenían otras remembranzas de la vida que —tan despiadadamente— les había sido arrebatada, salvo aquellos platos tallados. Sentí mis rodillas flaquear y casi me derrumbo. Sin embargo, al pensar en el empeño de aquel insensato en aniquilar al pueblo nacido de Dios, este versículo me vino a la mente:

> Porque así dice el Señor de los ejércitos, cuya gloria me ha enviado contra las naciones que los despojaron, porque el que los toca, toca la niña de Su ojo: «Yo alzaré Mi mano contra ellas, y serán despojo para sus esclavos. Entonces sabrán que el Señor de los ejércitos me ha enviado…».
> (Zacarías 2:8-9)

¡Quien lucha contra Israel, lucha contra Dios! Vemos que todas las naciones de la tierra han perseguido a los judíos, pero —tal como dice la Palabra— los perseguidores han desaparecido y la nación que surgió de Dios sigue prosperando. Por el pacto antes mencionado, la única manera de deshacerse de los judíos es quitar a Dios primero, y sabemos que eso no es posible, pues ¡Él seguirá existiendo siempre!

3. El Surgimiento De La Nación De Israel

Entre los años 70 y 1967 d. C., la tierra de Palestina fue gobernada por 40 naciones distintas, y —como bien sabemos— hoy en día se encuentra bajo el control de Israel. La tan anunciada profecía se cumplió aquel trascendental 14 de mayo de 1948, cuando —en un solo día— el líder judío David Ben-Gurión fundó el Estado moderno de Israel y declaró su independencia. Ese día, los Estados Unidos reconocieron a Israel como nación, y luego muchos otros países siguieron su ejemplo. Así se materializó la promesa de Dios de reunir a Su pueblo de vuelta en su tierra (ver Ezequiel 37:12-14 e Isaías 66:8).

Al día siguiente estalló la guerra, pues varios países árabes de la zona invadieron Israel en un intento de expulsar a los judíos de su recién adjudicado territorio. Desde entonces —1948— hasta nuestros días, los israelíes han vivido múltiples guerras, de las cuales —pese a la desventaja numérica— ¡milagrosamente han salido victoriosos!

Dicho esto, quisiera aclarar ciertos puntos de extrema importancia:

- **Ser pro-Israel no significa ser antiárabe:** La postura pro-Israel pertenece a un ámbito bíblico y no político.
- **La iglesia no es Israel:** Existe una engañosa teoría —la Teoría del Reemplazo— que afirma que la Iglesia reemplazó a Israel en el corazón de Dios. Cabe aclarar que la Biblia en ningún momento sustenta esa falsa doctrina.
- **Israel no se llama Palestina:** En el siglo II, el Imperio romano le dio el nombre de Palestina al territorio en cuestión, con el objeto de borrar el pasado de Israel y reclamar aquella tierra como propia. Oro por que Dios llegue a los palestinos, pero sé que quienes emplean ese nombre no están del lado de Israel. Su tierra originalmente se llamaba Canaán y luego, Israel; no obstante, tal como lo indica el pacto eterno, esta les pertenece a los judíos.

Tras estas aclaraciones, me gustaría que prestásemos atención a una historia del libro de los Números, acerca de Balaam, el profeta gentil, y de Balac, el rey moabita. Dicho relato nos compete porque en él, Dios muestra una imagen profética de la relación entre los creyentes gentiles e Israel. Muchos conocemos la historia del asna, pero desconocemos la parte de Israel.

Balac —cuyo nombre significa «devastar»— era un rey enemigo de la nación de Israel que quería acabar con ella. Con tal fin, debía encontrar líderes que se dejasen sobornar para maldecir a Israel.

En consecuencia, Balac le pidió a Balaam que maldijese a Israel para conseguir una ventaja sobre este pueblo. Balaam, aun siendo un profeta no judío, le preguntó a Dios si debía maldecir a Israel o no. A pesar del dinero que ofrecieron por su maldición contra el pueblo de Israel, Balaam se negó por causa de la contundente respuesta de Dios:

> Y Dios dijo a Balaam: «No vayas con ellos; no maldecirás al pueblo, porque es bendito». (Números 22:12)

Ante la negativa de Balaam, el rey moabita le ofreció más prestigio y dinero si profería la maldición, y —esta vez— el profeta gentil mordió el anzuelo.

Cuando se encontraba de camino a su destino, y a sabiendas de que estaba desobedeciendo a Dios, Balaam se topó con un asna que hablaba y que veía fuerzas angélicas invisibles para él; estaba claro que Dios había puesto allí al animal para detener la maldición de Balaam. Tras el encuentro, el hombre le dijo a Balac:

> «... ¿Cómo maldeciré a quien Dios no ha maldecido?
> ¿Cómo condenaré a quien el Señor no ha condenado?...».
> (Números 23:8)
> Entonces Balac dijo a Balaam: «¿Qué me has hecho? Te he traído para maldecir a mis enemigos, pero mira, ¡los has llenado de bendiciones!». (Números 23:11)

Luego, Balac intentó hacer que Balaam viese a Israel desde otra perspectiva.

> Entonces Balac le dijo: «Te ruego que vengas conmigo a otro sitio desde donde podrás verlos [...] y desde allí maldícemelos». Lo llevó al campo de Zofim, sobre la cumbre del Pisga, y edificó siete altares y ofreció un novillo y un carnero en cada altar. (Números 23:13-14)
> El Señor salió al encuentro de Balaam y puso palabra en su boca y le dijo: «Vuelve a Balac y así hablarás». (Números 23:16)

Seguidamente, Balaam pronunció las palabras que Dios le había entregado:

> «... Dios no es hombre, para que mienta,
> Ni hijo de hombre, para que se arrepienta.
> ¿Lo ha dicho Él, y no lo hará?
> ¿Ha hablado, y no lo cumplirá?
> Mira, he recibido orden de bendecir;
> Si Él ha bendecido, yo no lo puedo anular.
> Él no ha observado iniquidad en Jacob,
> Ni ha visto malicia en Israel;

> En él está el Señor su Dios,
> Y el júbilo de un rey está en él...»
> (Números 23:19-21)

No obstante, el rey moabita insistió.

> Y Balac dijo a Balaam: «Ven, te ruego, te llevaré a otro lugar; quizá le plazca a Dios que me los maldigas desde allí». (Números 23:27)
> Cuando Balaam vio que agradaba al Señor bendecir a Israel, no fue como otras veces a buscar presagios [...]. (Números 24:1)

En lugar de hacer caso a Balac, Balaam se giró hacia el desierto, levantó la mirada y vio a Israel. El Espíritu del Señor vino a él, y dijo:

> «... [...] Benditos los que te bendigan,
> Y malditos los que te maldigan».
> Entonces se encendió la ira de Balac contra Balaam, y palmoteando, dijo Balac a Balaam: «Te llamé para maldecir a mis enemigos, pero los has llenado de bendiciones estas tres veces...».
> (Números 24:9-10)

Aún hoy, el enemigo sigue insistiendo en que maldigamos a Israel, pero, al ver todo desde la perspectiva de Dios, ¡es inevitable bendecir la nación que el Señor ha bendecido por siglos!

Hablar de Israel me recuerda lo que era conducir antes de que hubiese celulares. En aquella época, no existían los mapas en tiempo real con líneas rojas que mostrasen las calles más congestionadas ni nada eso; en su lugar, teníamos que escuchar la radio para enterarnos de lo que sucedía con el tráfico. También, quienes se encontrasen en zonas de congestión vehicular podían oír los helicópteros de tránsito sobrevolando el área. Mientras conducía, no tenía otra opción que fiarme de las indicaciones que llegaban desde lo alto: «Eviten ir por esta calle; si transitan por ella, no llegarán —a tiempo— a su destino». En realidad, lo que sucede en nuestra vida no es muy distinto: necesitamos de alguien que esté en lo más alto —y pueda ver cosas que nosotros no vemos— para que nos guíe. Hoy, la invitación es a mirar a Israel desde el punto de vista de Dios. Nuestras decisiones no se basan en lo que diga la ONU ni los partidos políticos ni la OTAN... sino en lo que diga la Palabra de Dios. Veamos qué dice Isaías:

> «Porque Mis pensamientos no son los pensamientos de ustedes,
> Ni sus caminos son Mis caminos», declara el Señor.
> «Porque como los cielos son más altos que la tierra,
> Así Mis caminos son más altos que sus caminos,
> Y Mis pensamientos más que sus pensamientos...».
> (Isaías 55:8-9)

Dios nos dio una vista superior de Israel a través de David y del Apóstol Pablo. El Señor se valió de David, el mayor líder del Antiguo Testamento, para exhortarnos a orar por la paz de Jerusalén:

> «... ¿Y qué otra nación en la tierra es como Tu pueblo Israel, al cual Dios vino a redimir como pueblo para Sí, a fin de darte un nombre por medio de cosas grandes y terribles, al echar naciones de delante de Tu pueblo, al que recataste de Egipto?...».
> (1 Crónicas 17:21)
> Oren ustedes por la paz de Jerusalén: «Sean prosperados los que te aman...». (Salmo 122:6)

Como podemos ver en la Carta a los Romanos, Dios también usó a Pablo —el mayor cristiano del Nuevo Testamento— para instarnos a orar por la salvación de los judíos.

En la Carta a los romanos bien se puede considerar la más importante carta del Nuevo Testamento. Pablo hizo un recorrido por la pecaminosidad del hombre en Romanos 1-3; por la justificación por fe en los capítulos 4 y 5; por la muerte del pecado y la victoria a través de Dios en los capítulos 5 y 6, y por la vida en el nuevo camino del Espíritu en los capítulos 7 y 8. Pero, cuando leemos la epístola, la mayoría de nosotros salta directo desde Romanos 8 hasta Romanos 12-16 y no se detiene en la lectura de Romanos 9-11.

He aquí por qué pienso que muchos se saltan Romanos 9-11: Las voces de Balac intentan cambiar nuestra perspectiva sobre Israel, y, aunque en estos capítulos, Dios declare una y otra vez: «Los bendigo...», los críticos siempre buscan maneras de demostrar que el Señor no hablaba de Israel. Las voces de Balac tildan estos tres capítulos proféticos de *demasiado esotéricos* o irrelevantes, y se escudan en ello mantenerlos fuera de nuestra comprensión. Sin embargo, Romanos 9-11 es la clave para entender nuestra conexión con Israel.

Romanos 9: La Soberanía De Dios

Leer Romanos 9 requiere sumisión a la *soberanía* de Dios, lo cual —indudablemente— demanda humildad. De modo intencional, Dios habla de Su propio carácter antes que de la nación de Israel. Así pues, cuando comprendemos la soberanía de Dios, comprendemos también a la nación de Israel. La palabra *soberanía* significa que Dios hace lo que Él quiere, cuando Él quiere y como Él quiere, sin pedirle permiso a nadie. Entonces, si nos preguntásemos por qué Dios eligió a los judíos, también tendríamos que preguntarnos por qué Dios nos eligió a nosotros... Dios eligió a los judíos porque Él es soberano, ¡misma razón por la que eligió a cada uno de nosotros!

Para comenzar, Pablo narra la historia de Jacob y Esaú, los hijos de Rebeca e Isaac:

> Porque cuando aún los mellizos no habían nacido, y no habían hecho nada, ni bueno ni malo, para que el propósito de Dios conforme a Su elección permaneciera, no por las obras, sino por Aquel que llama, se le dijo a Rebeca: «El mayor servirá al menor». Tal como está escrito: «A Jacob amé, pero a Esaú aborrecí».
> ¿Qué diremos entonces? ¿Qué hay injusticia en Dios? ¡De ningún modo! Porque Él dice a Moisés: «Tendré misericordia del que Yo tenga misericordia, y tendré compasión del que Yo tenga compasión». (Romanos 9:11-15)

Esaú es el mayor y Jacob, el menor. Tradicionalmente, el hijo mayor era quien heredaba todas las riquezas de la familia, y el segundo o tercer hijo recibía muy poco o nada. Aquí se evidencia la soberanía de Dios: ¡Él escogió al hijo menor —no al mayor, como era costumbre— para llevar a cabo Sus planes! Lo que hizo fue contracultural; pues, según la línea de descendencia de primogénitos, deberíamos hablar de «El Dios de Abraham, Isaac y *Esaú*», no de Jacob —como bien sabemos—, pero la cultura no manda sobre Dios. En la Biblia vemos que Él escogió a quienes quiso para obrar sobre ellos, pues tal es Su soberanía.

Decir que Dios es *soberano* es respetar Su derecho a hacer lo que Él quiera con Su creación. Si alguien fuese a mi casa y me dijese: «No me gusta la decoración de la sala. Deberías mover el sofá para acá, y poner este cuadro en la pared de allá y cambiar la distribución...», yo le contestaría, indignado: «Cuando seas tú quien compre los muebles y pague por la casa, entonces tendré en cuenta tu opinión. Por ahora, tu parecer es irrelevante porque el propietario de esta casa soy yo». Asimismo, Dios manda en este planeta y, por eso, puede hacer lo que Le plazca, cuando Le plazca. Como dice en Daniel 4:35: «"[...] Él actúa conforme a Su voluntad [...]"», pues es soberano.

Llegados a este punto, debemos entender que Dios es absolutamente sabio, amoroso y poderoso, y que Su señorío no debe ser motivo de incomodidad, sino de alivio. Para ser honesto, no confío en la soberanía de ningún hombre porque todos carecen de la sapiencia y el carácter necesarios para ejercer poder. Por el contrario, en la soberanía de Dios sí que confío. Así, queda claro que Dios eligió a Israel porque Él es soberano.

> «... Porque tú eres pueblo santo para el Señor tu Dios; el Señor tu Dios te ha escogido para ser pueblo Suyo de entre todos los pueblos que están sobre la superficie de la tierra. El Señor no puso Su amor en ustedes ni los escogió por ser ustedes más numerosos que otro pueblo, pues eran el más pequeño de todos los pueblos; mas porque el Señor los amó y guardó el juramento que hizo a sus padres, el Señor los sacó con mano fuerte y los redimió de casa de servidumbre, de la mano de Faraón, rey de Egipto...». (Deuteronomio 7:6-8)

Pablo finalizó su discurso sobre la soberanía de Dios con los siguientes versículos:

> ¿Qué concluiremos? ¿Acaso es Dios injusto? ¡De ninguna manera! Es un hecho que a Moisés le dice:
> «Tendré misericordia de quien quiera tenerla
> y seré compasivo con quien quiera serlo».
> Por lo tanto, la elección no depende del deseo ni del esfuerzo humano, sino de la misericordia de Dios. (Romanos 9:14-16 NVI)

Romanos 10: La Oración Más Olvidada De La Iglesia

Al comprender que Dios es soberano, entendemos también que Él desea que colaboremos en Su plan, lo cual incluye orar por Israel. Esto dijo Pablo al respecto:

> Hermanos, ciertamente lo que mi corazón anhela, y lo que pido a Dios en oración es la salvación de Israel. (Romanos 10:1 RVC)

¿Por qué no habríamos de orar por la salvación de Israel, si hacemos todas las demás oraciones del Apóstol Pablo? De las 43 oraciones de Pablo en el Nuevo Testamento, esta —en especial— suele dejarse de lado. Veamos otra traducción del mismo pasaje hasta el versículo 4:

> Amados hermanos, el profundo deseo de mi corazón y mi oración a Dios es que los israelitas lleguen a ser salvos. Yo sé que ellos tienen un gran entusiasmo por Dios, pero es un fervor mal encauzado. Pues no entienden la forma en que Dios hace justas a las personas ante él. Se niegan a aceptar el modo de Dios y, en cambio, se aferran a su propio modo de hacerse justos ante él tratando de cumplir la ley. Sin embargo, Cristo ya cumplió el propósito por el cual se entregó la ley. Como resultado, todos los

> que creen en él son hechos justos a los ojos de Dios. (Romanos 10:1-4 NTV)

La oración de Pablo por la salvación de Israel debería ser también nuestra oración.

Romanos 11: El Futuro De Israel Y Del Mundo

Como el pueblo de Dios, debemos esperar con ansias que se haga Su voluntad, algo que requiere mucha convicción. Las Escrituras nos dicen que Israel desempeñará un papel crucial —y absolutamente imprescindible— en el plan de Dios para los últimos días.

> Digo entonces: ¿Acaso ha desechado Dios a Su pueblo? ¡De ningún modo! Porque yo también soy israelita, descendiente de Abraham, de la tribu de Benjamín. Dios no ha desechado a Su pueblo, al cual conoció con anterioridad [...]. (Romanos 11:1-2)

«De ningún modo» y «de ninguna manera» son frases usuales en la epístola de los Romanos. En este capítulo, Pablo dijo más de 10 veces «de ningún modo», como si se adelantase a las preguntas del lector y las contestase enfática y apasionadamente. Esta respuesta significa: «Por supuesto que no, ¿acaso has perdido el juicio?» o, como aparece en otras traducciones de la Biblia: «¡Claro que no!».

Después de entender todo esto, me resulta difícil creer que hoy en día haya judíos ateos. Sin embargo, tal hecho nos muestra que incluso las personas religiosas —que han sido muy bendecidas— pueden apartarse de Dios. No obstante, gracias a las Escrituras sabemos que Él aún no ha terminado Su obra con los judíos, cuya ceguera y disciplina de hoy pasarán, pues Dios no se ha olvidado de Su pueblo. En Romanos 11 vemos que Él nos pide que colaboremos e intercedamos por Israel:

> Porque no quiero, hermanos, que ignoren este misterio, para que no sean sabios en su propia opinión: que a Israel le ha acontecido un endurecimiento parcial hasta que haya entrado la plenitud de los gentiles. Así, todo Israel será salvo, tal como está escrito:
>
> «El libertador vendrá de Sion;
> Apartará la impiedad de Jacob...».
> (Romanos 11:25-26)

La buena nueva es que ¡todo Israel será salvo! ¿Cómo se dará este reavivamiento dicha nación? Bien, la profecía en Zacarías 12 y 13 revela cómo la nación despertará ante Jesús:

> «... Y sucederá en aquel día que haré de Jerusalén una piedra pesada para todos los pueblos. Todos los que la levanten serán severamente desgarrados, y contra ella se congregarán todas las naciones de la tierra. En aquel día», declara el Señor, «heriré de espanto a todo caballo, y a su jinete, de locura. Pero sobre la casa de Judá abriré Mis ojos, mientras hiero de ceguera a todo caballo de los pueblos. Entonces los jefes de familias de Judá dirán en su corazón: "Gran apoyo para nosotros son los habitantes de Jerusalén por el Señor de los ejércitos, su Dios".
>
> En aquel día haré de los jefes de familias de Judá como brasero de fuego entre leños, y como antorcha ardiendo entre gavillas, y consumirán a diestra y a siniestra a todos los pueblos de alrededor, mientras que Jerusalén será habitada de nuevo en su lugar, en Jerusalén. El Señor salvará primero las tiendas de Judá, para que la gloria de la casa de David y la gloria de los habitantes de Jerusalén no se engrandezca sobre Judá. En aquel día el Señor defenderá a los habitantes de Jerusalén, y el débil entre ellos aquel día será como David, y la casa de David será como Dios, como el ángel del Señor delante de ellos. Y sucederá en aquel día que me dispondré a destruir a todas las naciones que vengan

> contra Jerusalén. Y derramaré sobre la casa de David y sobre los habitantes de Jerusalén, el Espíritu de gracia y de súplica, y me mirarán a Mí, a quien han traspasado. Y se lamentarán por Él, como quien se lamenta por un hijo único, y llorarán por Él, como se llora por un primogénito. En aquel día habrá gran lamentación en Jerusalén [...]». (Zacarías 12:3-11)
>
> «... En aquel día habrá una fuente abierta para la casa de David y para los habitantes de Jerusalén, para lavar el pecado y la impureza...». (Zacarías 13:1)

¡Dios regresará a Israel! Y, sin duda, cuando la nación vea que cuenta con la protección sobrenatural del Señor, reconocerá la mano de Jesús, que siempre ha trabajado en su favor.

Esta es solo una de tantas profecías sobre los planes de Dios para Israel. De hecho, me parece imposible estudiar el fin de los tiempos sin estudiar a esta nación, debido a que —como ya mencioné antes— ella es el eje central de la profecía de los últimos días. En la Biblia, descubrimos que Israel, de cierta manera, está inexorablemente conectada con dicha profecía. En efecto, los ojos del mundo entero están puestos en este —pequeño— estado, y nuestros ojos también deberían estarlo, porque el mundo va conforme van los judíos. Así, debemos entender que Israel es la vara con la que Dios mide al mundo; es Su proyecto y Su programa de acción.

La Biblia contiene 15 predicciones sobre Israel:

- La esclavitud en Egipto. (Génesis 15:13)
- La toma de posesión de Canaán. (Génesis 17:8)
- La idolatría en Canaán. (Jueces 2:11-17)
- El establecimiento de Israel —por parte de Dios— como el centro de la adoración. (Deuteronomio 12:10-12)
- El cautiverio del reino del norte en Asiria. (2 Reyes 15:29; 17:3-4, 6-7)
- El cautiverio del reino del sur en Babilonia. (Isaías 39:6-7)
- La destrucción del primer templo. (2 Reyes 25:8-12; 2 Crónicas 36:19; Jeremías 52:12-15)

- El regreso del remanente desde Babilonia. (Isaías 11:10-16)
- La destrucción del segundo templo. (Daniel 9:24-26)
- La dispersión por todas las naciones. (Deuteronomio 28:64)
- La persecución del pueblo judío durante su dispersión. (Levítico 26:36-39; Deuteronomio 28:64-68; Amós 9:4)
- La reunificación desde todas las naciones y el nacimiento de una nación en un día. (Isaías 66:8)
- La unión de todas las naciones contra Jerusalén. (Lucas 21:20-24)
- La revelación sobrenatural de Jesús a la nación. (Zacarías 12:10-11)
- El regreso del Mesías al monte de los Olivos. (Zacarías 14:4)

Doce de las quince predicciones ya se han cumplido. Si el 80 % de las profecías sobre Israel se ha materializado, ¿qué tan absurdo sería *creer* que el 20 % restante también se cumplirá? En mi opinión, lo absurdo sería *dudarlo*.

¿Cuál es, entonces, la respuesta que busca Dios? Tomemos en cuenta la advertencia en 2 Pedro:

> Y así tenemos la palabra profética más segura, a la cual ustedes hacen bien en prestar atención como a una lámpara que brilla en el lugar oscuro, hasta que el día despunte y el lucero de la mañana aparezca en sus corazones. (2 Pedro 1:19)

Sin duda alguna, el mundo que nos rodea refleja la descripción de Pedro del «lugar oscuro»; sin embargo, en medio de las tinieblas, Dios nos ha iluminado con un mensaje profético. Las profecías cumplidas son una luz que brilla en medio de la penumbra, y, a medida que los días se hacen más oscuros, la luz de la profecía bíblica aumenta su brillo para que podamos ver con claridad. Debemos permanecer alerta, pues el cumplimiento de las profecías de Israel indica que se aproxima la venida de Cristo. Hasta tanto Él venga, es nuestro deber rendirnos ante la soberanía de Dios e interceder por la nación, sabiendo que los propósitos de Dios para Israel —que afectarán también al mundo entero— inexorablemente se materializarán.

PREGUNTAS

1. ¿Cómo ha cuestionado este capítulo tus opiniones acerca de Israel?

2. ¿Se te ocurren más ejemplos de la historia reciente en los que haya sido notoria la bendición de Dios a la nación de Israel?

3. ¿Cómo te está llevando Dios hoy a bendecir a la nación de Israel?

JESÚS

Los Arrolladores Nombres de Jesús

«En la Biblia se le dan 256 nombres al Señor Jesucristo; yo supongo que esto se debe a que Él es infinitamente más de lo que un solo nombre pueda expresar».

BILLY SUNDAY[1]

En nuestra cosmovisión bíblica, la letra *J* indiscutiblemente le corresponde a Jesús, y ello se traduce en una enorme responsabilidad a la hora de escribir este capítulo. Las palabras de Pablo —que se ciernen sobre mí— aumentan el nivel de compromiso: «A mí, que soy menos que el más pequeño de todos los santos, se me concedió esta gracia: anunciar [...] las inescrutables riquezas de Cristo» (Efesios 3:8).

Inescrutable es un adjetivo que define aquello que no se puede explorar ni descubrir por completo. Entonces, ¿cómo podría yo comunicar lo *inescrutable*? ¿Cómo podría contener en un único capítulo algo que en sí mismo es ilimitado? En algunas ocasiones, incluso cuando creemos haber conducido nuestra búsqueda hasta los confines de lo posible, en realidad, no hemos conseguido siquiera arañar la superficie. Sin lugar a duda, esta es una de ellas.

¿Quién es Jesús?

Según algunas descripciones, Jesús es:

- El Padre de los huérfanos.
- El esposo de la viuda.

- El Lucero Resplandeciente de la Mañana para el viajero de la noche.
- La nube de día y la fogata de noche para aquellos en tiempos de desierto.
- El Lirio de los Valles, la Rosa de Sarón y la miel en la roca para quienes caminan en el valle solitario.
- Una mesa dispuesta en presencia de mis enemigos.
- El resplandor de la gloria de Dios.
- La expresión exacta de Su naturaleza.
- El Rey de la Gloria.
- La perla de gran valor.
- La peña en tierra árida.
- La copa que está rebosando.
- La vara y el cayado que me infunden aliento.
- Los hombros sobre los que reposa la soberanía de nuestra vida.
- Jesús de Nazareth.
- El Cristo.
- El Hijo del Dios vivo.
- Mi Salvador, mi compañero, mi Señor y mi Rey.

Jesús desconcierta y asombra a los expertos de muchas especialidades:

A los químicos, pues Él convirtió el agua en vino.
A los biólogos, porque no fue concebido de la manera habitual.
A los físicos, ya que venció la ley de la gravedad al ascender al cielo.
A los economistas, debido a que contradijo la ley de los rendimientos decrecientes alimentando a 5.000 hombres con dos peces y cinco panes.
A los médicos, puesto que sanó a los enfermos y les devolvió la vista a los ciegos sin una sola dosis de medicamentos.
A los científicos, dado que resucitó luego de ser enterrado en una tumba.
Además, Él desafió las convenciones sociales de la época:
No tuvo sirvientes; con todo, Lo llamaron *Señor*.
No tuvo títulos; sin embargo, Lo llamaron Maestro.
No tuvo medicinas; no obstante, Lo llamaron Sanador.
No tuvo un ejército; aun así, los reyes Le temieron.

No ganó ninguna batalla militar; a pesar de ello, conquistó el mundo.
No cometió ningún crimen; así y todo, fue crucificado.

¡Él está vivo!

Viendo todo lo que Jesús ha sido y es, ¡cómo no estremecerse hasta lo más profundo! ¡Cómo no quedar sin palabras ante Él!

De hecho, fue exactamente eso lo que Él hizo en Juan 18. Jesús acababa de terminar Su oración en el jardín de Getsemaní y, mientras los discípulos dormían, Judas estaba ocupado con su traición: como sabía dónde encontrarlo, guio a los soldados romanos hasta Él.

> Entonces Judas, tomando la cohorte romana, y a varios alguaciles de los principales sacerdotes y de los fariseos, fue allá con linternas, antorchas y armas. Jesús, pues, sabiendo todo lo que le iba a sobrevenir, salió y les dijo: ¿A quién buscáis? Ellos le respondieron: A Jesús el Nazareno. Él les dijo: Yo soy. Y Judas, el que le entregaba, estaba con ellos. Y cuando Él les dijo: Yo soy, retrocedieron y cayeron a tierra. (Juan 18:3-6 LBLA)

Tal como se describe en el pasaje, Jesús estremeció almas al pronunciar las palabras: «Yo Soy». Esta díada ha despertado especial interés en muchos estudiosos de la Biblia. Algunos relacionan «Yo Soy» con los vocablos griegos *ego emi* y su posterior traducción a otras lenguas; otros le encuentran similitud con distintos versículos de la Biblia, como el de Éxodo 3:14, donde Él afirma «[…] "Yo Soy el que Soy" […]». En el mismo pasaje, Moisés le pregunta a Dios qué debería decirles a los israelitas cuando estos le preguntasen quién lo había enviado ante ellos, a lo que Él respondió: «[…] "Así dirás a los israelitas: 'Yo Soy me ha enviado a ustedes'"» (Éxodo 3:14). Podemos, pues, entender que cuando Jesús dijo: «Yo Soy», estaba diciendo: «Yo Soy Dios». Por esa razón, cuando los soldados romanos —con todo su armamento— lo escucharon decir esas palabras, cayeron a Sus pies.

El versículo 3 especifica que se trataba de una cohorte romana, unidad comprendida por 480 soldados.[2] Si Jesús tenía una autoridad y un poder tales que podía —usando solo Su palabra— derribar a 481 hombres (incluyendo a Judas), evidentemente, no estaba obligado a rendirse ante ellos. Juan se aseguró de mencionar este detalle para que no nos quedase la menor duda de que era Jesús quien tenía el control. Ningún hombre Le quitó la vida; Él mismo la ofreció en sacrificio, y lo hizo por todos nosotros.

Puedo decir que ya he experimentado en carne propia el poder del nombre de Jesús. Cuando era pastor en mi primera iglesia de Detroit, acogimos en ella a un hombre que —según creíamos— había sido salvo a través de la Palabra; incluso, llegamos a conseguirle un trabajo, y yo mismo lo recibí varios días en mi apartamento. Una mañana, el Espíritu Santo me dijo: «Tienes que expulsar a este hombre, él quiere matarte». Yo, estupefacto, lo llamé al trabajo y le pedí que nos viésemos —acompañados por los guardias de la iglesia, por supuesto— antes de regresar al apartamento.

Cuando nos vimos, le conté lo que me había dicho el Espíritu Santo y, de inmediato, se le pusieron los ojos en blanco y un espíritu demoníaco dijo a través de él: «¡Ja! ¡Me encomendaron que viniese a matarte!». Yo contaba con los guardias para mi defensa, pero el hombre se estaba acercando a mí de un modo siniestro, y, mirándolo de frente, grité: «¡En nombre de Jesús, retrocede!». Entonces, vi recular a aquel enviado del mismísimo infierno… y no fue por mí ni por mi título ni por mis guardias, ¡sino por el nombre de Jesús! ¡Su nombre es infinitamente poderoso!

No me cabe la menor duda de que Su nombre puede derribar personas. En efecto, cuando Dios quiere imponerse, a veces nos abruma con Su presencia. Lo que se relata en Juan 18 es una clara demostración del control de Jesús sobre todas las situaciones. Por ello, resulta hasta cómico que, más adelante, Pedro saque su daga y le corte la oreja a uno de los soldados (ver Juan 18:10). ¿Acaso no había visto desplomarse a aquellas 481 personas, derribadas por solo *dos palabras*? ¿Qué creyó Pedro que conseguiría con su daguita?

Aquel día en Detroit, mis guardias —por más grandes y corpulentos que fuesen— no habrían podido hacer más que la daguita de Pedro frente a una cohorte romana. Por eso, el Señor, sabiendo el peligro que yo corría, me dijo: «¿Para qué necesitas a estos hombres, si cuentas con el nombre de Jesús que te acompaña, cobija y protege en cualquier situación?».

Cabe resaltar que, antes del relato de Juan 18:3-6, se menciona dicha frase de Jesús en siete ocasiones, entre los capítulos 6 y 14, y siempre va seguida de una metáfora; cada vez que Él dice «Yo Soy», las metáforas enfatizan que Él es Yahvé: el gran «Yo Soy»; el Dios de Abraham, Isaac y Jacob. Aunque suela pasar desapercibido, los tiempos que empleamos para conjugar los verbos afectan nuestra descripción de la realidad. En este caso, «Yo Soy» está conjugado en presente, y no es lo mismo que «yo fui» o «yo era» (tiempos pasados) ni que «yo seré» (tiempo futuro). Él dice «Yo Soy» *aquí* y *ahora.*

Las palabras que Jesús usó para describirse a Sí mismo son una buena fuente para estudiarlo. Debemos entender que las frases que Él empleó son mucho más que figuras retóricas y que cada una de las siete construcciones con «yo soy» revela algo específico sobre Su naturaleza divina, Su carácter o Su misión. También representa una necesidad espiritual de todos los individuos *aquí y ahora.*

1. Yo soy el pan de la vida. (Juan 6:35)
2. Yo soy la Luz del mundo. (Juan 8:12)
3. Yo soy la puerta. (Juan 10:7)
4. Yo soy el buen pastor. (Juan 10:11)
5. Yo soy la resurrección y la vida. (Juan 11:25)
6. Yo soy la vid verdadera. (Juan 15:1)
7. Yo soy el camino, la verdad y la vida. (Juan 14:6)
8.

El libro de Juan, que contiene estos nombres, es el Evangelio más particular de todos, pues no comienza como los demás Evangelios, sino que nos lleva de regreso al principio… el de verdad. Empieza así: «En el principio ya existía el Verbo, y el Verbo estaba con Dios, y el Verbo era Dios» (Juan 1:1).

Lo anterior se parece bastante a la primera parte del Génesis, la creación: «En el principio Dios creó los cielos y la tierra» (Génesis 1:1). Sin embargo, lo sorprendente es que «el principio» que menciona Juan antecede «el principio» del Génesis… ¡Juan nos describe un principio antes del principio! Esto ubica a Jesús en una categoría única, pues ¡Él ya vivía antes de Su propio nacimiento! Queda claro que no hay nadie como Él. Profundicemos ahora en los siete arrolladores nombres de Jesús:

1. Yo Soy El Pan De La Vida

Jesús les dijo: «Yo soy el pan de la vida; el que viene a Mí no tendrá hambre, y el que cree en Mí nunca tendrá sed...». (Juan 6:35)

En el relato, Jesús acababa de alimentar a 5.000 personas con dos peces y cinco panes; Sus milagros Lo habían llevado a la cúspide de Su popularidad. Es más, las multitudes querían coronarlo como su rey —de ser necesario, por la fuerza— para así recibir pan gratuito.

Entonces, Jesús se llamó a Sí mismo «el pan de la vida».

Para nosotros, el pan es eso que nos traen en una canastita mientras esperamos a que llegue la comida de verdad. Sin embargo, en tiempos de Jesús, la carne era apenas un acompañamiento y el pan era el alimento principal. Si bien los ingredientes variaban según el nivel de riqueza —los pobres usaban cebada y los ricos, trigo—, en aquel entonces, prácticamente todo el mundo tenía la posibilidad de hacer o comprar pan. Con esta metáfora, Jesús estaba dando el mensaje de que Él sacia y alimenta, y está al alcance de todos.

A diferencia del pan en los restaurantes modernos, Jesús no es un aperitivo: es el plato fuerte. Como tal, debería ser el centro de nuestros banquetes de lunes a domingo, y no una simple merienda dominical, como —con frecuencia— vemos en la actualidad. Siguiendo la analogía gastronómica: aunque *comamos* muchas cosas —incluso hasta la saciedad—, solamente Él nos *alimentará* de verdad. Para el hombre, no hay alimento mejor que Jesús; podemos llegar a la cima en cualquier ámbito: deportivo, musical, financiero, legislativo, académico, médico, tecnológico, entre muchos otros... podemos comernos el mundo y no nos servirá de nada porque no estamos hechos para saciarnos del éxito mundano, sino para alimentarnos de los frutos del Espíritu. Por ello, dejemos que Jesús sea nuestro alimento diario.

2. Yo Soy La Luz Del Mundo

Jesús les habló otra vez, diciendo: «Yo soy la Luz del mundo; el que me sigue no andará en tinieblas, sino que tendrá la Luz de la vida». (Juan 8:12)

Este relato se desarrolla en un contexto difícil: un grupo de religiosos se preparaba para apedrear a una mujer a la que habían sorprendido cometiendo adulterio. En medio de todo aquello, Jesús exclamó la conocida frase: «El que esté libre de pecado, que tire la primera piedra»; ante tan sabias palabras, uno a uno, los hombres desistieron de sus punitivas intenciones, y —a continuación— Él dijo: «Yo soy la Luz del mundo». Por todos es sabido que la luz revela y expone; asimismo, Jesús vino a un mundo en tinieblas y lo iluminó con Su presencia.

Durante mi tiempo en Detroit, viví en casas de las que preferiría no tener que hablar. Muchas de ellas estaban llenas de cucarachas, y lo que realmente me asqueaba era ver a esos insectos salir corriendo cada vez que alguien encendía una bombilla; ¡era como una estampida de bichos! Como las cucarachas solo se veían cuando había luz, podría parecer que esta última las estuviese creando. No obstante, todos sabemos que la luz no crea las cucarachas, solo las hace visibles; las pone en evidencia. Queramos o no, en las tinieblas ellas merodean a sus anchas. Jesús —como la Luz del mundo— puso en evidencia a la religión, y todas las cucarachas salieron corriendo ante Su resplandor. Los religiosos, sin duda, habrían hecho que apedreasen a la adúltera mujer; mas Jesús le dio una segunda oportunidad. La luz revela el pecado, desde el adulterio hasta las fallas de un sistema religioso. Él expone e ilumina.

Cabe resaltar que, en Juan 8, Jesús no se limita a decir «Yo Soy» una vez, sino que lo repite en varias ocasiones:

> Jesús les habló otra vez, diciendo: «Yo soy la Luz del mundo; el que me sigue no andará en tinieblas, sino que tendrá la Luz de la vida». (Juan 8:12)
>
> «… Por eso les dije que morirán en sus pecados; porque si no creen que Yo soy, morirán en sus pecados». (Juan 8:24)
>
> Por eso Jesús les dijo: «Cuando ustedes levanten al Hijo del Hombre, entonces sabrán que Yo soy y que no hago nada por Mi cuenta, sino que hablo estas cosas como el Padre me enseñó…». (Juan 8:28)
>
> Jesús les dijo: «En verdad les digo, que antes que Abraham naciera, Yo soy». (Juan 8:58)

Jesús repitió tanto «Yo Soy» que, luego de la cuarta vez, ya había personas dispuestas a apedrearlo (ver Juan 8:59). Con cada repetición de «Yo Soy», lo que Él quería decir era: «Yo Soy Dios». De hecho, aún hoy, cuando alguien no se somete a Dios, busca la manera de eliminarlo a Él de la ecuación.

Valga destacar que este es el único de los arrolladores nombres de Jesús que Él usa para describirnos también a nosotros; con ello, nos insta a seguir Su ejemplo: «"Ustedes son la luz del mundo. Una ciudad situada sobre un monte no se puede ocultar"» (Mateo 5:14). Es hermoso ver que Jesús se refiera a nosotros con el mismo atributo con el que se describe a Sí mismo. Por ello, dondequiera que vayamos, debemos *lucir* a Jesús. Mas ¿cómo hacemos para brillar? Compartiré una experiencia de mi vida personal que responde a este interrogante: crecí yendo a una iglesia Pentecostal, y todos los veranos asistía a la EBV (Escuela Bíblica Vacacional). Allí, nos motivaban con distintos premios para que memorizásemos los versículos de la Biblia; si bien nunca me pude ganar la enorme barra de chocolate que quería, en una ocasión sí me gané un premio: una cruz que brillaba en la oscuridad. Emocionado, apenas llegué a mi casa, apagué todas las luces y, para mi sorpresa… mi crucecita no brilló. Tardé un poco en entender que —para que eso sucediese— primero debía exponerla a la luz por un tiempo. De manera análoga, tampoco nosotros podemos brillar con luz propia, sin antes estar expuestos a la Luz del mundo.

3. Yo Soy La Puerta

> Entonces Jesús les dijo de nuevo: «En verdad les digo: Yo soy la puerta de las ovejas. Todos los que vinieron antes de Mí son ladrones y salteadores, pero las ovejas no les hicieron caso. Yo soy la puerta; si alguno entra por Mí, será salvo; y entrará y saldrá y hallará pasto. El ladrón solo viene para robar, matar y destruir. Yo he venido para que tengan vida, y para que la tengan en abundancia…». (Juan 10:7-10)

A propósito de ovejas, ¿hay alguna universidad que tenga a un ovino como mascota de sus equipos deportivos? ¡Yo no conozco ninguna! Hasta donde sé, no existen las «Ovejas de la Universidad de Michigan» ni los «Corderos de la Universidad Estatal de Ohio». ¿Por qué no? Porque las ovejas no pueden atacar, por eso suelen ser presas. Su fuerza depende de su pastor y no de ellas.

En la Biblia se menciona «la puerta», que es un término pastoril. De hecho, los rediles no solían tener puertas, sino un muro que rodeaba las ovejas —casi— por todos lados, y solo dejaba un espacio libre para la entrada y la salida de los animales; justo allí dormía el pastor por las noches. Como regulaba el acceso entre el exterior y el interior del corral, el pastor se autodenominaba «la puerta».

Cuando vivía en Detroit, la policía afirmaba que el punto de entrada más usado por los ladrones de casas era la puerta principal;[3] los delincuentes la derribaban para ingresar. Por eso, nuestra vivienda necesita una puerta robusta que no permita que nada entre ni salga sin pasar por donde yace el guardián. En mi opinión, para que una oveja se descarríe, primero tiene que pasar por encima de las advertencias y la guía de su pastor. La buena noticia para nosotros los cristianos es que, aunque nuestras prédicas y oraciones no sean las más fuertes, contamos con una puerta robusta que nos protege de enemigo. Dios no quiere que nos alejemos de Él y por ello ha hecho que ir al infierno no resulte sencillo.

Recuerdo que, hace algunos años, una aerolínea presumía de que sus aviones eran 99 % seguros en vuelo.[4] Honestamente, ¡un avión 99 % seguro no es muy alentador que digamos! En comparación, contamos con una salvación que sí es 100 % segura, pues la protege el Señor Jesucristo. ¡Nuestra puerta es 100 % segura y robusta!

4. Yo Soy El Buen Pastor

> «... Yo soy el buen pastor; el buen pastor da Su vida por las ovejas...». (Juan 10:11)

Este nombre está muy vinculado con el anterior, aunque tiene una particularidad. En esta ocasión, además de agregarle un sustantivo (pastor) al «yo soy», Jesús también le suma el adjetivo «buen», sinónimo de *excelente*.

Como ya mencionamos, las ovejas son animales dependientes toda su vida. Su naturaleza las hace proclives a descarriarse y a perderse, por eso, quien tiene experiencia con rebaños sabe cuán necesario es un buen pastor. Nosotros, a medida que nos hacemos más maduros, cada vez somos más conscientes de que necesitamos del buen pastor para no perder el rumbo.

Pues ustedes andaban descarriados como ovejas, pero ahora han vuelto al Pastor y Guardián de sus almas. (1 Pedro 2:25)

Como dato curioso, la honda que solían cargar los pastores no era solo para ahuyentar a los lobos, sino también para llamar la atención de las ovejas. Así, si una oveja se empezaba a descarriar, su pastor lanzaba una piedra hasta donde ella estuviese; no buscaba golpearla, sino asustarla con el ruido, para así lograr que regresase con el rebaño. Ya perdí la cuenta de las veces que, justo antes de tomar alguna decisión, he escuchado —de repente— una clara advertencia. Hoy entiendo que se trataba de una piedra arrojada por el Pastor celestial para indicarme que no siguiese por el rumbo que llevaba. Me ha sucedido en todos los ámbitos de mi vida: compras, sociedades, contratos y amistades. ¡Siempre el sonido de una piedra me ha hecho retroceder!

El buen pastor nos protege de un posible descarrío que podría traernos más arrepentimientos que satisfacciones. Por eso, lo mejor es hacer caso al ruido de la piedra antes de perder el camino, para no tener que ser rescatados después.

5. Yo Soy La Resurrección Y La Vida

> Jesús le contestó: «Yo soy la resurrección y la vida; el que cree en Mí, aunque muera, vivirá, y todo el que vive y cree en Mí, no morirá jamás [...]». (Juan 11:25-26)

Cuando vivía en Detroit, una anciana —madre de la iglesia— me recordó este viejo adagio al verme atravesar un momento de conmoción: «Puede que Él no venga cuando tú quieras, pero siempre llegará justo a tiempo». En Juan 11, Jesús iba a llegar justo a tiempo, y se lo dijo a Marta cuatro días después de la muerte y sepultura de su hermano Lázaro. Como nos cuenta el relato, Marta estaba molesta porque Jesús no había acudido inmediatamente a su llamado ni se había acomodado a sus tiempos.

Uno podría pensar que a Jesús le habría resultado más sencillo ayudar a Lázaro cuando estaba enfermo y no después de muerto. Sin embargo, a veces, nuestro Salvador tarda en venir porque prefiere resucitar que curar.

Marta conocía el poder de Jesús sobre la salud y la vida, pero desconocía Su autoridad sobre la muerte. Cuando Jesús dice: «La resurrección y la vida», no habla del momento en que el corazón deja de latir, pues existe la resurrección y hay vida más allá de esta vida. Por eso, no hemos de temer a la muerte.

Una vez, vi un intrigante reportaje de noticias que acompañaba a cuatro personas —todas con diagnósticos de cáncer terminal— durante sus últimos meses de vida. Cuanto más pasaba el tiempo y avanzaba la enfermedad, los pacientes veían venir a la muerte, y con ello, su rabia y sus remordimientos crecían. Les sucedió así a todos, salvo a uno: un viejo pastor del sur del país. Mientras más se avecinaba el final, más alegre estaba él. Intrigados, los reporteros le preguntaron cómo podía estar tan feliz y en paz en medio de tal situación. Su respuesta se quedó clavada para siempre en mi memoria, pues, en lugar de hablar, usó su voz —rota por la quimioterapia— para susurrar un viejo himno:

> «Me dirijo hacia arriba, ganando altura cada día; orando voy por la senda: "Señor, llévame a la cima"».

Y prosiguió hasta la cuarta estrofa:

> «Quiero subir al punto más alto y vislumbrar destellos de gloria resplandeciente; no pararé de orar hasta que llegue mi descanso: "Señor, guía mi camino a la cima"».

El viejo predicador estaba en paz porque tenía en el corazón a Jesús, que es la resurrección y la vida. ¡Él está presente más allá de la muerte!

6. Yo Soy La Vid Verdadera

> «... Yo soy la vid verdadera, y Mi Padre es el viñador...». (Juan 15:1)

> Este pasaje pertenece al discurso del aposento alto; las últimas palabras de Jesús a Sus discípulos antes de ir a la cruz. En él, Jesús habló de la —singular— relación que deseaba mantener con ellos.

Podemos ver que Juan 15 habla sobre el plan de Jesús para que sigamos prosperando y dando frutos: Él será la vid y nosotros, Sus sarmientos. Tal como los sarmientos son la expresión de la vid, nuestra conexión con Jesús nos permite expresarlo a Él; esto es: la esencia del árbol se manifiesta en el fruto —el carácter de Jesús—, que existe para beneficio de los demás. Cuanto más cerca permanezcamos del tronco, más frutos daremos. Como es sabido, los sarmientos no pueden jactarse de sí mismos, pues ellos solos no hacen nada, dado que, para florecer, dependen de la vida y los nutrientes que les llegan. Cabe aclarar que la palabra «resultados» no es equivalente a «frutos», ya que los frutos son propios de la vida —solo un ser vivo da frutos—, y los resultados pertenecen a las cosas inanimadas (las máquinas, por ejemplo). Los resultados suponen trabajo y esfuerzo, mientras que la esencia de los frutos está en su formación silenciosa, natural y tranquila. Los frutos son la gloria de la vid.

Para nosotros, como sarmientos, *permanecer* es estar conectados a la vid; por ende, todo aquello que destruya esa *permanencia* será nuestro enemigo. En cuanto no permanezcamos, los hombres tendrán el control, pero al permanecer unidos a la vid verdadera, nos convertimos en fuerzas de la oración.

> «... Si alguien no permanece en Mí, es echado fuera como un sarmiento y se seca; y los recogen, los echan al fuego y se queman. Si permanecen en Mí, y Mis palabras permanecen en ustedes, pidan lo que quieran y les será hecho...». (Juan 15:6-7)

Siguiendo las analogías del reino vegetal, tal como sucede con la vid y los sarmientos, cuando alguien no permanece, comienza a secarse. Una vez seco, está listo para ser arrancado por manos humanas. Además, como las hojas, las personas secas tienden a ser inflamables; a arder con facilidad.

Quienes hayan acampado alguna vez sabrán que lo mejor para encender una fogata son las hojas secas y las ramas sueltas, de esas que ya se han caído del árbol. La gente no va hasta los árboles a arrancarles ramas, sino que usa las que no *permanecen* conectadas al tronco. ¿Por qué? Porque si aún hay agua de vida en las ramas de un árbol, esta no permitirá que ardan.

Por todo ello, permanecer unidos a la vid es crucial; tanto así que Jesús emplea esta palabra diez veces a lo largo de seis versículos (ver Juan 15:4-10), y, cuando dice «permanezcan», el verbo aparece en su forma imperativa, a manera de orden, de comando. Sabemos, por ejemplo, que no hace falta ordenarle a un niño que se coma el postre, puesto que las órdenes se dan para que hagamos cosas que no nos salen de forma natural. Para *permanecer*, debemos actuar y esforzarnos; no se trata de hacer mucho, sino de hacer *algo*: estar con Jesús intencionalmente.

7. Yo Soy El Camino, La Verdad Y La Vida

> Jesús le dijo: «Yo soy el camino, la verdad y la vida; nadie viene al Padre sino por Mí...». (Juan 14:6)

En Juan 13:2, se describe lo sucedido durante una cena, un momento clave para la comunicación de las personas. De hecho, cuando era pequeño, sentarse en la mesa a cenar era algo importante. Si estábamos jugando en la calle, al ver que se encendían los primeros faroles, sabíamos que era hora de volver a casa para comer. En la mesa de los Dilena —mi familia—, aprendí sobre la vida, la teología, la filosofía y la experiencia. Presencié infinidad de debates, peleas familiares, rupturas y hasta momentos de tensión en los que alguien se levantaba, tomaba su comida y se iba para terminar la conversación de un tajo. Por ello, no me extraña que haya sido en una cena, alrededor de una mesa, que Jesús lanzara la afirmación más increíble y —a la vez— controversial de Su ministerio: «Yo soy el camino, la verdad y la vida».

Analicemos Sus palabras: Jesús no habló de *un camino*, sino de «el camino». Ello implica que solo existe uno. En efecto, Él nos dijo que no se puede llegar hasta el Padre si no es a través de Él. Partamos de la base de que Jesús no especificó que el camino hacia Dios fuesen los Diez Mandamientos, la regla de oro, las ordenanzas ni la pertenencia a la iglesia; no. Él dijo que hasta el Padre se llega única y exclusivamente a través de Cristo.

> «... En ningún otro hay salvación, porque no hay otro nombre bajo el cielo dado a los hombres, en el cual podamos ser salvos». (Hechos 4:12)

Así pues, el cristianismo no puede conciliarse con ninguna otra religión porque Jesús es *único*. Algunos líderes religiosos dirán: «Sígueme y te mostraré la verdad»; Jesús dice: «Yo soy la verdad». Otros dirán: «Sígueme y te mostraré muchas puertas que llevan hasta Dios»; Jesús dice: «Yo soy la puerta», «Yo Soy; por ende, ¡sígueme!».

La cuestión no es cuántos caminos lleven hasta Dios; es entender que el Señor ya nos dio *el camino* hasta Él. Sabemos cómo llegar al cielo porque Dios hizo que fuese sencillo. El problema yace en la irremediable tendencia del hombre a buscar lo complejo, en lugar de lo simple. Con toda certeza, si hubiese 1.000 caminos hasta Dios, la humanidad querría que fuesen 1.001. Si hemos de ser honestos, ¡no queremos simplicidad, sino autonomía!

Al pronunciar aquellas palabras en Juan 14:6, Jesús en realidad se dirigía a Tomás, el apóstol cuyo nombre aún es sinónimo de duda, incluso dos milenios después de su muerte. Tomás fue el último en creer en la resurrección de Jesús, ya que le costaba confiar en la veracidad de semejante maravilla sin haberla visto por sí mismo. Él tenía que ver y tocar antes de arrodillarse frente al Cristo que había sido crucificado días antes. Irónicamente, años más tarde, Tomás predicaría el Evangelio en la India, un país con más de 330 millones de deidades e innumerables «caminos hasta Dios». En últimas, ¡Tomás fue martirizado por creer en la exclusividad de Cristo!

Te Quedas Con Todo

Al estudiar y reflexionar sobre Jesús a través de los nombres que usó para referirse a Sí mismo, es inevitable sentirnos conmovidos de la manera más profunda y espiritual. A mi modo de ver, la pregunta «"¿Cuál es la opinión de ustedes sobre el Cristo? [...]"» (Mateo 22:42) debería cambiarse por «[...] "¿Qué haré entonces con Jesús llamado el Cristo?" [...]» (Mateo 27:22).

Hace años, conocí la historia de un hombre rico que tenía un único hijo al que amaba inmensamente. El hombre, fanático del arte, le transmitió a su hijo esta afición, y, con el pasar del tiempo, entre los dos llegaron a tener una enorme colección privada de invaluables piezas. El joven hijo, tras unirse a la Marina, fue enviado a Vietnam y allí murió en combate, lo que destrozó el corazón de su padre. Muchos años después, tras la muerte del anciano, la familia decidió subastar la —nada despreciable— colección, cuyo valor ascendía a varios millones de dólares. Como era de esperarse, a la subasta acudieron varios comerciantes de arte, ansiosos por comprar obras de Van Gogh y Monet. Antes de empezar la puja, el abogado anunció las instrucciones precisas que había dejado el difunto padre: el retrato de su hijo debía ser la primera pieza subastada.

«¡Ya saquen esa pintura de en medio para que pujemos por el arte de verdad!», se quejaron los impacientes compradores. El subastador presentó el cuadro y preguntó: «¿Quién da $100 por el retrato del hijo?». Ninguno de los presentes abrió la boca. Pasados varios minutos, un amigo del joven difunto —también soldado— dijo: «Doy $20». «Veinte a la una», exclamó el subastador, mirando a los asistentes. «Veinte a las dos... ¡Vendido por $20!».

En ese momento, el abogado dio un paso al frente y anunció: «Damas y caballeros, ya no habrá más pujas. Mi cliente dejó instrucciones secretas, en las que especificaba que quien comprase el retrato de su hijo recibiría la colección completa sin ningún costo adicional. Procedo a leer las palabras que dejó en su testamento: "Quien elija a mi hijo se queda con todo". Señoras y señores, aquí termina la subasta».[5]

¡Quien elija a Dios se queda con todo! Por eso, quiero que tú elijas a Jesús. No me refiero a un Jesús inventado por ti ni por la iglesia ni por la religión, sino al Jesús que se llamó a Sí mismo *el pan de la vida*; *la Luz del mundo*; *la puerta*; *el buen pastor*; *la resurrección y la vida*; *la vid verdadera*, y *el camino, la verdad y la vida*. Su nombre está por encima de cualquier otro, y a su lado, te quedas con todo. Como nos recuerda la Carta a los romanos: «[...] "Todo el que confíe en Él no será defraudado"» (Romanos 10:11 NVI).

PREGUNTAS

1. ¿Cuál de los nombres de Jesús que empiezan por «Yo Soy» es especialmente significativo para ti?

2. Luego de haber leído este capítulo, ¿en cuál de sus roles deseas conocer más a fondo a Jesús?

3. ¿Alguna vez has experimentado en persona un nombre de Jesús que no se haya mencionado en este capítulo? ¿Cómo Se reveló ante ti?

EL CONOCIMIENTO

(«Knowledge» es *conocimiento* en inglés)

Encontrar La Fe en Medio de La Oscuridad

«Lo más maravilloso de conocer a Dios
es que siempre habrá mucho más por aprender,
mucho más por descubrir. En el momento menos pensado,
Él llega a invadir nuestras pulcras y ordenadas
ideas sobre Su ser y Su obrar».
JONI EARECKSON TADA[1]

Mi objetivo para este capítulo es enseñarte a caminar en medio de las tinieblas. Sin duda, todos hemos notado la creciente oscuridad de estos tiempos. Hace poco, leí un artículo de noticias —de Fox— sobre una popular cadena de almacenes que ahora distribuye prendas de un diseñador abiertamente satánico; muchas de ellas llevan estampadas frases de su autoría y mensajes alusivos a Satán. Al respecto, el empresario declaró: «Satán es símbolo de pasión, orgullo y libertad. Él representa lo que tú necesites que represente. Para mí, Satán es esperanza, compasión, igualdad y amor. Por eso, es claro que Satán respeta los pronombres».[2]

Tristemente, como creyentes, esto no debería sorprendernos. El libro de Judas ya nos advertía sobre la reinante confusión de los últimos días:

> Pero ustedes, amados, acuérdense de las palabras que antes fueron dichas por los apóstoles de nuestro Señor Jesucristo, quienes les decían: «En los últimos tiempos habrá burladores que irán tras sus propias pasiones impías». Estos son los que causan

> divisiones. Son individuos mundanos que no tienen el Espíritu. Pero ustedes, amados, edificándose en su santísima fe, orando en el Espíritu Santo. (Judas 1:17-20)

Siguiendo las palabras del pasaje, debemos edificar nuestra fe en los últimos días, y por esa razón, le dedicaremos el capítulo de la letra *K* a la fe. Lo sé, esto tal vez suene ilógico *a priori*, pero la verdad es que entre la *fe* y el *conocimiento* hay vínculos muy estrechos. Con un poco de paciencia, entenderemos cómo se relacionan ambos conceptos y el porqué de tal decisión.

En el libro de Mateo hay cuatro ocasiones en las que Jesús reprende a Sus discípulos por su poca fe:

1. Cuando se preocuparon por el aprovisionamiento y el mañana

En el Sermón de la Montaña, Jesús dijo:

> «... Y si Dios así viste la hierba del campo, que hoy es y mañana es echada al horno, ¿no hará Él mucho más por ustedes, hombres de poca fe?...». (Mateo 6:30)

2. Cuando estaban atrapados en medio de una tormenta y les pareció que Jesús se mantenía ajeno a la crisis

Cuando cayó la tormenta, Jesús dormía. A pesar de estar todos en la misma barca, la fe de Sus discípulos flaqueó porque pensaron que Él le daba poca importancia al temporal.

> Y Él les contestó: «¿Por qué tienen miedo, hombres de poca fe?». Entonces Jesús se levantó, reprendió a los vientos y al mar, y sobrevino una gran calma. (Mateo 8:26)

3. Cuando Pedro se estaba hundiendo tras haber caminado sobre las aguas

Al llamado de Jesús, Pedro descendió de la barca y comenzó a caminar hacia Él, por encima de las aguas. De repente, el viento lo asustó y lo asaltaron las dudas.

> Al instante Jesús, extendiendo la mano, lo sostuvo y le dijo: «Hombre de poca fe, ¿por qué dudaste?». (Mateo 14:31)

4. Cuando los discípulos malinterpretaron las palabras de Jesús

Jesús les dijo que se cuidasen de la levadura de los fariseos, lo que les causó confusión.

> Pero Jesús, dándose cuenta, dijo: «Hombres de poca fe, ¿por qué discuten entre ustedes que no tienen pan?...». (Mateo 16:8)

En cada una de estas situaciones, Jesús quiso enseñarles a Sus discípulos que, sin fe, no podrían pelear ninguna batalla. La fe es necesaria para combatir la ansiedad que sentimos de cara al futuro y a lo desconocido. Por ende, el miedo al mañana y al desabastecimiento son claros síntomas de la falta de fe. Necesitamos fe para saber que somos importantes para Dios, que Él se preocupa por nosotros en todo momento y que está presente en cada tormenta de nuestra vida. También se requiere fe para confiar en que Dios nos ayuda a seguir avanzando en el camino, que nos guía para dar el siguiente paso, incluso en ausencia de un piso firme. Es preciso tener fe para reconocer la voz de Dios y para saber cuándo y cómo nos habla. La falta de fe es un problema gigante cuando se trata del mañana, del abastecimiento, del futuro, de las tormentas y de la voz de Dios. En todos los casos, se requiere más que una fe robusta; una inquebrantable.

Tener fe es creerle a Dios sin importar las apariencias y obedecerle sin importar las consecuencias.

Volviendo a la pregunta: ¿por qué dedicarle el capítulo del *conocimiento* a la *fe*? La respuesta es más simple de lo que podríamos creer: la fe se fundamenta en el conocimiento de Dios. Cuando no conocemos al Señor, pensamos que es un dios pequeño en el que —evidentemente— no podemos confiar. No obstante, si Lo conocemos —y dimensionamos— Su grandeza, nuestra fe aumenta de forma exponencial. En otras palabras, una gran fe corresponde a un gran Dios, y a su vez, una fe pequeña corresponde a un dios pequeño. En nuestra vida, cada batalla es una prueba de fe, y cada prueba de fe cuestiona cuán grande es el Dios en el que creemos.

El *conocimiento* de Dios es el ingrediente clave de la *fe*; es lo que determina el «tamaño» del Dios en el que depositamos nuestra confianza. Desde esta perspectiva, ¡la relación entre conocimiento y fe queda mucho más clara!

Considero que, equivocadamente, hemos construido una iglesia centrada en descubrir quiénes somos, y no en descubrir quién es Dios. Conocernos a nosotros mismos no va a ayudarnos en ninguna batalla; conocer a Dios, en cambio, ¡nos llevará a la victoria!

En la iglesia, no nos reunimos con el fin de *ser* alguien, sino de *conocer* a Alguien. ¡El verbo aquí lo cambia todo! Cuando entendemos esa sutil —aunque enorme— diferencia, comprendemos nuestra necesidad de una gran fe para librar la buena batalla, pues —con certeza— habremos de pelear muchas en el futuro. A propósito, esta confusión de verbos es la responsable de que hoy en día muchos jóvenes estén perdiendo la lucha por sus almas.

Cuando vivía en Detroit, un joven —carismático y apreciado por todos— buscó al Señor en nuestra iglesia. Tras seis meses de haber sido salvo por la Palabra, se me acercó y me dijo:

> —Mientras oraba, el Señor me habló. Dijo que ya se acabaron mis batallas; que ya me gradué y que no me quedan más luchas pendientes en el futuro.
> —¿Acaso estás muriendo? —le pregunté—. Porque nuestras batallas solo se acaban cuando morimos.

Ahí terminó nuestra conversación.

En la vida —especialmente en la cristiana— las batallas son inevitables. En efecto, la Biblia está repleta de ejemplos de luchas que los creyentes tuvieron que enfrentar. ¿Hay alguna similitud entre las batallas que describen los siguientes pasajes?

> Tengan por sumo gozo, hermanos míos, cuando se hallen en diversas pruebas, sabiendo que la prueba de su fe produce paciencia. (Santiago 1:2-3)
> En lo cual ustedes se regocijan grandemente, aunque ahora, por

> un poco de tiempo si es necesario, sean afligidos con diversas pruebas, para que la prueba de la fe de ustedes, más preciosa que el oro que perece, aunque probado por fuego, sea hallada que resulta en alabanza, gloria y honor en la revelación de Jesucristo. (1 Pedro 1:6-7)

Recordemos que Jesús oró por Pedro antes de que este lo negase:

> «... Simón, Simón, mira que Satanás los ha reclamado a ustedes para zarandearlos como a trigo; pero Yo he rogado por ti para que tu fe no falle; y tú, una vez que hayas regresado, fortalece a tus hermanos». (Lucas 22:31-32)

Estos versículos evidencian que todas las batallas son luchas de fe. De hecho, la fe se fundamenta en el conocimiento de Dios, y es por eso que el demonio siempre intenta tergiversar, sesgar, distorsionar y falsear la imagen del Señor ante nosotros.

Por todo lo anterior, cada vez que alguna batalla pone a prueba nuestra fe, lo que realmente se está cuestionando es nuestro conocimiento de Dios. Entonces, a fin de entrenarnos bien para el combate y obtener la victoria segura, debemos mantener siempre una imagen nítida y clara de quién es Dios y de lo que hace por nosotros. Nuestra meta no debería ser el tener una *fe mayor*, sino un *conocimiento mayor* de nuestro Dios. El conocimiento de Él será la luz que nos guíe en la oscuridad de nuestras luchas.

Por ello, ante las batallas del presente y del futuro, la responsabilidad de conocer mejor al Señor es de todos. Como podemos ver en la última epístola de Pedro, el conocimiento de Dios va de la mano de la gracia.

> Antes bien, crezcan en la gracia y el conocimiento de nuestro Señor y Salvador Jesucristo. A Él sea la gloria ahora y hasta el día de la eternidad. Amén. (2 Pedro 3:18)

No olvidemos que las cartas de Pedro iban dirigidas a los cristianos de aquella oscura época en la que eran frecuentes la persecución y el martirio de los seguidores de Jesús. Por obvio que parezca, si se nos exhorta a conocer mejor a Dios, ello implica que aún no Lo conocemos lo suficiente. Entonces, he aquí la pregunta del millón: ¿cómo y dónde podemos conocer mejor al Señor? ¡En la Biblia, desde luego! Una vez más: la respuesta está en la Palabra de Dios.

Hace poco, mientras mi esposa y yo pasábamos por los controles aeroportuarios en Zúrich, nos detuvimos justo en frente de una tienda *Duty Free* que vendía cigarrillos; había cientos de cajetillas. Cindy me miró y dijo: «Inaudito. La advertencia de "Fumar mata" está impresa en letras más grandes que las de la propia marca, y, aun así, ¡la gente no la lee! Les da igual; compran los cigarrillos y se arriesgan a morir de cáncer». Algo tan simple nos deja una importante reflexión: si están escritas, ¿por qué no leer las advertencias?

Asimismo, ¡el no leer la Palabra resulta nocivo para nuestra fe! La Biblia es donde conocemos a Dios; cuanto más la leamos, más se fortalecerá nuestra fe. La Carta a los romanos nos dice que «Así que la fe viene del oír, y el oír, por la palabra de Cristo» (Romanos 10:17). La fe llega cuando respondemos a la revelación de Dios y cuando creemos en lo que Él revela acerca de Sí mismo. Y ¿dónde revela cosas sobre Sí? Exacto, ¡en las Escrituras!

Cabe resaltar que la Biblia no dice solo «cree», sino «[…] "Cree en el Señor Jesucristo […]"» (Hechos 16:31 RVC); tampoco dice «tengan fe», sino «[…] "Tengan fe en Dios…"» (Marcos 11:22). Así pues, Jesucristo debe ser el objeto de nuestra fe, y esta siempre será proporcional a la grandeza del Dios en el que creamos. En suma, la fe no es una esperanza o actitud abstracta; es la decisión consciente de conocer más a Dios.

Caminar En La Oscuridad

¿Cómo ataca Satán nuestra fe? Recordemos que la táctica del demonio consiste en tergiversar y distorsionar la visión bíblica de quién es Dios, y que la oscuridad le resta nitidez y claridad a nuestra imagen de Él.

> ¿Quién hay entre ustedes que tema al Señor,
> Que oiga la voz de Su siervo,

Que ande en tinieblas y no tenga luz?
Confíe en el nombre del Señor y apóyese en su Dios.
Todos ustedes que encienden fuego,
Que se rodean de teas,
Anden a la lumbre de su fuego
Y entre las teas que han encendido.
Esto les vendrá de Mi mano:
En tormento yacerán.
(Isaías 50:10-11)

Analicemos el pasaje en profundidad: ¿Quién está a oscuras? ¡Alguien que obedece al Señor! No se trata de un reincidente a quien están disciplinando, sino de un temeroso de Dios cuya fe es cuestionada.

Al atravesar una enorme prueba de fe, C. S. Lewis creó una de las piezas literarias más desgarradoras que he leído en la vida. Su esposa estaba muriendo de cáncer, y él nada podía hacer. En aquel entonces, el autor llevaba un diario con sus pensamientos —sin intenciones de publicarlo—, en el que escribió: «No es que yo corra mayor peligro (supongo) de dejar de creer en Dios. El verdadero peligro es llegar a pensar cosas aterradoras sobre Él. No me asusta acabar concluyendo que "Dios no existe", sino convencerme de que "después de todo, así es Su verdadera naturaleza"».[3]

Son los más devotos quienes pueden llegar a conocer la mayor y más profunda oscuridad. ¿Qué hacer, entonces, cuando se apaguen las luces? En lo personal, este viejo himno me ayuda a sobrellevar los tiempos oscuros cuando mi fe se ve cuestionada; cuando me resulta difícil ver a Dios. Se llama *My Hope Is Built on Nothing Less* (mi esperanza no se basa en nada menos).

Mi esperanza no se basa en nada menos
Que en la sangre y rectitud de Jesús;
No consigo fiarme ni del más afable estado,
Yo me apoyo por completo en el nombre de Jesús.
En Cristo, la roca sólida, me mantengo en pie;
El resto no es suelo, sino arenas movedizas,

El resto no es suelo, sino arenas movedizas.
Cuando las tinieblas no me dejan ver Su rostro
Yo igual descanso en Su gracia inalterable;
Incluso en turbulentas tempestades,
Él es el ancla de mi velero.[4]

Este bello himno es una declaración del conocimiento de Dios. Incluso cuando parezca que la oscuridad esconde Su rostro, debemos confiar en lo que sabemos de Él. Esto me recuerda una historia del atleta olímpico más condecorado: Michael Phelps. De las 28 medallas que ha ganado el deportista estadounidense, 23 han sido de oro. ¡Qué hazaña! Y, de todas sus preseas doradas, hay una cuya historia me conmueve aún hoy. Bob Bowman, el entrenador de Phelps, se aseguró de que el deportista conociese de manera exhaustiva tanto la piscina como su propia brazada; incluso llegó hasta el punto de sabotear su equipo de entrenamiento. Por ejemplo, le agujereaba las gafas y lo hacía continuar nadando con la vista empañada; también le apagaba las luces para hacer que nadase completamente a oscuras. Como consecuencia, Phelps acabó por conocer cada detalle de su brazada, la piscina y el muro de llegada como la palma de su mano.

Un día, durante los Juegos Olímpicos de Beijing —muy a las 9:56 a. m.—, Phelps se encontraba junto a su taco de salida, rebotando suavemente en la punta de los pies. Estaba listo para competir. Cuando lo anunciaron, se ubicó sobre el taco y balanceó tres veces los brazos, tal como lo hacía antes de cada competencia desde que tenía 12 años. Al escuchar el disparo, se lanzó a la piscina, como de costumbre. Un instante después de haber entrado al agua, Phelps supo que algo andaba mal: había humedad por dentro de sus gafas. Sin saber de dónde venía la filtración, continuó nadando con la esperanza de que no les entrase demasiada agua. Para su desgracia, desde el segundo giro ya veía todo borroso y, cuando comenzó la última vuelta, tenía las gafas completamente inundadas. ¡No veía nada! Ni la línea del fondo de la piscina ni la *T* de color negro que indica que el muro está cerca. ¡Nada! Estaba completamente a oscuras. El deportista tuvo que nadar a ciegas, y en ese preciso momento se notaron los resultados de su rigurosa preparación.

En la última vuelta, Michael calculó la cantidad de brazadas que le quedaban para llegar —veintiuna— y comenzó a contarlas. Cuando iba por la número dieciocho, supo que estaba por llegar al muro. Escuchaba las ovaciones del público, pero —nadando a ciegas— no podía saber si lo animaban a él o a otro competidor. Diecinueve, veinte brazadas... La número veintiuno fue muy amplia; deslizó el brazo extendido y tocó el muro: lo había calculado a la perfección. Finalmente, al quitarse las gafas y ver el marcador, notó que al lado de su nombre estaban las letras «WR» de *récord mundial*. ¡Había vuelto a ganar el oro![5]

Cuando estemos a oscuras, debemos recordar las palabras de Isaías: «[...] Confíe en el nombre del Señor y apóyese en su Dios» (Isaías 50:10). Confiar en el nombre del Señor es confiar en Su carácter, lo cual —como en el caso de Phelps—, implica seguir nadando igual que lo hacíamos en cada entrenamiento, aunque tengamos agua dentro de las gafas. Quienes se han preparado no se quedan de brazos cruzados preguntando «¿por qué se apagaron las luces?» ni «¿qué he hecho para merecer esto? ¡No! Quienes han entrenado siguen avanzando, incluso en medio de la oscuridad, y no viven de explicaciones ni de excusas: abrazan su conocimiento de Dios y de Sus promesas, aun cuando no pueden verlo.

Siempre que nos encontremos en tiempos de oscuridad en los que queramos creer, pero no podamos ver a Dios:

1. Dejemos que sea Dios quien se defina a Sí mismo

El mejor refugio en tiempos de oscuridad es la Palabra de Dios, no nuestra propia mente.

Repasemos la primera estrofa de aquel himno:

Mi esperanza no se basa en nada menos
Que en la sangre y rectitud de Jesús;
No consigo fiarme ni del más afable estado,
Yo me apoyo por completo en el nombre de Jesús.

¿Qué es «el más afable estado»? Lo que el himno dice es que no podemos fiarnos de los «estados» porque son tan transitorios como las emociones. Pensemos en los «estados de ánimo»; ¡no podemos depender de cómo nos sintamos en un determinado momento —bien o mal— para vivir ni para tomar decisiones! Sin embargo, muchos confían en su propio criterio y —erróneamente— definen a Dios desde sus pasajeros estados de ánimo. Por eso, debemos quedarnos con la Palabra y creer en lo que el Señor dice de Sí mismo.

2. Cultivemos Su fidelidad

Confía en el Señor, y haz el bien;
Habita en la tierra, y cultiva la fidelidad.
(Salmo 37:3)

La fe es la confianza en la fidelidad de Dios o, dicho de otro modo, en Su *constancia*. Si analizamos la palabra *constancia*, vemos que no surge de *una* buena acción. No decimos que un cónyuge sea fiel en su matrimonio por *una* vez que haya evitado la tentación; es fiel porque ha evitado la tentación *todas* las veces. Asimismo, Dios es constante; «es el que es» todo el tiempo, todos los días. Dios es confiable y constante, y por eso podemos fiarnos de Él. ¡Descansamos en Su gracia inalterable! Dado que Dios no cambia, tampoco cambiará nuestra fe si está puesta en Él. Cultivemos nuestra fe en Él reflexionando sobre los testimonios de Su fidelidad en nuestra propia vida y buscando ejemplos de Su *constancia* en la Biblia.

3. Sigamos las huellas del pasado

¿Sabes lo que es el «viento blanco»? Es una forma de llamar a una nevasca en la que la nieve y el viento bloquean casi por completo la visibilidad. Para poder circular en tales condiciones, los conductores no tienen más alternativa que seguir las huellas que otros vehículos han dejado por el camino. Del mismo modo, cuando nos sintamos incapaces de ver a Dios, debemos recordar que otros en el pasado también han librado duras batallas, y a su paso han dejado huellas que podemos seguir. Si no conseguimos ver el camino, apoyémonos en quienes ya han superado la tempestad.

4. Preparémonos para ver más y mejor

Algunas cosas no se ven a la luz del día, sino en la oscuridad. Las estrellas, por ejemplo, siempre están ahí, pero solo son visibles de noche. ¿Sabías que gran parte de las estrellas que vemos están mil veces más lejos de nosotros que el sol? Aunque de día tengamos una visión más clara de nuestro entorno, será de noche cuando veamos mejor en la lejanía. ¡Qué bella forma de entender la perspectiva que nos dan la luz y la oscuridad! La buena noticia es que a toda puesta de sol le sigue un nuevo amanecer.

> Luz resplandece en las tinieblas para el que es recto [...]. (Salmo 112:4)

Cabe destacar que la noche y su oscuridad tienen un lado positivo. Las nubes negras nos dan la tan preciada agua que necesitamos para vivir; de las minas más oscuras salen las piedras preciosas, y, con certeza, será en los días más oscuros —nuestras mayores pruebas— cuando descubramos lo que Dios ha sembrado en nuestro interior. Como a los buzos en altamar, suele sucedernos que, cuanto más profundicemos en Dios, más se oscurecerá todo a nuestro alrededor y mayor será la presión que sintamos. Afortunadamente, Dios nos ha equipado bien para nuestra inmersión.

En *Unhappy Secrets of the Cristian Life*, los autores relatan que un submarino nuclear llamado Thresher se sumergió en el mar a tal profundidad que acabó por colapsar debido a la presión del agua. La implosión trituró el submarino, y los equipos de rescate no pudieron reconocer prácticamente ninguna de las piezas encontradas. Si bien el Thresher estaba protegido por gruesos mamparos de acero para resistir la presión del agua circundante, las estructuras de metal no impidieron que colapsase durante el descenso. Así, los tripulantes del *Thresher* se enteraron de manera trágica de que incluso el acero —uno de los materiales más resistentes para estos fines— puede ceder ante la presión del fondo del océano.[6]

Ahora bien, ¿cómo es que hay pececitos viviendo tranquilamente en las mismas profundidades donde la presión del agua tritura submarinos de acero? Nunca he visto peces triturados, ¡solo los pescados que ponen en el sushi! ¿Cuál será su secreto para sobrevivir en tales condiciones? ¿Acaso estarán hechos de algún nuevo tipo de hierro indestructible que deberíamos usar en los submarinos? No; de hecho, la piel de estos peces es tan fina que se mide en micras. El secreto de su resistencia yace en que poseen un sistema que regula la presión interna de sus cuerpos para equilibrarla a la perfección con la del agua que los rodea. Así, ¡Dios los dotó de todo lo necesario para nadar en las profundidades!

Incluso si nos pasamos la vida construyendo muros para contener las tentaciones, la presión acabará por triturarnos. Por eso, Dios nos ha dado lo mismo que a los peces: un poder interno que equilibra la presión externa.

> [...] Porque mayor es Aquel que está en ustedes que el que está en el mundo. (1 Juan 4:4)

Una ideología y una cosmovisión que excluyan a Dios no podrán resistir la presión en tiempos de oscuridad. A su vez, ¡es imposible aplastar a un cristiano si lleva por dentro a Dios! Por ello, hoy te animo con las palabras de Pablo: «Pelea la buena batalla de la fe [...]» (1 Timoteo 6:12).

Por todo lo anterior, permanece en la Palabra y busca el conocimiento de Dios. Conoce Su fidelidad, Su amorosa bondad, Su justicia, Su rectitud, Su santidad... y ¡verás cómo crece tu fe!

PREGUNTAS

1. ¿Qué promesas o experiencias personales te han enseñado acerca de Dios y han edificado tu fe?

2. ¿Has tenido vivencias que creas que hayan mermado tu fe? ¿Qué tiene para decir la Palabra de Dios acerca de ellas?

3. En este momento de tu vida, ¿hay alguna situación en la que necesites fe? ¿Cómo podrías aumentar tu conocimiento de Dios en ese aspecto?

EL AMOR

(«Love» es *amor* en inglés)

Dios Es Amor

«El amor es más que un sentimiento;
es una acción».
DAVID WILKERSON[1]

Las definiciones son una parte importante de nuestra realidad, pues nos brindan un punto de partida desde el cual ver y entender el mundo en el que vivimos; nos guían y orientan para comprenderlo. Lamentablemente, hoy en día muchas definiciones se desdibujan por causa del pecado. ¿Desde cuándo se considera «niño» a un feto en el vientre de su madre? ¿Qué es el matrimonio? ¿Qué es la verdad? Y la mayor de todas: ¿Qué es el amor?

Amor es la palabra más importante y —a la vez— más difícil de definir en cualquier idioma. A diario escuchamos a la gente decir que *ama* a su familia, que *ama* a su pareja, que *ama* su trabajo, que *ama* su iglesia, que *ama* a su perro, que *ama* el estilo de otra persona… pero ¿qué es exactamente ese *amor* del que tanto se habla en la cotidianidad? Recordemos que las definiciones nos guían y nos orientan y, por ende, tener una definición errónea del amor puede alejarnos cada vez más del camino y afectar nuestra relación con los demás y con Dios.

Como el ávido lector que soy, tengo una vasta colección de libros en mi biblioteca. Sin embargo, hasta ahora no he encontrado en ninguno de ellos una definición adecuada del amor. ¿Qué es, entonces, el tan popular *amor*? Veamos lo que dice la Biblia al respecto:

«[…] Dios es amor» (1 Juan 4:8). Esta es una de las mejores descripciones de Dios y, si bien es completamente cierta, vendría bien extendernos un poco más al definir el amor. La Biblia —desde luego— no decepciona; es más, contiene un capítulo entero dedicado al tema:

> Si hablo en lenguas humanas y angelicales, pero no tengo amor, no soy más que un metal que resuena o un platillo que hace ruido. Si tengo el don de profecía y entiendo todos los misterios; si poseo todo conocimiento, si tengo una fe que logra trasladar montañas, pero me falta el amor, no soy nada. Si reparto entre los pobres todo lo que poseo, si entrego mi cuerpo para tener de qué presumir, pero no tengo amor, nada gano con eso.
>
> El amor es paciente, es bondadoso. El amor no es envidioso ni presumido ni orgulloso. No se comporta con rudeza, no es egoísta, no se enoja fácilmente, no guarda rencor. El amor no se deleita en la maldad, sino que se regocija con la verdad. Todo lo disculpa, todo lo cree, todo lo espera, todo lo soporta.
>
> El amor jamás se extingue. Pero las profecías cesarán, las lenguas terminarán y el conocimiento se agotará. Porque conocemos y profetizamos de manera imperfecta; pero cuando llegue lo perfecto, lo imperfecto desaparecerá. Cuando yo era niño, hablaba como niño, pensaba como niño, razonaba como niño; cuando llegué a ser adulto, dejé atrás las cosas de niño. Ahora vemos de manera indirecta y velada, como en un espejo; pero entonces veremos cara a cara. Ahora conozco de manera imperfecta, pero entonces conoceré tal como soy conocido.
>
> Ahora, pues, permanecen la fe, la esperanza y el amor. Pero el amor es el más importante. (1 Corintios 13:1-13 NVI)

Volvamos a la última parte: «Cuando yo era niño [...]». Era importante que Pablo lo dijese en este capítulo, pues nos llama a dejar de lado las ideas infantiles sobre el amor. Es hora de crecer y empezar a comportarnos como adultos en nuestras relaciones; es hora de definir el amor de manera correcta y madura, como dice en 1 Corintios 13.

El problema radica en que —nuevamente— confundimos los verbos, pues *amar* no es lo mismo que *gustar*. El *gusto* habla de emociones, y el amor, de acciones. Daría la impresión de que perseguimos el sentimiento —porque queremos que nos guste aquello que amamos—, pero el amor suele ser algo que decidimos antes de llegar a sentirlo. En 1 Corintios 13 y en el resto del Nuevo Testamento, el amor aparece más en forma de verbo —amar— que de sustantivo. En la Biblia, muchas de las órdenes de Dios incluyen amar aquello que no nos gusta; sin embargo, todos sabemos que no se les pueden imponer sentimientos a las personas. Entonces, ¿cómo es que Dios nos dio tales instrucciones? Lo hizo porque Él sabía que el amor como decisión antecede al sentimiento, y, como tal, sí que podía ordenárnoslo. En palabras de Tomás de Kempis, un gran escritor del siglo XV: «Mucho hace el que mucho ama».[2]

Un día, en medio de una sesión de consejería matrimonial, el esposo me dijo:

—Ya no amo a mi esposa.

—La Biblia nos dice: «Esposos, amen a sus esposas» —le expliqué.

—Ya no la veo como a una esposa —objetó—. La veo nada más como alguien que vive conmigo. Solamente compartimos casa.

—*OK*, pero Jesús dijo: «Ama a tu prójimo», por eso tienes que amarla.

—¡La odio! No podemos llevárnosla bien —respondió, convencido de que yo dejaría de insistir.

—Bien, Jesús también dijo: «Ama a tus enemigos».

El amor es, ante todo, una decisión consciente y férrea.

Sin importar cómo llames a tu cónyuge, debes amarlo o amarla. Dado que el amor es un mandato, el definirlo como si fuese un sentimiento destruye la idea misma del matrimonio; por eso, este no se puede abandonar simplemente porque ya no se sienta amor por la pareja. En verdad, si existe la decisión de amar, Dios obrará en los corazones y lo transformará todo. No importa si hablamos del cónyuge, del prójimo o de un enemigo, cuando de amar se trate, Jesús siempre podrá ayudar. En suma, el amor bíblico comienza con una *decisión* que puede convertirse en una *emoción*; así, el orden correcto sería: decidir amar para sentir amor.

Uno de los versículos más conocidos de la Biblia es Juan 3:16:

> «... Porque de tal manera amó Dios al mundo, que dio a Su Hijo unigénito, para que todo aquel que cree en Él, no se pierda, sino que tenga vida eterna...». (Juan 3:16)

> Este pasaje se relaciona estrechamente con el que veremos a continuación, pues —honrando el amor de Dios— nuestra respuesta debería ser:
>
> En esto conocemos el amor: en que Él puso Su vida por nosotros. También nosotros debemos poner nuestras vidas por los hermanos. (1 Juan 3:16)

El amor de Dios *hacia* nosotros debe pasar *a través* de nosotros. Si nos fijamos, ambas preposiciones implican desplazamiento. El amor de Dios viene hacia cada uno de nosotros y, por ello, debemos dejarlo fluir hacia el mundo. Así, si Dios vierte torrentes de amor en nosotros, no deberíamos ser un estanque, sino un río de generosas corrientes. Fuimos salvos para cumplir una misión: amar a Dios y a nuestro prójimo.

Veamos la respuesta de Jesús a un hombre que Le preguntó cuál era el mayor mandamiento:

> Jesús le dijo: «Ama al Señor tu Dios con todo tu corazón, con toda tu alma y con toda tu mente». Éste es el más importante y el primero de los mandamientos. Pero hay un segundo, parecido a éste; dice: «Ama a tu prójimo como a ti mismo». (Mateo 22:37-39 DHH)

Al estudiar otras religiones, pude notar que el cristianismo —aparte del judaísmo— es la única que exhorta a su pueblo a *amar* a Dios. Muchos credos instan a sus fieles a obedecer a Dios —eso sí—, pero nunca a amarlo con todo el corazón, la mente y el alma. Ese fue el reto de Jesús para Su pueblo. Si creemos que Dios nos ama, nuestra mejor respuesta ha de ser amarlo a Él también. En 1 Juan 4:19, encontramos: «Nosotros amamos porque Él nos amó primero». Y la Biblia también dice que quien crea en el Hijo tendrá vida eterna:

> Que si confiesas con tu boca a Jesús por Señor, y <u>crees en</u> tu corazón que Dios lo resucitó de entre los muertos, serás salvo. (Romanos 10:9)

Si prestamos atención, en Romanos 10, no dice que —para tener vida eterna— debamos creer *con todo* el corazón, sino creer *en* nuestro corazón. Con certeza, Dios no deja cabida a la duda en los fundamentos y principios mismos de la fe; por ello, ¡el mandato primero —y primordial— es amar a Dios con —y en— todo el corazón, el alma y la mente! Podemos estar tranquilos, ¡el Señor no dejará que nada se entrometa entre Él y nosotros!

Ahora bien, el grave peligro radica en que la iglesia está llena de gente que *cree* en Dios y no de gente que *ama* a Dios. Como leímos en 1 Corintios 13: creer y saberse de memoria todas las reglas cuando se carece de pasión y de amor a Jesús es lo que da origen a las religiones y a los formalismos vacíos. Se me ocurren pocas cosas más dañinas para mí que convivir con mi esposa sin estar enamorado de ella. Podría hacer todo lo que hacen los esposos, y no pasar nunca de la forma al fondo. Sin amor que una al matrimonio, la conversación será superficial y limitada. Por el contrario, cuando hay amor, hay diálogo y hay alabanza. La analogía podría ampliarse a las familias, de hecho, cuando en las iglesias no reina el amor a Dios, sus miembros acaban por actuar como los adolescentes en sus casas: solo salen de su habitación cada vez que necesitan algo.

Pablo explica que, sin amor, la efectividad de la iglesia no *disminuye*, sino que *desaparece* (ver 1 Corintios 13:1). Al inicio del capítulo del amor, el apóstol recalca que ni las lenguas ni las profecías son símbolos de amor; tampoco los son las obras vacías: donar todo nuestro dinero a la caridad o morir quemados como mártires no sirve de nada si no hay amor en nuestra alma. Sencillamente, no podemos tener el cielo en la lengua y el infierno en el corazón.

A propósito de ello, la Biblia también nos advierte que en los últimos días «"Habrá tanta maldad que el amor de muchos se enfriará"» (Mateo 24:12 NVI). El contraste entonces lo marcarán los cristianos que sí sepan amar.

> «... De este modo todos sabrán que son mis discípulos, si se aman los unos a los otros...». (Juan 13:35 NVI)

Aunque el amor de muchos vaya a enfriarse, yo quisiera ser uno de los pocos cuyo amor siga encendido. Muy seguramente tú también, así que, a manera de diagnóstico, me gustaría que hiciésemos juntos un pequeño *test*. Ya sabemos que Dios es amor, por lo que es correcto sustituir la palabra «amor» por «Dios» en 1 Corintios 13: «Dios es paciente, es bondadoso. Dios no es envidioso...». Ahora el test: ¿podrías poner *tu propio nombre* en su lugar? ¿Podrían esas características definirte a ti también?

Una vez escuché a Adrian Rogers decir: «Cuando les enseñas a las personas cuáles son sus derechos, obtienes una revolución; cuando les enseñas sus responsabilidades, obtienes un reavivamiento».[3] Consecuentemente, en 1 Corintios 13, la Biblia deja bastante claro cuáles son nuestras responsabilidades. En este capítulo, a partir de nuestro estudio de la definición —divina— del amor, hemos notado que esta poco tiene que ver con el cuerpo físico, la sensualidad, las emociones o las famosas «mariposas en el estómago»; en realidad, el amor es una cuestión de obediencia. Para definir el amor hay que partir de decisiones que —con tiempo y esfuerzo— se convertirán en emociones. Cuando elijamos actuar como Dios nos lo pide, hallaremos Su divina ayuda. Esto es de vital importancia en un mundo cuyo amor se enfría cada vez más.

Ahora, ahondemos en lo que dice en 1 Corintios 13 para descubrir nuestras responsabilidades como creyentes llenos del Espíritu:

1. El Amor Es Paciente

La paciencia espera, extiende los plazos, da prioridad a los demás. Cuando tenemos paciencia, no presionamos al otro agitando ansiosamente el pie ni suspirando con fastidio. Por el contrario, tenemos la disposición de esperar hasta que el prójimo aprenda y logre su objetivo. Sin paciencia, nuestro instinto natural nos llevaría a creer que todos caminamos al mismo paso; pero con ella, entendemos en nuestro corazón que hemos de esperar a los demás, pues todos tenemos ritmos distintos.

Sabiendo que Dios es amor y que el amor es paciente, nos queda claro —entonces— que Dios es paciente. Veamos cómo describe Pedro a Dios:

> El Señor no se tarda en cumplir Su promesa, según algunos entienden la tardanza, sino que es paciente para con ustedes,

> no queriendo que nadie perezca, sino que todos vengan al arrepentimiento. (2 Pedro 3:9)

Dios les da a Sus hijos el tiempo y el espacio para cambiar. Como humanos, solemos querer que todos se adapten a nuestros tiempos, pero Dios nos da la gracia de ser pacientes en nuestro matrimonio, con nuestros hijos y con el crecimiento espiritual de los demás. Ser pacientes con el prójimo es actuar como Dios lo haría.

Hace tiempo, leí la historia de Robert Ingersoll, uno de los ateos más famosos que han existido. Al finalizar cada una de sus conferencias, abría su reloj de bolsillo y lo colocaba sobre el atril para que el público lo viese, a la par que anunciaba: «Le doy a Dios cinco minutos para que me mate por todo lo que dije para desmentirlo». Un incómodo silencio reinaba en el auditorio mientras el tiempo corría. Al terminarse el plazo establecido por él —los cinco minutos— Ingersoll cerraba el reloj y decía: «Dios no tomó represalias en mi contra porque Dios no existe».

Un día, entre el público de una de sus conferencias, se encontraba el evangelista Theodore Parker. Cuando le preguntaron acerca de la disparatada prueba de los cinco minutos de Ingersoll, Parker respondió de forma magistral: «¿Acaso el caballero pensó que agotaría la paciencia del Dios eterno en tan solo cinco minutos?».[4]

Como vemos, Dios es más grande que nuestras amenazas y nuestras tonterías. ¡Gracias al Señor por su infinita paciencia!

2. El Amor Es Bondadoso

La bondad es una herramienta poderosa; es la respuesta natural del amor ante el prójimo débil o desfavorecido. A veces, la debilidad de una persona puede venir, por ejemplo, en forma de necesidad económica, y cuando eso sucede, los demás bien pueden manipularlo y aprovecharse de él, o —por el contrario— mostrarse bondadosos con quien se encuentra en una situación vulnerable.

La bondad se evidencia aun en las cosas más sencillas, y su ausencia puede notarse en algo tan simple como el poder que asociamos con un uniforme. Por ejemplo, un agente de seguridad aeroportuaria —en un punto de control— tiene la potestad de elegir quién sube a un avión y quién no, y con ello ejerce control y poder sobre un aspecto de la vida de los demás. Incluso en aquellas situaciones de trabajo, debemos ser bondadosos con el prójimo y no abusar de la posición privilegiada que podamos tener.

En definitiva, la bondad es la decisión de hacer por los demás lo que ellos no pueden hacer por sí mismos en una determinada situación. Al respecto, alguna vez escuché la frase: «Cuando somos bondadosos, le prestamos —aunque sea por un momento— nuestra fuerza, habilidades y recursos a una persona a quien le hacen falta». Siendo honestos, si hubiese alguien que podría aprovecharse de los demás o manipularlos con facilidad, ese sería Dios. Después de todo, ¡los humanos solo estamos hechos de polvo! Gracias a Dios, Él es eternamente bondadoso.

> Como un padre se compadece de sus hijos,
> Así se compadece el Señor de los que le temen.
> Porque Él sabe de qué estamos hechos,
> Se acuerda de que solo somos polvo.
> (Salmo 103:13-14)
> Justo es el Señor en todos Sus caminos,
> Y bondadoso en todos Sus hechos.
> (Salmo 145:17)

¿O tienes en poco las riquezas de Su bondad y tolerancia y paciencia, ignorando que la bondad de Dios te guía al arrepentimiento? (Romanos 2:4)

Cuando estamos en desventaja, Dios interviene con su bondad y poder para llevarnos hacia Él, pues sabe que nosotros no podemos y no empezaremos a movernos por nuestra cuenta. Una y otra vez, nos extiende Su bondad, hasta que al fin reconozcamos que el Único que nos ayudó a superarlo todo fue Él mismo.

Un domingo de 1987, tuve una de las experiencias más descabelladas de mi vida. En aquel entonces, vivía en Detroit y fui a llevar a un pastor amigo al aeropuerto. Aún iba en camino de regreso a mi casa cuando escuché por la radio que el vuelo 255 de la aerolínea Northwest se había estrellado sobre la autopista

I-94 de Detroit. Mi mente se aceleró pensando en lo que sucedía. ¿Acaso mi amigo pastor se encontraba a bordo de ese avión? Afortunadamente, no; pero la aeronave siniestrada no había alcanzado a elevarse ni 100 metros cuando se desplomó sobre la I-94, justo en el tramo por el que yo había pasado cuando me dirigía a mi casa.

Lamentablemente, de los ciento cincuenta y cinco pasajeros de aquel vuelo, ciento cincuenta y cuatro fallecieron en el accidente. Hubo una única sobreviviente: la pequeña Cecilia, de apenas cuatro años. Cuando la encontraron, nadie podía creer que estuviese viva. Luego, descubrieron que su madre —sabiendo que el avión caería inevitablemente— la había cubierto con sus brazos, y que ese abrazo le había salvado la vida a la niña.[5]

De la misma manera, la bondad de Dios nos arropa en un abrazo protector que nos salva la vida en tiempos de caída inminente. El pecado nos estaba arrastrando a un final trágico, pero Dios dijo: «Ustedes son míos, yo los cuido, no quiero verlos en apuros». Fue la bondad de Dios la que hizo que Él interviniese, nos abrazase y, en últimas, nos salvase.

3. El Amor No Es Envidioso Ni Presumido Ni Orgulloso

Para Pablo, la envidia, la presunción y el orgullo pertenecían a un mismo grupo. En efecto, juntas, son el trío tóxico de cualquier relación, y suelen aparecer en escena cuando una persona tiene mayor éxito que otra en lo económico, lo profesional o lo personal. Por ello, una buena práctica es estar siempre atentos a nuestras reacciones frente al éxito de quienes nos rodean.

A propósito de las relaciones humanas, R. T. Kendall me dijo hace algunos meses: «Te diré cuál es, para mí, la definición de "amigo"» y, acto seguido, citó el siguiente versículo: «Gócense con los que se gozan y lloren con los que lloran» (Romanos 12:15). ¡Gran definición!

Como humanos, nos es más fácil llorar con una persona que alegrarnos con ella. Por eso, un amigo no es apenas alguien que pueda sentirse mal cuando nosotros nos sintamos mal, sino quien también pueda alegrarse con nosotros cuando seamos bendecidos y exitosos. Allí radica la verdadera prueba.

Ahora te pregunto: ¿eres capaz de alegrarte con los demás? Cuando otras personas te hablan de su éxito, ¿tratas de opacarlas con alguna historia tuya? ¿O las escuchas en silencio y te alegras por ellas? Si eres de los que intentan opacar al prójimo, debes saber que es el orgullo lo que te impide celebrar los logros ajenos.

El amor no es envidioso ni presumido ni orgulloso; Dios, al ser el amor mismo, tampoco tiene ninguna de estas características. Sencillamente, Él está por encima de todo eso. En mi historia personal, he podido ver que ni el orgullo ni la envidia ni la presunción traen nada bueno. De hecho, recuerdo una penosa ocasión en la que fui muy presumido: yo vivía en Detroit y ayudaba a entrenar a la *Little League* donde jugaba mi hijo. Mientras practicábamos bateo, uno de los padres se ofreció a darme una mano. Pero yo, que había sido muy bueno jugando al béisbol en la secundaria, estaba convencido de saber bien lo que hacía y de no necesitar su ayuda. Le dije que se quedase junto a la malla y que luego mandaría a los niños a practicar con él, después de haberlos iluminado con mi *vastísimo* conocimiento, claro está.

El hombre hizo lo que le pedí: los esperó junto a la malla. Yo me quedé con los niños, les enseñé lo que sabía y luego los envié con él. Más tarde, cuando ya nos íbamos, por casualidad escuché a su hijo decirle al mío: «Mi papá jugó con los Gigantes de San Francisco y con los Rojos de Cincinnati. ¡Estuvo 12 años en las grandes ligas del béisbol!». Resulta que el padre de familia cuya ayuda yo había despreciado era nada más y nada menos que un atleta profesional de la Universidad de Stanford —con reconocimiento *All-American* en dos deportes distintos— que había reemplazado a John Elway como mariscal de campo titular y al que luego habían fichado los Yankees como receptor… y ¡yo le había dicho que se quedase junto a la malla porque yo *sabía lo que hacía*!

Él ni siquiera me dijo quién era; lo supe por otra persona.

Asimismo, Dios se va a quedar junto a la malla hasta que tú reconozcas quién es Él. Tal vez te creas especial por tu promedio de bateo de la secundaria o por cualquier otro reconocimiento que hayas recibido, pero un Dios superestrella está allí junto a la malla esperando a que Lo llames, y es tan humilde que te aguarda con paciencia infinita.

C. S. Lewis habló de la «humildad divina» y dijo al respecto: «Muy poca cosa es arriar ante Dios nuestra bandera cuando el barco se está hundiendo bajo nuestros pies; muy poca cosa acudir a Él como último recurso, para ofrecer "lo nuestro" cuando ya no vale la pena tenerlo. Si Dios fuera orgulloso, difícilmente nos aceptaría en tales términos: pero Él no es orgulloso [...] Él nos acepta a pesar de que hemos mostrado que preferimos todo lo demás antes que a Él».[6]

4. El amor honra

Lo más cerca que he estado de un incendio fue una noche, en Detroit, cuando la casa junto a la nuestra se quemó. Nuestra casa fue evacuada, y, como yo estaba durmiendo, tuvieron que mandar bomberos a buscarme. Al abrir los ojos, me percaté de la situación y salí corriendo a la calle, en pijama. Ante emergencias como esa, el escaso tiempo disponible suele emplearse en ponernos a salvo, y no en rescatar objetos valiosos para nosotros.

Son esas situaciones las que nos hacen priorizar y saber qué es lo que más nos importa. Por eso te pregunto: si despertases y tu casa se estuviese incendiando, ¿qué salvarías primero? (Supón que en el lugar no hay seres vivos, solo objetos). ¿Qué tendría tu prioridad? ¿Sería un anillo? ¿Una reliquia familiar? Ahora imagina cómo te sentirías si alguien maltratase ese objeto o lo manipulase sin cuidado alguno. No te gustaría, ¿verdad?

Así pues, instintivamente protegemos aquello que nos importa porque, al protegerlo, honramos el valor que tiene para nosotros y su importancia en nuestra vida. Así también, mediante Su protección, Dios nos muestra cuánto Le importamos, y nosotros, como sus hijos, protegemos aquello que amamos; lo protegemos y lo honramos en señal de nuestro amor.

En el ámbito de la pareja, el amor va intrínsecamente ligado a la protección y al honor. Por eso, cuando dos personas comienzan a salir, resguardar la pureza y la virginidad del otro es una manera de demostrarle lo valioso que es.

Recuerdo que, cuando Cindy y yo nos casamos, le pedimos a nuestra amiga Jeanette que pintase en una mesa una foto de los dos. Aquella mesa se convirtió en una preciada posesión nuestra, y jamás colocábamos nada sobre ella. A medida que fue pasando el tiempo, comenzamos a poner ahí la cesta de la ropa, las tazas de café... y llegamos al punto en que ya ni siquiera recuerdo dónde la dejamos.

Deshonrar algo es haber perdido —completamente— de vista el valor que aquello tenía para nosotros. Por ende, el no permitir que algo valioso se convierta en el vertedero donde arrojamos nuestra basura es el esfuerzo mayor en las relaciones humanas.

5. El Amor No Es Egoísta

En mi ejercicio como consejero matrimonial, estas son algunas de las primeras preguntas que les hago a las parejas: «¿Aman a Jesús y están dispuestos a amar lo que Él ama y a odiar lo que Él odia? Bien, sepan que Él odia el divorcio. ¿Están dispuestos a hacer lo que haga falta para llevar su matrimonio a la manera de Dios?».

La realidad es que, si las parejas están dispuestas —independientemente de cuál sea el problema—, logran hacer que su matrimonio funcione. No digo que sea fácil; requiere de mucho esfuerzo y constancia, pero —siempre que ambos quieran— valdrá la pena. Es más, si no funciona es porque alguno de los dos tenía otros planes.

Debemos entender que el amor no es egoísta ni tiene planes propios. El amor hace que nos preocupemos por los demás antes que por nosotros mismos, y no piensa en cómo el otro debe apoyar nuestros sueños, sino en cómo nosotros podemos apoyar los sueños del otro. No se trata de exigir el primer puesto, sino de cederlo.

El amor es autónomo y maduro, y no depende de las acciones de los demás para hacer lo correcto siempre y sin excusas. Así, el hecho de que el otro sea desobediente no nos exime de nuestras propias responsabilidades ni deberes. En realidad, condicionar nuestro buen trato para con la otra persona a la manera como esta nos trate no es amor, es egoísmo. De hecho, para el amor, lo importante es hacer sentir bien a esa persona, elogiarla, animarla y vitorearla; cualquier respuesta que recibamos de su parte será lo de menos porque «la prioridad no es recibir, sino dar». El amor nunca espera a recibir antes de entregar; en eso, el amor es siempre el primero. Con el pasar de los años, he aprendido que la gente suele calcular mal los porcentajes del matrimonio: no se trata de dar un **50 %** y recibir el **50 %** restante. ¡No!, más bien es cuestión de dar el **100 %**.

6. El Amor No Se Enoja Fácilmente

Como se dice coloquialmente: el amor no tiene la mecha corta; no *reacciona*, sino que *responde*.

En la sociedad actual, hace falta poco para que una conversación se salga de control. Hablar de temas como la policía, el racismo, la política, el aborto o la religión es arriesgarse a que la charla acabe en pelea. Así pues, evitar aquellos temas que causan discusiones acaloradas en casa nos resulta más *cómodo* que encontrar en nuestro corazón la paciencia, la bondad y la humildad necesarias para escuchar sin reaccionar. Curiosamente, quienes se molestan con facilidad suelen culpar a los demás, pero no miran dentro de su propio corazón los motivos por los que reaccionan de esa manera. Para ser francos, buscar culpables es un despropósito; es mejor buscar amor en nuestro interior.

Por todo lo anterior, el amor no se enoja fácilmente, pues el enojo es una reacción rápida y egoísta. En contraposición, el amor es paciente y responde con bondad. Cuando gritamos, dejamos entrever que nos estamos dando prioridad a nosotros mismos en lugar de dársela al otro; o sea, que tenemos problemas *de falta de amor*. Desahogarnos a los gritos nos «libera» a nosotros, pero carga nuestra frustración en los demás. Por eso, cuando estés enojado y te sorprendas a ti mismo gritando, detente y discúlpate. Más tarde, ora para pedirle a Dios que te ayude con tu problema *de falta de amor*.

7. El Amor No Guarda Rencor

Una vez, en un funeral, vi a una mujer sacar una carta que un predicador le había dado 43 años atrás, y por la que ella aún seguía enojada. ¡Cuántos años de rencor! En lo personal, me sorprende ver que muchos se acuerdan —con lujo de detalles— de cada cosa que los otros les han hecho, pero no parecen recordar —nunca— lo que ellos mismos les han hecho a los demás. Es como si la memoria del rencor fuese siempre *unilateral*.

Además, la frase «yo perdono, pero no olvido» está —prácticamente— generalizada. La verdad es que yo prefiero esta versión que escuché alguna vez:

«No es que el amor perdone y olvide; el amor, aun recordando, perdona». Una prueba de la unilateralidad con la que suele asociarse el perdón es que sea mucho más difícil decir «te perdono» que decir «lo siento». Al decir «te perdono» dejamos claro que el tema ya murió para nosotros y que no hay resentimiento en nuestro corazón; perdonar quiere decir pasar página y no devolverse a leer el capítulo del rencor.

Así, amar es archivar en el baúl del perdón las ofensas que nos han hecho; es entender que la fuerza del amor es la que trae consigo el verdadero perdón. Pensar que «el tiempo lo cura todo» es delegar la responsabilidad del perdón a un tercero, y es —además— una gran mentira. El tiempo no cura las heridas; en cambio, ¡*pedir* y *otorgar* perdón sí que tiene poderes curativos!

El que cubre una falta busca afecto,
Pero el que repite el asunto separa a los mejores amigos.
(Proverbios 17:9)

8. El Amor No Se Deleita En La Maldad, Sino Que Se Regocija Con La Verdad

Hace casi 40 años, cuando era un joven ingenuo que leía la Biblia, me encontré por primera vez con este versículo en el libro de Isaías: «¡Ay de los que llaman al mal bien y al bien mal, que tienen las tinieblas por luz y la luz por tinieblas, que tienen lo amargo por dulce y lo dulce por amargo!» (Isaías 5:20). Quedé pasmado porque, a mi parecer, sonaba muy poco realista. ¿Cómo era posible que la gente llamase al mal bien y al bien, mal? Se me hacía inconcebible que alguien intercambiase las tinieblas por la luz y la luz, por las tinieblas. ¡Qué ingenuo e inocente de mí!

Hoy, cuatro décadas más tarde, me resulta imposible negar que estamos viviendo los tiempos sobre los que profetizó Isaías hace casi 2700 años.

Veo que la cultura de nuestros días ha relativizado *la verdad* —en su empeño por incluir las ideas de todos— hasta el punto de intercambiar «*la* verdad» por «*mi* verdad». Para muchos, la verdad ya no es una, sino que hay tantas como personas sobre la faz de la tierra. Entonces, ¿cuál de todas las verdades tomamos por brújula moral? Ya en la Biblia encontramos este problema: «[...] cada uno hacía lo que le parecía bien ante sus propios ojos» (Jueces 21:25). Lo más interesante de todo es ver la frase que precede al problema, el origen: «En esos días no había rey en Israel [...]» (Jueces 21:25). Esto es: cuando no hay rey, no hay verdad, y los hombres establecen su propia verdad. Si excluimos a Dios, excluimos la verdad, y la gente se siente libre de idear sus propios estándares y límites entre el bien y el mal. En suma, si Dios no existe —como dijo Dostoyevski, el gran escritor ruso—, «todo está permitido».[7] Eso es lo que dice en el libro de los Jueces, e, innegablemente, describe el mundo en el que vivimos hoy en día.

Por el contrario, Pablo dijo que el amor no se deleita en la maldad, sino que se regocija con la verdad. De algún modo, el amor encuentra la verdad en medio de la molestia causada por la maldad. Entonces, ¿cómo hace el amor para no caer en el pesimismo cuando la maldad parece no cesar? Bueno, Dios se ha propuesto guardar siempre un saldo de verdad para los tiempos de incertidumbre. Con certeza, existirán más como Daniel en Babilonia, Ester y Mardoqueo en Persia, Pablo en Roma o Moisés en Egipto; siempre habrá quienes iluminen las tinieblas con la luz de la verdad. Indudablemente, la oscuridad no tiene más opción que recular ante la llama de una vela encendida y ante el ejemplo de una vida recta. Es cierto que hay mucha maldad en la música, el gobierno, el entretenimiento, la política y las escuelas de hoy, pero la verdad siempre puede llegar a lo más alto de estas esferas, pues es como una antorcha que arde en la oscuridad. Es en esto, hoy, en lo que me regocijo.

9. El Amor Todo Lo Disculpa, Todo Lo Cree, Todo Lo Espera Y Todo Lo Soporta

Pablo cierra su excepcional definición del amor con una serie de afirmaciones optimistas. Nos recuerda que en un mundo deprimido y pesimista, el amor puede dominar disculpándolo todo, creyéndolo todo, esperándolo todo y soportándolo todo. En esencia, el amor queda en pie cuando el resto se ha dado por vencido. Creo que esa es la razón por la que Pablo resume maravillosamente lo que es *disculpar*, *creer*, *esperar* y *soportar* en «el amor nunca deja de ser [...]» (1 Corintios 13:8).

Veamos cómo el amor se cuela incluso en las palabras de Romanos 8:28: «Y sabemos que para los que aman a Dios, todas las cosas cooperan para bien, esto es, para los que son llamados conforme a Su propósito». El amor puede disculpar, creer y soportar porque esta virtud es el recurso que Dios utiliza para hacer que todo salga de la mejor manera. Las enseñanzas de 1 Corintios 13:7-8 son ciertas porque Romanos 8:28 fue escrito para nosotros.

Finalmente, podemos ver que, cuando en 1 Corintios 13 dice «todo», se refiere a actitudes individuales, mientras que, cuando en Romanos 8 dice «todas las cosas», se refiere al obrar de Dios en el mundo. ¡Qué bello y perfecto es el amor del Señor!

Hace años, cuando era soltero y tenía que cocinar para mí mismo, intentaba replicar las recetas de mi madre. En medio de mi inexperiencia, me decidí a hacer un delicioso pastel como los suyos. Entonces, tomé una caja de mezcla lista para pasteles y me dispuse a seguir las instrucciones de preparación. Al leerlas, quedé confundido: ¿cómo así que debía agregar huevos? ¿Harina? ¿Mantequilla? En mi mente, ninguno de esos ingredientes pertenecía al mundo de los pasteles; ¿cómo era posible que estuviesen en la misma receta? Yo no le encontraba sentido alguno. Más adelante, en las indicaciones decía que precalentase el horno a 180 °C… ¿Debía ser exacta aquella temperatura? Yo, escéptico —aunque optimista—, seguí las instrucciones al pie de la letra y *voilà*: el pastel quedó bien y ¡sabía a pastel! Del mismo modo, los ingredientes que Dios usa en Sus recetas pueden parecernos extraños y hasta sin sentido, pero Él, como chef maestro que es, toma todas las experiencias dulces y amargas que hemos vivido y, con la temperatura adecuada, las transforma en un manjar único. Ahora sabemos que el amor es el ingrediente principal e indispensable de las recetas de Dios y —con absoluta seguridad— nunca nos fallará. Confiemos y hagamos que el amor todo lo disculpe, todo lo crea, todo lo espere y todo lo soporte.

PREGUNTAS

1. Piensa en la definición del amor que tenías antes de ser creyente. ¿En qué se diferencia de la definición bíblica del amor?

2. ¿De qué maneras se te ha presentado el amor de 1 Corintios 13?

3. ¿Hay alguien en tu vida a quien te esté costando trabajo perdonar? ¿Cómo podrías demostrarle amor —hoy— a esa persona?

EL DINERO

(«Money» es *dinero* en inglés)

Cuando se abren Las Ventanas del Cielo, Corren Brisas de Bendición

«Dime lo que piensas del dinero y te diré lo que piensas de Dios,
pues los dos están estrechamente relacionados.
El corazón de un hombre está más cerca de su billetera
que de cualquier otra cosa... Si alguien pone en orden
su actitud frente al dinero, esto lo ayudará a poner
en orden casi todos los demás aspectos de su vida».
BILLY GRAHAM[1]

Quisiera comenzar el capítulo dedicado al dinero con una pregunta: ¿Qué es el temor de Dios? Para mí, no tiene nada que ver con el miedo o el espanto. Por el contrario, el temor de Dios es sinónimo de consciencia: es estar conscientes tanto de la presencia constante de Dios en nuestras vidas como de la eternidad. Cuando tememos al Señor, no tememos a nada más. Veamos algunas de las recompensas de quienes temen al Señor:

> [...] Y con el temor del Señor el hombre se aparta del mal.
> (Proverbios 16:6)
> El temor del Señor multiplica los días [...].
> (Proverbios 10:27)
> En el temor del Señor hay confianza segura,
> Y a los hijos dará refugio.
> (Proverbios 14:26)
> Los secretos del Señor son para los que le temen,

Y Él les dará a conocer Su pacto.
(Salmo 25:14)
El ángel del Señor acampa alrededor de los que le temen,
Y los rescata.
(Salmo 34:7)
El temor del Señor es fuente de vida,
para evadir los lazos de la muerte.
(Proverbios 14:27)
Pero la misericordia del Señor es desde la eternidad hasta la eternidad, para los que le temen,
Y su justicia para los hijos de los hijos.
(Salmo 103:17)
Teman al Señor, ustedes Sus santos,
Pues nada les falta a aquellos que le temen.
(Salmo 34:9)
El principio de la sabiduría es el temor del Señor;
Buen entendimiento tienen todos los que practican Sus mandamientos [...].
(Salmo 111:10)
La recompensa de la humildad y el temor del Señor
Son la riqueza, el honor y la vida.
(Proverbios 22:4)
El temor del Señor conduce a la vida,
Para poder dormir satisfecho,
Sin ser tocado por el mal.
(Proverbios 19:23)

Puedes dormir por las noches, ¿verdad? Esto quiere decir que ¡el temor de Dios es el mejor somnífero que existe! No hay píldora ni aceite esencial que se le compare. Sinceramente, ¿¡cómo no ser un pueblo temeroso de Dios, sabiendo cuán vastas son las recompensas!? Si queremos descubrir más sobre lo que es el temor de Dios, hemos de adentrarnos en el Libro del Deuteronomio y seguir sus consejos para aprender a ser temerosos de Él:

> «... Fielmente diezmarás todo el producto de tu siembra, lo que rinda tu campo cada año. Comerás en la presencia del Señor tu Dios, en el lugar que Él escoja para poner allí Su nombre, el diezmo de tu grano, de tu vino nuevo y de tu aceite, y los primogénitos de tus vacas y de tus ovejas, para que aprendas a temer siempre al Señor tu Dios...». (Deuteronomio 14:22-23)

El mensaje es claro: si queremos que el temor de Dios forme parte de nuestra vida, entonces debemos ponernos manos a la obra y seguir las recomendaciones de la Biblia. Como vimos en Deuteronomio 14, diezmar es —indiscutiblemente— una de ellas; no obstante, puede que la relación entre ambos conceptos nos sea esquiva al inicio. Para comprender mejor el nexo entre diezmar y temer a Dios, resulta útil saber que otro nombre para el diezmo es *tributo*. Así pues, el fin último del diezmo no es reunir dinero, sino rendirle *tributo* al Señor; es una muestra —cristiana— de nuestra confianza y temor de Dios.

Veamos estos hermosos versos que se cantan alrededor del trono en el libro del Apocalipsis:

> [...] «Digno es el Cordero que fue sacrificado, de recibir el poder
> y las riquezas
> Y la sabiduría y la fuerza y el honor y la gloria y la bendición».
> (Apocalipsis 5:12 NTV)

Como podemos notar, además de la conocida tríada de bendición, gloria y honor —que aparece en tantas canciones—, el pasaje menciona otro elemento que, si bien está presente en la Biblia, muchos han olvidado y se ha quedado por fuera de la canción celestial: la riqueza. Así pues, Dios nos está diciendo que antes de bailar y levantar las manos en alabanza, debemos recordar la deuda que tenemos con Él.

En mi experiencia, dos buenos indicadores del carácter de una persona son su calendario y su cuenta bancaria, pues ambos hablan de cómo invierte los recursos más preciados que posee: su tiempo y su dinero. En este capítulo, hablaremos de finanzas, mas no desde un enfoque corporativo, sino desde una cosmovisión bíblica.

Para comenzar, no tiene nada de malo que las personas posean riquezas; ¡en lo absoluto!, el problema surge cuando son las riquezas las que poseen a las personas. A todas estas, ¿cuál es la mejor forma de evitar que el dinero nos controle? Por simple que parezca, la manera de impedirlo es ¡ser de los que entregan! Es preciso entender que Dios nunca nos enviará a un lugar —o misión— solo por dinero; entonces, si tomamos decisiones basándonos únicamente en el salario es porque no estamos caminando en el temor del Señor. Veamos la advertencia del Apóstol Pablo al respecto:

> Porque la raíz de todos los males es el amor al dinero, por el cual, codiciándolo algunos, se extraviaron de la fe y se torturaron con muchos dolores. (1 Timoteo 6:10)

Esta reflexión me recordó una anécdota que leí en la biografía de «el pastor de Estados Unidos», el conocido evangelista Billy Graham. Resulta que en los años sesenta, cuando Billy alcanzaba la cúspide de su carrera e influencia, un multimillonario de Dallas —Texas— le ofreció seis millones de dólares para que se enfrentase a Lyndon B. Johnson en las elecciones presidenciales. Al escuchar la propuesta, al Dr. Graham le bastaron seis segundos para contestar: «De ninguna manera».[2] Era claro para él que Dios no lo estaba llamando a la política. Al pastor no lo guiaban las finanzas, sino la fe.

Pablo prosiguió diciéndole a Timoteo que enseñase así:

> A los ricos en este mundo, enséñales que no sean altaneros ni pongan su esperanza en la incertidumbre de las riquezas, sino en Dios, el cual nos da abundantemente todas las cosas para que las disfrutemos. Enséñales que hagan bien, que sean ricos en buenas obras, generosos y prontos a compartir, acumulando para sí el tesoro de un buen fundamento para el futuro, para que puedan echar mano de lo que en verdad es vida. (1 Timoteo 6:17-19)

Existe un refrán sobre el dinero que encuentro bastante acertado: el dinero puede comprar una cama, pero no comprará nunca el sueño; pagará una casa, pero no un hogar; proveerá medicamentos, pero no la salud; pagará por diversión, pero no comprará la felicidad; nos conseguirá un crucifijo, pero no a un verdadero Salvador; podrá garantizar un refugio seguro, pero no una eternidad en el cielo. En conclusión, no vale la pena depositar nuestra confianza en algo incapaz de cumplir promesas.

Por supuesto, muchos se molestan cuando la iglesia habla de dinero. Francamente, molestarse es sinónimo de que algo no anda bien... Me recuerda una vez que fui al médico, hace algunos años, por un problema de rodilla. El doctor empezó a pinchar, picar y presionar en varios sitios, mientras preguntaba:

—¿Siente alguna molestia aquí? ¿Y aquí?

—¡Sí! ¡Justo ahí! —Exclamé—.

—¡Hum! Tendremos que hacerle más exámenes porque ahí no debería usted sentir molestia alguna —me explicó—.

Por cómico que suene, lo mismo sucede cuando los pastores hablan de finanzas. Si lo que dice en este capítulo causa alguna incomodidad, molestia o dolor, significa que algo anda mal, y que tenemos que hacernos exámenes... ¡aunque sea de consciencia!

Con el pasar de los años, he encontrado ciertos patrones entre aquellos que tienen conflictos con el diezmo:

1. No diezman con regularidad, o no lo han hecho nunca. Tras 30 años de lidiar con este tipo de personas, puedo asegurar que nunca nadie me ha dicho: «diezmar me dejó en la ruina».
2. Detestan que otros les digan qué hacer con su dinero. La experiencia me ha enseñado que las personas suelen lanzarse a la discusión entre el Antiguo Pacto y el Nuevo Pacto por mero desconocimiento. Si lo hubiesen estudiado a fondo, sabrían que en el Nuevo Testamento los porcentajes del diezmo son mayores que en el Antiguo Testamento: la viuda debe diezmar el 100 %; Bernabé, el 100 %, y Zaqueo, el 50 %. ¡Creo que deberíamos alegrarnos de que nuestra guía para el diezmo no sea el Nuevo Testamento!
3. No cuentan con la bendición financiera de Dios para probar que lo que hacen está bien.

4. Tienen miedo de mostrar sus registros bancarios para probar que me equivoco.

Si al leer lo anterior sentiste alguna molestia, mejor ve agendado tu examen, pues ¡todavía faltan más zonas por pinchar y presionar! A la Biblia no le asusta el tema del dinero, y a nosotros tampoco debería asustarnos. Tal vez, en este examen —de consciencia— suceda lo mismo que en el consultorio médico: que salgas llorando del dolor... pero con la seguridad de que, a la larga, ¡será por tu propio bien!

He aquí algunos datos interesantes del Nuevo Testamento: dieciséis de las treinta y ocho parábolas de Jesús hablan de cómo manejar el dinero y las posesiones materiales, y, en los Evangelios, uno de cada diez versículos (288 en total) trata temas monetarios. Además, la Biblia contiene 500 versículos sobre la oración y menos de 500 sobre la fe; no obstante, tiene más de 2.000 sobre el dinero y las riquezas. ¡Más de 2.000! Hechos 20:35 nos recuerda las palabras del mismísimo Jesús al respecto: «"[...] 'Más bienaventurado es dar que recibir'"».

Mi padre, hijo de un inmigrante italiano, tuvo que vivir la recesión cuando era pequeño. Gracias a ello, aprendió mucho sobre finanzas, y me enseñó a administrar así mis pagos:

- Pagarle a Dios: diezmar
- Pagarme a mí mismo: ahorrar
- Pagar las cuentas: ser íntegro y responsable
-

De hecho, yo lo veía todos los domingos —sin falta— sacar la chequera para diezmar.

Antes de continuar, repasemos las bases: ¿qué es diezmar?

Diezmar es darle un aporte económico —de forma regular, alegre y consciente— a la iglesia de Dios a la que cada uno asiste. Esto último es importante porque diezmar en otras iglesias sería tan ilógico como comer en un restaurante y luego ir a pagar la cuenta al local de al lado. Según la Biblia, Dios define al diezmo como el 10 % (ver Levítico 27:30-33; Deuteronomio 14:22) de las ganancias de una persona; esto quiere decir que, de cada $100 que gane,

$10 le pertenecen a Dios. Asimismo, si nos dan un cheque por $1.000, debemos entregarle $100 a Dios. Además, Dios tuvo el cuidado de aclarar: «"Traigan todo el diezmo [...]"» (Malaquías 3:10), para evitar tentaciones. Lamentablemente, la mayoría de las personas le dan propinas a Dios, pero muy pocas diezman en realidad. Incluso hay quienes son más generosos con las propinas que dejan en los restaurantes que con su diezmo.

El diezmo no es apenas un 10 %, sino *el primer* 10 %. La Palabra de Dios nos muestra que Él considera ese 10 % *Su propiedad*. Puede que muchos insistan en que el dinero les pertenece porque se han esforzado para obtenerlo construyendo un negocio, obteniendo un título... y en que, por eso, lo merecen. ¿Será que estas personas nunca se han preguntado quién las dotó de piernas para caminar, ojos para ver, un cerebro para pensar y aire para respirar? ¿Cómo pueden estar tan seguras de que ese dinero es —en realidad— *suyo*?

El diezmo es, pues, un recordatorio de que Dios es el dueño de todo lo que hay: del 100 % de los recursos que existen. Pensémoslo de la siguiente manera:

> Del Señor es la tierra y todo lo que hay en ella,
> El mundo y los que en él habitan.
> (Salmo 24:1)
> El impío pide prestado y no paga [...].
> (Salmo 37:21)

Como el planeta le pertenece a Dios, nosotros no somos más que prestatarios; nunca propietarios. Sin embargo, con frecuencia nos comportamos como si fuésemos los dueños. Puedo decir que —guardando las proporciones— me sucede algo similar, pues, a veces, cuando salgo a comer con mi familia y le quito una papa frita a alguno de mis hijos, reacciona como si yo me hubiese adueñado de su propiedad. Yo me pregunto: al fin y al cabo, ¿a quién le pertenecen esas papas?... De la misma manera, el diezmo es una devolución y, a la vez, un recordatorio de que Dios es la fuente de todas nuestras riquezas y bendiciones.

He de confesar que, en el pasado, busqué vacíos legales para eludir el diezmo, incluso cuando ya era pastor. En mis primeros años de ministerio —con un sueldo de $47 semanales— creía que mis donativos a los pobres eran mi diezmo, o que trabajar a tiempo completo en la iglesia, por un bajo salario, era una forma de diezmar. ¡Cuán equivocado estaba! Por ello, seré claro: el servicio no es un diezmo, ni lo es donar a causas benéficas ni hacer trabajo voluntario ni cantar en la iglesia; el diezmo es —necesariamente— algo tangible. Año tras año, Cindy y yo contrastamos el total de nuestros ingresos con los certificados de donaciones a la iglesia, y así sabemos —con exactitud— cuánto hemos diezmado. No existe tal cosa como «dar un diezmo espiritual».

A fin de cuentas, el diezmo no es un asunto *financiero*, sino de *señorío*. Recordemos que diezmar es un mandato y, como tal, es una deuda que hay que saldar antes de comenzar a dar donaciones u ofrendas. Contrario a lo que muchos creen, más que una línea de llegada, el diezmo es el punto de partida. Así, la generosidad comienza donde acaba el diezmo.

Diezmar es «dar», pero no dar de cualquier manera. Por ende, es importante que tengamos claridad acerca de los propósitos, el poder y el modo en que debemos hacerlo:

1. El Propósito de Dar

Hace poco, la Primera Iglesia Congregacional de Spencer, Massachusetts, fue alcanzada por un rayo —que ocasionó un voraz incendio— y ardió por completo. La tragedia ocurrió una semana después de que su pastor dijese que «había contradicciones en la Biblia», que «la Biblia no era un dictado de Dios» y que «Dios era mujer». Cada uno sacará sus propias conclusiones de si el rayo fue enviado por el Señor —o no— a la desafortunada iglesia. Lo cierto es que de Dios nadie se puede burlar, y ni hablar de robarle nada. Pero para Él, negarse a dar es equiparable con robar:

> «... ¿Robará el hombre a Dios? Pues ustedes me están robando. Pero dicen: "¿En qué te hemos robado?". En los diezmos y en las ofrendas...». (Malaquías 3:8)

Yo mismo he sido víctima de robos: me han robado en mi casa, en mi auto y en la iglesia. Una vez, alguien se metió a mi vehículo y me robó unos CDs con prédicas y mi amada Biblia; me queda el consuelo de que —al parecer— el delincuente era cristiano. De cualquier modo, sentirse vulnerado es una sensación realmente desagradable. Entonces, ¿qué sentirá Dios cuando Le roban? Porque negarse a diezmar es robar al Señor.

> «... Con maldición están malditos, porque ustedes, la nación entera, me están robando. Traigan todo el diezmo al alfolí, para que haya alimento en Mi casa; y pónganme ahora a prueba en esto», dice el Señor de los ejércitos, «si no les abro las ventanas de los cielos, y derramo para ustedes bendición hasta que sobreabunde. Por ustedes reprenderé al devorador, para que no les destruya los frutos del suelo, ni su vid en el campo sea estéril», dice el Señor de los ejércitos. (Malaquías 3:9-11)

Tras la advertencia sobre robarle a Dios, Malaquías describe las increíbles bendiciones que trae consigo la obediencia, y enfatiza que diezmar involucra a Dios en la guerra espiritual. Además, Él promete que el diezmo hará que se abran las ventanas de los cielos para derramar bendición sobre nuestras vidas, e incluso, nos advierte: «Pónganme ahora a prueba en esto». Cabe añadir que Cindy y yo Lo pusimos a prueba y podemos atestiguar que Su Palabra es cierta: cuando nos casamos, ninguno de los dos tenía deudas y, durante nuestro primer año de matrimonio, acumulamos débitos por miles de dólares. Honestamente, nuestros ingresos no eran suficientes para pagar todo lo que debíamos; no obstante, decidimos aumentar el porcentaje de lo que le dábamos a la iglesia. Mi esposa y yo pusimos a prueba a Dios, como sugiere el pasaje de Malaquías. ¿Qué sucedió después? Que nuestra vida comenzó a cambiar. Descubrimos que hay más bendición en dar que en recibir. A muchos de nosotros nos encanta recibir, pero nos falta todavía descubrir la bendición de dar.

Así como Malaquías equiparó el negarse a dar con robar, Salomón igualó al diezmo con el honor.

> Honra al Señor con tus bienes
> Y con las primicias de todos tus frutos.
> (Proverbios 3:9)

Vemos en la Biblia que diezmar es honrar al Señor, pero ¿qué es el honor? Honrar es valorar de forma alegre y tangible el carácter de una persona: apreciar quién es y qué hace. Si la Biblia dice que honremos a Dios con nuestras riquezas y los primeros frutos que recibamos, ¿qué sucede cuando nos negamos a diezmar? Pues que deshonramos a Dios. Quedarnos con el diezmo es honrarnos a nosotros mismos; es rendirnos un tributo personal. Sin embargo, el mandato es honrarlo a Él y darle prelación en nuestras vidas. Por eso, cuando veo cristianos —que lo han sido por largo tiempo— tratando al diezmo como una novedad, me doy cuenta de que llevan años poniéndose por delante de Dios en su lista de prioridades.

No olvidemos que diezmar no es un asunto de finanzas ni de contabilidad, sino de fe en Dios. ¿En verdad creemos en lo que Él dijo de nuestras riquezas? Ya en este punto, debería estar más que claro que Dios no quiere ni necesita nuestro dinero, pero nos quiere a nosotros y quiere vernos comprometidos con Él y con el diezmo.

2. El poder de Dar

Mientras leemos el siguiente pasaje de las Escrituras, tengamos presente que, cuando se escribió la Biblia, no estaba dividida en capítulos y versículos. Muchas veces leemos la Biblia pensando que el final de los capítulos coincide con el final de un período, pero quiero que leamos el siguiente pasaje sin pensar en esos cortes:

> Así que les digo un misterio: no todos dormiremos, pero todos seremos transformados en un momento, en un abrir y cerrar de ojos, a la trompeta final. Pues la trompeta sonará y los muertos resucitarán incorruptibles, y nosotros seremos transformados.
> Porque es necesario que esto corruptible se vista de incorrupción, y esto mortal se vista de inmortalidad. Pero cuando esto corruptible se haya vestido de incorrupción, y esto mortal se haya vestido de inmortalidad, entonces se cumplirá la palabra que está escrita: «Devorada ha sido la muerte en victoria. ¿Dónde está, oh muerte, tu victoria? ¿Dónde, oh sepulcro, tu aguijón?».

> El aguijón de la muerte es el pecado, y el poder del pecado es la ley; pero a Dios gracias, que nos da la victoria por medio de nuestro Señor Jesucristo. Por tanto, mis amados hermanos, estén firmes, constantes, abundando siempre en la obra del Señor, sabiendo que su trabajo en el Señor no es en vano.
> Ahora bien, en cuanto a la ofrenda para los santos, hagan ustedes también como instruí a las iglesias de Galacia. Que el primer día de la semana, cada uno de ustedes aparte y guarde según haya prosperado, para que cuando yo vaya no se recojan entonces ofrendas. (1 Corintios 15:51-16:2)

¿Te diste cuenta de que Pablo habló del Rapto y —acto seguido— pasó a: «Ahora bien, en cuanto a la ofrenda»? En esencia, quiso decir: «¡Dar es igual de importante que la Segunda Venida!». Pablo nos exhorta a permanecer firmes, a continuar en la obra del Señor y a diezmar, a fin de prepararnos para el regreso de Jesús. Nuevamente, vemos que diezmar no es un acto de generosidad, sino uno de obediencia que trae consigo mucho poder.

3. Aspectos Prácticos de Dar

En sus cartas a los corintios, Pablo nos sugiere dar:

1. <u>Con regularidad</u>

Que el primer día de la semana, cada uno de ustedes aparte y guarde según haya prosperado, para que cuando yo vaya no se recojan entonces ofrendas. (1 Corintios 16:2)

Aquí, pablo dice: «El primer día de la semana», refiriéndose al día de pago. En otras palabras: debemos diezmar cada vez que nos paguen.

2. <u>Con consciencia</u>

En el mismo versículo, también dice: «aparte y guarde algún dinero conforme a sus ingresos». Esto implica que hay que pensar antes de diezmar. No se trata de —simplemente— echar dinero en la cesta y ya. Por ello, debemos dar según nuestras ganancias, pues ¡no queremos que Dios termine por ajustar nuestros ingresos a lo que hayamos entregado como diezmo! ¿Verdad?

Para dar de manera consciente, es preciso saber calcular el diezmo. Muchos no están seguros de si el diez por ciento se aplica a los ingresos netos o a los brutos. Para comprenderlo mejor, veamos que, en Malaquías, la Biblia dice que se le da más al gobernador que a Dios (ver Malaquías 1:8). Ahora bien, ¿de dónde nos descuenta el gobierno? ¿De los ingresos netos o de los brutos? Dar con consciencia es tener claro todo esto.

3. Con generosidad

Pero esto digo: el que siembra escasamente, escasamente también segará; y el que siembra abundantemente, abundantemente también segará. Que cada uno dé como propuso en su corazón, no de mala gana ni por obligación, porque Dios ama al que da con alegría. (2 Corintios 9:6-7)

Como se expresa en este pasaje, quien da poco, poco recibirá. Es un hecho que la gente siempre está buscando el modo de conseguir más riquezas. Lo cierto es que el dinero no se obtiene lanzando indirectas sobre nuestras necesidades económicas cuando hablamos con los demás; eso es manipulación disimulada. Tampoco nos llegará el dinero solo mediante la oración. Por escandaloso y molesto que esto pueda sonar, Jesús nos dio la respuesta exacta:

> «... Den, y les será dado; medida buena, apretada, remecida y rebosante, vaciarán en sus regazos. Porque con la medida con que midan, se les volverá a medir». (Lucas 6:38)

¡Jesús pone en nuestras propias manos la cantidad que nos será devuelta! Siempre que recibo una nueva Biblia, escribo lo mismo en sus páginas de guarda. Se trata de un poema de 500 años de antigüedad, escrito por un prisionero: «Había un hombre al que llamaban loco; cuanto más daba, más tenía». El prisionero era John Bunyan, autor del libro *Pilgrim's Progress*. La frase: «cuanto más daba, más tenía»[3] puede sonar contradictoria, pero —como ya vimos— es lo que dice la Biblia.

4. Con alegría

Así continúa el versículo de 2 Corintios 9:

Que cada uno dé como propuso en su corazón, no de mala gana ni por obligación, porque Dios ama al que da con alegría. Y Dios puede hacer que toda gracia abunde para ustedes, a fin de que teniendo siempre todo lo suficiente en todas las cosas, abunden para toda buena obra. (2 Corintios 9:7-8)

Dios ama a quienes dan con alegría. En nuestros días, la alegría es lo último que se asocia con el hecho de dar o pagar. Seguramente, habrá quienes insistan: «No siento alegría al diezmar, entonces ¿tengo que hacerlo de todos modos?». Sí, es un mandato, y la iglesia también recibe el dinero dado con enojo. A fin de cuentas, la meta principal es ser como Dios. La Biblia nos dice: «[...] imiten a Dios en todo lo que hagan [...]» (Efesios 5:1 NTV). Si Dios nos ha entregado todo y lo ha hecho paciente, bondadosa, consciente, constante, generosa y alegremente; Él es —sin duda alguna— de los que dan, ¿y tú?

> «... Porque de tal manera amó Dios al mundo, que dio a Su Hijo unigénito, para que todo aquel que cree en Él, no se pierda, sino que tenga vida eterna...». (Juan 3:16)

Agradezco a Dios porque no se limitó a diezmar desde el cielo; Él nos lo dio todo. Tampoco Jesús se limitó a diezmar con su sangre; Él entregó su vida en la cruz. En nombre de Su amor por nosotros, el Señor nos ha colmado de dádivas con generosidad y sacrificio, ¿acaso no merece Él que estemos a la altura y Le retribuyamos tan solo una décima parte de Su infinita bondad?

PREGUNTAS

1. ¿De dónde o de quién aprendiste tu manera de abordar las finanzas? ¿Las abordas desde un enfoque bíblico?

2. ¿Qué piensas que llevó a los creyentes en el Nuevo Testamento a dar generosamente (mucho más que el 10 % del diezmo)? Ver Marcos 12:42-44; Lucas 19:8; Hechos 4:32-36.

3. ¿Cómo has experimentado en tu vida personal que «más bienaventurado es dar que recibir» (Hechos 20:35)?

EL RENACIMIENTO EN CRISTO

(«Newborn» es *nacer de nuevo* en inglés)

El renacimiento en Cristo y cómo iniciar conversaciones que propicien nuevos nacimientos

«He ganado más seguidores para Cristo en santas conversaciones que en todas mis reuniones de oración».
D. L. MOODY[1]

Un día, Gaylord Kambarami, secretario general de la Alianza Bíblica de Zimbabue, quiso entregarle un Nuevo Testamento a un hombre muy conflictivo, y este último le respondió que únicamente lo recibiría si podía utilizar sus páginas para fumar. Sucedía que, en las zonas rurales, era frecuente el uso de papel periódico —o de otro tipo— para armar cigarrillos.

El señor Kambarami le dijo: «Bueno; hágalo, pero lea cada página antes de usarla para fumar». El hombre estuvo de acuerdo; se despidieron y cada uno siguió su camino. Dos años más tarde, volvieron a coincidir durante una convención en Zimbabue. El pagano que antes se fumaba las Escrituras había sido salvo por la misma Palabra con la que envolvía sus cigarrillos. En la conferencia, el nuevo cristiano le contó al público que había fumado con Mateo, Marcos y Lucas, pero que, al llegar a Juan 3, «una luz había brillado en su rostro y ahora era una persona que iba a la iglesia; ¡había visto la luz!».[2]

En este capítulo, hablaremos del pasaje —transformador de vidas— de Juan 3. En él, ocurrió una inesperada conversación que expone y explica la eternidad y el significado de volver a nacer.

Hace poco, yo también tuve una conversación inesperada con un joven llamado Bashir, el mesero que me atendió en un restaurante. Bashir me contó que era musulmán y que provenía de África Occidental. Al final de nuestra charla, le pregunté: «Si te diese una buena propina, ¿vendrías a la iglesia?». Hablé con él un viernes en la mañana —y lo habría hecho cualquier otro día— pues, como dice la Biblia: «[…] Y ahora es el momento oportuno. ¡Ahora es el día de la salvación!» (2 Corintios 6:2 DHH). Los viernes —y todos los días— son días de salvación, ¡no solo los domingos!

Personalmente, antes de que Dios me llame con Él, quisiera ver a mil millones de almas salvas en Cristo. Por supuesto, esa no es tarea de un solo domingo. Agendar una cita semanal con Jesús no basta: ¡tenemos que descubrir qué es amarlo —y emocionarnos contándoles a los demás quién es Él— los otros seis días de la semana también!

Aunque parezca obvio, no se puede amar en secreto. Cuando me enamoré de Cindy —a mediados de los noventa— no había celulares con cámara para tomarme *selfies* con ella y mostrarles a mis amigos quién me había robado el corazón. Por más que me entusiasmase la idea de contárselo a todo el mundo (en ese entonces, yo tenía 30 años y ya la gente había perdido las esperanzas en mí), no tenía cómo hacerlo. Como Cindy era la vicepresidente del área de préstamos de un banco, un día encontré su fotografía en una revista de negocios; la recorté, la doblé y la guardé en mi billetera. Así, cuando le hablaba de Cindy a alguien, podía sacar la foto y decir con orgullo: «Es ella. ¡Esta es la chica de la que me enamoré!». Sencillamente, cuando uno se enamora, es inevitable querer compartirlo con los demás. De la misma manera, cuando nos enamoramos de Cristo, lo único que queremos hacer es contar quién es Él y qué ha hecho en nuestras vidas.

¿Hay alguien en tu vida que querrías que se acercase a Jesús? ¿Conoces a alguien que necesite volver a nacer? Recuerda que la eternidad es demasiado larga para pasarla en sufrimiento. Por eso, quiero dedicar un tiempo para hablar, no solo del nuevo nacimiento, sino también de cómo iniciar conversaciones que conduzcan a nuevos nacimientos.

Para ahondar en ello, estudiaremos una sección especial de diez capítulos de la Biblia, que está justo en medio del Evangelio de Lucas. Su importancia radica en que estas historias se desarrollan en contextos informales, como si fuesen «conversaciones de lunes a sábado». Este compendio de capítulos, a diferencia de las prédicas —que podrían describirse como «sermones de domingo»—, describe interacciones de la cotidianidad en las que Jesús responde a los comentarios y las preguntas de sus interlocutores. A estos pasajes entre Lucas 9:51 y Lucas 19:44 se los conoce como «relatos del viaje».

Esta sección de las Escrituras habla del momento en que Jesús se estaba marchando de Galilea, región predominantemente judía —cuya población local estaba familiarizada con los preceptos del judaísmo—, y se encontraba de camino a Jerusalén —donde las personas conocían bien el Antiguo Testamento—. Durante Su recorrido, Jesús se detuvo en Samaria, que se ubica entre Galilea y Jerusalén; diez capítulos de las Escrituras narran Su estadía en la zona. Si analizamos la intencionalidad de los relatos, este paso intermedio entre los dos lugares simboliza el lapso trascurrido entre dos encuentros de domingo (los días del lunes al sábado).

De este viaje, cabe resaltar dos aspectos:

1. En Samaria, Jesús «no jugaba de local»

Samaria era *territorio enemigo* o, al menos, territorio hostil. Los samaritanos no estaban familiarizados con los temas de la iglesia; tampoco eran muy cercanos a la sinagoga ni al templo. De hecho, tenían muy poco en común con el pueblo judío.

El pueblo de Samaria podría compararse con la cotidianidad de los cristianos, o sea: la vida de lunes a sábado; la mayor parte de nuestra semana. Pasamos casi todo nuestro tiempo en «Samaria», por lo que es imprescindible que —tal como hacía Jesús con los samaritanos— sepamos comunicarnos de manera efectiva con las personas ajenas a la iglesia.

2. Las conversaciones espontáneas con los samaritanos trataban temas importantes

En Samaria, Jesús tuvo conversaciones casuales —y sin preparación— en las que respondía preguntas y entablaba discusiones con las gentes del lugar. A lo largo de los años, he notado que muchas de las preguntas que me hacen fuera de la iglesia no son consultas, sino pruebas. Por eso, es importante no abordar las pruebas como si fuesen consultas, pues —con frecuencia— nuestro interlocutor no busca respuestas, sino determinar de qué lado estamos. Siempre habrá personas que traten de encontrar errores en nuestras palabras.

Entonces, en medio de tan hostil contexto, ¿cómo respondía Jesús a los cuestionamientos de Sus interlocutores? Bien, Su método consistía en formular preguntas, en lugar de contestarlas. Él sabía que, normalmente, quien pregunta mucho, suele responder poco. Ahora bien, «¿cómo cuestionar a un interrogador?».

Me han hecho preguntas sobre toda clase de temas, incluso sobre las personas transgénero. En casos como estos, yo cuestionaría a mi interrogador de la siguiente manera:

- *¿Crees en Dios? (también: ¿Eres cristiano?).*

Ante una respuesta afirmativa, preguntaría:

- *¿Crees que la Biblia es la Palabra de Dios?*

Ante una confirmación, proseguiría con:

- *¿Qué pasaría si algo que dice la Biblia desaprobase tu estilo de vida o tus opiniones? ¿Quién ganaría la discusión?*

Es importante entender la razón por la cual Jesús les hacía preguntas a sus interlocutores: «"[...] de la abundancia del corazón habla su boca"» (Lucas 6:45). Necesariamente, al escuchar hablar a las personas, entendemos lo que hay en sus corazones. El problema radica en que hablamos demasiado y rara vez nos tomamos el tiempo de escuchar el *corazón* de los demás.

Iniciar Conversaciones que propicien Nuevos Nacimientos

¿Cómo iniciarlas? Recordemos que —tal como las «conversaciones de lunes a sábado»— las *conversaciones para nuevos nacimientos* son espontáneas y, en consecuencia, no podemos anticiparnos a ellas. Solemos prepararnos para los sermones, mas no para las charlas casuales y, aunque estemos entrenados para hablarle a mucha gente, no lo estamos para dirigirnos a una sola persona.

Con el tiempo, he descubierto que el ministerio «a la manera de José» —como me gusta llamarlo— es el formato más efectivo para este tipo de conversaciones.

La Biblia dice que José fue encarcelado injustamente y que en esa circunstancia conoció a dos miembros de la corte del Faraón: el jefe de los coperos y el jefe de los panaderos. La estadía de José en prisión se asemeja al paso de Jesús por suelo samaritano. Veamos el testimonio de José en su celda:

> Cuando José vino a ellos por la mañana y los observó, vio que estaban decaídos. Y preguntó a los oficiales de Faraón que estaban con él bajo custodia en casa de su señor: «¿Por qué están sus rostros tan tristes hoy?». Y ellos le respondieron: «Hemos tenido un sueño y no hay nadie que lo interprete». Entonces les dijo José, «¿No pertenecen a Dios las interpretaciones? Les ruego que me lo cuenten». (Génesis 40:6-8)

Podemos identificar tres etapas en las conversaciones que hoy nos atañen:

1. Observar a las personas

En el pasaje anterior, vemos que «José vino a ellos por la mañana y los observó». Como si de ciencia se tratase, el *observar* es la base de todo análisis certero, por eso debemos dedicar tiempo a fijarnos en las personas y en sus estados de ánimo. Durante Su tiempo en Samaria, Jesús, después de hablar con la mujer samaritana en el pozo, les dijo a Sus discípulos: «[...] ¡Abran los ojos y miren los campos sembrados! Ya la cosecha está madura» (Juan 4:35 NVI). En esencia, les quiso decir: «¡Miren a su alrededor y observen a las personas!».

En el pasado conocí a Linda, una joven que tenía el don de la profecía. Un día, en el supermercado, sintió que el Señor le decía que la cajera del local se estaba divorciando. Entonces, mientras la mujer registraba las compras de Linda, la joven le preguntó: «Oye, ¿cómo te llamas?, y ella le contestó: «Sally». Acto seguido, Linda le explicó: «Acaban de poner en mi corazón que estás atravesando un divorcio y que tienes el corazón roto». Inmediatamente, a Sally se le inundaron los ojos de lágrimas, y Linda se ofreció a orar por ella en aquel momento y lugar.

¡Los dones que Dios nos ha regalado también pueden usarse fuera de la iglesia! Por eso, si tienes un don del Espíritu Santo, ¡deja que el Señor lo use dondequiera que vayas, cualquier día de la semana!

2. Hacer preguntas

José les preguntó al copero y al panadero por qué sus rostros lucían tan tristes. Aunque parezca una nimiedad, preguntarle a alguien cosas como: «¿qué tal va tu día?», «¿hace cuánto que te dedicas a esto?» o «¿por qué estás triste?» puede ser el principio de una larga y fructífera conversación.

En mi opinión, antes de sacar una conclusión hay que hacer muchas preguntas. Con ellas, demostramos que el prójimo nos importa y que nos interesamos en él. El corazón de las personas nos habla en cada palabra, así que *escuchar* es uno de los verbos que abrirá las puertas para que entre el Señor. Verbigracia, así empezó mi charla con Bashir aquel viernes: «¿De dónde eres? ¿Asistes a la iglesia?». Preguntas tan sencillas como estas pueden poner en marcha una conversación, y debemos recordar que el cristianismo de hoy es más *conversacional* que declarativo.

3. Mencionar a Dios

José comenzó a hablar de Dios únicamente después de haberlos observado y escuchado. Antes de interpretar sus sueños, les preguntó: «¿No pertenecen a Dios las interpretaciones?». Asimismo, nosotros podríamos preguntarle a la gente: «¿Crees que Dios tiene algo para decirte? ¿Alguna vez han orado por ti? ¿Puedo orar por ti hoy?».

Puedo contar con los dedos de una mano a las personas que, en mis más de cuarenta años de ejercicio, han rechazado mi oferta de orar por ellas. He descubierto que las conversaciones individuales producen maravillosos resultados. Así, tener la meta de conectar con una persona al día —ya sea para evangelizar, orar por ella, hablarle, donarle dinero, sonreírle, elogiarla o ser bondadosos con ella— es todo lo que se necesita. Recordemos que, si Jesús no hubiese tenido tantas charlas como esas, ¡la mayoría de los Evangelios no existiría!

El Renacimiento en Cristo

A fin de entablar —de forma orgánica y natural— conversaciones para nuevos nacimientos, debemos estar familiarizados con el concepto de «renacimiento en

Cristo». No se me ocurre una mejor manera de definirlo que las palabras de Jesús en Su conversación con un hombre llamado Nicodemo.

Aunque cueste creerlo, no fue en un sermón preparado que Jesús dio Su mayor muestra de sabiduría, sino en una charla con un judío que apareció una noche cualquiera. Nicodemo, *el prototipo de hombre religioso* de su época, era el mejor cuando de esforzarse por agradar a Dios —algo muy ligado a la religión— se trataba. Nicodemo tenía tres credenciales:

1. Era un fariseo

Es un hecho que nunca hubo más de 6.000 fariseos en Palestina al mismo tiempo, y que eran conocidos por sus leyes, que ellos mismos habían inventado y sumado a las del Antiguo Testamento. Por ejemplo, al mandato divino de santificar el día de reposo, los fariseos le agregaron 24 capítulos dedicados a especificar lo que se consideraba *trabajar* y lo que no. En su texto jurídico, la Mishná, se les indicaba a los fieles que caminasen por el barro, pues romper una sola brizna de pasto al andar era considerado *trabajar* y estaba prohibido.

2. Era gobernante de los judíos

Nicodemo era uno de los mejores entre los 6.000 fariseos de Palestina, e incluso estaba en la corte suprema, compuesta por apenas 70 miembros.

3. Era maestro en Israel

Sumado a lo anterior, Nicodemo fue el judío de mayor prestigio que Jesús conoció durante Su ministerio en la tierra; de hecho, era el portavoz de su comunidad. Siendo tan famoso, el fariseo no quería que lo reconociesen cuando llegó por la noche. Nicodemo no tenía idea de que la charla pronto pasaría de la religión al *renacimiento espiritual*. Curiosamente, fue con él que Jesús sostuvo la conversación más importante de toda la Biblia. Leámosla con atención, pues nuestra eternidad depende de lo que respondamos a ella:

> Había un hombre de los fariseos, llamado Nicodemo, prominente entre los judíos. Este vino a Jesús de noche y le dijo: «Rabí, sabemos que has venido de Dios como maestro, porque nadie

> puede hacer las señales que Tú haces si Dios no está con él».
> Jesús le contestó: «En verdad te digo que el que no nace de nuevo no puede ver el reino de Dios».
> Nicodemo le dijo: «¿Cómo puede un hombre nacer siendo ya viejo? ¿Acaso puede entrar por segunda vez en el vientre de su madre y nacer?».
> Jesús respondió: «En verdad te digo que el que no nace de agua y del Espíritu no puede entrar en el reino de Dios. Lo que es nacido de la carne, carne es, y lo que es nacido del Espíritu, espíritu es. No te asombres de que te haya dicho: "Tienen que nacer de nuevo"...». (Juan 3:1-7)

En el pasaje anterior, Jesús dijo que la vida verdadera comienza con el *nuevo nacimiento*. Recibimos la vida físicamente en el *primer nacimiento*, pero lo que necesitamos es la vida espiritual que nos da el *segundo nacimiento*. Así las cosas, veamos tres elementos esenciales de esta conversación entre Jesús y Nicodemo acerca de la eternidad.

1. Seguir el camino que ya está dado

En junio de 2023, el mundo siguió atentamente —día tras día— lo que parecía una carrera contra el tiempo para rescatar a los pasajeros del submarino Titán. Sucedió que, el domingo 18 de junio a las 8:00 a. m., la cápsula de 6,7 metros (22 pies) —con cinco personas a bordo— inició su travesía rumbo a las profundidades del mar. Su meta era alcanzar los 3.800 metros (2,4 millas) de profundidad para ver los restos del naufragio del Titanic, frente a las costas de Terranova, Canadá. Se trataba de un submarino con fines turísticos, cuyos cupos se habían vendido por $250.000 cada uno. Entre los pasajeros se encontraban un millonario y su hijo, además de un multimillonario. La expedición —que pretendía visitar un lugar que pocos habían visto antes— se realizó en un submarino cuya puerta estaba asegurada por 17 pernos externos, de modo que solo se podía salir si alguien los desatornillaba desde fuera. La inmersión habría de durar ocho horas, pero a tan solo una hora y cuarenta y cinco minutos de su partida, se perdió toda comunicación con el sumergible. Las personas a bordo del Titán apenas tenían noventa y seis horas de suministro de oxígeno, un tiempo bastante limitado. Cada día que pasaba, los medios nos recordaban que la lucha por encontrarlos con vida era una carrera contrarreloj.

Canadá, Francia y los Estados Unidos enviaron a sus mejores equipos, que llevaron robots y sonoboyas al océano para buscar a estas cinco personas —en un área tan grande como el estado de Connecticut— e intentar rescatarlas. Poco después, el mundo entero supo que había ocurrido una trágica implosión a menos de dos horas de recorrido; al parecer, una brecha en el Titán habría perjudicado la seguridad de la embarcación.[3]

He aquí lo que me convirtió en un espectador tan comprometido durante esas 96 horas de agónica búsqueda: yo sabía que el tiempo se acabaría y que el final era inminente. Recuerdo aquel jueves por la mañana, cuando anunciaron que la reserva de oxígeno se había agotado y ya no les quedaba más tiempo.

Para ser franco, el límite de tiempo no aplica solo para los tripulantes de un submarino; es una realidad que nos afecta a todos. Por crudo —u obvio— que parezca, desde que nacemos, empieza la cuenta atrás y comenzamos a morir. Sin embargo, hay un plan de rescate para que vivamos eternamente: el nuevo nacimiento, que está anunciado en los Evangelios. Cuán apropiada es la etimología de la palabra *evangelio*, que en griego significa «buena nueva».[I]

Lo irónico es que el mundo de hoy trate las buenas nuevas como si fuesen malas. Se ataca al cristianismo por sostener que *solo* hay un camino hacia el cielo, sin tener en cuenta la gran noticia de que hay —al menos— uno. Deberíamos estar agradecidos con Dios por permitir que exista una posibilidad, en lugar de dejarnos sin salida alguna ante nuestra inexorable caducidad. ¿Quiénes somos nosotros para quejarnos por no tener más de *un* camino? ¿Acaso uno no es suficiente? Si un edificio estuviese en llamas, ¿será que sus ocupantes se abstendrían de evacuarlo por tener *solo una* la salida de emergencia? Me atrevería a decir que nadie se negaría.

Jesús le contestó: «En verdad te digo que el que no nace de nuevo no puede ver el reino de Dios». (Juan 3:3)

En el pasaje, vemos que «nacer de nuevo» es el requisito primordial para ver el reino de Dios, pues está acompañado de la frase «no puede». En efecto, *ninguno* de nosotros *puede* ir al cielo en la condición pecaminosa de nuestro primer nacimiento.

> Jesús le dijo: «Yo soy el camino, la verdad y la vida; nadie viene al Padre sino por Mí...». (Juan 14:6)
>
> «... En ningún otro hay salvación, porque no hay otro nombre bajo el cielo dado a los hombres, en el cual podamos ser salvos». (Hechos 4:12)

Con certeza, si existiesen 1.000 caminos hasta Dios, querríamos que fuesen 1.001. No creo que el problema sea el número de sendas que lleven al Señor, sino nuestra necesidad de sentirnos autónomos. Lo que queremos es construir nuestro propio camino para llegar a Él. En realidad, Dios lo hizo fácil, pero los hombres no quieren facilidad; quieren autonomía.

2. No volver opcional algo obligatorio

«... No te asombres de que te haya dicho: "Tienen que nacer de nuevo"...». (Juan 3:7)

Todos —sin excepción— tenemos que nacer de nuevo. Por ello, piensa muy bien la respuesta a la siguiente pregunta: «¿Has nacido de nuevo?».

Si respondiste: «Eso creo», «eso espero» o «no estoy seguro», por favor, lee atentamente el significado de *nacer de nuevo.*

En nuestro *primer nacimiento*, recibimos la vida natural; en nuestro *segundo nacimiento*, recibimos la vida espiritual. Solo quien tenga vida espiritual podrá existir y sobrevivir en el cielo. Por ende, para disfrutar de Dios, estar en comunión con Él y entenderlo, *debemos* vivir a Su manera.

Nacer de nuevo implica tanto el perdón de todos nuestros pecados como la presencia constante de Jesús en nosotros —a través del Espíritu Santo— para darnos paz, poder y propósito. Nacer de nuevo también significa que no nos asusta la muerte porque sabemos que, al morir, iremos a casa en el cielo.

Entonces, ¿qué pasa si pecamos después de haber nacido de nuevo? Bueno, Jesús es un Salvador, ¡no un funcionario de libertad condicional! Mantenernos salvos —renacidos en Cristo— no depende de nuestro comportamiento; de lo contrario, ¡estaríamos en problemas! Afortunadamente, hay misericordia para perdonarnos y, a medida que caminemos junto a Jesús, encontremos la gracia y la fortaleza para vivir una vida santa.

3. No complicar algo que es simple

Hace años, cuando la marca Betty Crocker comenzó a vender sus mezclas para preparar pasteles, había uno de sus productos que solo necesitaba agua. Bastaba con agregar agua a la mezcla, ¡y listo! El resultado siempre era un pastel perfecto. Sin embargo, dicha mezcla fue un fracaso porque nadie la compraba.

A la empresa le intrigaba que un producto tan práctico no se vendiese, y encargó un estudio para averiguar por qué. Los resultados fueron sorprendentes: al parecer, las personas no compraban la mezcla porque consideraban que era demasiado fácil, y no querían sentirse excluidas de la preparación del pastel; querían participar en el proceso. En consecuencia, Betty Crocker reformuló su producto para que los usuarios también tuviesen que agregarle —además del agua— un huevo y aceite. De inmediato, la nueva mezcla para pasteles se convirtió en todo un éxito de ventas.

La simplicidad suele asustarnos o aburrirnos, pero es necesaria para renacer en Cristo. Para entenderlo, analicemos la siguiente conversación, que contiene las 30 palabras más importantes jamás escritas en la historia de la humanidad:

> «… Porque de tal manera amó Dios al mundo, que dio a Su Hijo unigénito, para que todo aquel que cree en Él, no se pierda, sino que tenga vida eterna…». (Juan 3:16)

Como vemos, las palabras del anterior pasaje son el corazón de Dios y, a la vez, nuestro rescate; son la misión de Jesús y son —además— nuestro futuro. Todo se reduce a: «cree en Él». *Creer* es la clave porque es la bisagra que abre las puertas del cielo. Observemos cuán importante es la palabra *creer* en los versículos anteriores y posteriores a Juan 3:16:

> «… Para que todo aquel que cree, tenga en Él vida eterna.
>
> Porque de tal manera amó Dios al mundo, que dio a Su Hijo unigénito, para que todo aquel que cree en Él, no se pierda, sino que tenga vida eterna. Porque Dios no envió a Su Hijo al mundo para juzgar al mundo, sino para que el mundo sea salvo por Él. El

> que cree en Él no es condenado; pero el que no cree, ya ha sido condenado, porque no ha creído en el nombre del unigénito Hijo de Dios...». (Juan 3:15-18)

A lo largo de cuatro versículos, Jesús empleó —en cinco ocasiones— distintas formas del verbo *creer*. Definitivamente, si escuchase a alguien repetir tantas veces el mismo verbo en tan pocas líneas, pensaría que está enfatizando un elemento crucial. Por ejemplo, si yo les dijese a mis hijos: «La cena estuvo genial, pero llegó el momento de *limpiar*. Sepan que cuando limpian, mamá y papá se alegran porque, limpiando, ustedes nos demuestran que respetan nuestras palabras. Queremos que limpien; de lo contrario tendrán problemas como los que tuvieron cuando no limpiaron, ¿recuerdan?», incluso los oídos más despistados se percatarían de la indirecta porque la redundancia y la repetición destacan la esencia del mensaje.

Jesús hizo lo mismo con la palabra *creer*, que mencionó en cinco oportunidades. La repetición facilita el entendimiento; Él volvió más sencillo el proceso. Entonces, ¿para qué complicarnos agregándole aceite y huevo a una mezcla que nada más necesita agua? Juan 3:16 empieza con Dios y Su amor, y termina en el cielo. La única variable de esta ecuación es la palabra *creer*. *Creer* es la encrucijada entre *perecer* y *tener* vida eterna. Se trata de *creer*, no del *bautismo* ni de la comunión ni de *profesar* una religión; ¡no! La cuestión es *creer*, a secas.

Robert Bennett dijo lo siguiente acerca del ladrón crucificado junto a Jesús: «¿Cómo encaja este ladrón en tu concepto de la salvación cristiana? No tuvo bautismo, comunión, confirmación, viajes en misión, voluntariados ni atuendos de la iglesia. No se arrodillaba para orar ni hizo, siquiera, la oración del pecador. Y, para colmo, era un ladrón».[4]

Un ladrón entró al cielo a la misma hora que Jesús, por el simple hecho de haber creído. No se trataba de un hábil predicador, no había ego ni arrogancia ni luces radiantes ni palabras astutas. Tampoco había café ni galletas para acompañar los encuentros de la iglesia. Solo había un hombre desnudo en una cruz, incapaz de juntar las manos para orar o arrodillarse; todo lo que él pudo hacer fue *creer* en que Jesús era quien decía ser, y eso lo llevó al cielo. Dio lo único que tenía, y con eso bastó.

Más de una persona me ha dicho: «Yo lo intenté con Jesús, pero las cosas no funcionaron». Ante tal afirmación, yo suelo responder: «Espera; puede que lo hayas intentado con una iglesia, con los encuentros de domingo, con la religión, con algún credo en particular... pero te aseguro que no lo has intentado con Jesús». Definitivamente, *siempre funcionará con Jesús*, pues la Biblia nos dice que «[...] "Todo el que confíe en él no será defraudado"» (Romanos 10:11 NVI). ¿Acaso algún verdadero seguidor de Jesús ha dicho en su lecho de muerte: «Jesús es un mentiroso y me arrepiento de haberlo seguido»?

Recientemente, debido a la tragedia del submarino Titán, resurgió el interés en el *Titanic*. Esta embarcación, ícono de la cultura popular del siglo XX, tuvo también un trágico final. El 14 de abril de 1912, llegó a Nueva York un telegrama en que se informaba que el enorme navío —el mismo que, según alardeaban los hombres, ni siquiera Dios podría hundir—, en efecto, había naufragado. Más de 1.500 personas perecieron en el mar, frente a las costas de Terranova. Sin importar la riqueza ni la fama de los pasajeros del *Titanic*, solo había dos columnas en la lista: los que se habían salvado y los que no. Nuestro caso no es muy distinto, ya que —a fin de cuentas— solo hay dos columnas en la lista celestial. Para banqueros, embajadores, actores, deportistas, famosos, profesores o pintores; para ricos o para pobres; para todos será igual. Cuando llegue el final, solo habrá dos columnas: los que se salven y los que no. No pudimos elegir nuestro primer nacimiento, pero el segundo nacimiento sí que está en nuestras manos.

Cree; es así de simple.

PREGUNTAS

1. ¿Has vuelto a nacer? Si no lo has hecho —o si no estás seguro—, por favor, ve al final de este libro y lee el apéndice titulado «¿Cómo se llega al cielo?».

2. En un mundo lleno de distracciones, ¿qué puedes hacer para no olvidarte de prestar atención a quienes te rodean?

3. ¿Quién sería la persona que más te gustaría que renaciese en Cristo? ¿Te comprometerías a orar todos los días para que Dios te permita tener una *conversación para un nuevo nacimiento* con ella?

LA OBEDIENCIA

El adorador Reincidente

«Desobedecer a Dios es lo mismo que decirle a Él que reprima todas las bendiciones que trae la obediencia. No solo es estupidez, es locura».
JOY DAWSON[1]

Cuando E. Stanley Jones —misionero en la India y estadista cristiano del siglo XX— estaba a punto de abordar un vuelo, escuchó que Dios le decía: «No subas a ese avión». Más adelante, supo que el avión se había accidentado y que no había sobrevivientes. Al contarle esta experiencia a otro misionero, este le respondió:

—¿Insinúas que fuiste el único al que Dios le pidió que no subiese al avión?

—De ninguna manera. Pero es posible que nadie más lo haya escuchado —respondió Jones—.[2]

Yo creo que Dios siempre nos está hablando; Él habla a través de Su Palabra, de Sus siervos, de Su providencia, de Sus actos, de Su Espíritu Santo... Él habla a través de todo y de todos. Sin embargo, no basta con escucharlo: debemos escucharlo y obedecerle. Leonard Ravenhill, mi padre espiritual, solía decir: «La madurez viene con la obediencia; no necesariamente llega con la edad», y estaba en lo cierto. Con el pasar de los años, he visto a muchos cristianos que son tan viejos como inmaduros; en contraposición, también he conocido a jóvenes muy maduros. Descubrí, pues, que el factor determinante para la madurez —tal como decía mi mentor— siempre es la *obediencia*. Por ende, tomar la *decisión de obedecer* es más poderoso —y produce más crecimiento— que escuchar cien sermones. Del mismo modo, la *verdad* sin obediencia es hipocresía.

Por supuesto, no siempre es fácil obedecer a Dios. La obediencia puede ser incómoda, solitaria y difícil, pero —con certeza— atrae Su atención. Hay muchas formas de obedecer: orar antes de comer en público, expresar nuestra opinión sobre un asunto bíblico frente a nuestros colegas o compañeros de deporte, o escoger no mentir sobre las cifras en el trabajo. La obediencia tiene múltiples manifestaciones.

La palabra *obediencia* deriva del latín *ob-audīre*, que significa «escuchar con gran atención».[J] Si no escuchamos, nos volvemos sordos ante la voz del amor. Curiosamente, en latín, «sordo» se decía *surdus*, y estar completamente sordo era *ab-surdus*, origen de la palabra absurdo.[K] Así, incluso desde un punto de vista etimológico, dejar de escuchar es acercarse al absurdo.

Según la Biblia, el mayor regalo que una persona puede dejarle a su familia es el de vivir una vida de obediencia a Dios. De hecho, ¿sabías que tu obediencia tiene un efecto generacional? Esta trasciende tu vida y afecta a tu descendencia:

> «... Escucha con cuidado todas estas palabras que te mando, para que te vaya bien a ti y a tus hijos después de ti para siempre, porque estarás haciendo lo que es bueno y justo delante del Señor tu Dios...». (Deuteronomio 12:28)

Tengo la plena certeza de que, cuando obedezco a Dios, no solo me va bien a mí, sino también a mi hijo e hijas... y a los nietos que tendré algún día. Así como la obediencia a Dios tiene efectos duraderos en nuestro futuro —y hasta en nuestra descendencia—, la desobediencia también los tiene. Desobedecer puede, incluso, poner vidas en riesgo.

Las mañanas de domingo son muy especiales para mí, pues me levanto temprano a orar por los encuentros de nuestra iglesia e invocar la presencia de Dios en ellos. Durante ese lapso, mantengo el celular conmigo y les envío mensajes de texto a las personas que el Señor va poniendo en mi corazón; les escribo que Dios me inspiró a orar por ellas, y les cuento el motivo de mi oración.

Hace algunas semanas, un pastor amigo me dijo: «Tim, te agradezco que hayas escuchado al Espíritu Santo». A continuación, me explicó que, dos meses antes, mientras se preparaba para ir a la iglesia un domingo por la mañana, se sintió muy mal, pues su cuerpo le había estado fallando y tenía mucho dolor; incluso su mente estaba afectada. Sabiendo que aquella mañana debía predicar y liderar la oración, se frustró y tuvo la sensación de que no podía continuar. Desesperado, le gritó al Señor: «Padre, estoy acabado; ya no puedo más. ¡Toma mi vida!».

Me contó que, al terminar tan contundente exclamación, escuchó el timbre de su celular y vio mi mensaje de texto, que decía: «Oro por ti. Oro por que Dios te dé la fortaleza para seguir adelante; que prediques hoy con una nueva unción y fuerzas renovadas».

Él me miró —con lágrimas en los ojos— y me dijo: «Tim, gracias por ser obediente. ¡Gracias por escuchar al Señor!». Sin que yo lo supiese, aquel mensaje de texto era justo lo que el pastor necesitaba leer en ese momento. Dios lo sabía y obró a través de mí; yo nada más seguí Sus instrucciones. En verdad, ¡uno no tiene idea de lo que su obediencia puede hacer por los demás!

Obedecer es una forma de demostrar respeto y amor por una persona; en efecto, es la manera más común en la que los hijos honran a sus padres. Asimismo, nosotros —como hijos de Dios— hemos de mostrarle nuestro amor —y temor— por medio de la obediencia.

En efecto, la Biblia nos lo deja muy claro: «"Si me aman, obedezcan mis mandamientos"» (Juan 14:15 NTV). Así las cosas, ¿cómo saber si amamos a Jesús? Viendo cuánto obedecemos Su Palabra. El amor a Jesús implica obediencia; es hacer la voluntad de Dios a Su manera y en Sus tiempos. Dicho de otro modo, la obediencia implica hacer lo que Dios diga, cuando Él diga y como Él diga. Entonces, ¿nos queda claro el inconmensurable peligro de modificar Sus mandamientos —ya dados— según nuestro gusto, nuestra preferencia, e incluso nuestra cultura? De acuerdo con las Escrituras, la insubordinación puede camuflarse de muchas maneras. Veamos ahora algunas «formas de obediencia» que esconden actos de desobediencia:

(1) Obedecer a destiempo es desobedecer.

> Me apresuré y no me tardé
> En guardar Tus mandamientos.
> (Salmo 119:60)

(2) Obedecer refunfuñando también es desobedecer.

> «... Todas estas maldiciones vendrán sobre ti y te perseguirán y te alcanzarán hasta que seas destruido, porque tú no escuchaste la voz del Señor tu Dios, y no guardaste los mandamientos y estatutos que Él te mandó. Ellas serán señal y maravilla sobre ti y sobre tu descendencia para siempre. Por cuanto no serviste al Señor tu Dios con alegría y con gozo de corazón, cuando tenías la abundancia de todas las cosas...». (Deuteronomio 28:45-47)

(3) Obedecer a medias es —igualmente— desobedecer.

> Pero cierto hombre llamado Ananías, con Safira su mujer, vendió una propiedad, y se quedó con parte del precio, sabiéndolo también su mujer; y trayendo la otra parte, la puso a los pies de los apóstoles. Pero Pedro dijo: «Ananías, ¿por qué ha llenado Satanás tu corazón para mentir al Espíritu Santo, y quedarte con parte del precio del terreno? [...] No has mentido a los hombres sino a Dios». Al oír Ananías estas palabras, cayó y expiró; y vino un gran temor sobre todos los que lo supieron...
> Como tres horas después entró su mujer, no sabiendo lo que había sucedido. Y Pedro le preguntó: «Dime, ¿vendieron el terreno en tal precio?». «Sí, ese fue el precio», dijo ella. Entonces Pedro le dijo: «¿Por qué se pusieron de acuerdo para poner a prueba al Espíritu del Señor? Mira, los pies de los hombres que sepultaron a tu marido están a la puerta, y te sacarán también a ti». Al instante ella cayó a los pies de él, y expiró [...] Y vino un gran temor sobre toda la iglesia y sobre todos los que supieron estas cosas. (Hechos 5:1-5, 7-11)

En 1 Samuel 15, hay otra historia que involucra la obediencia parcial —o sea, la desobediencia—. Dios le había dado claras instrucciones a Saúl, el primer rey de Israel, y le había ordenado que <u>destruyese por completo</u> a los amalecitas.

> Entonces Samuel dijo a Saúl: «El Señor me envió a que te ungiera por rey sobre Su pueblo, sobre Israel; ahora pues, está atento a las palabras del Señor. Así dice el Señor de los ejércitos: "Yo castigaré a Amalec por lo que hizo a Israel, cuando se puso contra él en el camino mientras subía de Egipto. Ve ahora, y ataca a Amalec, y destruye por completo todo lo que tiene, y no te apiades de él; antes bien, da muerte tanto a hombres como a mujeres, a niños como a niños de pecho, a bueyes como a ovejas, a camellos como a asnos"». (1 Samuel 15:1-3)

Sin embargo, Saúl decidió modificar el mandato de Dios.

Pero Saúl y el pueblo perdonaron a Agag, y lo mejor de las ovejas, de los bueyes, de los animales engordados, de los corderos y de todo lo bueno. No lo quisieron destruir por completo; pero todo lo despreciable y sin valor lo destruyeron totalmente. (1 Samuel 15:9)

En resumen: Saúl trajo a casa al rey enemigo y a los mejores animales; decidió, por cuenta propia, qué conservar y qué no. A pesar de haber ganado la batalla, acabó por perder su futuro. Si bien Saúl perdió su unción y su porvenir con este acto de desobediencia, mantuvo su puesto. ¡Dios es el único jefe que despide a alguien sin quitarle el trabajo! Saúl conservó su empleo *—sin unción—* por 20 años.

En realidad, es mucho más fácil obedecer a Dios —aunque nos cueste— que enfrentar las consecuencias de no hacerlo. Si analizamos la continuación del relato, veremos la espantosa evolución de un «adorador reincidente»; además, notaremos que Saúl se escudó en el discurso religioso desde el mismo momento en que saludó a Samuel:

> Entonces Samuel vino a Saúl, y Saúl le dijo: «¡Bendito seas del Señor! He cumplido el mandamiento del Señor». Pero Samuel dijo: «¿Qué es este balido de ovejas en mis oídos y el mugido de bueyes que oigo?». (1 Samuel 15:13-14)

¡El pecado siempre delata! Si somos desobedientes, el mundo —sin duda— lo notará. Una vez, alguien me dijo que, cuando una persona vive en desobediencia, antes de saber siquiera cuál es su pecado, lo podremos percibir en su actitud. Escucharemos el disonante *balido de las ovejas* que delata a los insumisos.

> Y Saúl respondió: «Los han traído de los amalecitas, porque el pueblo perdonó lo mejor de las ovejas y de los bueyes, para sacrificar al Señor tu Dios; pero lo demás lo destruimos por completo». (1 Samuel 15:15)

¡Saúl intentaba encubrir su desobediencia con ritos y sacrificios! Entonces, Samuel lo reprendió:

> Y Samuel dijo: «¿No es verdad que aunque eras pequeño a tus propios ojos, fuiste nombrado jefe de las tribus de Israel y el Señor te ungió rey sobre Israel, y que el Señor te envió en una misión, y te dijo: "Ve, y destruye por completo a los pecadores, los amalecitas, y lucha contra ellos hasta que sean exterminados?". ¿Por qué, pues, no obedeciste la voz del Señor, sino que te lanzaste sobre el botín e hiciste lo malo ante los ojos del Señor?». Entonces Saúl dijo a Samuel: «Yo obedecí la voz del Señor, y fui en la misión a la cual el Señor me envió, y he traído a Agag, rey de Amalec, y he destruido por completo a los amalecitas. Pero el pueblo tomó del botín ovejas y bueyes, lo mejor de las cosas dedicadas al anatema, para ofrecer sacrificio al Señor tu Dios en Gilgal». Y Samuel dijo:
>
> > «¿Se complace el Señor tanto
> > En holocaustos y sacrificios
> > Como en la obediencia a la voz del Señor?
> > Entiende, el obedecer es mejor que un sacrificio,
> > Y el prestar atención, que la grasa de los carneros.
> > Porque la rebelión es como el pecado de adivinación,
> > Y la desobediencia, como la iniquidad e idolatría.
> > Por cuanto tú has desechado la palabra del Señor,

> Él también te ha desechado para que no seas rey».
> (1 Samuel 15:17–23)

El mensaje de Dios era claro: «Prefiero que obedezcas a cabalidad mis mandatos a que te desvivas por agradarme con fervorosos honores y sacrificios religiosos». Las acciones de Saúl van más allá de la desobediencia: ¡son actos de rebelión, brujería, terquedad, falsa religión e idolatría! Vemos, pues, cuán peligroso es conocer los mandatos de Dios y —aun así— negarnos a obedecerlos.

Cuando Samuel le dijo a Saúl que Dios lo había desechado como rey, Saúl —asustado— le contestó:

> Entonces Saúl dijo a Samuel: «He pecado. En verdad he quebrantado el mandamiento del Señor y tus palabras, porque temí al pueblo y escuché su voz…». (1 Samuel 15:24)

La respuesta de Saúl deja entrever que él era consciente de su desobediencia a Dios y que antes había mentido. Sin embargo, no fue hasta que Samuel le dijo: «No podrás seguir siendo rey» que Saúl finalmente reconoció la verdad y contestó: «He pecado». De forma similar, muchos de nosotros asumimos nuestra responsabilidad solo al escuchar frases como: «Quiero el divorcio» o «estás despedido», y es entonces cuando admitimos: «Lo eché a perder. Me equivoqué». Solamente tenemos la humildad de reconocer nuestras faltas al enfrentarnos a las consecuencias de haber desobedecido al Señor.

En el pasaje, Saúl prosiguió:

> «… Ahora pues, te ruego que perdones mi pecado y vuelvas conmigo para que adore al Señor». Pero Samuel respondió a Saúl: «No volveré contigo; porque has desechado la palabra del Señor, y el Señor te ha desechado para que no seas rey sobre Israel».
>
> Cuando Samuel se volvía para irse, Saúl asió el borde de su manto, y este se rasgó. Entonces Samuel le dijo: «Hoy el Señor ha arrancado de ti el reino de Israel, y lo ha dado a un prójimo tuyo

> que es mejor que tú. También la Gloria de Israel no mentirá ni cambiará su propósito, porque Él no es hombre para que cambie de propósito». Saúl respondió: «He pecado, pero te ruego que me honres ahora delante de los ancianos de mi pueblo y delante de Israel y que regreses conmigo para que yo adore al Señor tu Dios». Volvió Samuel tras Saúl, y Saúl adoró al Señor. (1 Samuel 15:25-31)

Después de lo ocurrido, Saúl fue a adorar a Dios. Aunque su arrepentimiento parezca genuino, la actitud de Saúl delata su condición de «adorador reincidente»; de hecho, fue él quien inició esta práctica entre los cristianos. El *adorador reincidente* es una persona que adora al Señor con gran fervor, mientras vive sumida en la desobediencia. Es lamentable ver que, hoy en día, tantos predicadores, líderes religiosos y creyentes se valgan de los actos de devoción para encubrir su falta de obediencia. Ellos creen que la adoración es sinónimo de arrepentimiento y que puede limpiar sus pecados, pero olvidan que lo *único* que lava el pecado es la sangre de Jesús.

Pensemos ahora en el concepto que acabamos de introducir: «el adorador reincidente». Comencemos por su definición: ¿Qué es reincidir? Reincidir es volver a caer en un error,[L] ¡es no cambiar nada y regresar a las tendencias anteriores! ¿Existe algo más fácil que no hacer nada por cambiar? Cabe añadir que, tal como sucede con el fuego, el mayor peligro que corre la llama de nuestra pasión por Dios no es una explosión que lo queme todo; más bien, es extinguirse poco a poco hasta desaparecer.

En palabras de Jerry Vines: «¿Eres de los que reinciden? Pues bien, para saberlo, primero debes entender qué es y qué hace un adorador reincidente: básicamente, es un cristiano que no está tan cerca de Jesús como solía estarlo. Te invito a reflexionar: ¿en algún otro momento de tu vida has estado más consagrado que ahora al Señor? ¿En alguna época de tu vida has sentido —más que hoy— la presencia de Dios? ¿Ha sido —otrora— tu amor por Jesús más real que en este instante? De ser así, ¡necesitas un reavivamiento!».[3]

Es indispensable proteger el fuego por Dios que arde en nuestro interior. A veces, al levantar las manos para alabarlo, nos percatamos de todo lo que aún nos falta por enmendar. En esos casos, recordemos lo que Jesús les dijo a Sus discípulos:

> «... Por tanto, si estás presentando tu ofrenda en el altar, y allí te acuerdas que tu hermano tiene algo contra ti, deja tu ofrenda allí delante del altar, y ve, reconcíliate primero con tu hermano, y entonces ven y presenta tu ofrenda...». (Mateo 5:23-24)

En esencia, el Señor dijo que no hay peor costumbre que la de adorarlo y desobedecerle a la vez. Dicho de manera coloquial, es como si estuvieses cantando «Tu fidelidad es grande...» y el Espíritu Santo te detuviese para decir: «Sí, mi fidelidad lo es, pero ¿qué hay de la tuya? Sé que te acuestas con tu novia, que hablas mal de tu prójimo y que me robas en el diezmo y las ofrendas. Tú me alabas, levantas las manos, entonas himnos sobre Mi fidelidad... y vives como los infieles». De inmediato, un verdadero discípulo bajaría las manos e iría a enmendar todas sus faltas antes de continuar con su alabanza.

Una vez, mientras dirigía la comunión, el Espíritu Santo me dijo que no la tomase yo mismo sin disculparme primero con un trabajador de la iglesia a quien le había hablado con dureza. Por ello, le pedí al grupo de alabanza que continuase cantando en cuanto lo resolvía. Para mí, este es un asunto muy serio: antes de honrar Su sangre, me aseguro de que mi corazón esté en paz. No quisiera caer en la costumbre de predicar sabiendo que algo no anda bien entre mi esposa y yo ni estando en pecado. Hay que permanecer atentos para no acabar apoyándonos en un don o talento, a sabiendas de que la lumbre de Dios se extingue en nuestro interior.

Saúl dijo: «He pecado; déjenme adorarlo», pero nunca hizo lo que Dios le pidió. Saúl quería adorarlo, pero no obedecerle. El relato termina de manera increíble: mientras Saúl alzaba las manos en adoración, Samuel fue quien se encargó de Agag y llevó a cabo el acto de obediencia.

> Entonces Samuel dijo: «Tráiganme a Agag, rey de los amalecitas». Y Agag vino a él alegremente. Y Agag dijo: «Ciertamente, la amargura de la muerte ha pasado ya». Pero Samuel dijo: «Como

> tu espada ha dejado a las mujeres sin hijos, así también tu madre será sin hijo entre las mujeres». Y Samuel despedazó a Agag delante del Señor en Gilgal. (1 Samuel 15:32-33)

Irónicamente, cuando Saúl fue notificado de su destitución como rey, lo primero que hizo fue ponerse a adorar, en vez de ir hasta la fuente de sus problemas para empezar a hacerse cargo de ellos. A decir verdad, no es muy distinto de lo que sucede hoy en día. En el relato, vemos que Saúl levantó las manos en lugar de empuñar la espada para obedecer a Dios. Las manos, como símbolo de acción, deben usarse para ejercer la voluntad de Dios y no para aferrarse a aquello que nos ata al pecado. Sin importar la situación, la humildad nos dice que debemos hacernos responsables y obedecer a Dios.

Para concluir la historia de Samuel y Saúl, cabe aclarar un dato histórico que la mayoría ignora: los sucesos descritos en 1 Samuel 15 ocurrieron en el 1028 a. C., y los de 2 Samuel 1 tuvieron lugar casi veinte años más tarde, en el 1010 a. C. En este último capítulo, los datos que encontramos sobre la muerte de Saúl son muy impactantes:

> Así que David le preguntó al joven que se lo había contado: «¿Cómo sabes que Saúl y su hijo Jonatán han muerto?». El joven que se lo había contado, dijo: «Yo estaba por casualidad en el monte Gilboa, y vi que Saúl estaba apoyado sobre su lanza. Y que los carros y los jinetes lo perseguían de cerca. Al mirar él hacia atrás, me vio y me llamó. Y dije: "Aquí estoy". Y él me dijo: "¿Quién eres?". Y le respondí: "Soy un amalecita". Entonces él me dijo: "Te ruego que te pongas junto a mí y me mates, pues la agonía se ha apoderado de mí, porque todavía estoy con vida". Me puse, pues, junto a él y lo maté [...]». (2 Samuel 1:5-10)

¡A Saúl lo mató —precisamente— un amalecita! ¿No era acaso ese el pueblo que Dios le había ordenado destruir veinte años atrás? Recordemos que Saúl había modificado el mandato de Dios para conservar lo que él llamaba «lo mejor». Él se quedó con lo que le pareció conveniente; no obstante, murió a manos de aquello que había protegido. A menudo, decidimos modificar los mandatos de Dios y amoldarlos a nuestra propia conveniencia, pero, al final, puede que muramos por la misma espada que alguna vez nos negamos a empuñar en Su nombre.

En suma: cuando Dios te hable, ¡obedece! Haz cualquier cosa que Él te pida. De hecho, este fue el único mandato que dio la Virgen María (ver Juan 2:5). Que nuestra decisión sea la de obedecer, incluso si aún no hemos escuchado las órdenes de Dios; no esperemos a saber lo que se nos pide para elegir si obedecemos o no. Nuestros corazones siempre deben estar predispuestos a la obediencia, pues Dios habla primero y luego —si quiere— explica. Hace años, un pastor de jóvenes de Alabama me enseñó una oración que sintetiza maravillosamente la disposición a la obediencia: «Dios, la respuesta es SÍ, desde antes de que preguntes». He susurrado estas sabias palabras incontables veces en mi vida.

Mientras leía la biografía de Peter Marshall —antiguo pastor de la Iglesia Presbiteriana New York Avenue en Washington D. C.—, considerado un gran capellán del Senado de los Estados Unidos, me encontré con un sorprendente relato. En él, Marshall confiesa que quiso entrar a la armada para evadir el llamado del ministerio espiritual. Sin embargo, su plan se vio frustrado porque no pasó las pruebas y, como consecuencia, no pudo enlistarse. Un día nublado y lluvioso, mientras caminaba de regreso a su casa —muy desanimado—, tomó un atajo que pasaba por un camino desierto. De repente, escuchó una voz que lo llamaba por su nombre: «¡Peter!». Entonces, se detuvo y preguntó: «¿Quién es?», y siguió caminando. Una vez más, aquella voz lo llamó: «¡Peter!». De nuevo, Marshall preguntó: «¿Quién me llama?», y siguió avanzando con paso firme. Al escuchar su nombre por tercera vez, supo que era Dios quien lo llamaba. Por fin, se detuvo y cayó de rodillas en medio de la niebla. Momentos después, intentó apoyar la mano en el piso para levantarse, pero no pudo: no había más suelo delante de él, solo un precipicio que daba a una cantera en el fondo. Con apenas un paso más, Marshall habría encontrado la muerte en aquel acantilado; en su lugar, se rindió frente a la voz de Dios y se postró ante Él. Así, el Señor lo llamó para que fuese pastor y trajese reavivamiento al Congreso. Con Su llamado, Dios no solo le salvó la vida a Peter, ¡salvó también su futuro![4]

Hoy, te invito a que digas siempre esta oración: «Dios, la respuesta es sí, incluso antes de que me preguntes».

PREGUNTAS

1. ¿Te estás aferrando a algo que Dios te haya pedido «destruir por completo»?

2. ¿Cuál suele ser el mayor obstáculo que se interpone entre tú y la obediencia a Dios?

3. ¿Tienes algún ejemplo de una situación en la que obedecer a Dios haya sido difícil, pero en la que tu obediencia haya dado buenos frutos para tu vida?

LA ORACIÓN

(«Prayer» es *oración* en inglés)

Mi Nombre Favorito de Dios

«La mayor tragedia de la vida no es una oración no respondida, sino una jamás elevada».
F. B. Meyer [1]

Un sábado por la noche, mientras caminaba —y oraba— por la ciudad, llegó a mí una idea: que a la mañana siguiente, en la iglesia, cantásemos una canción acerca de la oración. Entonces, me detuve en una banca del parque para buscar canciones que tratasen de la oración, y, en una famosa página cristiana, encontré una lista de las 15 mejores canciones sobre este tema.

Para mi sorpresa, 12 de las 15 canciones tenían más de 50 años de haberse escrito. Las tres restantes —compuestas más recientemente— apenas y hablaban de la oración, o nada más la mencionaban en uno de sus versos. Mi búsqueda terminó en una triste conclusión: parece que ya nadie escribe canciones sobre la oración, la prodigiosa llave que abre el cielo. Es como si estuviésemos buscando *otras* alternativas para hacerlo descender hasta nosotros; no obstante, debe ser claro que la única forma de hacer que el cielo descienda es que la iglesia ore. Veamos la oración del profeta Isaías:

> ¡Oh, si rasgaras los cielos y descendieras!
> Si los montes se estremecieran ante Tu presencia
> (Como el fuego enciende el matorral, como el fuego hace hervir el agua),

> Para dar a conocer Tu nombre a Tus adversarios,
> Para que ante Tu presencia tiemblen las naciones!
> Cuando hiciste cosas terribles que no esperábamos [...].
> (Isaías 64:1-3)

Isaías le pidió a Dios que rasgase los cielos y descendiese, pero luego procedió a lamentarse:

> Y no hay quien invoque Tu nombre,
> Quien se despierte para agarrarse de Ti [...].
> (Isaías 64:7)

¡Seamos un pueblo que se esfuerza por clamar Su nombre! Estoy convencido de que, para ver reavivamiento en nuestra tierra y para que la nación vuelva a estar en pie, la iglesia debe ponerse de rodillas ante Dios. Ese es el encargo del Señor para nosotros hoy.

La iglesia debe entender que, sin la oración, se pierde el poder del Espíritu Santo; no importa cuántos sustitutos y alternativas busque para ella.

> «... Pero recibirán poder cuando el Espíritu Santo venga sobre ustedes; y serán Mis testigos [...]». (Hechos 1:8)

Sin la oración, se pierde también la alabanza:

> [...] Los que buscan al Señor, lo alabarán [...]. (Salmo 22:26)

Sin la oración, se pierde la —tan preciada— sabiduría:

> Y si a alguno de ustedes le falta sabiduría, que se la pida a Dios [...]. (Santiago 1:5)

Definitivamente, ¡el poder, la alabanza y la sabiduría se pierden si falta la oración! Debemos entender que, sin ella, tendríamos que recurrir a Google o a los pódcast para predicar, y no seríamos más que plagiarios que repiten palabras vacías. Si la oración nos faltase, nuestra necesidad de liberación se convertiría en necesidad de terapia; los predicadores se volverían simples comunicadores, y la unción —clave de nuestra vida espiritual— sería reemplazada por toda clase de disparates.

No hacen falta accesorios; lo que realmente necesitamos es que se abra el cielo. Como dice la Biblia: «"'Venga Tu reino. Hágase Tu voluntad, así en la tierra como en el cielo'"» (Mateo 6:10). Todo lo que necesitamos está en el cielo, y la llave que lo abre es la *oración*.

Recordemos que Jesús dijo: «"[…] 'Mi casa será llamada casa de oración' […]"» (Mateo 21:13). Él no se refería a una casa de alabanza o de adoración, ni siquiera de predicación, sino a una casa de *oración*. Asimismo, la Biblia nos pide: «Oren sin cesar» (1 Tesalonicenses 5:17). No dice que leamos sin cesar porque no es leyendo que llega el reavivamiento ni se obtiene la salvación de los demás; dice específicamente que *oremos sin cesar*. Por ello, debemos luchar para traer la reunión de oración de vuelta a la iglesia.

Nunca debemos olvidar a Quién le estamos orando. En palabras de Max Lucado: «El poder de la oración no radica en quien la eleva, sino en Quien la escucha».[2] Esto me recuerda una historia del golfista profesional Arnold Palmer, que hace años viajó a Arabia Saudita para jugar una serie de partidos de exhibición. Al terminar, el rey saudí quedó tan impresionado con la destreza de Palmer que quiso darle un regalo. El —ya multimillonario— golfista insistió: «No hace falta. Disfruté de jugar en su país y conocer sus gentes».

El rey se mostró disgustado por no poder darle un regalo al deportista. Ante la situación, Palmer —sabiamente— reconsideró su respuesta y le dijo al mandatario: «¿Qué tal algo para jugar al golf? Sería un recuerdo maravilloso de mi visita». El monarca se alegró por la respuesta afirmativa del norteamericano. Al día siguiente, un mensajero llevó hasta la habitación del hotel donde se alojaba Palmer el título de propiedad de un club de golf. ¡Era un club campestre con 36 hoyos, muchos árboles, lagos y edificios![3]

Lo más probable es que el deportista se refiriese a un *souvenir* para llevarse a casa —un palo *para jugar al golf*—, no a una enorme propiedad *para jugar al golf* en ella. No obstante, la historia tiene una bellísima moraleja: Palmer, olvidando que estaba delante de un rey, solicitó algo pequeño; pero el rey —que insistió en agasajar al golfista en primer lugar— le obsequió algo enorme. De la misma manera, cada vez que oro, recuerdo que estoy en presencia de un Rey —nada más y nada menos que el Rey de Reyes— y que pedir nimiedades sería insensato. Ante Dios, ¡siempre hay que pedir en grande!

Para profundizar en el tema de la oración, analizaremos dos pasajes de la Biblia: el Salmo 65, que contiene la razón por la que oramos, y 1 Reyes 20, que habla de la invitación a orar. Dios lo presenta así: un encargo seguido de un reto, y luego un aleluya seguido de un obstáculo.

Empecemos por mi nombre favorito de Dios. En el Salmo 65, David estaba alabando a Dios sin saber que, en su alabanza, habría de escuchar algo revolucionario sobre la oración:

> Silencio habrá delante de Ti, y alabanza en Sion, oh Dios [...]. (Salmo 65:1)
>
> ¡[...] Tú, que escuchas la oración! [...]. (Salmo 65:2)

Tú, que escuchas la oración. Definitivamente, ¡este es mi nombre favorito de Dios! Si analizamos la frase: «Que escuchas la oración», veremos que se trata de una construcción subordinada adjetiva del pronombre «Tú»; o sea, que describe un atributo de Dios. En cinco palabras, David nos dice que el Rey de Reyes espera que le hagamos una petición, más específicamente, una *oración.*

Además, en la primera parte del versículo 1 encontramos otros tesoros escondidos. Al hablar de silencio en «silencio habrá delante de Ti», el salmista nos está diciendo que, en la oración, la parafernalia sobra. No necesitamos música ni predicadores cuando estamos delante de Quien escucha la oración, pues la alabanza que hay en nuestro interior es más que suficiente para Él. Aquellos que nunca han orado ni experimentado la dicha de una oración respondida ¡no tienen idea de lo que se están perdiendo! Algo maravilloso crece dentro de nosotros al ver que Dios escucha nuestras oraciones y nos responde; saber que Él nos sanó, nos protegió y nos guio es una sensación indescriptible.

Con todo lo anterior, sería un despropósito ver el lado profundo de este versículo sin tener en cuenta el lado práctico. Debemos reconocer que el problema no es que Dios no responda —porque sí que lo hace—, sino que Su pueblo no ore. ¡Cuán triste es tener a un Dios que escucha y a un pueblo que no pide! En efecto, Santiago 4:2 nos habla de la más cruda verdad: «[...] No tienen, porque no piden». Entonces, me resulta inevitable pensar que algunas personas en el cuerpo de Cristo se empobrecen a sí mismas —en milagros, en bendiciones, en avivamiento— por voluntad propia. Dios nos dice que podríamos tenerlo todo, pero no pedimos casi nada —si es que lo hacemos—, pues preferimos ocuparnos en otras cosas. Si hiciésemos una encuesta entre los cristianos sobre qué tan constantes son en el hábito de la oración, seguramente, el 99 % aceptaría su falta de constancia... y el 1 % restante mentiría al respecto. Por increíble que parezca, es en la oración en lo que más nos cuesta ser constantes como cristianos; ¿por qué nos será tan difícil? Bueno, sucede que al tener un Dios que escucha la oración, el enemigo se asusta y desata en nosotros una batalla constante.

Como padre de cuatro hijos, la experiencia me ha enseñado que los dos mejores amigos de mi bolsillo son las tiendas Costco y los reembolsos. Por eso, cuando necesitamos comprar algo costoso —como un electrodoméstico—, Cindy y yo buscamos productos cuyo vendedor ofrezca devoluciones parciales. Así, podemos solicitar que se nos reintegre un porcentaje del valor que hayamos pagado. Por ejemplo, si pagamos $300 por un equipo, luego podemos enviar un formulario solicitando un reembolso de $150. ¡Es como si lo hubiésemos comprado a mitad de precio! Cabe preguntarse, entonces, ¿por qué las empresas utilizan este sistema en lugar de ofrecer directamente un descuento sobre el precio del producto? La respuesta es simple: porque saben que la gente casi nunca reclama dichas devoluciones. Inclusive, hay estudios que demuestran que entre el 40 % y el 60 % de los posibles reembolsos nunca se redimen.[4]

Ahora te pregunto, ¿cuántas personas crees que oren y hagan efectivo el más maravilloso nombre de Dios: «Tú, que escuchas la oración»?

Veamos las instrucciones que Jesús mismo nos dio sobre la oración, justo en medio del Sermón de la Montaña:

> «... Pero tú, cuando ores, entra en tu aposento, y cuando hayas cerrado la puerta, ora a tu Padre que está en secreto, y tu Padre, que ve en lo secreto, te recompensará...». (Mateo 6:6)

En este texto, Jesús usa la palabra *recompensa,* que está directamente relacionada con los pagos: es una retribución que se obtiene al completar una tarea o labor, como cuando marcamos tarjeta al llegar al trabajo.[M] En otras palabras, Dios nos dice: «Cuando tú oras, yo te veo, y siempre recibirás tu gratificación por ello».

Quiero recalcar que en Mateo 6:6, Jesús también hizo algo interesante relacionado con la oración: en este versículo de la Biblia, Él puso especial énfasis en el pronombre «tú», que aparece cinco veces en sus variantes *tú, te* y *tu.* Con ello, Jesús quiso dejar en claro que el reto de orar es *tuyo;* o sea, una tarea individual de cada cristiano.

Cuando tenía 19 años, me enfrenté personalmente al desafío de orar. Era mi primer año en Detroit, y mi equipo y yo salíamos a las calles de lunes a viernes entre las 12 p. m. y las 5 p. m. —25 horas semanales—para evangelizar y repartir volantes. Pasados casi dos meses, ni una sola persona había aceptado nuestra invitación a la iglesia; las cosas no nos estaban saliendo bien. Además, recuerdo que en aquella época, yo tenía otros compromisos que me mantenían muy ocupado. Mi frustración por nuestra ineficacia fue tal que un día le dije al Señor: «Dios, creo que estoy haciendo de todo, salvo lo que realmente debería hacer», y fue entonces cuando Le prometí que me levantaría todos los días a las 7:00 a. m. y durante una hora permanecería orando para que Él nos acompañase a recorrer las calles de la ciudad.

En honor a mi promesa, empecé a levantarme siempre a las siete de la mañana y, tras exclamar algunos aleluyas durante los primeros tres minutos, me quedaba en silencio los 57 restantes. Sentado, le repetía a Dios: «Aquí estoy», y Él no me hacía reclamos por quedarme allí sin pronunciar más palabras. Sin falta, me presentaba diariamente ante el Señor y, al cabo de una semana, sentí que el cielo se abría y que Dios estaba obrando en mi corazón. En cuestión de pocos días, vimos los primeros frutos de mi constancia: la gente comenzó a acudir a nuestro llamado. A Su manera, Dios me dijo: «¡Solo tenías que pedirlo!». Por eso, hoy te digo: pide que quienes te rodean encuentren la salvación; pide que tu pareja, familia, vecinos y amigos reciban a Dios en sus corazones. ¡Solo tienes que pedirlo! No dejes ninguna oración sin elevar.

Ahora que sabemos que Dios siempre escucha nuestras plegarias, ¿por qué nos costará tanto trabajo ser constantes en la oración?

Tim Kizziar lo sintetizó magistralmente: «Nuestro mayor temor como individuos y como iglesia no debería ser el temor al fracaso, sino tener éxito en las cosas en la vida que realmente no importan».[5] En otras palabras: debería asustarnos el ser expertos en cosas pasajeras en vez de invertir nuestro tiempo y energía en construir para la eternidad; por ende, si en algo debiésemos buscar el éxito, habría de ser en la oración, pues tenemos la garantía de que Dios nos escuchará.

En el Antiguo Testamento, hay un relato de dos versículos que ilustra bastante bien el peligro de tener éxito en cosas irrelevantes. La corta historia sucede en medio de otra historia mayor; pero recordemos que en la Biblia nada pasa porque sí, y este diálogo no es la excepción. Dicha narración tiene lugar en el contexto de la guerra entre Israel y el pueblo arameo; veamos el breve encuentro en ella descrito:

> Cuando el rey pasaba, clamó al rey y dijo: «Su siervo fue al centro de la batalla; y allí, un hombre se apartó de las filas y me trajo a uno, y me dijo: "Guarda a este hombre; si por alguna razón llega a faltar, entonces tu vida responderá por su vida o pagarás 34 kilos de plata". Mientras su siervo estaba ocupado aquí y allá, él desapareció». Y el rey de Israel le dijo: «Así será tu sentencia; tú mismo lo has decidido». (1 Reyes 20:39-40)

Como vemos en el pasaje, mientras el siervo estaba ocupado «aquí y allá», ¡el prisionero desapareció! El siervo ni siquiera supo decir en qué había empleado ese tiempo, pero, sea lo que fuere, le costó la pérdida del prisionero y le acarreó un fuerte castigo. Del mismo modo, nosotros —con mucha más frecuencia de la que deberíamos— relegamos nuestras verdaderas prioridades, y preferimos concentrarnos en cosas irrelevantes; al final, ¡ni siquiera podemos recordar qué hicimos con nuestro tiempo! La realidad es que solemos confundir *movimiento* con *progreso*, y el *mantenernos ocupados*, con ser *productivos*; pero estas falsas equivalencias pueden causarnos graves problemas. Respecto del tema, el Dr. James Dobson —gran psicólogo cristiano— afirmó: «Si Satán no logra hacerte pecar, te mantendrá ocupado, que es más o menos lo mismo».[6]

Entonces, ¿cómo nos libramos de esta trampa? ¿Cómo evitamos que el ajetreo nos distraiga y nos haga perder aquello a lo que tendríamos que aferrarnos? Al hombre en 1 Reyes, su falta de foco le costó la pérdida del prisionero. Asimismo, algunos de nosotros podríamos perder un matrimonio, a nuestros hijos, un empleo, nuestra relación con Dios, y los cristianos podríamos perder la oración y todas las bendiciones que ella trae consigo.

Veamos lo que nos dijo el apóstol Pablo a propósito del tema: «Mirad, pues, cómo andéis avisadamente; no como necios, mas como sabios; redimiendo el tiempo, porque los días son malos» (Efesios 5:15-16 RVA). Ahora bien, es hora de que elijamos cuál es la meta de nuestra vida: ¿permanecer ocupados o usar bien nuestro tiempo? El refranero popular nos cuenta que «la práctica hace al maestro»; entonces, ¿cómo podría alguien llegar a ser bueno en algo si no le dedica tiempo? Invertir bien nuestros días es sinónimo de aprovecharlos, de *redimirlos*. ¿No es curioso que Pablo use tan monumental palabra —redimir— para referirse al tiempo? Si lo analizamos con atención, es el mismo verbo que se usa en expresiones bíblicas como: «*Redimidos* por Su sangre» o «*redimidos* por la cruz». ¡Pablo nos está mostrando cuán valioso es este recurso! Nos está diciendo que el tiempo cuesta y que debemos ser conscientes de cómo invertimos los pocos y preciados años que Dios nos ha dado para vivir en esta tierra.

Para no volvernos expertos en lo irrelevante, hay tres cosas que debemos hacer con nuestro tiempo:

1. Hacer que Dios tenga la Prioridad

El tiempo para Dios no debe limitarse a una cita semanal; puede que la religión nos haya llevado a creer que así sería, mas Jesús nos insta a tener un vínculo distinto con Él. En efecto, la Biblia compara nuestra relación con Jesús con el matrimonio; ¿funcionaría un matrimonio en el que los cónyuges solo se hablasen los domingos? ¿Funcionaría si alguno de los dos tomase decisiones sin consultarle al otro?

Hace pocos días —mientras hablaba por teléfono— me sonó la alerta de batería baja, y minutos después, se me descargó el celular. La verdad es que me quedé sin batería porque había olvidado cargar el equipo la noche anterior y, aun así, pretendía usarlo como de costumbre. Sin embargo, mi celular no podía cumplir las funciones para las que fue diseñado porque no lo había conectado a la corriente —su fuente de energía— en horas. Como muchos de nosotros ya sabremos, hay que conectarlo diariamente. Del mismo modo, los cristianos necesitamos conectarnos a nuestra fuente de energía todos los días si queremos funcionar de manera óptima, pues no podemos esperar que una sola carga nos baste para toda la semana. ¡Necesitamos recargarnos de Dios a diario! Lo triste es que solemos preocuparnos más por mantener cargado el celular que nuestro propio espíritu cristiano.

Los discípulos vieron a Jesús conectarse a la fuente de energía divina con muchísima frecuencia. No obstante, solo en una ocasión mostraron interés en aprender a hacerlo: cuando vieron lo que la oración había hecho por Jesús.

> Aconteció que estando Jesús orando en cierto lugar, cuando terminó, le dijo uno de Sus discípulos: «Señor, enséñanos a orar [...]». (Lucas 11:1)

Definitivamente, no podemos solos, ¡necesitamos que Dios nos enseñe todos los días! Precisamos de energías renovadas cada mañana. Con los años, he aprendido que reunirme con el Señor todas las mañanas y recargarme de Él es indispensable para convertirme en aquello que quiero ser. También he entendido que el calendario es más que un organizador para planear las actividades diarias: es una herramienta primordial para *redimir* nuestro tiempo y transformarnos en lo que queremos ser. Además, es clave para determinar en quién nos convertiremos como seguidores de Cristo, miembros de una familia y amigos.

Mis mañanas se convirtieron en mi cita diaria con el Señor. De hecho, hubo una época en la que algunas personas pedían reunirse conmigo antes del trabajo o muy temprano en la mañana. Yo les decía que *no* y, si me preguntaban por qué, les contestaba que tenía una reunión a esa hora. Una vez, un hombre insistió en tres oportunidades en que me reuniese con él, y —como siempre— le dije que tenía un compromiso. El hombre acabó por preguntarme con quién me reunía yo todas las mañanas, y no tuve más remedio que contestarle: «¡Con Aquel que escucha la oración! De todas formas, usted no querría hablar conmigo antes de mi reunión con Él, eso se lo aseguro».

Al fin y al cabo, la falta de oración es orgullo; es pensar que podemos hacer todo solos, sin invitar a Dios a estar presente en cada momento y lugar. Por eso, si no incluimos al Señor en nuestra ocupada agenda, acabaremos por excluirlo de nuestra vida, pues no encontraremos nunca el tiempo para Él. Hemos de darle a Dios la prioridad de nuestro tiempo y no solo una mínima participación semanal.

2. Visualizar el Camino de Principio a Fin

Muchos se lanzan a emprender proyectos personales, atraídos por el entusiasmo inicial de saber que todo el mundo lo está haciendo y por la emoción que ello implica. Sin embargo, debemos tratar de visualizarlos dentro de cinco o diez años: ¿serán relevantes entonces? ¿Qué tan importante será el convertirnos en los mejores jugadores de un videojuego? ¿Cuánto importará mañana el haber sido los campeones del barrio hoy? No digo que nada de eso esté mal, pero no creo que valga la pena convertirnos en expertos en algo si, en el camino, descuidamos lo realmente importante.

Salomón, el hombre más rico que ha existido —pues tenía todos los recursos a su disposición— solía hablar de la «vanidad». Como dato curioso, la palabra *vanidad* —en hebreo— describe una cubeta que, después de ser lanzada a un pozo, vuelve a salir vacía. Luego de todo el esfuerzo para sacar la cubeta, ¡no hay nada en ella! Cuán sabio es reconocer que la vanidad es *vacua* en sí misma y que, antes de invertir horas y horas en un proyecto, vale la pena prever si al final del camino estará lleno o no. Siempre debemos preguntarnos: ¿acabará vacía nuestra cubeta o estará llena del agua de vida? Tengamos la certeza de que, cada vez que nos levantemos por la mañana y nos presentemos ante Dios, sacaremos de nuestra reunión matutina una cubeta rebosante.

3. Invitar a Dios a estar Presente en Cada Esfera

George Müller —el director de orfanatos conocido por su vida de oración y de gran fe— dijo lo siguiente en su autobiografía: «Cuatro horas de trabajo después de una hora de oración son más provechosas que cinco horas de trabajo sin oración».[7] Esto es lo que sucede cuando invitamos a Jesús a estar presente en nuestra vida día tras día. *Él* redime el tiempo:

> Al atardecer Sus discípulos bajaron hasta el mar, y subiendo en una barca, se dirigieron al otro lado del mar, hacia Capernaúm. Ya había oscurecido, y Jesús todavía no había venido adonde ellos estaban; y el mar estaba agitado porque soplaba un fuerte viento. Cuando habían remado unos 25 o 30 estadios (cuatro o cinco kilómetros), vieron a Jesús caminando sobre el mar y que se acercaba a la barca, y se asustaron. Pero Él les dijo: «Soy Yo; no teman». Entonces ellos querían recibir a Jesús en la barca, pero la barca llegó enseguida a la tierra adonde iban. (Juan 6:16-21)

¡Qué increíble! Los discípulos habían remado y remado, pero al llegar Jesús a la barca, ¡tocaron —de inmediato— la tierra a la que se dirigían! De no haberlo recibido, seguramente, aún estarían remando... Lo mismo pasa cuando intentamos vivir sin Jesús: acabamos remando sin parar ni llegar nunca a nuestro destino. ¿Cómo lo logra Jesús? En verdad, no lo sé, pero, gracias a la Biblia, sé que Él *redime el tiempo*.

En alguna parte leí que quienes visitaban a la Madre Teresa y a sus Misioneras de la Caridad en Calcuta, India, se sorprendían al ver que, llegada la hora del almuerzo, todas las hermanas abandonaban sus labores con los moribundos y desaparecían por un par de horas. Incluso, había quienes las criticaban, pues no entendían qué podría ser más importante para ellas que atender a quienes se encontraban entre la vida y la muerte. Ante tales cuestionamientos, la respuesta de las hermanas era: «Nos vamos a orar. Hemos aprendido que trabajando sin orar no lograremos más que lo humanamente posible... y nuestro deseo es abarcar las posibilidades de lo divino».

Recuerda que quien no ora, por decisión propia acabará remando sin pausa —a menudo— a contracorriente. Por el contrario, quien invita a Jesús a estar presente en cada ámbito de su vida ¡tendrá el gran honor, privilegio y garantía de saber que *Él escuchará su oración* y le dará éxito en lo verdaderamente importante!

PREGUNTAS

1 .¿Hay algún aspecto de tu vida en el que estés remando sin cesar, en lugar de invitar a Jesús para que entre en la barca contigo?

2. ¿Cómo has experimentado a Dios como «Aquel que escucha la oración»?

3. ¿Hay algún proyecto —que tal vez no sea importante dentro de diez años— al que le estés dedicando tu tiempo hoy?

4. ¿Qué compromiso estás dispuesto a asumir ante Dios, respecto a tu vida de oración?

LAS RIÑAS, LOS CONFLICTOS Y LAS DIVISIONES

(«Quarrels» es *riñas* en inglés)

Resolver los conflictos allana el Futuro

«Por causa de las discordias el Padre es deshonrado, el Hijo no es considerado, su pueblo queda desmoralizado y desacreditado y el mundo se aparta y se confirma en su incredulidad. La comunión rota priva a los cristianos del gozo y la eficacia, priva a Dios de su gloria y roba al mundo del verdadero testimonio del evangelio. ¡Un precio muy elevado por nuestro egocentrismo!».

JOHN MACARTHUR [1]

Según Hechos 1, la primera iglesia del Nuevo Testamento surgió 50 días después de la resurrección de Jesús. Esta iglesia tuvo un crecimiento más que asombroso —incluso desde el primer año—; en efecto, las Escrituras nos cuentan que en el día de Pentecostés llegaron a ella 3.000 nuevos miembros. Su expansión fue vertiginosa: ya para el principio de Hechos 4, su número rodeaba los 5.000, contando solo a los hombres, no a las mujeres ni a los niños (ver Hechos 2:41; 4:4).

En aquella época, se estima que la población de Jerusalén era de al menos 25.000 personas.[2] Así las cosas, aproximadamente el 20 % de sus habitantes pertenecía a la iglesia; era como si Dios la estuviese edificando para que se convirtiese en la fuerza y los cimientos de toda Jerusalén. Sin embargo, un enemigo estaba a punto de rebelarse contra aquella iglesia primigenia —uno que habría podido arrojarlo todo por la borda—, y que sigue presente en la iglesia, en los hogares y en la sociedad actuales: la división, las riñas y los conflictos.

Hablamos de un insidioso —pero muchas veces subestimado— enemigo frente al cual no podemos bajar la guardia, ya que es capaz de sabotear el futuro de iglesias, familias y naciones enteras.

En la Biblia vemos que la palabra «unánimes» marcó el inicio del día de Pentecostés en el aposento alto. Aunque a menudo pase desapercibido, este adjetivo aparece ocho veces en el libro de los Hechos, lo cual resalta su importancia para la obra de Dios (ver Hechos 1:14; 2:1; 2:46; 4:24; 5:12; 7:57; 8:6; 19:29 RVA). Veamos lo que ocurrió en el aposento alto:

> Y como se cumplieron los días de Pentecostés, estaban todos unánimes juntos; y de repente vino un estruendo del cielo como de un viento recio que corría, el cual hinchió toda la casa donde estaban sentados. (Hechos 2:1-2 RVA)

Me encanta ejemplificar la unanimidad con lo que sucede en la música. En este bello arte, la unanimidad es sinónimo de sincronía, armonía y afinación, pues, para que un coro cante un himno de manera magistral, sus integrantes deben estar sincronizados, escucharse unos a otros y estar —indiscutiblemente— afinados. Esto último significa tomar una misma frecuencia como referente al cantar; o sea: tener claro el centro tonal. De una manera análoga, la iglesia debe encontrar su *centro* tonal para estar afinada, sincronizada y en armonía consigo misma —y con todos sus miembros—, porque, sin estos bastiones, no podrá ganarles la lucha a sus enemigos externos. Veamos las palabras de A. W. Tozer al respecto:

> ¿Se les ha ocurrido pensar alguna vez que cien pianos afinados todos con el mismo sintonizador, están automáticamente sintonizados unos con otros? Tienen el mismo tono, no porque hayan sido sintonizados unos con otros, sino porque todos fueron sintonizados por el mismo sintonizador. Del mismo modo cien personas, que están todas adorando a Dios con la mirada fija en Cristo, están perfectamente unidas unas con otras, mucho más que otras cien que al parecer adoran «unidas» pero cada una con sus pensamientos puestos en cualquier parte.[3]

Como iglesia, nuestro *centro* (tonal) es —y debe ser siempre— Cristo; somos Su coro en la tierra y no necesitamos estar afinados con el mundo —ni con sus preferencias, cultura, valores o confesiones—, sino con Cristo y Su Palabra. Si perdiésemos nuestro eje tonal, no solo estaríamos desafinados respecto de aquello que realmente importa, sino que, tal como sucede en la música, también perderíamos la armonía. Si esto sucediese, habría cabida para las riñas, los conflictos y la división interna. De ahí la importancia de tener claro dónde está el *Do central* y cuál es nuestro eje tonal para que no atendamos a los gustos y preferencias de muchos a la vez ni perdamos el foco de lo trascendental por darle relevancia a nimiedades. En la iglesia, las diferencias de opinión pueden surgir con temas que van desde el número de himnos que se cantan en los servicios hasta el dilema de ofrecer —o no— café y panecillos; desde agregar nuevas canciones al repertorio hasta decidir si izar banderas en las iglesias o no hacerlo. Todo sin mencionar el consabido tópico de que «la iglesia debería volver a ser la de antes»... Fijarnos en estas pequeñeces es como agregarle demasiadas notas de paso a una melodía: corremos el riesgo de volverla confusa y, si no estamos lo suficientemente atentos, de acabar desafinadísimos.

Por todo lo anterior, queda claro que el motivo principal de las riñas, los conflictos y la división al interior de un grupo es que algunos de sus miembros estén desafinados, bien porque su diapasón no funcione adecuadamente, bien porque usen el diapasón equivocado. Para la muestra, un botón: hace varios años, una iglesia de Dallas se dividió en dos, y cada facción interpuso una demanda ante un tribunal para reclamar la propiedad de la iglesia. Con el tiempo, un juez acabó por trasladarle el caso a las autoridades superiores de aquella confesión. Tras haberse reunido para escuchar a las partes, el consejo de la iglesia le otorgó los derechos de propiedad a una de las facciones, y la otra se retiró para formar una nueva iglesia en la zona. Durante la audiencia, se develó el origen de la riña: todo había comenzado en medio de una cena, cuando a un miembro anciano le habían servido menos jamón que al niño que estaba sentado a su lado; algo que consideró una deshonra. Lamentablemente, la historia salió en el periódico y todo el mundo se enteró.[4] ¡Me imagino cuánto se habrán reído de esta situación en Texas!

A decir verdad, las peleas por comida no son una novedad; ya en el inicio de Hechos 5 podemos encontrar la historia de Ananías y Safira. El relato, aunque conocido por muchos, contiene detalles que suelen pasar desapercibidos. En efecto, si continuamos la lectura, en Hechos 5:17-42, vemos que la primera iglesia atravesó tres oleadas de persecución de las que pudo recuperarse. En la primera, las autoridades encarcelaron a los 12 apóstoles, pero un Ángel los liberó (ver versículos 17 al 25).

En la segunda oleada, las autoridades llevaron a los apóstoles ante el Concilio, y, al ordenárseles que no predicasen, ellos respondieron: «Debemos obedecer a Dios en vez de obedecer a los hombres» (ver versículos 26 al 33).

En la tercera oleada, las autoridades azotaron a los apóstoles (ver versículos 34 al 40); aun después de todo lo que soportaron, veamos su asombrosa respuesta:

> Los apóstoles, pues, salieron de la presencia del Concilio, regocijándose de que hubieran sido considerados dignos de sufrir afrenta por Su Nombre. Y todos los días, en el templo y de casa en casa, no cesaban de enseñar y proclamar el evangelio de Jesús como el Cristo. (Hechos 5:41-42)

¡Toda esta persecución nos da un gran testimonio de victoria! De cada oleada, salieron triunfantes y reforzados en su fe. No obstante, resulta curioso —e insidioso— que el siguiente ataque no proviniese de fuera, sino de dentro: ¡esa tan resiliente iglesia del Nuevo Testamento terminó peleándose por comida!

> Por aquellos días, al multiplicarse el número de los discípulos, surgió una queja de parte de los judíos helenistas en contra de los judíos nativos, porque sus viudas eran desatendidas en la distribución diaria de los alimentos. (Hechos 6:1)

Una y otra vez, la iglesia resistió los ataques externos, pero acabó subvertida por desencuentros originados en su interior. Ya en Hechos 6 vemos que Satán intentó perturbar la paz de la iglesia primitiva: queriendo frenar su vertiginoso crecimiento, sembró en el pueblo de Dios un espíritu de rumores y chismes para enemistar a los creyentes. ¡Cuántas obras para Dios se habrán destruido por causa de la discordia!

Podríamos pensar que, con las nuevas bendiciones de cada día, todos estarían lo suficientemente ocupados como para dar cabida a los rumores, pero no era así. En el pasaje, vemos que los judíos helenistas de la iglesia estaban inconformes porque sus viudas eran desatendidas en la repartición diaria de los alimentos, razón por la cual se quejaron con los judíos nativos.

Esta situación tuvo lugar en un contexto histórico específico: sucedió en una época en la que habían vuelto a Jerusalén comunidades de judíos helenistas (que hablaban griego), pues la consideraban su ciudad sagrada. Se trataba de una población judía que llevaba siglos fuera del lugar, muchos de cuyos miembros habían regresado a la ciudad para pasar sus últimos días allí, tal como hacen los sionistas hoy en día. En consecuencia, no solo eran minoría en Jerusalén, sino que había una gran cantidad de mujeres grecoparlantes que les habían sobrevivido a sus esposos. Por causa del resentimiento, los judíos nativos —hablantes de arameo— discriminaban a los judíos helenistas, a quienes los fariseos despreciaban por completo y consideraban israelitas de segunda clase. Luego llegó Pentecostés, y miles de judíos nativos y cientos de judíos helenistas se unieron en Cristo. A pesar de lo maravilloso de su conversión, esta no eliminó todos los prejuicios que existían entre los dos grupos.

Si prestamos atención, podemos notar que el versículo 2 insinúa algo excepcional:

> Entonces los doce convocaron a la congregación de los discípulos, y dijeron: «No es conveniente que nosotros descuidemos la palabra de Dios para servir mesas...». (Hechos 6:2)

Ante estas circunstancias y para disipar los resquemores entre los judíos locales y los foráneos, algunos sugirieron que Pedro, Juan y los demás discípulos repartiesen los bienes de las viudas. Querían que los apóstoles resolviesen la situación y se encargasen del programa de alimentos.

Para cuando acontecieron los eventos narrados en Hechos 6, la iglesia ya había resistido los embates de la cárcel, la persecución y las acusaciones; mas ahora se enfrentaba a las disputas internas. Tristemente, las riñas y luchas no eran exclusivas de la iglesia de Jerusalén, pues, como veremos más adelante, el Apóstol Pablo nos cuenta lo que sucedió en la iglesia de Corinto:

> Pues, en primer lugar, oigo que cuando se reúnen como iglesia hay divisiones entre ustedes, y en parte lo creo. Porque es necesario que entre ustedes haya bandos, a fin de que se manifiesten entre ustedes los que son aprobados. (1 Corintios 11:18-19)

Sin duda alguna, las riñas y la división ponen a prueba a las personas y exponen su verdadera naturaleza. Es un hecho que la forma en la que manejemos una pelea puede —incluso— determinar el futuro de nuestro ministerio. Si analizamos el caso de la primera iglesia, el manejo que los apóstoles le dieron a la situación no solamente resolvió el problema —pues dio atención a las quejas—, sino que también cambió la cultura de la iglesia. En efecto, es gracias a su decisión que tenemos diáconos hoy en día.

La —sabia— resolución que los apóstoles le dieron al conflicto tuvo los siguientes efectos:

- Los apóstoles se concentraron en su labor.
- Surgieron nuevos líderes.
- La iglesia pudo llegar a más personas.

Los apóstoles tenían claro que la mejor forma de abordar cualquier proyecto es concentrarse por completo en aquello que uno hace bien —lo indelegable— y encomendar a otros aquello que no; de hecho, es la manera más efectiva de alcanzar el éxito. Los apóstoles convirtieron la oración y la Palabra en su propio trabajo y delegaron en otros la distribución de la comida. Esto es: se volvieron especialistas, en lugar de generalistas; pues sabían que dónde hay concentración, la efectividad se multiplica.

> Lo propuesto tuvo la aprobación de toda la congregación, y escogieron a Esteban, un hombre lleno de fe y del Espíritu

> Santo, y a Felipe, a Prócoro, a Nicanor, a Timón, a Parmenas y a Nicolás, un prosélito de Antioquía. A estos los presentaron ante los apóstoles, y después de orar, pusieron sus manos sobre ellos. (Hechos 6:5-6)

Resulta tan curioso como estratégico que los nombres de los delegados para llevar a cabo tal tarea fuesen todos de origen griego. A pesar de que los judíos locales fuesen mayoría en la congregación de Jerusalén, ¡los apóstoles eligieron —precisamente— a judíos helenistas para administrar el programa! Al ocupar dichos puestos con las personas indicadas, el resultado fue que pudieron llegar a más gente.

> Y la palabra de Dios crecía, y el número de los discípulos se multiplicaba en gran manera en Jerusalén, y muchos de los sacerdotes obedecían a la fe. (Hechos 6:7)

En consecuencia, surgieron nuevos líderes en la iglesia. Vemos que, de entre los elegidos para el ministerio de los alimentos, dos grandes figuras emergieron: Esteban y Felipe.

Uno de ellos —Esteban— predicó el segundo sermón más extenso del Nuevo Testamento y se convirtió en el primer mártir de la iglesia, tras ser apedreado. La descripción de su muerte nos brinda un esclarecedor ejemplo de lo que sucede cuando un creyente se va de esta tierra. La Biblia dice que Jesús se sentó a la diestra del Padre (ver Hebreos 10:12), y, cuando Esteban miró al cielo, ¡vio a Jesús de pie a la diestra del Padre! (ver Hechos 7:55). Es como si, justo antes de morir, los creyentes tuviesen una visión del cielo. Personalmente, creo que Esteban —extasiado de saber que ya iba a encontrarse con Jesús— ni siquiera sintió los golpes de las piedras. Además, un joven llamado Saulo, testigo del martirio de Esteban, luego se convertiría en el Apóstol Pablo: uno de los más grandes cristianos de la historia y el autor de 13 epístolas del Nuevo Testamento.

Felipe, la otra gran figura que surgió del ministerio de los alimentos, recibió órdenes del Espíritu Santo de subir al carruaje de un eunuco etíope (ver Hechos 8:29). Felipe le habló del evangelio de Isaías 53, y se dice que así fue como la

Palabra entró al continente africano, donde actualmente hay más de quinientos millones de creyentes. ¡Cuán estratégica fue la selección del recién creado ministerio!

En definitiva, manejar y solucionar los conflictos de raíz no solo resuelve los problemas del presente, sino que también tiene un profundo impacto en el futuro. Quiero destacar que, hasta Hechos 6, todos los acontecimientos —incluyendo la pelea por la comida— habían tenido lugar en Jerusalén, pero los eventos de Hechos 7 y Hechos 8 —como el discurso de Esteban y la expansión del Evangelio a otros continentes, respectivamente— ocurrieron fuera de los confines de la ciudad santa. Resulta evidente que Dios quería resolver los conflictos y las disputas internas de la iglesia antes de que esta se expandiese, pues Él no deseaba exportar sus propias ataduras ni su división.

Con las decisiones tomadas respecto al ministerio de los alimentos, no solo se resolvió la disputa inicial, sino que la solución última fue, de hecho, un acierto histórico. Aunque los apóstoles lo ignorasen entonces, todo un continente y gran parte de nuestro Nuevo Testamento pendían de un hilo por aquella riña menor. Quizás, habrían podido encargar más comida y servirla ellos mismos para calmar a la multitud, pero, en su lugar, optaron por descifrar la enseñanza de Dios en aquellos eventos y hacer lo que Él les pedía.

A menudo, cuando nos enfrentamos a problemas del ministerio, vale la pena preguntarnos si —aun conociendo la solución— realmente *debemos resolverlos* o no. Tal como vimos en el pasaje anterior, los desafíos que se nos presentan hoy pueden esconder oportunidades de mejora y crecimiento a futuro. En estos casos, nuestra capacidad de discernimiento es clave. Muchas veces, como iglesia, pretendemos darles alivio inmediato a las dificultades cotidianas e ignoramos las consecuencias que nuestras decisiones del presente podrían traer. A veces nos regocijamos en nuestra habilidad para resolver los desafíos del día a día, en lugar de descubrir lo que hay detrás de ellos. Por ende, más nos vale detenernos a pensar en si nuestras acciones ponen en riesgo —o no— la misión de la iglesia.

Con todo lo anterior en mente, cabe la pregunta: ¿cómo lidiar con las riñas y los conflictos que enfrentamos en la actualidad? Frente a algunas situaciones de discordia, solemos cuestionarnos: «¿Por qué con esta persona todo termina en discusión?» o «¿por qué no podemos hablar como adultos?». Aunque la opción de culpar al otro sea tentadora, siempre es bueno reflexionar sobre cuál podría ser la raíz del conflicto.

Hace años, cuando vivíamos en Detroit, Cindy y yo compramos una casa vieja cerca de nuestra iglesia (la que fundamos donde anteriormente había un teatro XXX). Muy felices, decidimos convertir el sótano en una zona de juegos para nuestros hijos y, como notamos que las paredes se estaban descascarando, optamos por rasparlas y pintarlas de nuevo. Tan solo un mes después, nos sorprendió ver que la nueva pintura ya se estaba levantando también. Al notarlo, nos decantamos por la solución fácil, y, por segunda vez, raspamos y pintamos, pero —como era de esperarse— la pintura volvió a caerse a pedacitos. Cansados de la situación, contratamos a un profesional, quien nos dijo que el sótano tenía fallas de drenaje; que sería preciso romper la pared y repararlas para que la pintura no se estropease otra vez. De nuestro problema de humedades aprendimos que, sin importar cuánto nos esmeremos en cubrir el exterior, jamás llegaremos a una solución definitiva si no abordamos la causa primordial de los daños. Asimismo, la mayoría de nuestros conflictos no son más que la manifestación externa de problemas de base —mayores y mucho más graves— que, de no resolverse adecuadamente, con certeza generarán futuras complicaciones.

Sabemos, entonces, que las disputas y las riñas vienen de lugares profundos como nuestro interior, pero ¿qué las causa? Esta pregunta es tan actual como bíblica, pues ya aparecía en el libro de Santiago. Para el apóstol, todas las peleas —desde los desencuentros en el matrimonio, con los compañeros de casa, entre padres e hijos… hasta los conflictos en la relación más importante de todas: la relación con Dios— tienen la misma raíz.

> ¿De dónde vienen las guerras y los conflictos entre ustedes? ¿No vienen de las pasiones que combaten en sus miembros? Ustedes codician y no tienen, por eso cometen homicidio. Son envidiosos y no pueden obtener, por eso combaten y hacen guerra. No tienen, porque no piden. Piden y no reciben, porque piden con malos propósitos, para gastarlo en sus placeres. (Santiago 4:1-3)

A lo largo de los años, he tenido la oportunidad de ser consejero matrimonial en muchas ocasiones y he tratado con parejas que se encontraban al borde del divorcio. Normalmente, cuando comenzaba a trabajar con una pareja, utilizaba los primeros 30 o 40 minutos para dejar que cada uno contase su versión de la historia. En la —triste— mayoría de los casos, este espacio se reducía a un bombardeo mutuo de quejas sobre el comportamiento del cónyuge: yo los dejaba hablar, y cuando terminaban de desahogarse, le preguntaba a cada uno: «Ahora dime, ¿qué estás haciendo mal *tú*?».

Por sorprendente que parezca, muchos de ellos no se lo habían planteado siquiera. De hecho, en una ocasión, una mujer me dijo que no se le ocurría una sola cosa que ella pudiese estar haciendo mal en su matrimonio. Ante su respuesta, di por terminada la reunión y le dije: «Ve a casa y, por una semana, siéntate ante el Señor. Dile: "Busca dentro de mí, Señor. Muéstrame la verdad de mi corazón". Luego toma un cuaderno y comienza a escribir».

A la siguiente sesión, la mujer —la misma que antes culpaba a su esposo de todas sus peleas maritales— regresó con trece páginas escritas. ¡Trece páginas! En mi experiencia, cuando las parejas vuelven una y otra vez a consejería matrimonial y no consiguen resolver sus conflictos es porque jamás han mirado hacia dentro. Sin un autoexamen de consciencia, es imposible llegar hasta la raíz del problema y solucionarlo de una vez por todas; es como aplicarle nuevas capas de pintura a una pared sin haber arreglado la fuga del drenaje: tarde o temprano, la pintura se caerá a pedazos.

En la Biblia solo hay dos relatos en los que Jesús usa la palabra *iglesia*: cuando habla del conflicto externo —en Mateo 16:18, donde Jesús dice que las puertas del Hades no prevalecerán contra la *iglesia*— y cuando habla del conflicto interno —en Mateo 18:17, donde Jesús habla del papel de la *iglesia* en la reconciliación entre hermanos—. ¿No resulta, acaso, curioso que Jesús use la palabra iglesia solo para describir la pelea con Satán y las peleas entre los fieles? Sobre estas últimas, Santiago —en su libro— nos dio varias pautas:

1. Los conflictos externos son Reflejo de los Conflictos Internos

¿De dónde surgen las guerras y los conflictos entre ustedes? ¿No es precisamente de las pasiones que luchan dentro de ustedes

> mismos? Desean algo y no lo consiguen. Matan y sienten envidia, y no pueden obtener lo que quieren. Riñen y se hacen la guerra. No tienen, porque no piden. (Santiago 4:1-2 NVI)

Como humanos, tendemos a minimizar las riñas y a reducir nuestros roces con otras personas —o nuestra falta de afinidad con ellas— a un mero «es que no nos llevamos bien» o «simplemente me cae mal». No obstante, Santiago nos dice que nada está más lejos de la verdad, pues los conflictos externos son la cara visible de los internos; pues, para él, estos últimos generan una «lucha dentro de nosotros». En el pasaje, Santiago nos revela que son las pasiones que bullen en cada individuo las que ocasionan disputas. Esto es: los conflictos *intrapersonales* se transforman en *interpersonales* cuando no se resuelven a tiempo.

Según el texto, la lucha interna tiene un origen concreto: la imposibilidad de obtener aquello que queremos. ¡Cuán maravilloso es descubrir que la responsabilidad de los conflictos es propia y no ajena! Es magnífico entender que, si el problema está en nuestras manos, la solución también lo está. Ante tan trascendental revelación, cabe preguntarnos: «¿Qué es, pues, aquello que queremos del otro que no estamos recibiendo de él o de ella?». En el caso particular de los matrimonios, la Biblia presenta responsabilidades y retos específicos para los cónyuges: «Maridos, amen a sus mujeres, así como Cristo amó a la iglesia y se dio Él mismo por ella» (Efesios 5:25), «Las mujeres estén sometidas a sus propios maridos como al Señor» (Efesios 5:22); incluso, en otra versión dice: «Ustedes, las casadas, honren a sus propios esposos, como honran al Señor» (Efesios 5:22 RVC).

En los versículos anteriores vemos que el matrimonio conlleva responsabilidades, que, al no verse satisfechas por el cónyuge, desencadenan conflictos. Por ejemplo, si los esposos deben amar a sus esposas y no las aman, la necesidad de amor de ellas queda insatisfecha y surgen las peleas; lo mismo sucede cuando las mujeres deshonran a sus esposos. Por ende, tanto esposos como esposas han de estar atentos a las necesidades de su cónyuge y satisfacerlas, pues, de lo contrario —tarde o temprano—, surgirán las peleas en el hogar.

En mi ejercicio como consejero matrimonial, incontables veces he escuchado a los esposos decir: «Es que ella no me respeta», y a las esposas: «Es que él no me ama». ¡Sus quejas son las mismas que menciona el apóstol Pablo en Efesios 5! Cuando las esposas honran a sus esposos, los respetan, y si estos se sienten respetados, con seguridad responderán positivamente. Así también, los esposos deben ser conscientes de que todo lo que hagan por sus esposas mostrará el amor que les tienen —o no—, y, con absoluta certeza, influirá en la forma en la que ellas respondan. En suma, si un miembro de la pareja se siente insatisfecho con el actuar del otro, en vez de quejarse diciendo: «¡ella no me respeta!» o «él no me ama», debería preguntarse: «¿Qué estoy haciendo para que ella no me respete?» o «¿Qué estoy dejando de hacer para que él no me ame?». Sin lugar a duda, si las esposas se saben amadas, respetarán a sus esposos, y si ellos se saben respetados, las amarán; ¡el círculo dejará de ser *vicioso* y se transformará en *virtuoso*!

Dado el caso contrario —cuando las necesidades quedan insatisfechas—, la guerra puede intensificarse hasta el punto de provocar la muerte. Si bien el pasaje del apóstol Santiago hace referencia al asesinato, la muerte también puede ser metafórica: los matrimonios, los ministerios, las relaciones, las amistades, el amor… todo puede morir por causa de las peleas. Sabiendo que las riñas, los conflictos y las divisiones pueden tener consecuencias fatales, ¿no será mejor que nos cuestionemos cuál es nuestra responsabilidad en ellas antes de culpar al prójimo? Definitivamente, ver «la paja en el ojo ajeno» suele ser más fácil que hacer un autoexamen de consciencia.

En el pasaje, Santiago nos insta a buscar en nuestro interior y a encontrar el *origen* del problema, en lugar de solo atender su lado más visible, pues —como ya he mencionado— los conflictos externos delatan nuestras luchas internas. Para el apóstol, la causa de fondo es evidente: «vienen de *sus* pasiones», «*ustedes* desean algo, y no lo obtienen», «*arden* de envidia y *no consiguen lo que desean*» (Santiago 4:1-2 RVC); es claro que es nuestro interior lo que nos impide estar bien con el exterior. Sin embargo, el apóstol hace una afirmación aún más contundente: «[…] no obtienen lo que desean, <u>porque no piden</u>» (Santiago 4:2 RVC).

Pero ¿cómo se relacionan los conflictos con nuestra mala costumbre de no pedirle cosas a Dios? En verdad, la conexión es mucho mayor de lo que aparenta.

2. La falta de Oración está ligada a los Conflictos

Como ya vimos, las necesidades insatisfechas son el origen de los conflictos internos, que a su vez se convierten en externos cuando el prójimo no nos da aquello que necesitamos. ¿Y si lo que sucede es que buscamos en otras personas algo que solo Dios puede darnos?

En la oración, Dios nos llena y satisface nuestras necesidades, pues Él es el único que puede darnos aquello de lo que realmente precisamos. No obstante, cuando nos negamos a orar y a tener una relación activa y sólida con el Señor, acabamos poniendo en nuestras relaciones *humanas* el peso y las expectativas de una relación *divina*. En verdad, ni el matrimonio ni los hijos podrán satisfacer nuestras necesidades fundamentales internas y, por ende, nada de esto evitará que haya peleas. Si buscamos nuestra propia valía en los demás y no en un Dios todopoderoso que nos ama incondicionalmente —que conoce nuestro interior y nos da valor y significado—, las riñas siempre tendrán lugar en nuestro corazón, vida y relaciones.

3. No se puede Arreglar Aquello que no se Ve

Justo antes de salir de casa, muchos de nosotros nos miramos al espejo, ¿verdad? Lo hacemos para saber cómo será la imagen que les mostraremos a los demás, pero ¿será que realmente nos vemos? En la Biblia, Santiago nos habla de un espejo muy particular:

> Porque si alguien es oidor de la palabra, y no hacedor, es semejante a un hombre que mira su rostro natural en un espejo; pues después de mirarse a sí mismo e irse, inmediatamente se olvida de qué clase de persona es. (Santiago 1:23-24)

El espejo nos revela cómo somos, a fin de que tomemos medidas, si fuere el caso; por ejemplo, si estamos despeinados, nos daremos cuenta enseguida y, así, no saldremos de casa sin peinarnos y les evitaremos a otros la incomodidad de tener que decírnoslo en la calle. Sencillamente, no podemos arreglar aquello que no vemos y de cuya existencia no nos hemos enterado. Así pues, prescindir de nuestro tiempo con el Señor es un acto de sumo egoísmo con el mundo, ya que les traslada a los demás la carga de señalarnos nuestras fallas, errores y defectos. En contraste, cuando pasamos tiempo en presencia de Dios, Él nos lo muestra todo con cariño. Al confesarle a Dios nuestras faltas, las escuchamos por nuestra propia boca y no por boca de los demás. ¡Él es nuestro mejor espejo!

Imaginemos que una esposa le dijese a su esposo: «Cariño, me hablaste de forma grosera». Ello podría desencadenar, por parte del esposo, una reacción positiva —la de reconocer su falta— o una negativa, en cuyo caso la situación podría complicarse. Supongamos, ahora, que el esposo le contestase: «El Espíritu Santo me regañó por la forma en que te hablé. Lo siento». ¿Cómo reaccionaría la esposa en este último escenario? Con certeza, además de sorprendida, se sentiría protegida; entonces, las probabilidades de que aumentase la tensión entre ambos se reducirían exponencialmente.

Por todo lo anterior, hoy te invito a que hagas un examen de consciencia: ¿cuándo fue la última vez que te disculpaste porque el Espíritu Santo te reprendió? Sucede que, cuando estamos ante Dios, podemos vernos tal como somos, con nuestras virtudes y defectos; Su presencia es como el espejo sin mancha que nos muestra una imagen nítida y veraz. Entonces, al dejar que Él señale nuestras fallas antes de que otras personas tengan que hacerlo, no solo les ahorramos a ellas el disgusto de decirlas, sino que demostramos nuestra disposición al cambio. Si, por el contrario, alejásemos de nuestra vida la oración y la Palabra, perderíamos nuestro espejo, y el conflicto interno que podría arreglarse en la oración se exteriorizaría y afectaría a los demás.

Ahora sabemos que los conflictos internos —al ser el origen— son exponencialmente mayores que los externos; de entre ellos, el mayor conflicto que puede existir en la vida de una persona es con Dios. Muchas más veces de las que debería, la gente se enoja con el Señor y se niega a servirle porque —según su parecer humano— *Él no ha cumplido con Su obligación*. Así, frases como las siguientes se escuchan cada dos por tres:

«Le pedí a Dios que curase a mi madre, pero Él no la curó».

«Le pedí a Dios que nos diese un hijo, pero Él no nos lo dio».
«Le pedí a Dios el trabajo de mis sueños, pero Él no me lo concedió».
«Le pedí a Dios una esposa, pero ni siquiera tengo novia».

En todos estos casos, los conflictos con Dios son muy evidentes. Los reproches que le hacen al Señor dejan entrever que ninguna de estas personas se ha tomado la molestia de mirar hacia dentro antes de quejarse. Hay, incluso, quienes disfrazan su ira con Dios llamándose a sí mismos ateos o agnósticos; no obstante, el problema de fondo no radica en sus creencias —o ausencia de ellas—, sino en su enojo con Él porque no les da lo que quieren.

En palabras de Thomas Merton, la consecuencia es que «No podemos estar en paz con los demás porque no estamos en paz con nosotros mismos ni podemos estar en paz con nosotros mismos porque no estamos en paz con Dios».[5] ¡Cuán trascendental es nuestra relación con el Señor! En consecuencia, una mala relación con Él implica una mala relación con nosotros mismos y con el prójimo. Veamos lo que Su palabra dice sobre el camino hacia una verdadera comunión con los demás:

> Pero si andamos en la Luz, como Él está en la Luz, tenemos comunión los unos con los otros, y la sangre de Jesús Su Hijo nos limpia de todo pecado. (1 Juan 1:7)

Pero ¿qué significa eso de *andar en la Luz*? Significa vivir sin ocultar nada; no tener asuntos pendientes por resolver. Significa, también, que nuestro corazón sea un libro abierto para Dios, que Él sea nuestro espejo y que nos vea tal como somos. A propósito del tema, he aquí la maravillosa oración de David:

> Escudríñame, oh Dios, y conoce mi corazón;
> Pruébame y conoce mis inquietudes.
> Y ve si hay en mí camino malo,
> Y guíame en el camino eterno.
> (Salmo 139: 23-24)

Como podemos notar, David no dijo: «escudríñalos» ni «ponlos a prueba»; en cambio, hizo énfasis en la primera persona del singular —el *yo*— porque sabía que la responsabilidad de solucionar los conflictos es siempre propia y que de nada sirve proyectarla en los demás. No se trata de *él*, de *ellas*, de *ustedes* ni de *aquel* pastor: se trata de cada uno de nosotros y de nuestro propio corazón, y principalmente de la relación con Dios. Si analizamos la oración de David, él se refiere a sí mismo en cada aspecto: «mi corazón», «probarme —a mí—», «mis inquietudes», «si hay camino malo en mí» y «guiarme a mí». El salmista tiene muy claro dónde yace el origen del problema.

Para finalizar este capítulo, mi invitación es a no conformarnos con pintar la pared; quiero que tomemos la decisión de rasparla y romperla para que Dios pueda lidiar con las fugas, goteras y humedades de nuestro interior. Ya es hora de que Lo dejemos entrar para que sea Él quien libre las batallas de nuestra alma. ¡Permitamos que el Señor nos escudriñe todos los días y encontremos en Él todo lo que necesitamos! Solo así experimentaremos realmente «[...] cuán bueno y cuán agradable es que los hermanos habiten juntos en armonía» (Salmo 133:1).

PREGUNTAS

1. Piensa en un conflicto reciente o recurrente en tu vida. Pasa un tiempo ante Dios y permítele escudriñar tu corazón. ¿Qué te dice Él de los siguientes pasos que debes dar?

2. Lee 1 Corintios 6:7. ¿Qué te dice este pasaje sobre los valores del reino de Dios?

3. ¿Tienes algún ejemplo de una riña o un conflicto que hayas visto que se solucionase con sabiduría?

EL ARREPENTIMIENTO

(«Repentance» es *arrepentimiento* en inglés)

La pieza faltante de la Victoria

«El arrepentimiento no es una emoción.
No es el lamentar nuestros pecados. Es una decisión.
Es decidir que nos hemos equivocado al suponer que
podíamos manejar nuestra propia vida
y ser nuestro propio dios».
EUGENE PETERSON[1]

Antes de celebrar la comunión en el aposento alto, antes de Getsemaní y de la cruz, Jesús hizo su entrada triunfal a Jerusalén al lomo de un asna, mientras la multitud gritaba: «¡Hosanna!». Las Escrituras nos cuentan que Él llegó al templo, volcó las mesas de los cambistas y declaró: «"[…] 'Mi casa será llamada casa de oración' […]"» (Mateo 21:13), y que fue así como —con estos actos de remoción y restauración— purificó el templo. Para aquel entonces, los hombres habían sacado la oración de la casa del Señor y, en su lugar, habían instalado mesas para comprar y vender; se habían vuelto dependientes de los bienes materiales y no del mayor bien inmaterial de todos: la relación con Dios a través de la oración. Tristemente, no es muy distinto de lo que sucede en la iglesia de hoy.

La purificación del templo antes descrita tuvo lugar hacia el final de la vida de Jesús, en lo que conocemos como los Evangelios Sinópticos (ver Mateo 21; Marcos 11; Lucas 19). Sin embargo, esta no es la única purificación del templo relatada en la Biblia, pues hubo otra al inicio del ministerio de Jesús, descrita en el libro de Juan (ver Juan 2:13-17). Ello quiere decir que hubo dos purificaciones del templo, con tres años de diferencia entre ambas.

¿Por qué purificaría Jesús el templo tanto al inicio como al final de Su ministerio? Al parecer, los templos son como los jardines: si no los podamos con frecuencia, acaban infestados de maleza. Según los Evangelios, aquello que Jesús ya había sacado en el pasado había conseguido regresar y se había reinstalado allí. De forma análoga, tú y yo, como templo del Espíritu Santo que somos (ver 1 Corintios 6:19), nos enfrentamos constantemente al mismo problema y requerimos podas frecuentes para evitar que crezca mala hierba en nosotros. Sucede que, cuando renacemos en Cristo, Dios nos renueva y remodela, como si fuésemos una casa; Él se deshace de los muebles viejos, restaura y redecora todo en nuestro interior. No obstante, las plagas que Dios retira de Su templo vivo siempre están buscando la manera de regresar a nuestras almas.

Afortunadamente, Él nos ha dado un arma; una podadora que limpia de impurezas nuestros corazones y que es uno de los más olvidados sinónimos de libertad: el *arrepentimiento*. La Biblia narra que Jesús purificó el templo en dos ocasiones para recordarnos que *nuestro templo* también requiere de una limpieza constante.

Cuán trágico es, entonces, que hayamos creado una iglesia delirante que —de manera equivocada— asocia la libertad con asistir a la iglesia o acudir a seminarios, en lugar de buscarla en el *arrepentimiento*. Sin él, no hay forma posible de llevar una vida basada en la Palabra porque, si no se retira la maleza, el jardín de nuestras almas no puede dar sus frutos en Cristo. El Evangelio no nos invita a sumar a Jesús a una vida pecaminosa, sino a purificarnos para abonar el terreno y que Dios siembre en nosotros.

En una vida cristiana, confesar los pecados sin arrepentirse de ellos es como dar un giro de 360°: es invertir tiempo y energía en rotar, pero no cambiar de rumbo. En contraposición, un giro real y cristiano —propio de las almas renacidas en Cristo— debe ser de 180°, pues solo así modificamos nuestra trayectoria. Un giro de 360° es solo un cambio aparente y —si se quiere— momentáneo de la conducta pecaminosa. Sin duda, no pasará mucho tiempo antes de que llegue la primera recaída en el pecado.

Cabe resaltar que, en las Escrituras, tanto el primer sermón de Jesús como el último mencionan el arrepentimiento. Estas fueron Sus primeras palabras registradas en los Evangelios:

> Desde entonces Jesús comenzó a predicar: «Arrepiéntanse, porque el reino de los cielos se ha acercado». (Mateo 4:17)

Y estas, sus últimas palabras, según el libro del Apocalipsis:

> «"'... Yo reprendo y disciplino a todos los que amo. Sé, pues, celoso y arrepiéntete...'"». (Apocalipsis 3:19)

Por ello, considero importante dedicar este capítulo al arrepentimiento y a su relevancia para la iglesia de nuestros días.

Hace muchos años, una entrega de la tira cómica de Charlie Brown mostraba a Lucy y a Charlie en una práctica de fútbol americano. En la historieta, se podía ver a Lucy sosteniendo el balón para que Charlie ensayase un tiro libre, pero, cuando él se acercó corriendo para patearlo con todas sus fuerzas, ella quitó el balón y él no tuvo tiempo de detenerse, de modo que el impulso que llevaba lo hizo caer de espaldas contra el suelo.

En otra viñeta de la misma tira, se veía a Lucy —una vez más— sosteniendo el balón para que Charlie lo patease, pero este último —más despabilado que antes— se negaba a hacerlo y le decía a Lucy: «Cada vez que intento patear el balón, tú lo quitas y me caigo de espaldas».

Lucy no dejó de insistir y —ante la negativa de Charlie— finalmente rompió en llanto y admitió: «Charlie Brown, he sido mala contigo durante años por haberte quitado así el balón. Te he hecho muchas bromas crueles, pero ¡ya me di cuenta de lo mal que me he portado! Vi la tristeza en tus ojos cada vez que te engañé. Me equivoqué. ¿Le darías otra oportunidad a esta pobre chica arrepentida?».

Charlie, conmovido por tal muestra de aflicción, le respondió: «Por supuesto que te daré otra oportunidad». Acto seguido, dio varios pasos hacia atrás, y luego corrió mientras ella le sostenía la pelota. En el último instante, Lucy quitó el balón y Charlie —como de costumbre— se cayó de espaldas.

En la viñeta, las últimas palabras de Lucy fueron: «¡Reconocer nuestras faltas y cambiar nuestras conductas son dos cosas distintas, Charlie Brown!».[2]

Realmente, ¡Lucy lo tenía muy claro! Una cosa es sentir remordimiento por algo que hicimos, y otra muy distinta es estar arrepentidos, pues esto último implica pasar del *sentimiento* a la *acción*.

Hace tiempo, en la pequeña iglesia donde era pastor, teníamos un ministerio de alimentos que les daba de comer a cerca de dos mil personas cada mes en las calles de Detroit. Un día, un pastor y amigo muy querido nos dio dinero para comprar comida, ya que en esa época, la iglesia tenía dificultades económicas y no dábamos abasto con las cuentas. Así las cosas, acepté la donación —que era específicamente para la comida— y la usé para pagar los recibos de electricidad y calefacción, pues, al fin y al cabo, eran servicios indispensables para que la cocina pudiese funcionar. A pesar de mi aparente buen juicio en la inversión de aquel dinero, este había de gastarse —de manera exclusiva— en la compra de alimentos para los pobres, pues nos lo habían donado con ese único propósito. Un día, en medio de la oración, le pedí al Señor que nos llegasen ayudas económicas para el ministerio de alimentos; Su respuesta me sorprendió muchísimo: «Tomaste el dinero que te fue entregado y lo usaste para algo que no debías. Llama a ese pastor y arrepiéntete».

La instrucción fue precisa: ponte manos a la obra, «llama y arrepiéntete». Con más frecuencia de la que debería, la gente piensa que sentirse mal por algo es suficiente para cambiarlo, pero nada está más lejos de la realidad. En mi caso, supe que debía llamar al pastor y sincerarme con él, mas no fue nada fácil hacer esa llamada. Algo dentro de mí esperaba que él me contestase: «No te preocupes, hiciste bien… te daré otro cheque». Sin embargo, él no dejó impune mi falta y me dijo: «Tim, tienes que aprender que, si alguien te da dinero para un fin específico, no puedes gastarlo en otras cosas; eso sería mentir y estafar a quien te tiende la mano». Si bien sus palabras me dolieron en el alma, el mensaje me quedó muy claro y siempre le estaré agradecido por haberme enseñado tan valiosa lección. Aunque yo ya me había sentido mal por la reprimenda de Dios en la oración, no había pasado del remordimiento al arrepentimiento, pues para ello debía enmendar el error cometido.

El *arrepentimiento* implica —por defecto— un «cambio de conducta». Al arrepentirnos, *cambiamos de parecer* y reconocemos que Dios tiene razón y es más sabio de lo que nosotros jamás seremos. Cuando ocurrió el incidente en Detroit, Dios me reclamó por haber gastado aquel dinero como lo hice; yo estuve de acuerdo y reconocí que Él tenía razón.

Indiscutiblemente, el arrepentimiento cambia nuestro parecer sobre:

- **El yo:** Cuando nos arrepentimos, dejamos de vivir creyéndonos importantes. De una vez por todas, entendemos que el mundo no gira alrededor de nosotros, y que nuestra felicidad, reconocimiento, opiniones y comodidad no son tan relevantes como pensábamos. Arrepentirnos es reconocer que Jesús es nuestro centro.
- **El pecado:** Arrepentirnos es ver el pecado con la misma seriedad con la que Dios lo ve; es dejar de considerarlo como un simple vicio o defecto y comprender que se trata de un crimen contra Dios.
- **El Salvador:** El arrepentimiento nos lleva a ver a Jesús como nuestro Salvador y como el único camino al cielo, a la sabiduría y a la libertad.
- **La salvación:** Arrepentirse es entender que no obtuvimos la salvación por méritos propios; que no nos la hemos ganado, sino que nos fue concedida por la divina gracia y el amor de Dios.

Por todo lo anterior, en un mundo sin absolutos morales —en el que cada quien tiene su propia «verdad»— el arrepentimiento es vital y necesario. No podemos servir a Dios con nuestra propia verdad ni podemos caminar junto a Jesús si no tenemos Su mismo parecer. Como dice en Amós 3:3: «¿Andan dos hombres juntos si no se han puesto de acuerdo?». Arrepentirse es ponerse de acuerdo con Jesús para caminar con Él, lo cual —necesariamente— incluye concordar con él sobre el pecado.

A propósito del arrepentimiento, Juan dijo lo siguiente sobre el verdadero perdón:

> Si confesamos nuestros pecados, Él es fiel y justo para perdonarnos los pecados y para limpiarnos de toda maldad. (1 Juan 1:9)

Cuando nos perdona, Dios también nos limpia. Por ello, sería de necios clamar por Su perdón y —a la vez— rechazar la limpieza que este trae consigo. Además, si analizamos el verbo «confesar», vemos que es un sinónimo de «reconocer» y de «admitir», y esto, lejos de ser una coincidencia, describe muy bien lo que significa la *confesión*: admitir que Dios tiene razón. Así pues, arrepentirnos y confesar es reconocer: «Dios, tienes razón; concuerdo contigo y soy consciente de que mi comportamiento es destructivo y de que se está volviendo tóxico para mi alma. ¡Necesito que me perdones y me limpies para ser libre!».

Cuando vivía en Detroit, nuestra iglesia quedaba justo al lado de una urbanización de interés social. Yo estaba en mis primeros años de ministerio, así que me sorprendí cuando la secretaria de la iglesia me avisó que alguien de la urbanización vecina quería hablar conmigo. Acepté recibirlo y, minutos después, entró a mi oficina un joven que, luego de poner un arma cargada sobre mi escritorio, me dijo:

> —Anoche le disparé a alguien. Vengo porque necesito arreglar las cosas con Dios.
>
> —¿Fue esta la pistola con la que le disparaste a esa persona? —le pregunté, mientras me apresuraba a tomar el arma en mis manos y a sacarle las balas.

El muchacho asintió, pero reconoció que no tenía idea de si la víctima estaba herida o muerta.

Le entregué aquel joven al Señor y oré por él, y fue evidente que Dios tocó su corazón. Acto seguido, le dije:

> —Dios ya te perdonó, pero ahora tiene que limpiar tu alma. Para eso, llevaremos la pistola a la estación de policía, y tú confesarás lo que hiciste anoche. —El joven me miró y contestó:
>
> —Claro que sí.

Sin lugar a duda, el perdón verdadero va siempre de la mano de la limpieza y de la purificación. Desde un punto de vista matemático, aquel joven no solamente estaba *sumando* a Jesús a su vida, sino que también estaba *restando* el pecado que había cometido. Justo allí radica la diferencia entre el *arrepentimiento* y el *remordimiento*: este último es mucho más fácil de experimentar, puesto que se trata de un sentimiento; de hecho, es natural estar afligidos después de haber cometido un error. El arrepentimiento, por su parte, es una acción intencionada que busca enmendar un error, y como tal, requiere mucha más energía que un mero sentimiento. Arrepentirse de una falta cometida es querer tanto el perdón como la limpieza que él conlleva. De hecho, si no conseguimos dejar de girar 360° una y otra vez es —precisamente— porque a pesar de haber sido perdonados, nunca hemos sido limpiados, entonces seguimos por la senda del pecado.

Las Escrituras nos muestran la clara diferencia entre el remordimiento y el arrepentimiento. Veamos las siete ocasiones en las que alguien dijo: «He pecado» en la Biblia.

Los siete «He pecado» de la Biblia y los tipos de arrepentimiento a los que corresponden:

1. Faraón

> Entonces Faraón envió llamar a Moisés y Aarón y les dijo: «Esta vez he pecado. El Señor es el justo, y yo y mi pueblo somos los impíos…». (Éxodo 9:27)
> Pero cuando Faraón vio que la lluvia y el granizo y los truenos habían cesado, pecó otra vez, y endureció su corazón, tanto él como sus siervos. (Éxodo 9:34)

<u>Arrepentimiento temporal:</u> aflicción que dura hasta que el cielo se despeje; es decir, hasta que nos sepamos fuera de peligro. Sucede que, cuando el cielo está oscuro y hay nubes negras, queremos desesperadamente la intervención de Dios y clamamos Su misericordia, pero, una vez que vuelve a estar despejado, tardamos muy poco en retomar los viejos —y pecaminosos— hábitos.

2. Balaam

> Y Balaam dijo al ángel del Señor: «He pecado, pues no sabía que tú estabas en el camino para enfrentarte a mí. Pero ahora, si te desagrada, me volveré». (Números 22:34)

Arrepentimiento de cara a la muerte: confesión del pecado por temor al más allá. En el pasaje, vemos que un ángel estaba a punto de ultimar a Balaam, y que él, sabiéndose al borde de la muerte, reconoció su falta. ¿Cuán distinto es esto de lo que vemos en hoy en día cuando las personas reciben un diagnóstico terminal? A decir verdad, no hay mucha diferencia.

De todos modos, Balaam no se salvó de morir por causa de sus malas decisiones.

3. Acán

> Mandó acercar su casa hombre por hombre. Fue designado Acán, hijo de Carmi, hijo de Zabdi, hijo de Zera, de la tribu de Judá. Entonces Josué dijo a Acán: «Hijo mío, te ruego, da gloria al Señor, Dios de Israel, y dale alabanza. Declárame ahora lo que has hecho. No me lo ocultes». Y Acán respondió a Josué: «En verdad he pecado contra el Señor, Dios de Israel, y esto es lo que he hecho...». (Josué 7:18-20)

Arrepentimiento de quien ha sido desenmascarado: admisión del pecado solamente ante la exposición y el escarnio públicos. En el pasaje, Acán había robado plata y oro en la batalla de Hai, a pesar de que Dios les hubiese prohibido a los israelitas que se quedasen con el botín. Cuando Josué le preguntó al Señor por qué habían perdido la batalla, Dios le contó que existía pecado en el campo y expuso a quien lo había cometido. Solo entonces confesó Acán su gravísima falta.

En mis sesiones de consejería, suelo dudar de la aflicción de quienes se arrepienten al ver que sus faltas han quedado al descubierto; a estas personas les pregunto: «¿Confesaste o te atraparon?».

4. Simei

Fue el hombre que le tiró pierdas a David antes de que fuese rey. Más adelante, tras la investidura de David, Simei se presentó —arrepentido— en el aposento del trono, albergando la esperanza de que se le perdonase la vida.

> Y dijo al rey: «No me considere culpable mi señor, ni se acuerde del mal que su siervo hizo el día en que mi señor el rey salió de Jerusalén. Que el rey no lo guarde en su corazón. Pues yo su siervo reconozco que he pecado; por tanto, hoy he venido, el primero de toda la casa de José, para descender al encuentro de mi señor el rey». (2 Samuel 19:19-20)

Arrepentimiento por interés: confesión motivada por la expectativa de una posible recompensa, que no conlleva un verdadero cambio de parecer. En el pasaje, vemos que Simei le habló de una manera totalmente distinta a David *el rey*, en comparación con el trato que le había dado antes a David *el refugiado*. En esencia, le estaba diciendo: «Ahora que eres rey, ¿podríamos olvidarnos de las piedras que te lancé en el pasado, cuando eras tan solo un refugiado?». Si bien David le mostró piedad a Simei, este último desobedeció y, al final, fue asesinado. Hoy por hoy, vemos que muchas personas se arrepienten solo para evitar las consecuencias de sus acciones; ejemplos de ello, serían: «Estoy arrepentido, no nos divorciemos. *No quiero pagar pensión alimenticia*», o «por favor, no me despidan, *necesito el seguro médico*». Es como si el miedo a perder aquello que tienen en el momento fuese el motivo de su arrepentimiento.

5. Saúl

Anteriormente —en el capítulo de la obediencia— hablamos de Saúl, el adorador reincidente. Vimos que él le suplicó a Samuel:

> Saúl respondió: «He pecado, pero te ruego que me honres ahora delante de los ancianos de mi pueblo y delante de Israel y que regreses conmigo para que yo adore al Señor tu Dios». (1 Samuel 15:30)

Arrepentimiento para evitar la vergüenza: aceptación del error solo para ahorrarse un escándalo público. En el pasaje, Saúl estaba más preocupado por mostrarse correcto que por serlo en realidad. Es un arrepentimiento superficial que no implica un cambio de espíritu, sino que pretende restarle importancia al pecado cometido y seguir como si nada hubiese pasado. En palabras coloquiales, es pedir un «borrón y cuenta nueva».

Como vimos, estos cinco tipos de arrepentimiento representan cambios superficiales que nada tienen que ver con un arrepentimiento real y profundo. En contraposición, los dos últimos «he pecado» de la Biblia tienen características muy distintas, y por ello los abordaré en simultáneo.

6. y 7. David y el hijo pródigo

He aquí la respuesta de David a Natán cuando este lo confrontó por haber pecado con Betsabé:

> [...] «He pecado contra el Señor» [...]. (2 Samuel 12:13)

El hijo pródigo, tras entrar en razón, se dijo a sí mismo:

> «"... Me levantaré e iré a mi padre, y le diré: 'Padre, he pecado contra el cielo y ante ti...'"».
> (Lucas 15:18)

Arrepentimiento genuino: reconocimiento profundo y sincero de las malas obras. No surge del interés ni del miedo al qué dirán; no busca evitar las consecuencias de los propios actos ni estar a salvo mientras pasa la tormenta... nace de la sensatez y la aflicción real de saber que uno ha pecado contra Dios. En los pasajes, tanto David como el hijo pródigo fueron conscientes de sus faltas y le dieron prioridad a la relación que tenían con el Señor. Veamos lo que David dijo en su salmo:

> Contra Ti, contra Ti solo he pecado,
> Y he hecho lo malo delante de Tus ojos [...].
> (Salmo 51:4)

Si analizamos estos tipos de arrepentimiento, podremos notar que los primeros cinco hombres que dijeron «he pecado» terminaron dando un giro de 360° y —casi todos— recayeron en su pecado. La razón por la que su giro los llevó a seguir por el mismo camino de antes es que su confesión buscaba el beneficio propio, y no priorizaba su relación con Dios. Quien no se da cuenta de que ha pecado contra Dios, con seguridad acabará por volver a hacerlo. Para que un giro sea efectivo —o sea, de 180°— hace falta que dejemos de ser nosotros el norte de nuestras brújulas y las calibremos para que apunten a Dios.

Como hemos visto hasta ahora, Saúl dio —consecutivamente— muchos giros de 360°: intentó matar a David en cuatro ocasiones (ver 1 Samuel 18:10-11; 1 Samuel 19:10; 1 Samuel 24:2, y 1 Samuel 26:2). Las primeras dos veces, le arrojó una lanza, y luego —en otro intento— contrató a 3.000 hombres para matarlo. En aquella ocasión, Saúl lloró por lo que había hecho; sin embargo, ¡hubo una cuarta vez!, en la que el hombre —reincidente— le dijo a David:

> [...] «He pecado. Vuelve, David, hijo mío, porque no volveré a hacerte daño pues mi vida fue muy estimada en tus ojos hoy. Yo he actuado neciamente y he cometido un grave error». (1 Samuel 26:21)

A pesar de que las palabras de Saúl mostrasen arrepentimiento, no eran coherentes con sus acciones, y su conducta nunca cambió.

La primera vez que Saúl intentó matar a David, pecó y debió haberse arrepentido por ello, pero, en su lugar, insistió en coquetear con la envidia y con los celos que llevaba en el corazón. Como él, muchas personas hoy coquetean con la amargura, la pornografía o cualquier otro pecado, inconscientes de la esclavitud que acarrean tales inclinaciones. Puede que —en sus mentes— la idea de tenerlo todo bajo control las haga autoengañarse como Saúl, cuya envidia y amargura lo llevaron por el camino del asesinato. Que el ejemplo de Saúl nos sirva para entender el peligro que conlleva el coquetear con el pecado y seguir dando giros de 360° en nuestras vidas: nos endurece el corazón y debilita nuestra sensibilidad al Espíritu. Necesitamos un corazón arrepentido que no se limite a decir: «Dios, perdóname», sino que diga: «Dios, perdóname y límpiame. ¡Haz que este pecado muera en mí de una vez por todas!».

Durante mis inicios en el ministerio, hubo una época en la que mi cabeza albergaba ideas y fantasías por las que Dios me reprendía constantemente. Nunca las llevé a cabo y, por tanto, quedaron solo en mi imaginación, pero tengo el recuerdo vívido del momento en que supe que no podía seguir así. Un día, mientras estacionaba el auto en mi casa, luego de una reunión de oración, escuché al Espíritu Santo decirme: «Tienes que acabar con esto de una vez por todas. Estás coqueteando con pensamientos que pueden manifestarse». De un tajo, entendí que no podía seguir dándole largas al asunto, que debía resolverlo en el acto, y así lo hice. Todo ello me recuerda las sabias palabras de David: «Sean gratas las palabras de mi boca y la meditación de mi corazón delante de Ti, oh Señor, roca mía y Redentor mío» (Salmo 19:14). La Biblia nos dice que no solo tenemos que limpiar nuestras palabras y acciones, sino que ¡también debemos lidiar con lo que hay en nuestro corazón! Así es como funciona: si la ira se asoma por entre nuestras palabras es porque ya existía antes en nuestro corazón. Por eso, antes de dejar que la rabia y otros sentimientos malsanos alcancen nuestra boca o nuestras manos, ¡clamemos a Dios para que Él nos purifique y haga que mueran en nuestro corazón cuando apenas estén en su etapa inicial!

La Biblia nos dice que nuestro arrepentimiento debe dar frutos:

> «... Demuestren con su forma de vivir que se han arrepentido de sus pecados y han vuelto a Dios...». (Mateo 3:8 NTV)

¿Cómo demostramos, entonces, que estamos arrepentidos? Veamos la descripción que dio el apóstol Pablo del verdadero arrepentimiento: primero llega la tristeza que viene de Dios, luego, un arrepentimiento genuino, y —finalmente— llegan sus frutos:

> Porque la tristeza que es conforme a la voluntad de Dios produce un arrepentimiento que conduce a la salvación, sin dejar pesar; pero la tristeza del mundo produce muerte. Porque miren, ¡qué solicitud ha producido esto en ustedes, esta tristeza piadosa, qué vindicación de ustedes mismos, qué indignación, qué temor, qué gran afecto, qué celo, qué castigo del mal! En todo han demostrado ser inocentes en el asunto. (2 Corintios 7:10-11)

El arrepentimiento no se demuestra ni con llanto ni con confesión; en esencia, un corazón realmente arrepentido brillará por su:

1. Dedicación: Querrá mantenerse alejado de cualquier cosa que pueda hacerlo recaer en el pecado.
2. Deseo de enmendar: Sentirá una necesidad profunda de reparar el daño que ha causado. Trátese de una restitución financiera, una llamada, una disculpa, etc.; un corazón arrepentido buscará enmendar su error.
3. Indignación: Sentirá un profundo enojo por todo lo que el pecado le ha arrebatado.
4. Temor de Dios: Un corazón arrepentido se renovará en el temor del Señor y recordará constantemente todo lo que habría podido perder a causa del pecado: el matrimonio, los hijos, la confianza, la vida misma, entre otros.
5. Deseo de libertad: Una vez que un corazón se sabe libre, anhela preservar su libertad a toda costa. Para ello, transforma los hábitos malsanos en disciplinas de la fe que lo alejen del pecado.
6. Celo: Sin lugar a duda, una pasión y un fuego renovados por el Señor arderán en un corazón arrepentido; serán la garantía de una fe y vida coherentes con el renacimiento en Cristo.
7. Deseo de vindicación: El arrepentimiento genuino y profundo brilla por el deseo de desenmascarar al pecado, razón por la cual se convierte en un embajador de Dios contra las tretas infernales. Un corazón arrepentido persigue la verdad y la venganza contra el enemigo, en nombre de todos los que han sido engañados.

Yo mismo he tenido que experimentar la necesidad de una ruptura clara y definitiva con los hábitos pecaminosos y dejar de dar giros de 360° de una vez por todas. A pesar de haber nacido y crecido en la iglesia, cuando era pequeño me metí en problemas por mi gusto —malsano— por los bienes ajenos. En aquel entonces, mi padre tenía una colección de monedas de plata en el tocador de su habitación, que yo solía tomar —sin permiso— para financiar mi colección de tarjetas de béisbol. Recuerdo que, una vez, cuando tenía unos 12 años, me colé en su dormitorio mientras él hacía la siesta y tomé un puñado de sus preciadas monedas; salí de allí con los bolsillos henchidos del jugoso botín, y el tintineo de las monedas con cada uno de mis pasos llamó la atención de mi madre, que no tardó en preguntarme:

—¿Qué llevas ahí?

—Dinero —respondí, pues no podía negarlo.

—¿De dónde lo sacaste?

—El Señor proveyó.

Su respuesta quedó clavada para siempre en mi memoria:

—Si no me dices de dónde lo sacaste, le preguntaré al Espíritu Santo y Él sí que me lo dirá.

La amenaza fue tan efectiva que no pasaron ni dos segundos cuando yo ya estaba confesando mi pecado:

—¡Lo robé! ¡Soy un ladrón! ¡No lo vuelvo a hacer!

Mi madre, molesta, despertó a mi padre, y él me dijo:

—Si llego a atraparte robando de nuevo, ¡te quemaré la mano! Quedas advertido.

Él era un hombre cristiano, por eso dudé de que fuese a cumplir su amenaza; de todas formas, podía denunciarlo si él llegaba a quemarme de verdad. Su advertencia no surtió ningún efecto, y yo no tardé en volver a las andadas: seguí robándoles a otros familiares. Un año más tarde, me atraparon —de nuevo— en pleno hurto. Entonces, mi papá —con expresión hosca— me dijo: «No te muevas. Ya regreso». Fue al cuarto de herramientas y, a su retorno, trajo consigo un soplete de propano. Luego lo encendió con ayuda de un chispero, y yo, viendo la ardiente llama ante mis ojos, realmente pensé que mi padre había perdido la razón. Rompí en llanto desconsolado, y —de repente— le oí decir: «Te advertí que esta sería la consecuencia si seguías robando… No te preocupes porque Dios es justo, pero también es misericordioso y perdona».

A pesar de lo extremas que fuesen las tácticas de intimidación de mi padre, nunca lograron disuadirme de robar. Así, no pasó mucho tiempo antes de que recayese. Para ser honesto, ese aspecto de mi vida era un giro de 360° que se repetía una y otra vez: sentía remordimientos cuando me atrapaban, decía: «He pecado; ¡no le preguntes al Espíritu Santo!» o «He pecado; ¡no me quemes la mano!», pero nunca había llegado a entender ni a confesar: «He pecado contra el Señor». Sin embargo, un día, en un campamento de la iglesia, fui a la librería del lugar y compré una historieta basada en *La agonía del gran planeta Tierra*, que trata sobre el rapto de la iglesia y la segunda venida de Cristo. Cuando lo leí —especialmente la cita de 1 Corintios 6:10— me enteré de que «ni los ladrones, ni los avaros [...] heredarán el reino de Dios». Solo entonces me di cuenta de que yo era un ladrón y que, por ende, tampoco lo heredaría.

En mi caso, el verdadero arrepentimiento no llegó con las amenazas de mi padre ni con el miedo al soplete, sino con un libro de historietas que me hizo entender que yo había pecado contra Dios. Así pues, me levanté corriendo y fui directo a buscar al consejero del campamento para decirle: «Soy un ladrón; les he robado a todos. No pienso ir al infierno, ¡yo quiero ir al cielo! Tengo que enmendar mi error... ya mismo».

Yo escuché el mensaje de Dios en aquel momento y lugar, y aprendí que cuando Él habla, hay que responderle de inmediato; de lo contrario, corremos el riesgo de que nuestro corazón se endurezca. El peligro de ello es que un corazón endurecido ignora, rechaza y —hasta— contradice las instrucciones «incómodas» del Espíritu Santo. Por eso, obedecer al instante es la mayor garantía para mantener un corazón abierto, suave y flexible.

En la Carta a los hebreos, Dios advirtió a los cristianos —¡cuatro veces en solo dos capítulos!— sobre los corazones endurecidos:

Por lo cual, como dice el Espíritu Santo:

> «Si ustedes oyen hoy Su voz,
> No endurezcan sus corazones, como en la provocación,
> Como en el día de la prueba en el desierto...».
> (Hebreos 3:7-8)

> Antes, exhórtense los unos a los otros cada día, mientras todavía se dice: «Hoy»; no sea que alguno de ustedes sea endurecido por el engaño del pecado. (Hebreos 3:13)

Por lo cual se dice:

> «Si ustedes oyen hoy Su voz,
> No endurezcan su
> s corazones, como en la provocación».
> (Hebreos 3:15)

Dios otra vez fija un día: Hoy. Diciendo por medio de David después de mucho tiempo, como se ha dicho antes:

> «Si ustedes oyen hoy Su voz,
> No endurezcan sus corazones».
> (Hebreos 4:7)

¡La palabra clave es *hoy*! Debemos tener claro que «hoy» es la palabra de Dios y que «mañana» es la palabra del enemigo. Por eso, si hoy escuchas Su voz o sientes que Él te está reprendiendo, ¡dale gracias a Dios! Escuchar la voz del Espíritu Santo o sentir sus reprimendas es un síntoma de que no tienes el corazón endurecido. ¡Aleluya! Ahora bien, las buenas nuevas traen consigo una enorme responsabilidad, pues implican que *hoy* mismo debes contestarle y arrepentirte. Esperar hasta *mañana* no te llevará nunca a ningún lado… ni en la fe ni en la vida.

De los 150 salmos, hay algunos que son realmente especiales y por ello son llamados salmos penitenciales o de arrepentimiento. De todos ellos, el más grande es el Salmo 51:

> Lávame por completo de mi maldad,
> Y límpiame de mi pecado.
> Porque yo reconozco mis transgresiones,
> Y mi pecado está siempre delante de mí.
> Contra Ti, contra Ti solo he pecado,
> Y he hecho lo malo delante de Tus ojos,
> De manera que eres justo cuando hablas,

Y sin reproche cuando juzgas.
(Salmo 51:2-4)
Crea en mí, oh Dios, un corazón limpio,
Y renueva un espíritu recto dentro de mí.
No me eches de Tu presencia,
Y no quites de mí Tu Santo Espíritu.
Restitúyeme el gozo de Tu salvación,
Y sostenme con un espíritu de poder.
Entonces enseñaré a los transgresores Tus caminos,
Y los pecadores se convertirán a Ti.
(Salmo 51:10-13)

Así pues, debemos dejar los giros de 360° *hoy mismo* y comenzar a caminar en verdadera libertad. ¡Invitemos a Dios a purificar el templo todos los días! Si no sabes qué decir o cómo orar, comienza por el Salmo 51. Fíjate en este resultado tan maravilloso: «Entonces enseñaré a los transgresores Tus caminos, y los pecadores se convertirán a Ti».

En definitiva, el verdadero arrepentimiento atrae a nuestra vida la libertad, la alegría y la limpieza de Dios para que seamos salvos nosotros y ayudemos a los demás a serlo también.

PREGUNTAS

1. ¿Has estado girando 360° en alguna esfera de tu vida? ¿En qué ámbito necesitas pasar del remordimiento al *arrepentimiento*?

2. Este capítulo nos recuerda que los pensamientos pueden ser pecaminosos y ofender a Dios tanto como lo ofenderían las acciones de ellos derivadas. ¿Tienes algún pensamiento que debas llevar ante el Señor?

3. Incluso cuando el remordimiento es seguido por un genuino deseo de liberarnos del pecado, puede que no sea suficiente para evitar posibles

recaídas. ¿De qué maneras intentamos limpiarnos nosotros mismos, en lugar de confiar en la purificación de Dios?

4. De los cinco ejemplos de personas que confesaron haber pecado (sin arrepentirse de verdad), ¿cuál podrías haber sido tú en alguna época de tu vida? ¿Cómo habría sido el verdadero arrepentimiento para ti en aquella situación?

EL PECADO

(«Sin» es pecado en inglés)

El Costo del Pecado

«El pecado es lo más costoso que existe en el universo.
Si se trata de un pecado ya perdonado,
le ha costado a Dios su único Hijo;
si se trata de un pecado aún sin perdonar,
le costará al pecador su alma
y una eternidad en el infierno».
CHARLES FINNEY[1]

Con frecuencia, me valgo de las historias como herramienta de comunicación, ya que las considero un medio efectivo para ejemplificar y reforzar las ideas que presento a los demás. De hecho, escogí el siguiente relato por lo bien que ilustra el pecado. Para ser franco, no recuerdo dónde lo escuché —pudo haber sido en las noticias o en las redes sociales—, pero creo que es perfecto para abrir este capítulo. Resulta que, hace algunos años, hubo un inusual intento de robo en una ciudad del Medio Oeste de los Estados Unidos. Hasta donde recuerdo, el ladrón nunca fue procesado ni se conoció su identidad; sin embargo, la anécdota de este asalto es tan peculiar que continúa viajando de boca en boca. Un joven había ideado un plan para robar una pequeña tienda: él le entregaría un billete de $20 a la cajera y, cuando ella abriese la registradora para darle el cambio, el ladrón tomaría todo el dinero que hubiese en la caja. Todo salió como lo tenía previsto, pero, llegada la hora de agarrar el botín, el desventurado delincuente se encontró con apenas $14 en total. Así las cosas, el atraco dejó una pérdida neta de $6 y muchas lecciones por aprender.

Honestamente, la naturaleza del pecado no es muy distinta a la de aquel desafortunado robo, pues, sin importar cuál sea la ganancia que queramos obtener, siempre quedaremos en *números rojos*. Si bien el torpe ladrón solo tuvo una pequeña pérdida económica, la sensación de vacío y la culpa tuvieron que haber sido enormes. En definitiva, el pecado jamás entrega lo que promete y siempre le devuelve al pecador menos de lo que ha invertido. Es, sin duda, el peor de todos los negocios.

Antes de profundizar en el pecado, debemos definirlo. En palabras simples, pecado es no hacer lo correcto. Según Ignacio de Loyola, pecar es negarse a creer que Dios quiere lo mejor para nosotros; que quiere que seamos felices y que nos sintamos realizados. En consecuencia, pasamos a decidir nosotros mismos lo que consideramos mejor para nuestra vida.[2] Hoy en día, vivimos en un mundo en el que no existen ni los culpables ni la culpa, y, sin esta última, resulta muy difícil entender lo que dice la Biblia acerca del pecado: «Por cuanto todos pecaron y no alcanzan la gloria de Dios» (Romanos 3:23).

A decir verdad, hoy por hoy, culpables *somos todos*.

Para comenzar, es imprescindible que entendamos la diferencia —semántica— entre reconocer: «he cometido un error» y admitir: «he pecado»; pues no significan lo mismo y tienen connotaciones muy distintas. Cuando una persona reconoce que *ha cometido un error*, está minimizando su responsabilidad, como si su acto de rebeldía no hubiese sido más que un accidente o un infortunio. En la actualidad, la mayoría de las prédicas impiden que las personas vean sus propios pecados, y —más bien— las presentan como víctimas de las circunstancias en las que se encontraban. Así, cuando alguien se ve a sí mismo como víctima, pasa de ser un agente activo de una caída (ver Génesis 3) a —simplemente— haberse visto involucrado en un accidente de la cultura, la educación, la comunidad, la sociedad, el gobierno, etc. La triste realidad es que, cuando ponemos la responsabilidad de nuestras acciones en elementos externos, renunciamos a nuestro poder interno de cambiar y mejorar.

Debemos tener claro que, como sucede con las enfermedades, es imposible recetar una cura sin antes conocer el diagnóstico. En este caso, es imprescindible entender que el pecado es una afección gravísima, cuya única cura es la cruz. Visto a gran escala, si nos negamos a reconocer al pecado como el problema de fondo de la humanidad, no comprenderemos nuestra necesidad de un Salvador. Así las cosas, necesitamos ser conscientes de cuán grande e infame es la enfermedad del pecado para concebir la magnitud del perdón y la gracia divinos. El primer paso es identificar al pecado no como un acto, sino como una condición (la condición pecaminosa) que solo puede remediar Alguien externo —y ajeno— al sistema pecaminoso en que existimos.

A pesar de todo, estos conceptos —tan elementales como divinos— seguirán escapando a nuestra comprensión mientras sigamos restándole gravedad al pecado. Hoy en día —y por triste que pueda sonar—, muchos se refieren al pecado del *adulterio* como una simple «aventura»; o al *asesinato de un bebé nonato* como la «decisión de la mujer». También hay quienes minimizan el pecado de la *mentira* con adjetivos como «piadosa» o «blanca», y es —absurdamente— común ver a la sociedad justificar y tolerar el robo bajo la premisa de que «ladrón que roba ladrón tiene cien años de perdón»; es y debe ser claro que para la Biblia el *robo* es robo, y no hay atenuante que valga. A fin de cuentas, el pecado no dejará de ser pecado por más excusas, justificaciones o adornos que usemos para hablar de él.

He aquí algunos eufemismos que el hombre usa para referirse a lo que Dios llama pecado:

- Llamarle <u>accidente</u> a una <u>abominación</u>.
- Llamarle <u>torpeza</u> a la <u>ceguera</u>.
- Llamarle <u>defecto</u> a una <u>enfermedad</u>.
- Llamarle <u>destino</u> a lo que claramente es una <u>decisión</u>.
- Llamarle <u>desencuentro</u> a una <u>enemistad</u>.
- Llamarle <u>fascinación</u> a la <u>obsesión</u>.
- Llamarle <u>laxitud</u> a la <u>injusticia</u>.
- Llamarle <u>lujo</u> a la <u>avaricia</u>.
- Llamarle <u>libertad</u> a la <u>anarquía</u>.
- Llamarle <u>desacierto</u> a una <u>tragedia</u>.
- Llamarle <u>error</u> a la <u>locura</u>.
- Llamarle <u>persistencia</u> a la <u>terquedad</u>.

Si no llamamos al *pecado* por su nombre, caeremos en la ilusión de que todos nuestros deseos son legítimos y aceptables, mas la Biblia nos demuestra lo contrario:

> «... Porque de adentro, del corazón de los hombres, salen los malos pensamientos, fornicaciones, robos, homicidios, adulterios, avaricias, maldades, engaños, sensualidad, envidia, calumnia, orgullo e insensatez. Todas estas maldades de adentro salen, y contaminan al hombre». (Marcos 7:21-23)

Recuerdo el día en que mi hermana recibió un obsequio muy especial para sus mascotas: le dieron unas —costosas— galletas para perros, que hasta venían en una linda caja de lujo, amarrada con cordel blanco y rojo. Mi hermana puso la caja sobre el mesón y salió a hacer una diligencia. A su regreso, encontró a mi madre sentada ¡merendándose las galletas de los perros con café! Cuando la vio llegar, le dijo, molesta: «¡No vuelvas a comprar nada de esa pastelería! Qué galletas tan feas. No se pueden ni morder, tuve que mojarlas en el café primero para poder comérmelas. ¡Es que ni siquiera con café están ricas! Dejan un sabor horrible en la boca». A mi pobre madre le sucedió con las galletas para perros lo que a los hombres nos pasa con el pecado: siempre nos deja un mal sabor de boca, por más que lo bañemos en corrección política, en títulos académicos, en el despertar de la sociedad o en cualquier otra cosa. A decir verdad, ni los eufemismos ni los intentos de camuflar su naturaleza conseguirán quitarle al pecado su amargo —y peligroso— sabor.

Cabe aclarar que la condición cambiante y virulenta del pecado es su atributo más peligroso, pues se incuba en la oscuridad. Aunque no podamos verlo, afecta por igual a creyentes y no creyentes, y a famosos amados u odiados por la sociedad. La realidad es que el pecado siempre está al acecho, buscando oportunidades para robar, matar o destruir.

Es muy triste ver que, en la sociedad de hoy, los pecados no resueltos estén aumentando a un ritmo acelerado; la situación se ve agravada por el descuido y el abandono que caracterizan nuestros tiempos. Una forma de ejemplificar este fenómeno es compararlo con lo que sucede en los campos: si se siembran semillas de manzana, crecerán manzanas; si se siembran de tomate, crecerán tomates, y si —por el contrario— no se siembra nada, crecerá maleza. La maleza se alimenta del descuido y del abandono; asimismo, el pecado florece donde no hay una poda constante y crece —vertiginosamente— con el tiempo: si no hacemos nada al respecto, lo que comenzó como un matojo se convertirá en un tupido y pecaminoso bosque. Es lo que A. W. Tozer llama «la ley de la tierra abandonada» e ilustra —a la perfección— en su libro *The Root of The Righteous.*[3]

> Todo agricultor conoce el hambre de la tierra abandonada. Este tipo de hambre no la pueden combatir ni la maquinaria agrícola más moderna ni las mejores técnicas de cultivo. No importa la excelente preparación que reciban los suelos, el buen mantenimiento de las cercas ni el cuidado con el que se pinten los edificios; basta que el propietario descuide por un tiempo sus preciados y valiosos acres de tierra para que estos regresen a su naturaleza agreste y se los trague el matorral, o queden irremediablemente baldíos. La naturaleza está predispuesta para que crezca la maleza en ella, no para que los campos sean fructíferos.[4]

Como bien sabemos, en una huerta no hay necesidad de sembrar «semillas de maleza» para que crezcan plantas de este tipo. Nuestra alma, como la tierra fértil, también es vulnerable a la proliferación de matojos y malas hierbas, incluso donde no se haya plantado nada. Por ello, debemos estar atentos y tener la sabiduría necesaria para detectarlos a tiempo.

Es más, el pecado no les permite a las personas gozar de una buena vejez. Si nos fijamos, los viejos pecadores nunca son buenos ni felices ni bondadosos porque el pecado los corroe y corrompe. Por eso, permanecer mucho tiempo en condición pecaminosa no nos hará más sabios ni ampliará nuestros conocimientos sobre el pecado, sino que nos volverá más ciegos y débiles ante él. En su libro *The Strong Name,* James Stewart ahonda en el tema:

> Naturalmente, podría pensarse que, cada vez que un hombre peca, sabe más acerca del pecado, de su naturaleza y de sus

> métodos. En realidad, sucede lo opuesto: cada vez que alguien peca, se vuelve menos capaz de comprender lo que es el pecado, y es menos probable que este individuo se reconozca a sí mismo como pecador. Creo que nunca ha llegado a comprenderse del todo que lo horrible —lo verdaderamente diabólico del pecado— es que pervierte el juicio del hombre y le impide ver con claridad.[5]

Así las cosas, el pecado tiene tal poder de destrucción que sería insensato hablar de *pecados menores*. C. F. W. Walther —el gran teólogo del siglo XIX— dijo: «Los pecados menores se convierten en mayores cuando se los subestima».[6] El pecado es virulento y séptico; es una catastrófica enfermedad que ha contagiado a todo el mundo. Recientemente, tuvimos que padecer los efectos destructivos del COVID-19, pero debemos recordar que la pandemia del pecado existe desde hace miles de años y que es muchísimo más letal que cualquier otra, pues ha matado a multitudes; no física, sino espiritualmente.

A pesar de que muchos fantaseen con lo contrario, nadie cuenta con la suficiente riqueza, fuerza ni bondad como para controlar el pecado. Un claro ejemplo de ello fue el relato de Nicky Cruz —antiguo líder de una pandilla neoyorquina— en el marco del Desafío Juvenil de Brooklyn. Según su testimonio, una vez —en los años cincuenta—, un adicto a la heroína que buscaba desesperadamente rehabilitarse le pidió al director del centro que lo esposase a un radiador. El director, inicialmente reacio, acabó por acceder, y esposó al turbado adicto. A la mañana siguiente, cuando el director fue a buscar al hombre, ¡el radiador había desaparecido! En lugar de un alma redimida, por las calles de la ciudad vagaba un hombre con un radiador a cuestas, buscando heroína para consumir. ¡Así de fuerte es el pecado!

Una Descripción del Pecado

En Romanos 7, Pablo nos mostró el horrible poder del pecado y por qué debemos tomarlo en serio. A pesar de que sus palabras estaban llenas de verdad, si él —hoy en día— publicase en las redes sociales cualquiera de sus declaraciones sobre el pecado, seguramente lo censurarían. No obstante, Pablo no se disculpó por sus afirmaciones y —de tajo— desmitificó algunas de las creencias más difundidas acerca de la bondad de los hombres.

> Porque yo sé que en mí, es decir, en mi carne, no habita nada bueno [...]. (Romanos 7:18)

Ahora, sé franco: ¿has llegado a esa conclusión acerca de ti mismo? El pecado nos engaña haciéndonos pensar que somos inherentemente buenos; por ello, al hombre le lleva mucho tiempo concluir que —en realidad— no es así. Esta idea, causante de tantas confusiones, es el origen de la vieja —e inadecuada— pregunta: «¿Por qué le pasan cosas malas a la gente buena?». Contrario a la creencia popular, la pregunta no es retórica, y nada más tiene una respuesta posible: solo en una ocasión le pasó algo malo a una persona buena... ¡Lo crucificaron!

En la Carta a los romanos, Pablo nos muestra las características del pecado:

1. El pecado es un residente

Así que ya no soy yo el que lo hace, sino el pecado que habita en mí. (Romanos 7:17)

El pecado es un morador, un residente permanente que habita dentro de nosotros. Así, nuestra vida es como una casa adonde el pecado llega y se hace con el mando. Por su naturaleza, él no se querrá ir nunca, sin importar cuántas veces tratemos de desalojarlo con todas nuestras fuerzas.

2. El pecado es un director de prisiones

> Pero veo otra ley en los miembros de mi cuerpo que hace guerra contra la ley de mi mente, y me hace prisionero de la ley del pecado que está en mis miembros. (Romanos 7:23)

Somos prisioneros del pecado: estamos encadenados y él nos mantiene en cautiverio.

3. El pecado es un vendedor

> Porque sabemos que la ley es espiritual, pero yo soy carnal, vendido a la esclavitud del pecado. (Romanos 7:14)

Fuimos vendidos al pecado: para él y para el enemigo, no somos más que simple mercancía. El pecado nos vendió a la lujuria, la ira, la insensatez y la depresión.

4. El pecado es un tirano

> Por tanto, no reine el pecado en su cuerpo mortal para que ustedes no obedezcan a sus lujurias. (Romanos 6:12)

Reinar es sinónimo de «gobernar», pero, tratándose del pecado, el gobierno es una tiranía.[N] El pecado no solo es nuestro amo, también es un espantoso tirano que nos maltrata y que quiere imponer su propia voluntad en nuestra vida.

5. El pecado es un lastre

> [...] tanto judíos como griegos están todos bajo pecado. (Romanos 3:9)

Todos estamos bajo el poder e influencia del pecado; él es como un lastre, como una pesada carga que nos impide avanzar. Bajo su aplastante dominio, no podemos respirar, movernos ni actuar como nos gustaría.

6. El pecado es una enfermedad en propagación constante

> [...] pero donde el pecado abundó, sobreabundó la gracia. (Romanos 5:20)

La palabra *abundar* quiere decir «existir en gran cantidad».[Ñ] Para que algo pueda multiplicar su número, debe replicarse una y otra vez, como los virus; en consecuencia, se propaga. El pecado es una enfermedad letal cuya epidemia en el Génesis —durante los inicios de la humanidad— acabó por transformarse en una pandemia a medida que la población fue creciendo.

La Única Respuesta

El pecado siempre quiere controlarnos y, por ende, se manifiesta de muchísimas maneras. No debemos pensar en el pecado con dulzura e ingenuidad, pues se trata de una explosión atroz, violenta y radical del alma. A decir verdad, es una condición que nos resulta imposible solucionar por nosotros mismos. Veamos —nuevamente, aunque con otras palabras— cómo Pablo describió la angustia de ser esclavos del pecado:

> Así que ya no soy yo quien lo hace, sino el pecado que está en mí. Porque yo sé que en mí, es decir, en mi naturaleza débil, no reside el bien; pues aunque tengo el deseo de hacer lo bueno, no soy capaz de hacerlo. No hago lo bueno que quiero hacer, sino lo malo que no quiero hacer. Ahora bien, si hago lo que no quiero hacer, ya no soy yo quien lo hace, sino el pecado que está en mí. Me doy cuenta de que, aun queriendo hacer el bien, solamente encuentro el mal a mi alcance. En mi interior me gusta la ley de Dios, pero veo en mí algo que se opone a mi capacidad de razonar: es la ley del pecado, que está en mí y que me tiene preso. ¡Desdichado de mí! ¿Quién me librará del poder de la muerte que está en mi cuerpo? (Romanos 7:17-24 DHH)

Como dice el pasaje, ¡necesitamos de Alguien! Afortunadamente, existe una solución que, de hecho, es la única respuesta para el pecado:

> Solamente Dios, a quien doy gracias por medio de nuestro Señor Jesucristo. En conclusión: yo entiendo que debo someterme a

> la ley de Dios, pero en mi debilidad estoy sometido a la ley del pecado. (Romanos 7:25 DHH)

Jesús —con su llegada— depone al dictador, abre de golpe los cerrojos de la prisión, nos declara totalmente libres y sanos, hace que dejemos de ser mercancía para el pecado y rompe las cadenas que nos ataban a tan horrible lastre. Por todo ello, el perdón de nuestros pecados no es solo una cuestión de ir al cielo o no: es, también, un golpe de Estado donde se derroca a un dictador; es una revolución contra el autoritarismo del pecado.

Al respecto, recuerdo que un amigo solía decir: «¿Cómo quitarse de encima a un antiguo novio que se niega a aceptar la ruptura y que no lo deja a uno en paz? ¡Pues consiguiéndose otro novio que sea mucho mejor y más fuerte que el anterior!». Lo mismo sucede cuando nos volvemos cristianos: Jesús llega a instalarse en nosotros; se muda a nuestro corazón y a nuestra vida. Así pues, el espacio de nuestra alma no alcanza para que convivan los dos —el pecado tirano y Cristo—, de modo que alguien tendrá que irse, y —con certeza— no será Jesús.

Por eso, si eres cristiano y la tiranía del pecado aún usurpa el terreno que pertenece a Jesús, ¿qué esperas para desalojar al invasor? Ten la seguridad de que Dios te ama aunque tengas cicatrices —o cortaduras— en las muñecas, o aunque hayas abortado, pues Jesús llega y repara los estragos que el pecado hace en las personas.

> [...] El Hijo de Dios se manifestó con este propósito: para destruir las obras del diablo. (1 Juan 3:8)

Hace poco, leí un artículo sobre sir Anthony Hopkins —una de las figuras más aclamadas de Hollywood, a quien la reina Isabel II condecoró con un título nobiliario— en el que decía que, para 1975, el alcoholismo estaba arruinándole la vida al famoso actor. Un día, «una mujer le preguntó, durante una reunión de Alcohólicos Anónimos: "¿Por qué no confías en Dios y ya?". Hopkins admite que era tal su desesperación que pensó: "¿Por qué no?". Mientras rememora su adicción y la imposibilidad de cambiar por sí mismo, habla de una vocecita interior que lo puso a elegir entre la vida y la muerte. Luego de acudir a Dios, su destructivo impulso de consumir alcohol desapareció». Fue como si Jesús, el aniquilador de tiranos, sanador de enfermedades y destructor de lastres, hubiese dicho: «¡Largo de aquí, todos! Esta ahora es mi casa».[7]

En la Biblia, especialmente hacia el final de Romanos 7, se nos plantea si hay esperanzas para nuestra condición: «¡Miserable de mí! ¿Quién me libertará de este cuerpo de muerte?» (Romanos 7:24). Pablo nos recuerda que necesitamos de Jesús; en efecto, antes de leer Romanos 7, no teníamos consciencia de que fuésemos pecadores ni habríamos podido reconocer nuestra impotencia frente a la enfermedad del pecado. Sin saber de nuestra condición pecaminosa, resulta imposible proseguir a Romanos 8, pues ello sería como invadir las Escrituras y —con certeza— no podríamos regocijarnos en las promesas de este capítulo ni decir: «Y sabemos que para los que aman a Dios, todas las cosas cooperan para bien [...]» (Romanos 8:28). En definitiva, sin la previa confesión de Romanos 7 ni la consciencia sobre la dimensión del pecado, nos es imposible llegar a la esperanza que trae consigo Romanos 8:

> Por tanto, ahora no hay condenación para los que están en Cristo Jesús, los que no andan conforme a la carne sino conforme al Espíritu. Porque la ley del Espíritu de vida en Cristo Jesús te ha libertado de la ley del pecado y de la muerte.
>
> Pues lo que la ley no pudo hacer, ya que era débil por causa de la carne, Dios lo hizo: enviando a Su propio Hijo en semejanza de carne de pecado y como ofrenda por el pecado, condenó al pecado en la carne. (Romanos 8:1-3)

Llegados a este punto, debemos reconocer que a todos nos ha sometido el pecado en algún momento. Al tratarse de una enfermedad, diagnosticarla es el primer paso para la sanación, y reconocernos pecadores es acercarnos un poco a la libertad. En Génesis 32:27, cuando Jacob se encontró cara a cara con Dios, Él le preguntó: «¿Cómo te llamas?». ¡Qué pregunta más extraña! Sabemos que Dios es omnisciente, entonces ¡Él ya sabía que su nombre era Jacob! Cabe preguntarnos, entonces, las razones de tan «obvia» pregunta; la realidad es que, la última vez que le habían preguntado cuál era su nombre, Jacob había mentido:

había dicho que se llamaba Esaú para quitarle la primogenitura a su hermano (ver Génesis 27:18-19). Esta vez, Dios le preguntó su nombre porque quería escuchar la verdad de su propia boca, a saber: a Dios solo le sirven las personas honestas y que confiesan su bancarrota espiritual. Jacob —de cara al Padre— contestó con la verdad: «me llamo Jacob». Curiosamente, su nombre significa «aquel que suplanta». Tras la confesión, Dios le asignó al joven un nuevo nombre: Israel.

En suma, estar cansados de acabar perdiendo siempre y de echar constantemente en falta los $6 que nos quita el pecado es —además de lógico— un buen síntoma. Es normal que ya no queramos vivir con la culpa, el vacío y la desesperanza que trae consigo el pecado y que, en consecuencia, nos postremos ante Dios y admitamos en nuestras oraciones: «Padre, soy pecador; soy culpable ante Ti. No hay nada bueno en mí».

A propósito del tema, Brennan Manning dijo:

> La Buena Nueva es que podemos dejar de mentirnos. El dulce sonido de la sorprendente gracia nos salva de la necesidad del engaño propio [...] puedo [...] admitir que he fallado. Dios no sólo me ama tal como soy, sino además, me conoce como soy.[8]

Cuán consoladoras resultan, entonces, las palabras del siguiente versículo:

> Ustedes estaban muertos a causa de sus pecados y porque aún no les habían quitado la naturaleza pecaminosa. Entonces Dios les dio vida con Cristo al perdonar todos nuestros pecados. Él anuló el acta con los cargos que había contra nosotros y la eliminó clavándola en la cruz. (Colosenses 2:13-14 NTV)

Para concluir, ten la certeza de que Dios ya perdonó todos nuestros pecados, pues cuando Jesús se instaló, el pecado se fue. ¡Con Su Calvario, Jesús libertó nuestras almas del lastre del pecado! Así, solo un alma redimida puede entonar el himno *Alcancé salvación* con pleno gozo y alegría:

Feliz yo me siento al saber que Jesús
Libróme del yugo opresor,
Quitó mi pecado, clavólo en la cruz,
Gloria demos al buen Salvador.

PREGUNTAS

1. ¿Qué parte de la caracterización que Pablo hace del pecado te llamó más la atención?

2. Lee Marcos 9:42-47. ¿Cómo cuestionan estos versículos tu visión actual del pecado?

3. ¿Qué le responderías a una persona que no se reconozca a sí misma como pecadora?

LA TENTACIÓN

No quiero ser la Próxima Merienda del Diablo

«El poder de la tentación
está en la expectativa
de que esta me hará más feliz».
ERWIN LUTZER[1]

Para abrir este capítulo, compartiré una historia que escuché en alguna parte; ni siquiera sé si es cierta o no, pero ilustra muy bien el concepto de la tentación. Resulta que un día, el capitán de un barco que cubría la ruta entre California y Colombia recibió un mensaje de un cartel colombiano. La oferta de los narcotraficantes llegó poco antes de que su embarcación zarpase rumbo a California, y consistía en el pago de $500.000 a cambio de llevar un pequeño cargamento de droga hasta los Estados Unidos. Ante la proposición inicial, el hombre no cayó en la tentación y se negó rotundamente; sin embargo, durante sus siguientes tres recorridos, el cartel siguió insistiendo y prometiéndole cada vez más dinero, hasta que la cifra alcanzó los dos millones de dólares. Titubeante, el capitán le respondió a la organización delictiva: «Tal vez», y de inmediato contactó a la DEA, que organizó un operativo encubierto y arrestó a los narcotraficantes. En medio de la situación, un agente de la DEA le preguntó al capitán: «Señor, ¿por qué esperó hasta que la oferta fuese de dos millones para contactarnos?», y él —con voz franca— le contestó: «Porque ya se estaban acercando demasiado a mi precio».

La tentación conoce nuestro precio, sabe cuáles son nuestras mayores debilidades y se aprovecha de ello para hacerle ofertas —con gran insistencia— a nuestra alma. Al respecto, J. Wilbur Chapman dijo una vez: «La tentación tiene lugar cuando aquel que busca tentarnos mira a través de la cerradura hacia dentro de la habitación en donde estamos; el pecado ocurre cuando le quitamos el seguro a la puerta para que él pueda entrar».[2] La realidad es que no podemos evitar que una persona llegue hasta nuestra puerta ni que mire a través del ojo de la cerradura, pero sí podemos cerciorarnos de tener bien asegurado el pestillo. En efecto, nada le impide al diablo mirar y llamar a la puerta; por ello, quiero ahondar en cómo la Biblia nos enseña a mantener la puerta cerrada y el seguro bien puesto. Para empezar, veamos una promesa que nos da esperanza para resistirnos a las insistentes ofertas de la tentación:

> «... Ningún arma forjada contra ti prosperará [...]». (Isaías 54:17)

La palabra *forjar* hace referencia a un proceso artesanal y personalizado, lo cual implica que su producto está hecho a la medida y al gusto del cliente; así, cualquiera puede encargar elementos forjados según sus necesidades y requerimientos particulares. En el pasaje, Isaías nos advierte que cada batalla que enfrentamos en la vida está hecha a nuestra medida. En efecto, hay armas demoníacas concebidas específicamente para atacar nuestros puntos débiles. Así pues, el talón de Aquiles de cada uno de nosotros puede hallarse en características tan diversas que van desde la vanidad intelectual hasta el miedo, la avaricia, la lujuria o la pornografía, pasando por el anhelo insaciable de ser ricos, la soledad, entre muchas otras.

El enemigo conoce nuestra mayor debilidad y la usa para atacarnos; no obstante, la buena noticia es que *ningún arma forjada contra nosotros prosperará*, pues así está escrito. Por ello, siempre debemos asegurarnos de ganarle la batalla a la tentación. Aunque —en principio— lo anterior suene lógico, la realidad es que «del dicho al hecho hay mucho trecho», y puede que no sea tan sencillo como parece. Antes que nada, debemos entender qué es la tentación en sí: es el luchar contra las ofertas y atracciones hechas a nuestra medida. Para que algo pueda tentarnos, debe ser atractivo para nosotros; ha de resultarnos incitativo y deseable. Así las cosas, las tres tentaciones de Jesús en el desierto no habrían sido en absoluto *tentadoras* si Él no hubiese encontrado en ellas nada que le resultase atractivo. Por más dura que sea esta afirmación, vemos en las Escrituras que Jesús —como nosotros— también fue tentado:

> Porque no tenemos un Sumo Sacerdote que no pueda compadecerse de nuestras flaquezas, sino Uno que ha sido tentado en todo como nosotros, pero sin pecado. (Hebreos 4:15)

En palabras de un viejo escritor: «El diablo tenía una manzana para Eva, una uva para Noé, un cambio de vestido para Giezi y plata para Judas. Él puede servir su carne atendiendo a todos los paladares». Es precisamente esta característica la que lo hace peligroso, pues él sabe forjar las tentaciones a la medida y gusto de su blanco de turno.

Afortunadamente, la buena nueva es todavía mejor: ¡La misma presencia y el mismo poder del Espíritu Santo que le permitieron a Jesús resistir la tentación habitan en todos los cristianos!

A propósito de la tentación, he aquí una anécdota personal: cuando vivía en Detroit, tuve un diácono —a quien llamaré *Frank*— que se había graduado del programa de Desafío Juvenil. Era un hombre maravilloso y muy trabajador que servía fielmente en la iglesia, donde desempeñaba una importante labor. Sin embargo, un día, Frank no se presentó al trabajo; se podría decir que desapareció de un momento a otro. Preocupado, hablé con su esposa y ella me contó que, luego de diez años, Frank había vuelto a las andadas y regresado al expendio de *crack* de su barrio. Para él, la caída no había sido paulatina, sino súbita. Entonces, reuní a tres de nuestros más fervientes cristianos, fui directo al expendio y llamé a la puerta; al instante, se abrió una pequeña ranura, y escuché a una voz preguntar:

—¿Qué quiere?

—Soy el pastor de Frank —respondí—. ¡Tráigalo aquí fuera de inmediato!

Acto seguido, la ranura se cerró, la puerta se abrió y —a empujones— vimos cómo sacaron a Frank del expendio. Cuando finalmente lo tuve frente a mí, le pregunté qué le había sucedido, y jamás olvidaré su respuesta: «Pastor Tim, todos los días salía de mi casa hacia el trabajo, iba hasta la calle principal y allí tomaba el autobús. Cada vez que llegaba a la esquina, tenía que elegir entre girar a la derecha y girar a la izquierda. Yo sabía que a la izquierda estaba el expendio de *crack*, y, a la derecha, la parada del autobús. No sé qué pasó; luego de diez años de girar siempre a la derecha, elegí girar a la izquierda».

Debo confesar que sus palabras se clavaron en mi memoria. ¿Por qué habrá escogido Frank girar a la izquierda —y no a la derecha— aquel día? ¿Qué lo llevó a tomar esa decisión?

Quizás las palabras de Thomas Brooks —reconocido escritor puritano— nos ayuden a entender la situación: «Si Dios no fuese mi amigo, tal vez Satán no sería mi acérrimo enemigo».[3] Entonces, el día en el que Frank se hizo amigo de Dios, Satán —inevitablemente— se convirtió en su enemigo, al igual que sucedió contigo, conmigo y con todos los que elegimos seguir a Cristo. Para ser honesto, la mera descripción de nuestro enemigo común me estremece:

> Sean de espíritu sobrio, estén alerta. Su adversario, el diablo, anda al acecho como león rugiente, buscando a quien devorar. (1 Pedro 5:8)

¡Cuán clara y escalofriante resulta la afirmación: «buscando a quien devorar»! Significa que Satán no tiene una misión cualquiera, sino una muy específica: devorar a los hijos de Dios. Personalmente, ya lo decidí: ¡No pienso ser la próxima merienda del diablo!

Siguiendo la analogía del león rugiente, mencionaré algunos datos que he aprendido acerca de los leones; en especial sobre cómo cazan y devoran a sus presas. Creo que conocer la conducta de estos animales arroja luz sobre algunas de las tácticas que usa Satán en su macabra misión.

¿Qué determina el éxito en la cacería de los leones?

1. Acechar sin ser descubiertos y atacar por sorpresa

Por ser lentos, los leones no pueden atrapar animales que estén alerta y listos para emprender la huida. En consecuencia, «atacar sorpresivamente a sus presas» es la estrategia que les permite a estos carnívoros degustar auténticos banquetes. De hecho, una manada de gacelas puede ver pasar a un león a 30 metros de distancia sin sentirse en peligro, pues, cuando el depredador está a la vista, no representa una amenaza para ellas.

Asimismo, las tentaciones —o sea, los ataques— del diablo nos llegarán siempre de forma sorpresiva e inesperada.

2. Escoger a la presa más fácil

Para ahorrar esfuerzos y energía, los leones suelen cazar crías o individuos enfermos, viejos o distraídos. Como bien sabemos, las personas con estas características abundan en las iglesias; por ende, nuestro deber es avisarles del inminente peligro que los acecha.

3. Estar lejos del fuego

Al igual que otros felinos, los leones tienen visión nocturna, razón por la cual se les facilita cazar en la oscuridad. Sucede que, cuando los campistas apagan sus fogatas, los leones se preparan para atacar, atrapar y devorar a sus presas. A propósito del tema, hace poco leí el relato de un médico y su esposa que estaban de viaje en las selvas de Kenia. Tras su llegada desde los Estados Unidos, disfrutaron de un agradable día observando aves y tomando fotos; luego se fueron a dormir, y la fogata que había fuera de su tienda de campaña quedó encendida. Ya les habían avisado que debían dejar suficiente leña para que hubiese fuego durante toda la noche y así evitar que llegasen los leones. La llama, que ardía intensamente cuando la pareja se fue a dormir, acabó por extinguirse poco a poco hasta desaparecer. Entonces, sin fuego que la ahuyentase, una leona metió la cabeza a la carpa y mató al médico en frente de su esposa.[4]

¡Cuán importante es mantener viva la llama de la pasión por Dios! Si dejamos que se extinga, aumentarán las probabilidades de que seamos la próxima merienda del diablo. Debemos estar atentos y percibir las señales que aparecen cuando nuestra llama agoniza; indiscutiblemente, la primera de ellas es la tibieza: si nuestro fuego es tibio, tarde o temprano acabará por apagarse. A propósito de la tibieza, he aquí el mejor ejemplo de ella que le he escuchado a un cristiano: «Aún creo en Dios… solo que Él ya no me entusiasma tanto». Por eso, ¡no dejemos que se apague el fuego que arde en nuestro interior!

En palabras de Jim Elliot, gran misionero y mártir cristiano: «Dios hace de sus ministros llamas de fuego. ¿Soy yo inflamable? Dios, líbrame del terrible amianto de "otras cosas". Satúrame del aceite de tu Espíritu para que yo pueda ser una llama. Hazme tu combustible, Lumbre de Dios».[5]

4. Atacar a presas solitarias o rezagadas

Si bien el león conoce sus propias fortalezas como cazador, también sabe que la unión hace la fuerza. Por ello, no ataca a las cebras que pastorean en manada, pues podría acabar pisoteado por la estampida que tal ataque provocaría. Si, por el contrario, una cebra rebelde se encontrase sola y lejos del resto, el gran felino sabría que las posibilidades de convertirla en su próxima comida serían mucho mayores. Así, al verla lo suficientemente apartada del grupo, el león no dudaría en abalanzarse sobre ella, arrastrarla por entre la hierba alta, ir directo a la yugular y —antes de que las demás cebras siquiera notasen su ausencia— devorarla hasta saciarse.

La analogía es bastante clara y diciente; por eso, ¡permanezcamos en la fuerza de la comunión! No seamos los rezagados que se alejan de la familia de Dios, ya que el diablo siempre está merodeando en busca de los solitarios y los rebeldes que se han apartado del rebaño del Señor.

En *Cartas del diablo a su sobrino*, de C. S. Lewis, uno de los libros más acertados sobre cómo Satán ataca a los creyentes —que, por cierto, animo a todos los cristianos a leer—, el autor profundiza en el pasaje de 1 Pedro 5:8, pero desde el punto de vista del diablo. De hecho, es esta inusual perspectiva la que hace del texto una obra única. En ella, Escrutopo, un viejo demonio, le enseña a su sobrino Orugario a tentar a un cristiano y —curiosamente— cuando menciona al «enemigo», Escrutopo hace referencia a Dios. El libro, que tan solo cuenta con tres personajes, está dividido en capítulos —cada uno de los cuales es una carta— en los que se describe el demoníaco arte de devorar cristianos y hacerlos caer y fracasar. Las diabólicas epístolas son tan escalofriantes como acertadas, y nos recuerdan la importancia de no bajar la guardia:

> Mi querido Orugario:
> [...] Sin duda sabes que, si a un hombre no se le puede curar de la manía de ir a la iglesia, lo mejor que se puede hacer es enviarle a recorrer todo el barrio, en busca de la iglesia que "le va", hasta que se convierta en un catador o *connoisseur* de iglesias [...] la búsqueda de una iglesia "conveniente" hace del hombre un crítico, cuando el Enemigo quiere que sea un discípulo [...] El camino más seguro hacia el Infierno es el gradual: la suave ladera, blanda bajo el pie, sin giros bruscos, sin mojones, sin señalizaciones [...] Todos los extremos, excepto la extrema devoción al Enemigo, deben ser estimulados [...] Una religión moderada es tan buena para nosotros como la falta absoluta de religión —y más divertida—.[6]

En 1 Pedro 5:8, el apóstol nos advirtió de la necesidad de ser prudentes, pero estas palabras del diablo son un llamado a estar realmente alerta. Aunque estemos en una batalla constante, la victoria es posible si tenemos a Dios de nuestro lado. A continuación, veremos una clara exhortación a la lucha; un contundente llamado al deber cristiano:

> No les ha sobrevenido ninguna tentación que no sea común a los hombres. Fiel es Dios, que no permitirá que ustedes sean tentados más allá de lo que pueden soportar, sino que con la tentación proveerá también la vía de escape, a fin de que puedan resistirla. (1 Corintios 10:13)

Tal como lo dice en las Escrituras, el enemigo nos tentará sin cesar hasta que vayamos al cielo. Si bien es cierto que nunca podremos librarnos de la tentación, hemos de saber que la victoria llegará si no caemos en ella. Es un hecho: así como Cristo fue tentado, también nosotros lo seremos, y así como Él venció, también nosotros podremos vencer. La Biblia nos reitera que la victoria sí es posible:

Ustedes no han pasado por ninguna tentación que no sea común al género humano. Pero pueden estar confiados en la fidelidad de Dios, que no dejará que la tentación sea más fuerte de lo que puedan resistir. Dios les mostrará la manera de resistir la tentación y escapar de ella. (1 Corintios 10:13 NBV)

Como vemos en esta otra versión del mismo pasaje, ¡la tentación no será más fuerte de lo que podamos resistir! En palabras del teólogo británico Richard Sibbes: «Satanás le dio una manzana a Adán y lo privó del Paraíso. Por tanto, frente a toda tentación del enemigo, hemos de considerar no cuanto él nos ofrece, sino cuanto podríamos perder si cayésemos».[7]

Por 20 años, fui pastor en una iglesia ubicada en un otrora cine XXX de Detroit. La iglesia se hizo con aquel insigne —e infame— teatro y lo transformó por completo. Recuerdo que, justo al lado, había un hotel de prostitución que tenía un cartel con las tarifas de sus habitaciones, las cuales solían alquilarse por hora. Dada la historia del lugar, por 10 años, las oficinas y el comedor social de nuestra iglesia estuvieron ubicados precisamente encima de una librería para adultos, de modo tal que yo, día tras día, al dejar mi auto en el estacionamiento para ir a la iglesia, me enfrentaba con la tentación. No exagero cuando digo que el primer peldaño de las escaleras amarillas que llevaban a nuestras oficinas estaba junto a la entrada de aquella tienda de libros pornográficos. Todos los días, tenía que elegir entre subir las escaleras y entrar a la librería; así, cada vez que llegaba me ponía la armadura y no pensaba en lo que la tentación me ofrecía, sino en lo que ella podría arrebatarme.

Cabe aclarar que la tentación no es el pecado en sí mismo, sino una invitación a caer en él. La tentación se alimenta de nuestra curiosidad y se nos presenta como una encrucijada en la que debemos escoger entre dos posibilidades: el camino correcto o el equivocado; la parada del autobús que conduce al trabajo o el expendio de *crack*; subir las escaleras o entrar a la librería para adultos. La tentación nos muestra aquello que no tenemos y que podríamos conseguir si escuchásemos (y aceptásemos) su oferta.

La *tentación* no es más que una prueba que —sin lugar a duda— le demuestra a Dios que lo amamos exclusivamente a Él. Por más que ella intente persuadirnos y hacernos creer que seremos más felices si la seguimos, cuando nos resistimos, le demostramos a Dios la fuerza y grandeza de nuestro amor por Él.

Al final de 1 Corintios 10:13 nos encontramos con un dato muy interesante: «[...] con la tentación [Dios] proveerá también la vía de escape [...]». ¡Aleluya!

Dios —en su infinita generosidad— nos ha dado herramientas que nos asisten en la lucha. He aquí tres claras vías de escape:

La Ruta de Escape

1. La palabra de Dios

Mateo 4 nos narra el encuentro —cara a cara— entre Jesús y Satán en la sección «Jesús es tentado». En este fascinante relato, Jesús sentó un claro precedente, diciendo: «Estoy aquí para pelear contra el demonio principal —Lucifer—, no contra un demonio auxiliar ni contra la idea del inframundo, sino contra su líder. A través de mi ejemplo, les mostraré con suma claridad cómo se obtiene la victoria sobre la tentación».

Por repetitivo que suene, la Palabra de Dios es el faro que ilumina nuestras vidas. Honestamente, ni la guía de un consejero ni las oraciones de terceros ni el asistir a la iglesia —por valioso que todo esto sea— podrá reemplazar jamás a la Palabra de Dios en nuestra boca y en nuestra vida. Hablando en plata: un cristiano sin la Palabra de Dios es un cristiano indefenso que no podrá conocer la victoria en Jesús.

En el pasaje en cuestión, Jesús le dijo tres veces al diablo: «Escrito está...» o su variante sinónima «está escrito...»; o sea, ¡Él acudió a la Palabra para enfrentar cada uno de los ataques de Satán! Cuán importante es conocer esto, pues, si Jesús mismo necesitó de la Palabra de Dios para vencer al diablo, ¿cómo podríamos nosotros —simples humanos— vencerlo sin ayuda de las Escrituras?

Cuando alguien llega a mi oficina en busca de consejo a causa de las luchas o tribulaciones de su vida, lo primero que hago es preguntarle sobre el tiempo que pasa en oración y leyendo la Palabra. Curiosa y sorprendentemente, en los 40 años que llevo en el ministerio, nunca nadie me ha respondido —hasta ahora—: «Pastor, a pesar de que leo la Palabra una hora al día y oro otra más, no consigo dejar de ver pornografía (o de golpear a mi esposa, o de apostar)...». ¡Jamás! ¿Por qué será? La respuesta a esta pregunta —casi retórica— es que las Escrituras y la oración tienen un poder inconmensurable para transformar al ser humano.

Hay quienes piensan que asistir a sesiones de consejería solucionará todos los problemas de su vida. De hecho, yo he sido consejero de muchísimas personas y puedo afirmar que, a fin de cuentas, lo que la gente necesita no es escuchar mis palabras, sino la Palabra de Dios. Entonces, siempre abogo por darle prioridad a Su Palabra, hasta el punto de que yo mismo tengo la costumbre —y el compromiso— de leer las Escrituras y orar todos los días; lo hago antes de ver las noticias o ESPN, o de leer el periódico... Y ¡doy fe de las bendiciones que ello trae consigo!

En efecto, todos los escritos de la Biblia son poderosos y nos ayudan a vencer al diablo en nuestro día a día. Fijémonos en que, cuando Lo estaban tentando, Jesús dijo: «Escrito está...» o «está escrito...» tres veces, y los versículos que citó eran todos del mismo libro: ¡Deuteronomio!

> Pero Jesús le respondió: «Escrito está: "No solo de pan vivirá el hombre, sino de toda palabra que sale de la boca de Dios"». (Mateo 4:4)
> Jesús le contestó: «También está escrito: "No tentarás al Señor tu Dios"». (Mateo 4:7)
> Entonces Jesús le dijo: «¡Vete, Satanás! Porque escrito está: "Al Señor tu Dios adorarás, y solo a Él servirás"». (Mateo 4:10)

Como vemos, Jesús demostró el poder de la Palabra citando el Deuteronomio, un libro poco conocido de las Escrituras. En realidad, esta es una prueba fehaciente de que la Biblia, en toda su extensión, ¡puede ayudarnos a vencer a Satán! Cada uno de sus libros es poderoso, por ello ¡no debemos limitarnos a leer solo los Salmos y los Proverbios! Puede que a veces sea difícil y que haya libros como el Deuteronomio que representen todo un reto, ¡empezando por su pronunciación! Tal vez, en ocasiones, la lectura de la Biblia nos resulte incomprensible y, por leer sin entender, nos surjan dudas sobre su efectividad.

Hemos de saber que incluso la lectura de la Biblia sin inspiración es valiosa. Quizás, *a priori*, parezca un sinsentido, pero lo ejemplificaré con una anécdota de la vida cotidiana para que sea más fácil de comprender. Un día, mientras me preparaba para viajar desde Nueva York hasta Canadá, alguien me sugirió que, en lugar de beber café —como de costumbre—, probase una bebida energizante llamada «5-hour Energy», cuyo efecto sería inmediato y evidente; algo así como el Red Bull o el Monster Energy. Yo, que inicialmente creía no necesitar de tales energizantes, la tomé y pude comprobar su efectividad: ¡funcionó de maravilla!

A diferencia de este tipo de bebidas cuyos efectos son inmediatos, muchas otras cosas que consumimos en nuestra vida diaria tienen efectos imperceptibles, pero igual de reales. Tal es el caso de los suplementos vitamínicos. A decir verdad, difícilmente notaremos diferencia alguna al tomar vitamina D, A o E, o incluso vitamina C con rosa mosqueta… pero ello no hace que dejen de ser buenas —necesarias, incluso— para nuestro organismo. Aunque su efecto no sea inmediato, tomarlas con disciplina nos ayudará a tener una mejor salud. Pues bien, la Palabra de Dios es vitamina para nuestro espíritu: si la tomamos con constancia, aun cuando no percibamos su efecto en nosotros, ella obrará y transformará completamente nuestro interior.

2. La oración

Luego de la tentación en el desierto, el segundo momento más vulnerable en la vida de Jesús fue en el huerto de Getsemaní, donde venció la tentación de beber de la copa del dolor. Allí, Él les dijo a Sus adormilados discípulos:

> «… Velen y oren para que no entren en tentación; el espíritu está dispuesto, pero la carne es débil». (Mateo 26:41)

Leamos las palabras de R. A. Torrey al respecto: «La razón por la que muchos fracasan en la batalla es que solo empiezan a pelear cuando llega la hora del combate. La razón por la que otros salen triunfantes es que se anticipan a la lid orando de rodillas para asegurar la victoria. Por ello, adelántense a sus batallas; luchen de rodillas desde antes de que aparezca la tentación, y así saldrán siempre victoriosos».[8]

En Mateo 26:41, Jesús —al darles instrucciones a Sus discípulos— no solo los exhorta a *orar*, sino también a *velar*. Si analizamos esta orden, Jesús nos invita a mantenernos alerta y a evitar situaciones comprometedoras en las que seamos presa fácil de la tentación; para esto, es preciso tener la mirada siempre puesta en Dios. En mi experiencia personal, he visto los resultados de mantener el foco en el lugar correcto. Sucede que, cuando me casé, mi esposa trajo a su perro a vivir con nosotros. Se trataba de una mascota entrenada y muy obediente; era realmente increíble. Cindy solía poner comida en el piso y darle una instrucción: «Quieto». El perro, al escuchar a su ama, la miraba fijamente y no giraba la cabeza para ver la comida, tal como se le había enseñado. Si, en un descuido, hubiese mirado el alimento, sin duda lo habría devorado en un santiamén. No obstante, el animal conocía la orden, y apenas escuchaba el comando «¡quieto!», su ama se convertía en el único foco de su atención, por lo que ignoraba todo lo demás.

De manera semejante, cuando no tenemos la mirada puesta en lo divino, nos distraemos con lo mundano, y es muy factible que alguna tentación nos haga sucumbir. Si, por el contrario, pusiésemos en el Señor toda nuestra atención, y nuestra mirada no se apartase de Él, el enemigo no tendría oportunidad de ofrecernos alimento alguno. A fin de cuentas, ¡la oración hace que mantengamos los ojos puestos en Dios!

3. Sumisión

En Santiago 4, las Escrituras nos dan la clave para ahuyentar al diablo. Como dato curioso, yo crecí en una iglesia en la que *atar a Satán* era importante y se hacía con mucha frecuencia. Solíamos llamarlo «guerra espiritual» y, para distanciarnos del diablo, declarábamos: «¡Yo te ato, Satanás!». Sin embargo, al leer el pasaje de Santiago, vemos que se nos pide distanciarnos del diablo con las acciones de la vida misma y no solo con palabras. La clave está en vivir en *sumisión* a Dios.

> Por tanto, sométanse a Dios. Resistan, pues, al diablo y huirá de ustedes. (Santiago 4:7)

Sumisión es una palabra contundente y —por ende— poderosa. Tristemente, suele pasar desapercibida para los cristianos, a pesar de ser crucial e indispensable para la victoria sobre el diablo.

Ser *sumisos* es reconocer la autoridad de Dios y estar dispuestos a rendirnos ante ella. Es entender, desde el fondo de nuestro corazón, la omnipotencia y la omnisciencia de Dios; es rendirse ante el Señor admitiendo que Él sabe qué es lo mejor para nosotros y para nuestra vida.

Contrario a lo que se piensa, la mejor forma de atar al diablo es someterse a Dios. En efecto, son muchos los cristianos que «atan a Satanás» fuera de sí mismos, de otras personas, de iglesias, y hasta de ciudades, pero cuyo espíritu no es sumiso ante el Señor. Cabe aclarar que Satán solo huye de las almas sometidas a Dios, y que justo en la sumisión radica la clave para resistirse a cualquier tentación que el diablo nos ofrezca.

Un ejemplo de la sumisión a Dios en nuestra vida cotidiana es el conocido fenómeno del «yugo desigual». En la Biblia, específicamente en 2 Corintios, se hace referencia a esta situación: «No estén unidos en yugo desigual con los incrédulos, pues ¿qué asociación tienen la justicia y la iniquidad? ¿O qué comunión la luz con las tinieblas?» (2 Corintios 6:14). Aquí, hago un paréntesis para aclarar la diferencia entre el ministerio y la comunión: el primero puede ejercerse para todas las personas, pero el segundo requiere de igualdad entre las partes para poder existir. Recordemos que la Biblia dice que no puede existir comunión entre la luz y la oscuridad, pues se trata de opuestos. De la misma manera, una mujer podría pensar que su novio la ama a pesar de no ser cristiano —y puede que sí la ame de verdad—, pero con certeza la ama según su propia definición de amor y no según la definición de amor de 1 Corintios 13. Por eso, cuando la Biblia dice: «No te enredes entregándole tu vida a alguien que no sea cristiano», la respuesta de un corazón sumiso a Dios ha de ser: «Señor, Tú eres más sabio que yo, y por eso yo confío en que sabes lo que haces y lo que dices».

Ciertamente, la tentación seguirá llamando a nuestra puerta y nos ofrecerá la realización de nuestros más profundos deseos con promesas como *el fin de nuestra soledad, una boda, una familia, hijos...* Sin embargo, debemos tener siempre presente que la tentación no regala nada y que cobra un precio muy caro por aquello que ofrece. Por eso, no pensemos en lo que ella nos dará, sino en aquello que nos pedirá a cambio.

En suma, lo mejor que podemos hacer para *atar a Satán* es decirle que *sí* a Dios siempre y en todo. La sumisión a Dios es la forma en que los creyentes «atamos a Satanás» y lo alejamos de nuestras vidas. No obstante, ser sumisos no siempre resulta sencillo, pues la sumisión no se limita a meramente a «hacerle caso a Dios», sino que requiere de la obediencia en alegría y en paz, con la plena certeza de que Dios sabe más que nosotros y quiere lo mejor para nuestras vidas.

¡Obedezcamos a Dios con una sonrisa en los labios y con nuestro corazón alegre y lleno de confianza en Él!

La rampa de escape

Justo antes del versículo de 1 Corintios 10 sobre la tentación, hay un aviso sobre la arrogancia:

> Por tanto, el que cree que está firme, tenga cuidado, no sea que caiga. No les ha sobrevenido ninguna tentación que no sea común a los hombres. Fiel es Dios, que no permitirá que ustedes sean tentados más allá de lo que pueden soportar, sino que con la tentación proveerá también la vía de escape, a fin de que puedan resistirla. (1 Corintios 10:12-13)

El apóstol, con sus palabras, prácticamente nos abofetea para recordarnos que Dios es lo único que necesitamos. En el versículo 12 tenemos a un Pablo más pensador, y en el 13, a uno más dependiente; este hermoso relato muestra la imagen de un hombre aparentemente fuerte y de un Dios fiel. Pablo, en el pasaje, nos enseña la importancia de confiar en la vía de escape que nos ofrece el Dios omnisciente, en lugar de dejarnos llevar por nuestra —traicionera— autoimagen de hombres fuertes y capaces de resistirlo todo. ¡No le quitemos el seguro a la puerta —una y otra vez— ni dejemos que el enemigo entre en nuestro templo! ¡Elijamos la divina vía de escape!

Hace algunos años, cuando fui a predicar en Los Ángeles, vi algo completamente nuevo para mí. Luego de recogerme en el aeropuerto, el pastor me llevó a nuestro destino por una autopista repleta de lomas, curvas y pendientes muy pronunciadas. En dicha carretera, noté que había unas vías de salida bastante peculiares llamadas «rampas de escape de emergencia» y yo, con la curiosidad de quien jamás había visto nada por el estilo, le pregunté a mi anfitrión qué eran. El pastor me explicó que esa autopista pasaba por colinas con valles muy profundos, lo cual supone riesgos para los tractocamiones, que, en desafortunadas ocasiones, pierden el aire de sus frenos neumáticos, se salen de la carretera y acaban por caer al precipicio. Por ello, en las autopistas de California hay rampas de escape hechas de arena, con pendientes ascendentes de unos 100 metros de largo, cuyo ángulo y material reducen la inercia y aceleración de los vehículos. Así, al verse en apuros, los conductores de camiones pueden desviarse hacia la rampa y evitar —justo a tiempo— una caída mortal. Básicamente, estas rampas son salidas de emergencia para quienes se hayan quedado sin frenos.

Ahora, responde: ¿Alguna vez te has quedado sin frenos en el camino de la vida? ¿Has frenado tantas veces para detener la tentación que tus frenos han dejado de funcionar? A menudo, por más que intentemos detenernos, la inercia y la aceleración impiden que paremos totalmente. La primera incita a la tentación a seguir llamando a nuestra puerta, y la segunda les aporta una intensidad cada vez mayor a sus llamados. Luego de un tiempo, aquellos pensamientos e impulsos que otrora eran fáciles de contener resultan incontrolables y agobiantes; justo entonces, nos damos cuenta de que hemos perdido los frenos y de que nos espera una aparatosa caída. La buena noticia es que Dios ha puesto «rampas de escape de emergencia» en nuestro camino y nos ofrece una última salida antes de que caigamos al precipicio.

Como he mencionado previamente, no hay cura posible si no se empieza por reconocer la enfermedad. Pues bien, las rampas de emergencia de Dios funcionan igual: para usarlas hay que ser humildes y honestos con Él, y admitir que nos estamos quedando —o que ya nos quedamos— sin frenos y que vamos rumbo al abismo. Es preciso declararnos incompetentes e incapaces de confiar en nuestras propias fuerzas para evitar la hecatombe, y reconocer que solo Su fidelidad y bondad pueden detener nuestra inminente caída. Por todo lo anterior, en nuestra vida, démosle prioridad a la Palabra de Dios: velemos y oremos para anticiparnos a las batallas de la tentación, ya que así obtendremos la victoria en Él; elijamos también la sumisión, reconozcamos que Dios es más sabio de lo que nosotros podremos ser jamás. No cabe duda de que seremos blanco de la tentación y de que esta llamará sin cesar a nuestra puerta (en forma de email, mensaje de texto, pensamiento caprichoso, entre otros). Por eso, hemos de recordar que la tentación es solo una oferta y que depende de nosotros aceptarla o declinarla. ¡No tenemos por qué quitarle el seguro a la puerta ni mucho menos abrirla! Es más, dado que somos templo del Espíritu, podemos decirle a Jesús: «Esta es Tu casa, atiende Tú a la puerta».

PREGUNTAS

1. ¿Hay algún ámbito de tu vida en el que estés dependiendo de tus propias fuerzas para resistir, en lugar de tomar la vía de escape de nuestro Dios fiel y omnisciente?

2. Vuelve a leer la frase de R. A. Torrey: «La razón por la que muchos fracasan en la batalla es que solo empiezan a pelear cuando llega la hora del combate. La razón por la que otros salen triunfantes es que se anticipan a la lid orando de rodillas para asegurar la victoria. Por ello, adelántense a sus batallas; luchen de rodillas desde antes de que aparezca la tentación, y así saldrán siempre victoriosos».
   - **a.** ¿A qué batallas personales podrías anticiparte?
   - **b.** ¿Qué deseas profundamente en la vida? ¿Cómo te prepararías para enfrentar las posibles tentaciones que te ofreciesen la consecución de aquellos deseos de forma impía y banal?

3 .¿Cuál crees que sea el motivo por el que Dios no elimina la tentación de nuestras vidas?

LA PROVIDENCIA INVISIBLE DE DIOS

(«Unseen» es *invisible* en inglés)

Aunque no Pueda Verlo, Él está Obrando

«¡Dios ama los detalles! Es en los detalles que discernimos Su mano de providencia —gobernando, dirigiendo, proveyendo, sosteniendo, previniendo, sorprendiendo—. Lo que puede parecer catastrófico desde un punto de vista puede desde otro ángulo aparecer como el resultado de un plan en que Dios tiene todo el control».

DEREK THOMAS[1]

Si la suerte existiese, Dios no existiría. Dios y la suerte son conceptos mutuamente excluyentes, pues, de existir esta última, ello implicaría que hay algo en la creación que escapa a Su divino control. Al respecto, J. C. Ryle dijo: «Nada, ni grande ni pequeño, puede sucederle a un creyente sin la orden o el permiso del Padre. [...] No existe tal cosa como el «azar», la «suerte» o el «accidente» en el viaje del cristiano a través de este mundo. Todo ha sido dispuesto y señalado por Dios. Y todas las cosas ayudan para el bien del creyente».[2]

Esta ley divina es «la mano invisible de Dios». Su presencia en nuestras vidas es permanente y Él interviene en nuestro día a día mediante lo que los cristianos llamamos Su providencia. Es imprescindible que entendamos que Dios no le deja nada al azar, a la fatalidad ni a la coincidencia, pues Él siempre está obrando en nuestro beneficio. Podemos apreciarlo en la bella canción *Way Maker* de Sinach (traducida al español como «Aquí estás»):

Aunque no pueda ver, estás obrando,
Aunque no pueda ver, estás obrando,
Siempre estás, siempre estás obrando.[3]

Si bien a menudo pasan inadvertidas, la presencia y la mano de Dios están siempre presentes y actuando en nuestro favor. Para nuestro limitado entendimiento, Su obrar se presenta como una cadena de aparentes casualidades o coincidencias, pero debemos tener la certeza de que Dios está detrás de todo lo que nos sucede.

En mi juventud, leí y estudié —con significativa profundidad— la biografía de Abraham Lincoln y me atrevo a afirmar que su vida, aparte de ser fascinante, está colmada de testimonios de la divina providencia. Hoy me gustaría compartir una de esas increíbles historias: resulta que el expresidente y su socio, Berry, tenían una tiendita rural en el interior de Illinois. Un día, sentados en el porche delantero de la tienda, Berry le preguntó a Lincoln: «¿Cuánto tiempo más podremos seguir así?».

Lincoln —que compartía la preocupación de su socio— le contestó: «Tal parece que nuestro negocio se hunde», y prosiguió: «¿Sabes, Berry?, me gustaría dedicarme a otra cosa… quisiera estudiar derecho. No me importaría vender todo lo que tenemos para pagar las deudas del negocio. Me bastaría con que quedase suficiente dinero para comprar un único libro: *Comentarios sobre las leyes de Inglaterra*, de Blackstone; pero supongo que no es posible».

De repente, vieron un carruaje de aspecto extraño que se acercaba por la carretera. El conductor detuvo su peculiar vehículo cerca del porche de la tienda y les dijo: «Quiero mudarme con mi familia al oeste, pero no tengo dinero. Solo tengo un barril que podría vender por 50 centavos». Lincoln dirigió su vista hacia el carruaje y notó que la esposa del hombre —mujer de rostro delgado y demacrado— lo miraba suplicante. Acto seguido y sin dudarlo, Abraham Lincoln se llevó la mano al bolsillo y sacó —según su propio relato— los últimos 50 centavos que le quedaban, y dijo: «Creo que me vendría bien un barril».

El enorme contenedor permaneció todo el día en el porche delantero de la tienda rural, y Berry no paró de recriminarle a su socio la inesperada adquisición. Ya de noche, Lincoln salió del local e inspeccionó el interior del barril; en aquel momento, notó que en el fondo había unos papeles de cuya presencia no se había percatado antes. Entonces, introdujo sus largos brazos en el tonel y, mientras los movía con torpeza, alcanzó un objeto que resultó ser un libro. ¡Cuál no sería su sorpresa al sostener el volumen y ver que se trataba justamente de *Comentarios sobre las leyes de Inglaterra*, de Blackstone! Más adelante, Lincoln describiría lo que pasó a continuación: «Me quedé ahí parado mirando hacia el cielo, y tuve la profunda impresión de que Dios tenía un encargo para mí, y que la instrucción era que debía prepararme. ¿Por qué más habría de suceder tal milagro?».[4]

Como la historia confirmaría más adelante, no se trataba de ninguna casualidad ni coincidencia; había sido la providencia de Dios la que había actuado en la vida de Lincoln. En palabras sencillas, la providencia nos recuerda que el Señor controla minuciosamente cada detalle y que a Él nada se le escapa. Teniendo en cuenta lo anterior, sobra decir que la coincidencia y el azar quedan descartados, y que una excelente forma de honrar a Dios es dejar de atribuirle a la *suerte*, a la *buena fortuna* y a la *coincidencia* aquello que nos sucede y —en su lugar— reconocer que es la mano providencial de Dios la que actúa en nuestro favor. Hemos de comprender que nunca nada nos ha ocurrido por estar «en el lugar correcto, en el momento preciso», pues, cuando estamos en Cristo, el lugar y el momento siempre son los indicados. En palabras del salmista David: «En Tu mano están mis años [...]» (Salmo 31:15).

Puede que haya ocasiones en las que no entendamos la obra de Dios; sin embargo, ¡tampoco necesitamos entenderla! Él, en su infinita sabiduría, se vale de una serie de eventos aparentemente inconexos para lograr Sus divinos propósitos; he aquí el motivo por el cual parecen fortuitos. La Biblia está repleta de ejemplos en los que hay eventos «aleatorios» que resultan ser parte de un plan mayor. Veamos, ¿qué relación podría tener una gran persecución con un gran encargo? ¡Nada más y nada menos que la providencia de Dios!

> [...] En aquel día se desató una gran persecución en contra de la iglesia en Jerusalén, y todos fueron esparcidos por las regiones de Judea y Samaria, excepto los apóstoles. (Hechos 8:1)
> Pero Saulo hacía estragos en la iglesia entrando de casa en casa, y arrastrando a hombres y mujeres, los echaba en la cárcel. Así

> que los que habían sido esparcidos iban predicando la palabra. (Hechos 8:3-4)

¿Por qué son relevantes los nombres de Judea y Samaria? Porque fueron estos los lugares que mencionó Jesús cuando les habló a Sus discípulos, justo antes de ascender al cielo.

> «... Pero recibirán poder cuando el Espíritu Santo venga sobre ustedes; y serán Mis testigos en Jerusalén, en toda Judea y Samaria, y hasta los confines de la tierra». (Hechos 1:8)

¡Increíble! Pero ¿cómo habrían de llegar los discípulos hasta Judea y Samaria? ¡Pues gracias a la persecución! Cuán maravilloso es ver que aquello que parecía un problema era —en realidad— la providencia de Dios obrando. Según las Escrituras, la persecución los dispersó, y la dispersión los llevó a predicar; a fin de cuentas, estos eventos —aparentemente fortuitos— sí estaban relacionados, y sus propósitos, entretejidos por la providencia. Hemos de recordar que nuestra mente, a diferencia de la de Dios, es limitada; por tanto, no siempre coincidiremos con Él en nuestras interpretaciones de la realidad. El Señor, en el libro de Isaías, dijo: «"Porque como los cielos son más altos que la tierra, así Mis caminos son más altos que sus caminos, y Mis pensamientos más que sus pensamientos"» (Isaías 55:9). Si analizamos en profundidad el pasaje, veremos que al decir «más altos», las Escrituras hacen referencia a Su carácter de superioridad; es decir: «Sus caminos y pensamientos son superiores a los nuestros». Tener esto claro es crucial para comprender la providencia, pues cuando Dios obra en un nivel *más alto*, escribe una historia perfecta que nuestro limitado entendimiento es incapaz de —siquiera— imaginar.

Otro ejemplo de ello es la manera en la que el Evangelio llegó hasta África. Sucedió que Felipe, *por casualidad*, se encontraba en un camino desierto por el que nadie viajaba y —de nuevo— *por casualidad* un eunuco etíope, que estaba leyendo Isaías 53, le dijo: «No tengo a nadie que me explique este pasaje». Para *suerte* del eunuco, *coincidencialmente*, Felipe era el primer diácono de la iglesia y podía explicarle el Evangelio y recomendarle que fuese bautizado. Después, *por casualidad*, pasaron junto a un cuerpo de agua en el que Felipe pudo bautizar al nuevo cristiano.

Asimismo, la historia de José es testimonio de la providencia. Tras las mil circunstancias que lo llevaron a Egipto, una vez allí, de forma injusta fue acusado de violación y encerrado en la cárcel, donde *por azares del destino* conoció al copero y al panadero del faraón, quienes —hacía poco— *coincidencialmente* habían tenido sueños que José *por suerte* sabía interpretar. Dos años más tarde, *por casualidad*, el Faraón tuvo un sueño y su copero —que ya había salido de la cárcel— *por fortuna* recordó el don de José para interpretar su significado. Entonces, el Faraón hizo que trajesen al joven hebreo desde la cárcel y, luego de que José interpretase su sueño, lo nombró segundo al mando.

Para mí, la providencia de Dios es innegable y su existencia, indiscutible; es más, la veo profundamente entretejida en la historia de la Iglesia de Times Square. Hace muchos años, David Wilkerson viajó a Nueva York para asistir al juicio de los miembros de la pandilla *the Dragons* que habían asesinado en Central Park a un chico de 15 años con evidentes secuelas de polio. Al llegar al juzgado, a David no lo dejaron entrar; sin embargo, alguien —fuera del recinto— le tomó una foto sosteniendo una Biblia. Esta imagen salió en la prensa y llegó a manos de los *Mau Mau*, la pandilla neoyorquina a la que pertenecía Nicky Cruz. Un día —tiempo después del juicio—, mientras Wilkerson predicaba en las calles de la ciudad, un policía —al parecer, molesto— se dispuso a acallarlo. De inmediato, otro uniformado —cristiano y de rango superior al suyo— le dijo: «¿Por qué lo quieres callar? ¡Deja que el hombre predique!». *Coincidencialmente*, ¡aquel policía era mi padre! Además, Nicky Cruz —el mencionado pandillero— se encontraba entre el público y presenció toda la escena.

Aunque David Wilkerson pensase que la finalidad de su viaje a Nueva York era la de estar en el juicio de los *Dragons*, Dios lo había llevado a la Gran Manzana para conocer a Nicky Cruz, fundar el Desafío Juvenil y —más adelante— también la Iglesia de Times Square.

Años más tarde, dado el vertiginoso crecimiento de la mencionada iglesia, David supo que necesitaba una mano. Un día, atrapado en un atasco por el Túnel Lincoln, vació la guantera de su auto y encontró —entre varios *cassettes* que tenía— dos cintas que Leonard Ravenhill le había enviado dos años atrás;

se dispuso a tirarlas, pero —de repente— sintió que debía escucharlas. Caía el mes de mayo de 1994 cuando Dios le dijo a Wilkerson que llevase a la Iglesia de Times Square al hombre que hablaba en aquellos cassettes: el predicador Carter Conlon. Este último acudió al llamado de David en compañía de su esposa, Teresa Conlon, y lo que creyó que sería una visita de una noche a aquella iglesia de Nueva York ¡acabó por durar 27 años!

Sin embargo, las *coincidencias* de la Iglesia de Times Square no terminan allí: cuando David Wilkerson la fundó, me invitó a ser su pastor de jóvenes; no obstante, a pocas semanas de mi traslado, me llamó y me dijo: «No vengas; no es lo que el Señor quiere». En retrospectiva, hoy puedo ver que, si me hubiese unido a la Iglesia de Times Square en aquel entonces, no habría fundado una iglesia en Detroit, tampoco habría conocido a Cindy ni habríamos tenido a nuestros cuatro maravillosos hijos. Dios sabía que no era el momento de estar en esta iglesia, y obró en mi vida de modo que yo recorriese mi camino e hiciese todo lo que debía hacer antes de mudarme a Nueva York. Finalmente, 38 años después estoy aquí, ¡con la plena convicción de que los tiempos de Dios son perfectos!

> Y sabemos que para los que aman a Dios, todas las cosas cooperan para bien, esto es, para los que son llamados conforme a Su propósito. (Romanos 8:28)

Así pues, entender la divina providencia es clave para comprender quién es Dios y el porqué de todo lo que nos sucede. En efecto, confiar en Su providencia implica un cambio total en nuestra perspectiva sobre la vida y las cosas que ella nos trae. Por ejemplo, algo tan cotidiano como un molesto atasco en el tráfico podría ser la manera en la que Dios nos obligase a reducir la velocidad para protegernos de algún peligro en la vía; asimismo, una —devastadora— ruptura amorosa del pasado tal vez haya sido la manera en la que Él nos librara de un terrible matrimonio. Incluso, un triste despido masivo pudo ser la oportunidad que Dios creara para que cambiásemos de empleo, pues sabía que por nosotros mismos no habríamos tenido la fe suficiente para renunciar a un puesto en el que no éramos felices.

Hace poco, me encontré con otra increíble historia que ilustra la providencia de Dios, con detalles que solamente Él habría podido disponer con tanta precisión:

> Cuando el avión se niveló a 4.500 metros de altitud, Joan Murray respiró profundo y saltó desde la puerta. La ejecutiva bancaria de Charlotte, Carolina del Norte, disfrutaba de su caída libre por los aires, hasta que haló la cuerda de apertura de su paracaídas y este no se abrió. Pese a la descarga de adrenalina que recorrió todo su cuerpo, Joan no entró en pánico, pues contaba con un equipo de emergencia. Estaba cayendo a 200 kilómetros por hora cuando activó el paracaídas de reserva, que se abrió con normalidad, pero ella, en medio de la confusión, se desestabilizó y el paracaídas acabó por desinflarse. Tras una desaceleración momentánea, Murray siguió cayendo a 130 kilómetros por hora.
>
> Aterrizó de golpe, tan violentamente que el lado derecho de su cuerpo quedó destrozado y hasta se desincrustaron los empastes que tenía en los dientes. Estaba apenas consciente; su corazón empezaba a fallar. Cuando ya parecía que la situación no podía empeorar, se percató de que había caído sobre un montículo de hormigas coloradas, que —enfurecidas por tan aparatosa disrupción— la picaron unas 200 veces mientras que llegaban los paramédicos en su auxilio.
>
> Sorprendentemente, los doctores que atendieron a Joan creen que las hormigas le salvaron la vida. Dedujeron que las picaduras le habían dado a su corazón un estímulo suficiente para que no dejase de latir.[5]

Solo un Dios omnisciente habría podido encontrar aquel montículo de hormigas coloradas en todo Charlotte, Carolina del Norte, y decir: «Aquí es donde caerás; ¡te necesito en la tierra por más tiempo!». ¿Cuán asombroso es saber que algo tan incómodo como la picadura de una hormiga podría marcar la diferencia entre la vida y la muerte de una persona? Sobran las palabras: la mano invisible de Dios está detrás del telón, coordinando las circunstancias, quitándonos de encima a la muerte —cuya presencia tal vez ni sospechábamos—, arruinando los planes del diablo y haciendo que todo funcione para nuestro beneficio. Reconocer la providencia de Dios es un síntoma de sabiduría; en efecto, así se lo dijo Daniel al hombre más poderoso del planeta en aquel entonces: «"'[...] Es el Cielo el que gobierna'"» (Daniel 4:26). En realidad, el mensaje detrás de sus palabras era: «No te equivoques: da igual si tú gobiernas la nación más poderosa del mundo, ¡no eres quien manda!».

Hablando de la providencia de Dios, 2 Corintios 4 contiene un versículo que resulta clave para entenderla:

> Al no poner nuestra vista en las cosas que se ven, sino en las que no se ven [...]. (2 Corintios 4:18)

La providencia de Dios se encarga siempre de todos los detalles, aunque no podamos verla ni escucharla; si nos concentramos en el tráfico, en las rupturas amorosas o en otras cosas que se ven, nunca percibiremos la gracia, la obra y la presencia de Dios en lo que no se ve. Pablo continuó, en el siguiente capítulo: «Porque por fe andamos, no por vista» (2 Corintios 5:7). ¡Cuán importante es entender que la fe implica caminar a ciegas! Pues es —precisamente— gracias a la fe que nos fijamos en lo invisible.

Al ser invisibles e intangibles, la providencia, la fe y la comunicación con Dios son blanco de todo tipo de especulaciones. Un claro ejemplo de ello es que en Amazon esté a la venta el llamado «Tablero del Espíritu Santo», una especie de tabla *ouija*. La descripción del producto dice: «¡El Tablero del Espíritu Santo es el único que permite establecer contacto directo con nuestro Señor y Salvador Jesucristo! A diferencia de otros tableros espiritistas que suelen utilizarse para contactar a fantasmas y demonios, este es un boleto directo al cielo. ¡Pruébelo hoy y descubra una nueva manera de orar!».

¡Cuánta soberbia existe en esas palabras! Con todo, hay quienes lo han adquirido, e incluso en una de las reseñas del producto se puede leer: «Lo compré como último recurso porque necesitaba desesperadamente hablar con

Jesús y parecía que Él ignoraba mis oraciones. Luego de prepararlo todo, ¡me llevó solo un minuto con dieciséis segundos establecer contacto con Él! Ya ha pasado un tiempo y siento que conectamos muy bien».

Aunque el mencionado tablero no sea poca cosa, mi asombro fue aún mayor cuando supe de la existencia de una aplicación móvil para hablar con Jesús —basada en la IA, inteligencia artificial— a la que se le pueden formular preguntas. No se trata de una *app* para recibir un versículo de la Biblia cada día, sino de una que ofrece la posibilidad de chatear con Jesús o con cualquier otro personaje bíblico.

Aparte de lo inverosímiles que puedan resultar los anteriores mecanismos de —supuesta— comunicación con lo divino, quienes opten por hablar con Jesús a través del *Tablero del Espíritu Santo* o chateen con Él utilizando la IA se perderán —entre muchas otras cosas— de la providencia de Dios. Sencillamente, no tendrán la alegría de decir: «Aunque yo no pueda verlo, Él está obrando. ¡Aunque no pueda verlo, Él está obrando! Él siempre siempre siempre está obrando». Entender cómo actúa un Dios invisible no es algo que pueda lograrse con un tablero espiritista ni con un Jesús de IA; esos son solo intentos de volver tangible algo cuya naturaleza es —sin lugar a duda— intangible. Solo fijándonos en lo invisible lograremos comprender la providencia de Dios. Para ahondar en la materia, leamos el siguiente pasaje:

> ¡Oh, profundidad de las riquezas y de la sabiduría y del conocimiento de Dios! ¡Cuán insondables son Sus juicios e inescrutables Sus caminos! (Romanos 11:33)

¿Cómo podría la inteligencia artificial siquiera acercarse a tener «insondables juicios» o «inescrutables caminos»? La IA nunca podrá emular a un Dios de indescifrable sabiduría ni podrá un Jesús de IA parecérsele al inconmensurable Jesús verdadero. Más que imposible, es absurdo.

La providencia de Dios se aprecia con mayor claridad cuando vemos los eventos en contexto; interpretándolos no como hechos aislados en el tiempo y el espacio, sino como un conjunto perfecto y completo. Una historia que ilustra Su magnífico obrar es la de Amy Carmichael, una misionera irlandesa del siglo

XIX que fue pionera en la lucha contra el tráfico sexual. Gracias a su madre, Amy entendió, desde muy pequeña, que Dios siempre responde a las oraciones. Cuando era niña, todas las noches antes de irse a dormir, Amy le pedía a Dios que sus ojos cafés se tornasen azules. Así, al despertar cada mañana, se levantaba de un brinco y corría a verse al espejo para revisar si Dios había respondido a su oración de la noche anterior. Decepcionada, día tras día veía que sus ojos seguían del mismo color.

Cuando tenía 20 años, Amy sintió el llamado del Señor para ser misionera. Tras servir en varios lugares, llegó a la India y se convirtió en una de las mayores misioneras del país. Durante su tiempo allí, Amy fundó un orfanato, una escuela y un refugio para niñas, y desempeñó un papel crucial en la ruptura de una antigua práctica: la de abandonar a niñas —aún bebés— en las gradas de los templos paganos para ser entrenadas como prostitutas religiosas. Gracias a su misión, más de mil jovencitas se salvaron de vivir en la prostitución y —en cambio— aprendieron a leer. Así, les fue devuelta la dignidad que la sociedad les había arrebatado y recibieron la salvación eterna a través del Evangelio.

Con certeza, la perspectiva de Dios sobre la vida siempre será más amplia que la nuestra. Ya en su adultez, Amy comprendió que el café de sus ojos era un regalo de Dios, y que valía mucho más de lo que ella alguna vez pudo imaginar; incluso más que los ojos azules que tanto anhelaba tener cuando era pequeña. Debido al riesgo que corría al rescatar niñas, Amy tenía que mimetizarse todo lo posible entre los lugareños. Para ello, llegó a aplicarse café en la piel —que era de un tono bastante claro, por ser irlandesa— para oscurecerla y así pasar desapercibida. Dios le había dado, de manera intencional, cabello y ojos oscuros como los de miles de niñas y mujeres a las que habría de rescatar en sus misiones.[6] Amy pronto entendió que ese «no» que solía recibir en las oraciones de su infancia era —en realidad— un «sí» a una vida extraordinaria, creada específicamente para ella.

Experimentar la providencia de Dios es saber que hasta los momentos más incómodos y dolorosos de nuestra vida forman parte del camino que Él creó para nosotros. Puede que, como humanos, no nos resulte fácil entender Su voluntad, pero con una pizca de fe podremos ver Su mano obrando sin cesar. Respecto de ella, Elizabeth Browning escribió una vez: «La tierra está repleta de cielo y hasta el arbusto más común arde con Dios, pero solo el que ve se quita las sandalias, el resto anda a su alrededor y coge las moras».[7] Sinceramente, a veces soy de los que recogen las moras, pero le pido a Dios la gracia para poder ver y quitarme las sandalias mientras camino por Su tierra santa. Y tú, ¿eres de los que recogen las moras o de los que se quitan las sandalias?

Quizás, las palabras de Salomón puedan ayudarnos a comprender mejor la providencia del Señor:

> He pasado junto al campo del perezoso
> Y junto a la viña del hombre falto de entendimiento,
> Y vi que todo estaba lleno de cardos,
> Su superficie cubierta de ortigas,
> Y su cerca de piedras, derribada.
> Cuando lo vi, reflexioné sobre ello;
> Miré, y recibí instrucción.
> (Proverbios 24:30-32)

En el pasaje, Salomón nos dice que los campos, las viñas, los cardos y las cercas derribadas contienen mensajes, pero que muchos —en medio de su ignorancia— pasan junto a ellos y se limitan a recoger las moras, sin escuchar lo que Dios quiere decirles. ¡Escuchemos a Dios y dejemos ya de recoger moras! Salomón fue enfático en su reflexión, en la que no le hizo falta mencionar el nombre de Dios ni una sola vez. Aunque los primeros pasos hacia el entendimiento de la divina providencia sean a oscuras y se basen en la fe, a medida que avancemos, se hará más fácil ver los arbustos en llamas a la vera de nuestro camino.

Un viaje por «Ester» es un Viaje de Providencia

De los libros de la Biblia, el de Ester es el único que no menciona el nombre de Dios; sin embargo, la divina providencia es evidente en cada uno de sus capítulos y versículos. Este libro relata la historia de una mujer que vivía y trabajaba en un ambiente donde no había temor de Dios, situación que podemos observar de manera repetitiva en las Escrituras. A decir verdad, pareciera que las mayores historias sobre la providencia involucrasen —necesariamente— a *creyentes* que trabajan con *no creyentes* de gran poder y renombre en su tiempo; qué mejor ejemplo de ello que los casos de José y Daniel. El relato de Ester nos recuerda que, aunque no escuchemos Su nombre, Él siempre está presente y obrando en nuestras vidas.

Capítulo 1

Muchos de los judíos que Nabucodonosor había llevado a Babilonia regresaron después a Jerusalén para trabajar en la reconstrucción del muro y del templo. No obstante, hubo otros que se quedaron; entre ellos se encontraban un hombre llamado Mardoqueo y su prima Ester, a quien él estaba criando. Al estar Babilonia bajo el yugo persa, Asuero —rey de Persia— también se convirtió en su gobernador. Un día, Asuero dio un gran banquete y mandó llamar a su esposa, la reina Vasti.

> Pero la reina Vasti rehusó venir al mandato del rey [...] Entonces el rey se enojó mucho y se encendió su furor en él. (Ester 1:12)

Capítulo 2

Furioso por la negativa de su esposa, Vasti, el rey decidió buscarse otra reina. Se realizó, entonces, una convocatoria en el palacio real para elegir a la nueva esposa de Asuero. Ester se presentó como candidata, siguiendo la estricta orden de Mardoqueo de no revelarle a nadie su origen judío. Como cuenta la Biblia, Ester fue la elegida, y se la coronó reina en reemplazo de Vasti. Así pues, una judía ostentaba el trono de Persia, y solo Mardoqueo lo sabía. Posteriormente, sentado frente a las puertas del palacio real, Mardoqueo descubrió que había un plan para asesinar al rey Asuero.

> En aquellos días, estando Mardoqueo sentado a la puerta del rey, Bigtán y Teres, dos eunucos del rey, guardianes del umbral, se enojaron y procuraban echar mano al rey Asuero. Pero el asunto

> llegó a conocimiento de Mardoqueo, y él se lo comunicó a la reina Ester, y Ester informó al rey en nombre de Mardoqueo. Cuando el asunto fue investigado y hallado cierto, los dos eunucos fueron colgados en una horca. Esto fue escrito en el libro de las Crónicas en presencia del rey. (Ester 2:21-23)

Capítulo 3

Luego de que Mardoqueo y Ester descubriesen el complot en contra de Asuero, a palacio llegó —con el beneplácito real— un hombre llamado Amán, a quien el rey invistió de autoridad. En consecuencia, cada vez que Amán llegaba a la puerta, todos le hacían la venia para mostrarle respeto; todos a excepción de Mardoqueo, quien se rehusaba a postrarse ante otro hombre, pues la Palabra de Dios se lo prohibía. Amán, enfurecido por tal oprobio, quiso destruir a Mardoqueo y a todos los judíos. Se cocía, así, el primer genocidio contra los judíos.

> Y Amán dijo al rey Asuero: «Hay un pueblo esparcido y diseminado entre los pueblos en todas las provincias de su reino; sus leyes son diferentes de las de todos los demás pueblos, y no guardan las leyes del rey, así que no conviene al rey dejarlos vivos. Si al rey le parece bien, que se decrete que sean destruidos, y yo pagaré 340 toneladas de plata en manos de los que manejan los negocios del rey, para que los pongan en los tesoros del rey». El rey tomó de su mano el anillo de sellar y se lo dio a Amán, hijo de Hamedata el agagueo, enemigo de los judíos. (Ester 3:8-10)

Capítulo 4

Ester, embebida en su papel como reina de Persia, casi pierde de vista el motivo de su llegada a palacio; no obstante, Mardoqueo tenía muy claras las razones detrás del matrimonio de su prima. En este punto neurálgico del relato, es importante recordar que Dios siempre tiene una perspectiva más amplia de la que nosotros podríamos tener jamás, y que Sus decisiones no se basan en nuestra mera comodidad y prosperidad. Llevado a un tema cotidiano, puede que Dios —por ejemplo— nos haya bendecido con una situación económica favorable, pero creer que lo hizo solo para nuestro beneficio individual es tener una perspectiva muy limitada y —por qué no— egocéntrica de la realidad. En tiempos de Asuero, la presencia de Ester en palacio era crucial para evitar que el pueblo judío fuese víctima de un genocidio. Francamente, Dios no había hecho que la eligiesen reina solo para que luciese la corona o se deleitase con el título real… ¡no! Dios le dio a Ester los recursos y la posición necesarios para marcar la diferencia en la vida de muchas personas: de todos los judíos de Persia. Así, el Señor tuvo que controlar minuciosamente una infinidad de subtramas —como la permanencia de Mardoqueo y Ester en Babilonia luego de que esta región cayese en manos persas, el rechazo de Vasti a la invitación de Asuero o el matrimonio mismo de Ester con el rey— para resolver la trama principal.

Mardoqueo —consciente de la delicada situación en la que se encontraban los judíos en Persia— le recordó a Ester que, en caso de negarse —por miedo— a defender a su pueblo, ella también perecería y Dios la reemplazaría.

> «[…] ¿Y quién sabe si para una ocasión como esta tú habrás llegado a ser reina?». (Ester 4:14)

Finalmente, Ester encontró el valor necesario y les pidió a los judíos ayunar y orar, como también ella y sus doncellas lo harían.

> «[…] Y así iré al rey, lo cual no es conforme a la ley; y si perezco, perezco». (Ester 4:16)

Capítulo 5

En aquel entonces, nadie podía ver al rey sin ser convocado, y —una vez en el aposento— el monarca tenía que extender su cetro en señal de aceptación para que el invitado pudiese dirigirse a él. Cuando Ester se le acercó, el rey Asuero extendió su cetro e incluso le dijo: «Haré lo que tú quieras; te doy hasta la mitad del reino». A pesar de contar con el apoyo del rey persa, Ester parecía asustada, pues invitó al rey y a Amán a un banquete aquella noche. Una vez reunidos en la mesa, el rey indagó acerca de la petición de su esposa, y Ester les imploró a él y a Amán que regresasen la noche siguiente para compartir otro festín. Amán salió del palacio contento por la deferencia que la reina le había mostrado —con su invitación a una cena en palacio—, pero su alegría se desvaneció al cruzarse en la puerta con Mardoqueo, quien —como ya sabemos— se negaba a hacerle la venia.

> Su mujer Zeres y todos sus amigos le dijeron: «Haz que se prepare una horca de 50 codos (22,5 metros) de alto, y por la mañana pide al rey que ahorquen a Mardoqueo en ella; entonces ve gozoso con el rey al banquete». Y el consejo agradó a Amán, y mandó preparar la horca. (Ester 5:14)

Como señal de la divina providencia, las subtramas de los primeros cinco capítulos de Ester culminan en el capítulo 6 y revelan el plan que Dios llevaba años tejiendo tras bambalinas.

Capítulo 6

Una noche, sucedió que el rey no podía dormir y —ante la falta de medicamentos modernos, aceite esencial de lavanda y demás remedios de los que disponemos hoy en día para combatir el insomnio— decidió leer el libro más aburrido que hubiese en palacio. Para ayudarlo a conciliar el sueño, sus súbditos le llevaron el Libro de las Crónicas, y el rey *casualmente* leyó un relato que había tenido lugar cinco años atrás:

> Y fue hallado escrito lo que Mardoqueo había informado acerca de Bigtán y Teres, dos de los eunucos del rey, guardianes del umbral, de que ellos habían procurado echar mano al rey Asuero. Y el rey preguntó: «¿Qué honor o distinción se le ha dado a Mardoqueo por esto?». Respondieron los siervos del rey que le servían: «Nada se ha hecho por él». Entonces el rey preguntó: «¿Quién está en el atrio?». Y Amán acababa de entrar al atrio exterior del palacio del rey, para pedir al rey que hiciera ahorcar a Mardoqueo en la horca que él le había preparado. Los siervos

> del rey le respondieron: «Amán está en el atrio». El rey dijo: «Que entre». (Ester 6:2-5)

En una noche de insomnio, el rey Asuero leyó un texto que le refrescó la memoria. Este pasaje, en concreto, nos demuestra que la perspectiva de Dios es inmensa, pues, si solo hubiese existido la subtrama de Mardoqueo, el judío habría recibido una distinción, una medalla e infinidad de premios adicionales por haber salvado al rey de Persia en el pasado. Sin embargo, todos parecían haberse olvidado de él y de su acto heroico; todos, excepto Dios, claro está. De manera similar, hoy en día, son muchos los que se molestan porque otros reciben los homenajes o ascensos que ellos querrían para sí mismos, lo cual hace que se sientan ignorados y poco reconocidos. En mi opinión, ¡no tendrían por qué tomárselo a mal! Si eres uno de ellos, has de saber que Dios, en su infinita sabiduría, te está diciendo: «Mis planes para ti son mucho mayores que cualquier ceremonia o reconocimiento de los hombres».

Volviendo al relato que nos atañe, aquel día, el malvado Amán había ido a pedirle al rey Asuero que colgase a Mardoqueo en una horca de 50 codos… y ¡no tenía la menor idea de que estaba por llevarse la sorpresa de su vida!

> Cuando Amán entró, el rey le preguntó: «¿Qué se debe hacer para el hombre a quien el rey quiere honrar?». Y Amán se dijo: «¿A quién desearía el rey honrar más que a mí?». Amán respondió al rey: «Para el hombre a quien el rey quiere honrar, que traigan un manto real con que se haya vestido el rey, y un caballo en el cual el rey haya montado y en cuya cabeza se haya colocado una diadema real; y el manto y el caballo sean entregados en mano de uno de los príncipes más nobles del rey, y vistan al hombre a quien el rey quiere honrar, lo lleven a caballo por la plaza de la ciudad y anuncien delante de él: "Así se hace al hombre a quien el rey quiere honrar"».

Entonces el rey dijo a Amán: «Toma presto el manto y el caballo como has dicho, y hazlo así con el judío Mardoqueo, que está sentado a la puerta del rey.

No omitas nada de todo lo que has dicho». Y Amán tomó el manto y el caballo, vistió a Mardoqueo y lo llevó a caballo por la plaza de la ciudad, y anunció delante de él: «Así se hace al hombre a quien el rey quiere honrar». (Ester 6:6-11)

¡Cuánto me habría gustado estar allí para ver por mí mismo tan fascinante escena! Aquel día, una vez terminadas las honras, Amán —afligido— salió corriendo para su casa y, al llegar, fueron a buscarlo los eunucos del rey para llevarlo al banquete de Ester.

Capítulo 7

Durante el esperado banquete, el rey volvió a indagar acerca de la petición de Ester, y ella —por fin— le respondió:

> [...] «Si he hallado gracia ante sus ojos, oh rey, y si le place al rey, que me sea concedida la vida según mi petición, y la de mi pueblo según mi deseo; porque hemos sido vendidos, yo y mi pueblo, para el exterminio, para la matanza y para la destrucción. Y si solo hubiéramos sido vendidos como esclavos o esclavas, hubiera permanecido callada, porque el mal no se podría comparar con el disgusto del rey».
>
> Entonces el rey Asuero preguntó a la reina Ester: «¿Quién es, y dónde está el que pretende hacer tal cosa?». Ester respondió: «¡El adversario y enemigo es este malvado Amán!». Entonces Amán se sobrecogió de terror delante del rey y de la reina. (Ester 7:3-6)
>
> Entonces Harbona, uno de los eunucos que estaban delante del rey, dijo: «Precisamente, la horca de 50 codos (22,5 metros) de alto está en la casa de Amán, la cual Amán había preparado para Mardoqueo, quien había hablado bien en favor del rey». «Ahórquenlo en ella», ordenó el rey. Colgaron, pues, a Amán en la horca que había preparado para Mardoqueo, y se aplacó el furor del rey. (Ester 7:9-10)

Como vemos, Amán murió colgado en la misma horca que había dispuesto para Mardoqueo.

Capítulos 8, 9 y 10

Luego del ajusticiamiento de Amán, el anillo —con el sello real— que le había pertenecido fue entregado a Mardoqueo. Además, gracias a la petición de Ester, el rey promulgó un decreto que les permitía a los judíos defenderse de los ataques en su contra, y así —finalmente— consiguieron derrotar a sus enemigos, incluyendo a los 10 hijos de Amán (ver Ester 9:5-9). Para conmemorar esta épica victoria, aún hoy, los judíos celebran la fiesta de Purim. Leamos, pues, los últimos pasajes del libro de Ester:

> Porque el judío Mardoqueo era el segundo después del rey Asuero, grande entre los judíos y estimado por la multitud de sus hermanos, el cual buscó el bien de su pueblo y procuró el bienestar de toda su gente. (Ester 10:3)

¡Qué increíble final! Esta historia es un gran testimonio: incluso sin que el nombre de Dios se mencione en todo el relato, Su mano, Su providencia y Su obra están presentes en él de principio a fin. Así las cosas, podemos concluir que Ester no llegó a ser reina por *suerte* ni *casualidad*; menos aún se quedó Mardoqueo en Persia porque le pareciese un buen sitio para hacer negocios. No. En realidad, Dios —como un extraordinario guionista— escribió una historia mayor en la que se entretejían varias historias menores. Esto es: desde el comienzo, Dios planeó que Ester se convirtiese en reina y que Mardoqueo fuese el segundo al mando para así rescatar al pueblo judío del odio de Amán y de la —casi segura— aniquilación. Con este objetivo en mente, cualquier treta de los enemigos de Ester y de Mardoqueo para hacerles daño habría de ser revertida por Dios: en lugar de perjudicarlos, los beneficiaría y fortalecería. ¡Qué maravillosa es la providencia invisible de Dios! ¡Qué bendición es que, aunque no podamos verla, ella siempre esté allí, obrando para bien de los creyentes!

De la misma manera en la que Dios puso a Ester y a Mardoqueo en el lugar indicado en el momento preciso, Él te puso a ti donde estás hoy. Ten la certeza de que, aunque tú no puedas verlo, Él está obrando, y aunque no puedas sentirlo, Él está obrando. ¡Dios siempre está obrando en tu beneficio!

PREGUNTAS

1. ¿Hay algo que le hayas atribuido a la suerte, el azar o la desventura, y no a la providencia de Dios?

2. ¿Cuál es tu ejemplo favorito de la providencia de Dios en la Biblia?

3. ¿Alguna vez te has preocupado más por tu propia *subtrama* (tu historia personal) que por la trama principal de Dios?

V

EL VOLUNTARIADO Y EL SERVICIO

Su poder se Manifiesta Hoy. ¡Es Hora de Actuar!

«Dado que todos tenemos algún don, a todos deberían alentarnos a usarlo; dado que nadie tiene todos los dones, todos deberíamos ser humildes. Como todos los dones son para un mismo Cuerpo, todos deberíamos ser serviciales, y, finalmente, puesto que todos los dones son necesarios, todos deberíamos ser fieles a Dios».

A. T. PIERSON[1]

Comenzaré este capítulo dedicado al voluntariado y el servicio con un viaje de regreso al aposento alto, pues quisiera ahondar en algunas de las últimas palabras que Jesús les dijo a Sus discípulos antes de ser llevado a la cruz. Durante la cena de la Pascua, Jesús redefinió la palabra *grandeza* mediante la siguiente pregunta: «"[…] ¿Cuál es mayor, el que se sienta a la mesa, o el que sirve? […]"» (Lucas 22:27). Como podemos notar, Él utiliza los verbos *sentarse* y *servir*; pues bien, la selección léxica nunca es fortuita cuando se trata de las Escrituras. En el mismo versículo, Jesús prosiguió diciendo: «"[…] ¿No lo es el que se sienta a la mesa? […]"» (Lucas 22:27). ¡Qué capacidad de ponerlo todo del revés! Con sus palabras, Cristo le dio un vuelco a la idea de *grandeza* que tenía *la sociedad* de aquel momento y redefinió dicho concepto desde la humildad y la disposición para el servicio.

Más adelante —aún en el mismo versículo—, Jesús les dijo a los discípulos en cuál de las categorías se encontraba Él: «"[…] Sin embargo, entre ustedes, Yo soy como el que sirve"» (Lucas 22:27). ¡El Hijo de Dios se describía a Sí mismo como un servidor!

Así como lo fue para Sus discípulos, para nosotros también es crucial entender los conceptos de *grandeza* e *importancia* tal como los definió Jesús. Si lo pensamos con detenimiento, veremos que hoy en día se libra una intensa batalla entre quienes prefieren sentarse y quienes optan por servir. Con tristeza y asombro noto que cada vez son más los «guerreros digitales» (personas que se sientan a criticar a los demás desde la comodidad de sus hogares, a través de una computadora, celular o tableta). ¡Cuán fácil les resulta a ellos, que no prestan servicio ni hacen trabajo voluntario, ser críticos y censurar a quienes sí están allá fuera, librando la batalla en el campo y exponiéndose en cada lucha!

En contraposición, sé bien que aquellos que están en primera línea de combate —peleando la buena batalla— no se la pasan divulgando sus opiniones ni criticando a nadie, muchísimo menos riñendo con desconocidos en internet. Ellos prefieren invertir su valioso tiempo en actos que —día tras día— marquen la diferencia. Por crudo que suene, pienso que *el que hace mucho publica poco.*

En mis años de ejercicio como pastor, algunos han criticado mi manera de guiar a las personas hacia Cristo usando estrategias sencillas y fáciles de recordar, como el *1, 2, 3* —(1) *admitir*, (2) *creer* y (3) *confesar*—. En lo personal, no me molestan los comentarios que sean constructivos, pero soy consciente de que a los espectadores siempre les resultará mucho más fácil criticar desde las graderías que lanzarse al ruedo. Así pues, suelo contestar: «Por favor, comparte conmigo tu experiencia para que yo pueda aprender de ti». La respuesta que obtenga me permitirá filtrar la crítica y discernir si proviene de un soldado que se ha puesto manos a la obra —y lleva sangre en el uniforme, barro en las botas y sudor en la frente— o de un mero observador que se sienta a criticar el trabajo ajeno. Si llegare a tratarse de un luchador curtido en batallas de servicio y trabajo, sin dudarlo estaré abierto a descubrir si hay una mejor manera de proceder, pues, a fin de cuentas, la misión es lo más importante.

A través de este capítulo, me permito extender una invitación para que todos usemos los dones que Dios nos ha dado; quiero que despierten quienes estén dormidos. Me gustaría, además, desafiar a esta cultura movida por el consumo —en la que abundan las opiniones y las críticas, pero escasean las cicatrices de guerra— a vivir en austeridad, y —finalmente— hacer un llamado para que quienes estén viendo el partido desde la tribuna se lancen a la cancha a sudar la camiseta.

Cuenta David Wilkerson que, en una ocasión, su nieto le preguntó: «¿Cómo es posible que exista Dios y, aun así, haya tanto sufrimiento en el mundo?». David lo miró y contestó sabia y magistralmente: «Primero, la gente que más se queja del problema es la que menos acciones toma para solucionarlo. Segundo, yo ya no me preocupo por eso: he decidido pasar el resto de mi vida ayudando a los que sufren». ¿No es esa, acaso, una de las mejores respuestas ante tan controversial tema?

En el Salmo 110, David nos lo dice de forma clara y precisa:

> Tu pueblo se ofrecerá voluntariamente en el día de Tu poder [...]. (Salmo 110:3)

Como ya hemos visto a lo largo de estas páginas, Dios siempre se está moviendo y Su constante obrar exige —y merece— una respuesta por parte de Su pueblo. Siguiendo las palabras del salmista: «hoy es el día de Su poder», por tanto, es nuestro turno de actuar. Sin embargo, me pregunto: ¿Seremos los voluntarios? ¿Seremos partícipes de ese —tan sagrado— día?

Pues bien, «el día de Su poder» llegó en Hechos 1-5. En el capítulo dedicado a *las riñas, los conflictos y las divisiones*, vimos que Dios se manifestaba —con gran fuerza— en la creciente iglesia primitiva, que sumaba nuevos miembros cada día, y —efectivamente— en Hechos 6, hubo una convocatoria de voluntarios.

> Por aquellos días, al multiplicarse el número de los discípulos, surgió una queja de parte de los judíos helenistas en contra de los judíos nativos, porque sus viudas eran desatendidas en la distribución diaria de los alimentos. Entonces los doce convocaron a la congregación de los discípulos, y dijeron: «No es conveniente que nosotros descuidemos la palabra de Dios para servir mesas. Por tanto, hermanos, escojan de entre ustedes siete hombres de buena reputación, llenos del Espíritu Santo y de sabiduría, a quienes podamos encargar esta tarea...» (Hechos 6:1-3)

Dado el vertiginoso crecimiento de la iglesia primitiva, surgió la necesidad de que siete hombres —siete *voluntarios*— realizasen las tareas antes mencionadas. La palabra clave aquí es «voluntarios», pues debía tratarse de personas inspiradas y motivadas de forma autónoma —no por imposición— que tomasen parte en Su obra y pusiesen su granito de arena en la organización de la iglesia primigenia.

Regresemos —por un momento— a lo sucedido en el aposento alto: Jesús compartió con Sus discípulos una parábola sobre la gestión de los recursos, el cuidado y el servicio —mensaje que encontramos en Mateo 25— y, poco después, fue detenido y enjuiciado (ver Mateo 26). ¡Jesús les habló sobre el servicio justo antes de ser arrestado por los romanos! Cabe aclarar que Cristo, durante los últimos tres años, había compartido Sus enseñanzas con los discípulos, y que ahora, privado de la libertad y sin poder predicar, dejaba Su mensaje y misión en manos de ellos. Era como si Jesús, con sus acciones, les estuviese diciendo: «Es hora de verter en otros lo que Yo he vertido en ustedes. Ya recibieron el entrenamiento; ahora salgan a la cancha y suden la camiseta, pues este regalo no se les dio para que se quedasen sentados, sino para que jugasen el partido».

Alguna vez escuché a alguien comentar que el pueblo de Dios se puede dividir en tres categorías: los pedernales, las esponjas y los panales. A los primeros —los pedernales— habrá que golpearlos para poder obtener algo de ellos, y —aun así— todo lo que saldrá serán lascas y chispas; a las segundas —las esponjas— hará falta exprimirlas y apretarlas para extraer algo de ellas, y finalmente, a los terceros —los panales de abejas— no hará falta ni tocarlos para conocer la rebosante dulzura que brota de ellos. Si analizamos bien a Mateo 25, veremos que es una parábola que relata la historia de dos panales y de un pedernal, y el desafío que enfrentaron.

> «... Porque el reino de los cielos es como un hombre que al emprender un viaje, llamó a sus siervos y les encomendó sus bienes. Y a uno le dio cinco talentos (108 kilos de plata), a otro dos y a otro uno, a cada uno conforme a su capacidad; y se fue de viaje. El que había recibido los cinco talentos, enseguida fue y negoció con ellos y ganó otros cinco talentos. Asimismo el que había recibido los dos talentos (43,2 kilos) ganó otros dos. Pero

> el que había recibido uno, fue y cavó en la tierra y escondió el dinero de su señor...». (Mateo 25:14-18)

Aunque el uso de los *talentos* como unidad de medida no nos sea del todo familiar, seguramente quien haya escuchado esta historia en el siglo I habrá entendido de inmediato —sin necesidad de aclaraciones— que se trataba de una enorme suma de dinero. En aquel entonces, un solo talento equivalía al salario de 20 años; por ello, al entregarles 1, 2 y 5 talentos a sus siervos, ¡el hombre les estaba encomendando unos 160 años de salarios! Hoy en día, más que una unidad monetaria, un *talento* es un *regalo* y un *don* que Dios nos ha dado; es algo de lo que el Señor nos ha hecho depositarios. Al respecto, Andrew Murray —autor de grandes escritos del siglo XX sobre la oración— dijo: «Los hombres se preocuparán por lo que tengas; Cristo se preocupará por lo que hagas con aquello que esté a tu disposición».[2] Así pues, llegará el día en el que Jesús le pregunte a cada uno de nosotros: «¿Qué hiciste con lo que te confié?»; entonces, nos daremos cuenta de que lo importante no es qué poseamos, sino cómo lo usemos. Valga aclarar que no hay iglesias ni ministerios carentes de dones; por ende, tu iglesia ya tiene todo lo necesario para crecer y causar un impacto en la sociedad que la acoge, pero, para multiplicarse, cada uno de esos —mencionados— dones necesita tener a un siervo bueno y fiel detrás, dispuesto a sudar el uniforme.

En la anterior parábola, los tres hombres recibieron distintas cantidades, pero un mismo encargo: <u>cuidar y multiplicar los *talentos*</u> que se les habían entregado. Era de esperarse, entonces, que devolviesen más de lo que habían recibido inicialmente, pero no todos lo hicieron. Tengamos en cuenta que el señor de la casa también les dio <u>suficiente tiempo</u> para hacer algo de provecho con los talentos que les fueron confiados.

> «... Después de mucho tiempo vino el señor de aquellos siervos, y arregló cuentas con ellos. Y llegando el que había recibido los cinco talentos, trajo otros cinco talentos, diciendo: "Señor, usted me entregó cinco talentos; mire, he ganado otros cinco talentos". Su señor le dijo: "Bien, siervo bueno y fiel; en lo poco fuiste fiel,

> sobre mucho te pondré; entra en el gozo de tu señor". Llegando también el de los dos talentos, dijo: "Señor, usted me entregó dos talentos; mire, he ganado otros dos talentos". Su señor le dijo: "Bien, siervo bueno y fiel; en lo poco fuiste fiel, sobre mucho te pondré; entra en el gozo de tu señor".
> Pero llegando también el que había recibido un talento (21,6 kilos), dijo: "Señor, yo sabía que usted es un hombre duro, que siega donde no sembró y recoge donde no ha esparcido, y tuve miedo, y fui y escondí su talento en la tierra; mire, aquí tiene lo que es suyo"...». (Mateo 25:19-25)

Como vemos, no se trata solo de atesorar y cuidar los dones y talentos que Dios nos da; se trata, además, de aprovecharlos y hacerlos crecer. Por ello, es imprescindible que nos pongamos manos a la obra en el servicio y el trabajo voluntario para que nuestros dones sean como semillas sembradas en tierra fértil y puedan dar sus frutos. En el pasaje de la Biblia, los dos primeros hombres —que habían recibido los mayores encargos— multiplicaron las cantidades iniciales. En contraposición, aquel que solo había recibido un talento no hizo nada de provecho con él: se limitó a enterrarlo y a sentarse a esperar. Así las cosas, cuando su señor regresó, el siervo solo pudo devolverle la misma cantidad que se le había confiado desde el principio. Con ese único talento no se hizo —absolutamente— nada; en consecuencia, el tercer hombre recibió una fuerte reprimenda:

> «... Pero su señor le dijo: "Siervo malo y perezoso, sabías que siego donde no sembré, y que recojo donde no esparcí..."». (Mateo 25:26)

La moraleja de este relato es más que clara: quienes hayan recibido un don del Señor y elijan dormirse en los laureles sin usarlo ni multiplicarlo podrán esperar una respuesta similar. Es imposible ignorar que ya contamos con abundantes bendiciones —comenzando por la salvación misma—, y lo propio es agradecerlas ofreciendo nuestro trabajo y servicio. Entre nosotros, algunos han experimentado el regalo de la sanación, los dones del Espíritu Santo, la abundancia de bienes materiales o el don de la sabiduría (o una maravillosa combinación de ellos); por eso, ¡no cometamos el error de desaprovecharlos! Dios nos ha bendecido copiosamente y nos ha provisto de dones para que los transformemos en algo mayor y mejor. Tengo la certeza de que todos hemos recibido al menos un talento en nuestra vida y sé —también— que Dios quiere que lo usemos, no que lo enterremos como el siervo de la parábola.

Un hermoso ejemplo del impacto que los talentos bien aprovechados tienen en las sociedades es la obra de Dios en China, donde —hoy por hoy— se vive un intenso reavivamiento de las iglesias cristianas clandestinas. De hecho, un catalizador muy particular de este fenómeno fue el misionero Hudson Taylor, quien llevó el Evangelio al país asiático en el siglo XIX. Al respecto, hay una inspiradora leyenda sobre un hombre con voluntad de hierro que lo acompañó en su travesía al Extremo Oriente. Se dice que un día, después de presidir un servicio en Glasgow —Escocia—, Taylor vio a un hombre con muletas y una pata de palo acercarse —cojeando— a la tarima; al llegar, este se presentó y le dijo:

—Señor Taylor, Dios me pidió que fuese a China.

Taylor lo miró de arriba abajo y, tras reparar en las muletas y la pata de palo, dijo:

—¿Por qué? Usted no puede ir a China en ese estado.

El hombre, agobiado y con el rostro descompuesto por la noticia, se despidió estrechándole la mano y se marchó.

Pasado un tiempo, Taylor regresó a Glasgow y el mismo hombre volvió a buscarlo.

—Dios me habló —afirmó el decidido creyente de la pata de palo—, y me dijo que debía ser misionero en China.

—¿De verdad? —respondió Taylor, sorprendido—. Cuénteme lo que Dios le dijo.

El hombre citó Isaías 33:23, que dice: «[...] Los cojos se llevarán los despojos». Tras escuchar el pasaje de boca de aquel hombre, Taylor sonrió y le contestó:

—Usted es cojo, y ciertamente China está llena de despojos. Puede ir.

El obstinado hombre zarpó hacia China, y, en el barco, alguien le preguntó:

—¿Por qué decidió usted ir de misión a China en ese estado?

—Pues, como no veo que muchas personas con dos piernas vayan, decidí ir yo con la única que tengo.

Ya en China, la gente tenía miedo de dejarlo entrar a las ciudades, pues se lo describía como una criatura de curioso aspecto, con una espesa cabellera, nariz alargada y tres piernas. A pesar de su condición, fue de casa en casa contándoles a las personas quién era Cristo y, cada vez que alguien intentaba cerrarle la puerta de golpe, ¡él lo impedía atravesando su pata de palo! Aquel hombre no tenía más que una pierna buena, y, aun así, Dios lo usó. Sencillamente, el Señor nos pide que utilicemos lo que tengamos a nuestra disposición.[3]

Muchos jóvenes se preguntan cómo hallar su llamado y su misión particular; también suelen cuestionarse cómo saber lo que Dios quiere que ellos sean y hagan. En mi opinión, la respuesta está en el servicio: a medida que ofrezcamos nuestro trabajo y dones en beneficio del prójimo y de la obra de Dios, encontraremos nuestra vocación y lugar. Como sucede con otros aspectos de la vida, puede que no acertemos desde el primer intento; tal vez haga falta que seamos serviciales de varias maneras distintas antes de descubrir ese llamado, pero —con seguridad— cada paso del camino nos acercará a la meta. Por eso, mi consejo es decir que *sí* a las oportunidades de servicio que se nos presenten —a tantas como sea posible—, incluso si creemos que no es un buen momento porque estamos cerrando algún ciclo y abriendo otro. Aunque se piense contrario, la edad no es ningún obstáculo para recibir el llamado: jóvenes, adultos, jubilados, ancianos… ¡todos pueden hallar una forma de entregarse al servicio! Después de todo, Moisés tenía 80 años cuando Dios lo llamó para que liberase a Su pueblo de la esclavitud a la que estaba sometido en Egipto. A esa edad, más de uno dirá que ya es tarde y que lo único que le falta por hacer es escribir su testamento, pero nada está más lejos de la realidad, ya que ¡siempre hay trabajo por hacer y múltiples maneras de servir!

Verbigracia, cuando yo tenía 19 años, le dije que «sí» a la propuesta de irme de misión a Detroit. En aquella época, estaba estudiando en la universidad porque quería ser policía, como mi papá. Él formaba parte de las fuerzas del orden en Nueva York, luego de haberse preparado en la academia del FBI en Quántico, Virginia, y de haber ascendido en el cuerpo. A decir verdad, todos en mi familia eran o bien policías, o bien bomberos, y la idea de que ese también fuese mi llamado me motivó a ingresar en la academia. Sin embargo, el haber dicho que «sí» a aquella misión lo cambió todo, pues Dios me abrió puerta tras puerta y así, Su llamado para mí se hizo cada vez más claro y evidente. Al llegar a Detroit para la misión, resultó que allí necesitaban que alguien dirigiese un estudio bíblico en un hotel de prostitución, y yo —sin saber por qué, y a pesar de mi inexperiencia— dije que *sí*. Si debo ser honesto, creo que yo era el menos indicado para dicho trabajo porque había nacido y crecido en la iglesia; no conocía ni las drogas ni el alcohol. ¿Cómo podía ser que una persona que nunca se hubiese embriagado ni drogado dirigiese un estudio bíblico en un burdel? Sin importar mi falta de experiencia, dije que sí y lo hice. Poco después, necesitaron a alguien que evangelizase en las calles, y también dije que *sí*; luego necesitaron a un líder de adoración, y —de nuevo— me lancé con un rotundo «sí», aun sabiendo que a duras penas tocaba la guitarra… ¡Debía de ser muy cómico ver al líder de adoración tocando con apenas cuatro acordes! Ahora que lo pienso, no era muy distinto del misionero de la pata de palo. Aunque no fuese el más indicado para ese puesto, allí me quedé siete años. En retrospectiva, creo que dije que sí —pese a mi falta de preparación— porque quienes sabían más que yo sobre estudios bíblicos, evangelización o adoración no se ofrecían a hacerlo. Dios eligió al misionero con la pata de palo y al adorador de cuatro acordes porque siempre estaban dispuestos a decir que *sí*. ¡El *sí* es el primer paso para descubrir el llamado que Dios tiene para nosotros!

De hecho, el testimonio de una lideresa de encuentros virtuales de la Iglesia de Times Square nos lo reafirma:

> Durante la pandemia de COVID, hubo un período en el que no paraba de preguntarle a Dios muchos porqués. Eran preguntas sobre mi infancia y sobre situaciones que estaba viviendo en ese entonces, y por las que aún estoy pasando. Dios me puso en el corazón los versículos de Proverbios 3:5-6: «Confía en el Señor con todo tu corazón, y no te apoyes en tu propio entendimiento. Reconócelo en todos tus caminos, y Él enderezará tus sendas». No olvidaré jamás la respuesta de Dios a mi necesidad de saber

el porqué de todo: «Tu tarea no es entender. Tu tarea es confiar y obedecer».

Así inició mi camino con Dios, y decidí decirle «sí» a Él y a Sus planes. He dejado atrás la necesidad de entender las cosas y he aprendido a confiar en el camino, aunque no sepa adónde me conducirá.

Tras un par de meses de haber recibido en mi corazón el mensaje de fe y confianza en Dios, sentí que Él me estaba poniendo a prueba. Mi primer «sí» fue cuando acepté la invitación a conducir la Serie de Oradoras, y luego le dije que sí a convertirme en anfitriona de la Iglesia Virtual; después, acepté ser voluntaria en la escuela Summit junto a otros jóvenes adultos. Fueron varios «sí» seguidos.

Soy una persona introvertida a la que no siempre le resultó fácil decir que «sí». Pasé por la incertidumbre y el miedo, y sentí que no era lo suficientemente buena para lo que me pedían que hiciese. También me pregunté muchas veces: «¿Con qué tiempo? Sin embargo, de manera casi simultánea a todo lo anterior, me uní al grupo de conexión «419», que me retó a alcanzar mi máximo potencial en Cristo. Más adelante, comencé a dirigir mi propio grupo de conexión, y tuve muchas dudas e inseguridades a lo largo del proceso; aun así, luego apoyé la formación de más líderes y, finalmente, armé un equipo completamente liderado por mí.

El camino no ha sido (ni es) siempre fácil, pero cuando tengo dudas, recuerdo lo que Dios me dijo aquel día: ¡Confía en el Señor con todo el corazón y no te apoyes en tu propio entendimiento!

¡Qué magnífico testimonio de fe! En definitiva, todo comienza cuando le decimos que *sí* a Dios. A continuación, veremos un ejemplo de cómo el haber aceptado realizar una tarea aparentemente mundana dio origen a la leyenda de uno de los más grandes reyes de Israel: el rey David.

> Y dijo Isaí a su hijo David: «Lleva ahora a tus hermanos un efa (22 litros) de grano tostado y estos diez panes, y corre al campamento a donde están tus hermanos. Lleva también estos diez quesos al capitán de los mil, y mira a ver cómo están tus hermanos y trae noticias de ellos. Porque Saúl y tus hermanos y todos los hombres de Israel están en el valle de Ela, peleando contra los filisteos». Y se levantó David muy de mañana [...]. (1 Samuel 17:17-20)

¡David llegó a la batalla donde estaba Goliat para llevarles quesos —entre otras cosas— a sus compatriotas! Así pues, sería entregando quesos y provisiones que aquel joven terminaría con una honda en la mano, lanzando una piedra a la cabeza de un gigante y cambiando su destino para siempre. ¡Fue llevando alimentos a domicilio como David encontró su lugar y su momento! En la batalla, los comandantes y sus hombres necesitaban que alguien los avituallase con emparedados de queso, y David —sin prejuicio ninguno por la labor de repartidor— dijo que «sí» y les sirvió. Con humildad, el hijo de Isaí obedeció, y, de repente, se halló cara a cara con su destino. Lo que comenzó con un simple *sí* a realizar una tarea mundana, luego se transformó en una victoria épica para Israel. ¿Quién habría podido escribir tan increíble historia? Sin duda, ¡solo Dios!

Hace poco, leí un fascinante artículo sobre los Navy SEAL —los equipos de Tierra, Mar y Aire de la Armada de los Estados Unidos— que decía que, de todos los hombres (alrededor de 200) que comienzan el entrenamiento para unirse al equipo élite, solo un 10 % consigue finalizar el programa. Los aspirantes deben superar una rigurosa preparación de 24 semanas, de la que casi todos (un estimado del 90 %) acaban por desistir. Si, en un momento dado, alguien siente que no puede continuar y decide abandonar el programa, deberá ir hasta la campana para hacerla sonar, y luego, dejar su casco en el suelo como testimonio de que renuncia porque ya no resiste más.

En una ocasión, le preguntaron a un exintegrante de los Navy SEAL cómo era que algunas personas sí lograban culminar el entrenamiento y cuál era el secreto para conseguirlo; su respuesta fue sorprendente: quienes llegan hasta el final no suelen ser los más fuertes físicamente. Procedió a explicar que no son los hombres más corpulentos, musculosos —o rudos— con tatuajes ni tampoco aquellos con estudios universitarios quienes suelen superar lo más crudo del entrenamiento; muchas veces, a la meta final llegan combatientes cuyo aspecto no refleja fuerza ni vigor. A fin de cuentas, quienes parecen aptos no siempre lo son en realidad. A veces, durante el proceso, los participantes tiemblan del miedo, pero, llegado un punto en el extenuante entrenamiento —cuando el agotamiento físico y la fatiga mental les hacen sentir que ya no pueden más y que están a punto de rendirse—, buscan en lo más profundo de sí mismos y encuentran la manera de ayudar a la persona que tienen al lado.[4]

¡El atributo que define a los más aptos es la fuerza del servicio! En la parábola, David —que, a propósito, era mucho más pequeño que su contrincante, Goliat— demostró que habría sido un excelente Navy SEAL: sin dudarlo, llegó al campo de batalla para ayudar a los demás, en detrimento de su propia seguridad. David era consciente de que los comandantes y sus hermanos necesitaban comida y por eso obedeció las órdenes y fue a llevársela; no obstante, había algo más que solo Dios sabía: la nación de Israel entera necesitaba de su valiente actuar. Lo que el hijo de Isaí aceptó como una labor básica y mundana —entregar queso y provisiones— era, en realidad, la puerta de entrada a su glorioso futuro. Ciertamente, así como David descubrió su llamado a través del servicio, también nosotros descubriremos el nuestro.

En definitiva, si David se hubiese considerado «demasiado bueno» como para repartir quesos, no habría visto la puerta que Dios tenía preparada para llevarlo al campo de batalla; si se hubiese quedado esperando a recibir un encargo de mayor nivel, seguramente habría cuidado ovejas el resto de su vida. Así pues, la vía de entrada a la autopista del destino está hecha de pequeños caminos de piedra —tareas humildes— que en principio pareciera que no condujesen a ninguna parte, pero que ponen a prueba la decisión, constancia y fuerza de voluntad que tenemos para llegar a la meta. Se trata, pues, de pruebas de humildad; porque para lograr algo tan grande como vencer a un gigante con una honda hace falta ser humilde y llevar quesos primero. A decir verdad, muchas personas con talentos superiores al de vencer a un gigante jamás serán escogidas para tales empresas porque no están dispuestas a hacer pequeñas —y banales— tareas. Los encargos más trascendentales pueden llegar disfrazados de trivialidad. Dios, en su omnisciencia, sabía que «no se derriba a los gigantes en batallas colosales, sino en pequeñas misiones como la de los quesos».

Continuando con los mensajes que Jesús dio en el aposento alto acerca *quedarnos sentados* o *servir*, hay otra parábola que —como la de los talentos— nos enseña que decir que «sí» a tareas sencillas y cotidianas para servir al prójimo y a Dios tiene un impacto mucho mayor de lo que nosotros pudiésemos creer. Veamos esta extraña escena del Nuevo Testamento:

> Él envió a dos de Sus discípulos, diciéndoles: «Vayan a la ciudad, y allí les saldrá al encuentro un hombre que lleva un cántaro de agua; síganlo; y donde él entre, digan al dueño de la casa: "El Maestro dice: '¿Dónde está Mi habitación en la que pueda comer la Pascua con Mis discípulos?'". Y él les mostrará un gran aposento alto, amueblado y preparado; hagan los preparativos para nosotros allí». (Marcos 14:13-15)

¿Qué tiene de particular esta historia? Bien, la escena se desarrolla alrededor de un hombre que lleva un cántaro de agua. Aunque parezca un acto poco relevante, en aquel entonces —siglo I de nuestra era— y en esa región del mundo, el transporte de agua era una tarea exclusiva de las mujeres. Es muy curioso que fuese justamente un hombre quien llevase un cántaro aquel preciso día y que el lugar de la cena más famosa de la historia hubiese tenido como referencia un acontecimiento tan particular. ¿Acaso aquel hombre estaba ayudando a su esposa en la labor que le hubiese correspondido a ella? ¿Por qué estaba él recogiendo el agua en aquella ocasión? Sea cual fuere la razón, fue el haber dicho que «sí» a tan humilde tarea lo que acabó guiando a los discípulos hasta el aposento alto. Puede que el hombre solo pensase en colaborarle a su esposa como muestra de su amor, y que no llegase siquiera a imaginarse que tan sencillo gesto habría de dejar una profunda huella en la historia; quizás, Dios —en su omnisciencia y omnipresencia— le dijo a aquel hombre: «Hazlo. Aunque no lo llegues a saber jamás, si aceptas hacer esta pequeña tarea, estarás en la historia de la cena y el aposento más famoso de todos». Así, lo que para él pudo haber sido un simple cántaro sobre su cabeza, fue —nada más y nada menos— su boleto de entrada a la Biblia. Este hombre, a quien bien podríamos considerar un Navy SEAL de su época, transformó un acto cotidiano en uno inmortal, pues se seguirá hablando de él *per saecula saeculorum.*

Si lo analizamos en profundidad, en los pasajes mencionados, el transportar quesos y agua fueron acciones altruistas —hechas pensando en los demás— que habrían pasado desapercibidas —pues nadie suele elogiarlas o valorarlas— de no ser porque Dios nos las mostró como parte de Su divino engranaje. Del mismo modo, puede que haya acciones en nuestra vida que nos parezcan minúsculas comparadas con todo lo que podemos hacer —como ayudarle a cargar las bolsas a los demás, por ejemplo—, pero debemos recordar que los actos de servicio nos forjan el carácter. Me resulta triste ver que hoy en día, en medio del afán por ser importantes o famosos, muchos creen que las pequeñas acciones los harán perder tiempo valioso y acabar en el olvido; pero nada está más lejos de la realidad: como en el caso de David y del hombre del cántaro, son las pequeñas acciones las que marcan la diferencia en la vida, la sociedad y la historia. Es ridículo «buscar» nuestro destino en la grandeza, pues el plan de Dios para nosotros se escribe y manifiesta en las pequeñas y —aparentemente— insignificantes acciones de nuestra vida. Como dato curioso —y en contravía de las ansias de poder del hombre—, la palabra *líder* solo se menciona dos veces en la Biblia, mientras que el sustantivo *siervo* aparece en más de 800 ocasiones; es como si las Escrituras nos recordasen que el servicio es mucho más importante que el poder. En palabras de Hudson Taylor: «Lo pequeño es pequeño, pero tener fe en algo pequeño es realmente grande».

De la Acción a la Pasividad

La Biblia tiene ejemplos de todo tipo de personajes y, a propósito del servicio, quisiera mencionar la historia de un hombre llamado Demas. Aunque su nombre no sea muy conocido, tres versículos que tratan sobre él —y describen su evolución a lo largo de siete años— ilustran la concepción bíblica del servicio. Veamos el primero de dichos versículos:

> Te saluda Epafras, mi compañero de prisión en Cristo Jesús; también Marcos, Aristarco, Demas y Lucas, mis colaboradores. (Filemón 1:23-24)

Esta carta fue escrita en el año 60 d. C., y los hombres que en ella se mencionan son hombres de acción, conocidos por ser siervos de Dios. Demas —el personaje que ahora nos atañe— fue mencionado, junto con Lucas y Marcos, como un «colaborador», «cooperador» o —como figura en otras versiones de la Biblia— «compañero de trabajo». A pesar de su fama de servicial, pasados algunos años, su actitud habría de cambiar:

Leamos el segundo versículo sobre Demas:

> Lucas, el médico amado, les envía saludos, y también Demas. (Colosenses 4:14)

Esta carta fue escrita dos años más tarde, en el 62 d. C. Como podemos notar, el nombre de Demas ya no aparece asociado a los adjetivos de *colaborador* o *cooperador*; mucho menos a la palabra *trabajo*. En esta segunda epístola, su nombre es solo uno más.

Finalmente, echémosle un ojo al tercer versículo:

> Pues Demas me ha abandonado, habiendo amado este mundo presente [...]. (2 Timoteo 4:10)

Esta fue la última carta de Pablo, escrita en el 67 d. C., pasados siete años de la primera carta y cinco de la segunda. En ella vemos que Demas abandonó a Pablo, a pesar de haber «amado [aquel] mundo presente». Traigo a colación la historia de Demas porque quiero hacer énfasis en su lamentable evolución: en la primera carta, Demas *ayuda*; en la segunda, Demas *está presente*, y en la tercera, Demas *abandona*. Cuando se lo menciona por primera vez, Demas ayuda a Pablo y es muy activo en sus labores, su nombre —incluso— se asocia al trabajo; para su segunda aparición —en la Carta a los colosenses—, el nombre de Demas deja de estar asociado a la *actividad* para convertirse en sinónimo de *pasividad*, pues, aunque siga en la iglesia, ya no es un siervo, tan solo es una persona más que está allí. Finalmente, para su tercera y última mención, su nombre está teñido de ausencia, pues ya ni siquiera está presente.

Como vemos, Demas pasó de ser un miembro activo de la iglesia —un verdadero siervo— a ser uno pasivo, que solamente asistía y que ya no estaba comprometido con el servicio. Lo verdaderamente triste es que él fue incluso más allá: pasó de la actividad a la pasividad y luego al abandono; renunció a hacer presencia en la iglesia. ¡Cuán peligroso es cambiar el servicio por la comodidad de un asiento! Servir ayuda a mantener vivo el fuego por Dios y, como ya vimos en capítulos anteriores, la lumbre que no se aviva —tarde o temprano— acaba por apagarse.

Respecto al servicio y al compromiso de los creyentes, Erwin McManus dijo: «Es tu inversión, no la mía, la que garantiza tu futuro».[5] ¡Nuestra inversión en compromiso, fe, servicio y trabajo será la que garantice nuestro futuro! En mi experiencia, el destino inevitable de quienes se quedan —pasivamente— sentados esperando a que otros hagan lo que ellos no hacen es *enamorarse del mundo*, en lugar de *enamorarse del servicio*. A la larga, puede que por no usar su don en provecho del Evangelio o de su prójimo, y por querer reservarlo únicamente para sí mismos, acaben por desperdiciarlo.

Del Servicio al Destino

Como dije anteriormente, la Biblia tiene relatos de todo tipo de personajes, y, así como la historia de Demas nos muestra una clara *involución* del servicio —hacia la ausencia—, los Evangelios nos iluminan con la historia de Jesús, el máximo siervo, y con Su *evolución* del servicio hacia el destino.

> Haya, pues, en ustedes esta actitud que hubo también en Cristo Jesús, el cual, aunque existía en forma de Dios, no consideró el ser igual a Dios como algo a qué aferrarse, sino que se despojó a Sí mismo tomando forma de siervo, haciéndose semejante a los hombres. Y hallándose en forma de hombre, se humilló Él mismo, haciéndose obediente hasta la muerte, y muerte de cruz. Por lo cual Dios también lo exaltó hasta lo sumo, y le confirió el

> nombre que es sobre todo nombre, para que al nombre de Jesús se doble toda rodilla de los que están en el cielo, y en la tierra, y debajo de la tierra, y toda lengua confiese que Jesucristo es Señor, para gloria de Dios Padre. (Filipenses 2:5-11)

Como cristianos, sabemos que la vida eterna y la salvación son regalos que Jesús nos dio cuando eligió convertirse en siervo. ¡Todo se lo debemos al Siervo, que tanto nos sirvió y que se entregó por nosotros! En Marcos 10:45, vemos que: «"[...] ni aun el Hijo del Hombre vino para ser servido, sino para servir, y para dar Su vida en rescate por muchos"». O sea: si el Hijo de Dios vino para servir, ¿por qué nosotros —simples humanos— todavía lo pensamos dos veces antes de entregarnos al servicio? Escuchemos el mensaje de Pablo en la Carta a los Filipenses, ¡tengamos la misma actitud de servicio que Jesús!

Hoy es el día del poder de Dios, y además es nuestro turno de actuar. Como dijo el escritor y educador Leo Buscaglia: «Los talentos son regalos que Dios nos da; los frutos que obtenemos de ellos son nuestra manera de retribuírselos».[6] Por todo lo anterior, hoy te invito a que decidas qué hacer con los talentos que Dios te ha dado: si quedarte sentado en la pasividad, o si hacer de tu corazón el de un siervo que no vive con cautela, sino que se entrega en beneficio del prójimo.

PREGUNTAS

1. ¿Hay algún ámbito de tu vida en el que estés «viviendo con cautela»? ¿Qué obstáculos —si los hubiere— evitan que sirvas a otros?

2. Pasa un tiempo con el Señor. ¿Cuál sería tu manera «soñada» de servirle? Menciona un pequeño acto de servicio que podrías tener con tu prójimo hoy.

3. La parábola de Jesús sobre los talentos hablaba de tres siervos: dos que invirtieron sabiamente y uno que no invirtió nada. ¿Por qué crees que Jesús no incluyó también un escenario en el que un siervo invirtiese el talento, pero acabase perdiendo dinero? Reflexiona y responde.

LA ADORACIÓN

(«Worship» es *adoración* en inglés)

El poder y el Propósito de la Adoración

«La adoración es el desborde de un corazón que no le pide nada a Dios».
CARL ARMERDING[1]

Hace algunos años, un grupo de misioneros se dio a la tarea de traducir el Nuevo Testamento a la lengua del pueblo indígena chol, una tribu maya del norte de Chiapas, al sureste de México. Los 23 años que les llevó traducir las Escrituras valieron —muchísimo— la pena, ya que hoy en día, la iglesia de los choles cuenta con más de 12.000 miembros. Increíblemente, cuando llegaron los primeros misioneros, los choles no sabían cantar, pero después, tras recibir el Evangelio en sus vidas, pasaron a ser conocidos como «los cantantes». Ahora les fascina cantar, pues tienen un motivo para hacerlo.[2]

¡Una tribu que no sabía cantar ahora es famosa por su canto! Si bien la música es un arte maravilloso, la canción que llegó a los corazones de la tribu no vino de un estudio de grabación, de un escenario, de una partitura ni de una plataforma de reproducción (como Spotify o YouTube); ¡no! Como creyentes, la canción que cantan nuestros corazones viene de Dios: Él nos la entregó desde el momento en que fuimos salvos en Cristo. La música que resuena en nuestro interior es la *adoración* y es un cantar profundo y gozoso, que le dedicamos a Dios. Veamos lo que el salmista David dijo al respecto:

> Esperé pacientemente al Señor,
> Y Él se inclinó a mí y oyó mi clamor.

> Me sacó del hoyo de la destrucción, del lodo cenagoso;
> Asentó mis pies sobre una roca y afirmó mis pasos.
> Puso en mi boca un cántico nuevo, un canto de alabanza a nuestro Dios.
> Muchos verán esto, y temerán
> Y confiarán en el Señor.
> (Salmo 40:1-3)

Cuando un alma comienza a trabajar en su espiritualidad y en su conexión con Dios, se ve profundamente transformada; así, el trabajo *sobrenatural* en el alma tiene dos resultados *naturales*: la adoración del corazón y la alabanza de la boca. David confiesa que Dios lo sacó del hoyo, lo puso en tierra firme y lo liberó para que pudiese caminar, y que —en consecuencia— la adoración y el canto le brotaron de forma orgánica e inevitable. Como la canción de David fue tan genuina y profunda, inspiró a otras personas a confiar en el Señor. Conozco de primera mano la incredulidad de quienes ven desde fuera la adoración del pueblo de Dios. Estas personas, al no tener el fuego de Dios en sus corazones, se preguntan: «¿Por qué los cristianos serán tan felices?». Es justo a esa pregunta que intentaré responder en este capítulo.

Primero, quisiera citar un hermoso verso de una canción: «Esta alegría que tengo no me la dio el mundo, y tampoco el mundo me la podrá quitar».[3] ¡Así es! Cuando la alegría de nuestro corazón viene de Dios, no hay nada que nos la pueda arrebatar; esa dicha del cristiano es la que se exterioriza a través de la adoración. Por ello, si, como a David, Dios te ha rescatado, te ha puesto en tierra firme y te ha acompañado en tu caminar, y hoy puedes dar testimonio de Su fidelidad en tu vida, entonces debes adorarlo con todas tus fuerzas. Adorar es, pues, alzar la voz y darle gracias al Señor.

Tal como está escrito, un día, la predicación y los sermones se acabarán, las reuniones de oración se tornarán innecesarias y hasta la evangelización cesará... Desde el momento en que pasemos a la eternidad, estaremos con Jesús por siempre. Entonces casi todo lo que hoy por hoy hacemos como cristianos carecerá de sentido; todo menos la dupla imprescindible: adorar y alabar a Dios. Estas serán las únicas acciones que no desaparecerán en la vida eterna, pues nos uniremos a un lauro que ya está en curso:

> [...] día y noche no cesaban de decir:
> «Santo, Santo, Santo es el Señor Dios, el Todopoderoso, el que era, el que es y el que ha de venir». (Apocalipsis 4:8)

Así pues, cabe preguntarnos ¿qué son los elementos de aquella dupla —la alabanza y la adoración— y qué los hace tan especiales como para que nos acompañen por toda la eternidad? Bien, antes de ahondar en ellos, veamos en qué se diferencian: como creyentes, alabamos a Dios por lo que Él hace, y Lo adoramos por lo que Él es. Así, el adorarlo nos sale natural al pensar en quien es Dios —Su naturaleza y existencia— y el alabarlo, al ver Su obra en nuestra vida. Para efectos de este capítulo, me permitiré emplear ambas palabras indistintamente.

Romanos 6 nos desafía —como cristianos— de una forma muy pragmática y necesaria. En lo personal, me gusta referirme a este como el reto del «así como» y el «ahora». Veamos de qué trata:

> Hablo en términos humanos, por causa de la debilidad de su carne. Porque de la manera que ustedes presentaron sus miembros como esclavos a la impureza y a la iniquidad, para iniquidad, así ahora presenten sus miembros como esclavos a la justicia, para santificación. (Romanos 6:19)

Como mencionó Pablo en el pasaje, ha de existir un cambio profundo en el corazón y en las prioridades de los creyentes. Por lo tanto, el reto que se nos plantea sería —más o menos— el siguiente: «Así como se volvieron locos por el mundo, por las discotecas, por jugar al fútbol americano en la universidad o por la Serie Mundial de béisbol, ahora necesito que, sin reservas, le dediquen a Dios el mismo entusiasmo y la misma emoción que a todas aquellas banalidades». No se trata, en lo absoluto, de suplir una cosa con la otra; se trata de hacer que nuestro corazón arda de pasión por Dios, tal como antes lo hacía por aquellas trivialidades. Así las cosas, ¿habría bastado con invertirle un ratito, un solo día de la semana, a aquello que nos apasionaba con locura? Ciertamente, no. Entonces, ¿qué nos hace creer que dedicarle a Dios —apenas— un par de horas los domingos es suficiente? ¿Por qué creemos que la adoración y la alabanza son exclusivas de los domingos, y que solo existen cuando el coro y la banda se suben al escenario en la iglesia?

La respuesta es que no hemos comprendido que la adoración no depende de la música, las guitarras, los cantantes ni el coro, sino que sucede cuando nos conectamos con Cristo. Por ende, si somos incapaces de adorarlo los lunes de la misma manera y con la misma pasión que el día anterior, puede que no lo estemos adorando en realidad. Al respecto, leamos las sabias palabras de Agustín, el conocido teólogo de la iglesia primitiva: «Todo cristiano debe ser un aleluya desde la cabeza a los pies».[4] ¡Desde la cabeza hasta los pies, siete días a la semana! Si nuestro corazón está concentrado en Cristo, Lo adorará constantemente.

Si tuviese que ponerlo en palabras coloquiales, diría que la alabanza y la adoración son, en esencia, cumplidos que le hacemos a Dios. Sucede que, cuando estamos enamorados, nos sale de forma natural elogiar al ser amado, expresarle nuestra gratitud por su presencia en nuestra vida y decirle todo lo que sentimos por él o ella. Del mismo modo, alabar es estar inmersos en Dios; es sentir la necesidad de recordarle —a toda hora— cuánto Lo amamos, de ensalzarlo y de admirar —y agradecer— todo lo que hace.

Como esposo, reconozco la importancia de los espacios de comunicación y del tiempo compartido en pareja; por eso, Cindy y yo tenemos la costumbre de reservar los viernes en la noche para nuestras cenas románticas. Cuando estamos en un restaurante, de vez en cuando les echo un vistazo a las parejas sentadas a nuestro alrededor, y noto que muchas de ellas ni siquiera se dirigen la palabra mientras cenan. A raíz de mi experiencia como consejero matrimonial, sé que el silencio es un indicio de que algo anda mal, pues en las relaciones sanas existe un fuerte componente verbal: hay conversaciones e interacción. Consecuentemente, nuestra relación con Dios debe tener las mismas características de una relación sana de pareja: comunicación, tiempo de calidad juntos y gratitud por la entrega del otro. Por ello, no debemos escatimar en tiempo de adoración ni en elogios para Dios; hemos de declararle siempre nuestro amor y gratitud. Sin embargo, no podemos depender de las frases hechas —ni de los cumplidos muy socorridos— todo el tiempo. Por ejemplo, cantarle a Dios un himno de alabanza es algo bello, pero —por lindas que sean aquellas palabras— son solo hojas de apuntes que nos privan de la conversación personal e íntima con Dios. Si bien las notas —o apuntes— que le leamos al Señor pueden resultarnos útiles, estas deben ser solamente una parte de nuestra adoración para Él, no pueden ser lo único que Le digamos.

¿Qué sucedería con mi matrimonio si yo tuviese que depender de un libreto para hablarle todos los días a mi esposa? Quizás seguiríamos un guion como este:

—Buenos días, Cindy. (Pausa)

—¡Qué bueno verte hoy!

—Vaya, luces extraordinaria... incluso recién levantada.

—Te amo. (Bis)

¡Qué triste sería nuestra vida si ese fuese el caso! Bien, así como una relación de pareja se debilitaría por cuenta del uso y el abuso de estas hojas de apuntes, también lo haría nuestra relación con Dios. Cabe aclarar, entonces, que ir a la iglesia y participar en las alabanzas allí no quiere decir que nuestro corazón realmente haya alabado al Señor. Al igual que sucede con las relaciones de pareja, es necesario hablarle al ser amado con palabras que él o ella pueda entender. Esto es: hay que desarrollar un vocabulario de alabanza; no basta con «alabar a Dios a nuestra manera», porque, si vamos a alabarlo a Él, hemos de hacerlo a Su manera.

Tengamos presente que alabar no es lo mismo que orar ni meditar: a diferencia de la oración y la meditación, la alabanza es sonora, por lo tanto, sería imposible alabar sin abrir la boca ni usar nuestra voz. Tal como sucede con las cosas más importantes de la vida —como respirar y comer—, alabar a Dios es algo que nadie más puede hacer en nuestro lugar; es una acción individual e intransferible. Así pues, no importa cuántas personas a nuestro alrededor alaben a Dios, nadie podrá alabarlo por nosotros.

A pesar de ser indispensables en la vida de un creyente, hoy en día la alabanza y la adoración verdaderas escasean debido a que en las iglesias se ha tergiversado su foco y su esencia. Muchos se conforman con la música y los versos que provienen de la tarima, y olvidan alzar la mirada para ver más alto y más profundo. Francamente, agradezco contar con la música como recurso, pero no creo que los cantantes, los músicos ni las canciones deban acaparar nuestra atención mientras alabamos. Toda esta producción es genial, pero, si nos concentramos solo en ella, nos distraeremos tanto con los accesorios que olvidaremos quién es el verdadero protagonista: Dios, nuestro Señor.

Suelo recurrir a anécdotas de mi vida personal para ejemplificar algunos conceptos, y, cuando vivía en Detroit, sucedió una que ilustra a la perfección nuestra tendencia a perdernos en los detalles e ignorar lo que en realidad importa. Cuando nuestros hijos eran pequeños, Cindy y yo los llevamos al zoológico de la ciudad, que acababa de inaugurar una costosísima exposición de osos polares, la cual prometía una experiencia inolvidable, y así fue: mientras caminábamos bajo el techo de hielo, podíamos ver las patas de los osos polares que pasaban nadando por encima de nosotros. ¡Era un espectáculo fabuloso! Aun así, de nuestra visita a tan increíble exposición, nada me sorprendió más que la reacción de mi hijo: a él no lo cautivaron los osos polares, su blanco pelaje ni sus colosales patas, no… ¡fueron las enormes pelotas verdes de goma con las que jugaban estos mamíferos árticos las que lo fascinaron! Lo único que le interesó de la exposición fueron aquellas pelotas, e incluso llegó a insistir en que le comprásemos una. Yo no podía creer que algo tan sencillo —y barato— como una pelota de goma pudiese eclipsar a algo tan especial —e invaluable— como una exposición de osos polares en Detroit. Mi hijo fue presa de su curiosidad infantil, pero su reacción demuestra que, si permitimos que unas baratijas eclipsen y le roben el protagonismo a lo verdaderamente valioso en nuestras alabanzas, nos perderemos del auténtico tesoro de la adoración.

Siguiendo con las anécdotas de los zoológicos, supe que —hace años— hubo uno en Alemania que se disponía a liberar al oso Ziggy, que llevaba la mayor parte de sus 15 años caminando de un lado a otro en una jaula de 1,20 por 3,60 metros (4 x 12 pies). Llegado el día de la anhelada liberación, el equipo trasladó a Ziggy a un campo cercado donde podía desplazarse a sus anchas, pero —contrario a lo que se esperaba— el oso no recorrió el espacio en su totalidad. En vez de lanzarse a explorar los confines de su nuevo hogar, Ziggy —para sorpresa de todos— se limitó a hacer aquello a lo que estaba habituado: caminó tres metros y medio, se dio la vuelta y volvió a caminar la misma distancia en la dirección opuesta. Ante la insólita conducta del animal, los cuidadores concluyeron que, aunque ya no hubiese obstáculos en su camino, Ziggy aún estaba atrapado en las percepciones —espaciales— de su antigua jaula.

¿Acaso nosotros, como iglesia, nos acostumbramos tanto a la adoración de los domingos —nuestra jaula de tres metros y medio— que se nos olvidó que podíamos adorarlo sin limitarnos a tales barrotes y a cuatro esquinas? ¡Ninguno de nosotros es Ziggy! Por ello, debemos tener cuidado de no confinar nuestra adoración al encuentro dominical de la iglesia. ¿Cómo es posible que adoremos al Dios del universo —omnipresente, omnisciente y omnipotente— y reduzcamos nuestros elogios y conversaciones con Él a 18 minutos semanales de adoración? ¡No seamos feligreses enjaulados! Con profunda tristeza, he visto que los servicios y la adoración se hacen cada vez más breves para que la gente no tenga que pasar tanto tiempo en la iglesia… ¿Por qué habríamos de limitar el tiempo que le dedicamos a un Dios infinito e ilimitado? Deseo que la alabanza y la adoración vuelvan a ser tal como la Biblia las describe: que Lo adoremos en cualquier momento que nos nazca hacerlo; donde y cuando lo deseemos. ¡Rompamos la jaula de los tres metros y medio; adoremos a Dios por lo que Él es y por lo que ha hecho!

La adoración es, entonces, una forma de mantener sana nuestra relación con Dios y de admirarlo por quien es; el adorarlo es una consecuencia natural del inmenso y desbordante amor que sentimos por Él. No obstante, hay dos aspectos que debemos tener muy claros para blindar dicha relación de cosas negativas: *la fuente* y *el poder* de la adoración. Para muchos, la adoración es tan poderosa que se la considera *un arma* contra el enemigo, por eso el saber usarla es fundamental en la vida de todo creyente.

Recuperar la Fuente de la adoración

Hay un adagio que dice que, si Jesús no es lo suficientemente maravilloso por Sí mismo, el hombre recurrirá a su propio ingenio para atraer más seguidores. ¡Cuán triste es darse cuenta de que no hay mejor descripción que esa para la iglesia del siglo XXI! Por ello, volvamos a la Biblia para entender lo que David dice sobre la verdadera fuente de la adoración:

Tú inspiras mi alabanza en la gran asamblea;
Ante los que te temen cumpliré mis promesas.
(Salmo 22:25 NVI)

Yo creo que las personas saben *cómo* adorar, mas no saben *a quién* adorar. La adoración es una forma —muy elevada— de comunicación que requiere un *emisor* y un *receptor*. Nosotros, al ser los emisores de la adoración, conocemos nuestro papel, pero ¿tenemos claro quién es el receptor? Veo con tristeza que la iglesia ha perdido ese «Tú» del salmo 22, es decir: ha perdido al divino receptor de nuestra adoración. Ese «Tú», que debería ser el protagonista y único involucrado en la comunicación —además de nosotros, los emisores—, ha sido reemplazado por muchas otras cosas mundanas e innecesarias. Por alguna razón, hay quienes han llegado a concluir que nuestro Dios —el «Tú»— no es lo suficientemente poderoso como para mantener abarrotadas las iglesias los domingos, entonces recurren al espectáculo para obtener los resultados que desean: que no falte gente en las iglesias. No obstante, ¡falta lo más importante! Falta el «Tú» y, sin él, acabamos por creer que 18 minutos le bastan a un Dios eterno.

Así las cosas, ¿cómo saber si nuestra relación con Dios es sana? Bien, tal como sucede cuando se está en presencia del ser amado, hay un estremecimiento interno, una fuerte conmoción —una mezcla de amor, emoción, admiración y gratitud— que confirma que se está total y absolutamente enamorado. Asimismo, si ante la presencia de Dios nos sentimos abrumados, estremecidos y conmocionados, entonces sabremos que estamos delante del «Tú» correcto; estamos hablándole, adorando y alabando al receptor indicado. Dicho de otro modo: el adorar y alabar es cantar con Dios —al unísono— la canción que Él puso en nuestro interior cuando recibimos la salvación. De hecho, la Biblia nos dice que la *falta de alabanza* es una actitud y un síntoma de *quienes no han sido salvos en Cristo*:

Pues aunque conocían a Dios, no lo honraron como a Dios ni le dieron gracias, sino que se hicieron vanos en sus razonamientos y su necio corazón fue entenebrecido. (Romanos 1:21)

Por el contrario, cuando nuestra alabanza y adoración son verdaderas y profundas, y están bien dirigidas, ese —divino— «Tú» nos cautiva y embelesa a tal punto que 18 minutos se nos quedan cortos y sentimos que ni una hora ni un día ni una vida bastan. Citando una popular canción cristiana: «Estoy volviendo al corazón de la adoración, y se trata de Ti, solo de Ti, Cristo...».[5] En definitiva, cuando Dios es —a la vez— la fuente y el receptor de nuestra alabanza, podemos tener la certeza de que hemos regresado al corazón de la adoración. Aunque estas palabras suenen redundantes, si no tenemos claro qué estamos haciendo (ni por qué o para qué lo hacemos), nuestras acciones carecerán de sentido. Así, si entendemos que la alabanza no depende de la iglesia a la que vayamos, de la confesión que tengamos, de la música de los servicios religiosos ni de nuestro estado de ánimo, por fin descubriremos la esencia misma de la adoración. Sin duda, será de nuestro rebosante corazón de donde salga la necesidad de alabarlo, pero, incluso entonces, hemos de saber que quien lo ha desbordado ha sido Dios, cuando recibimos la salvación. Por todo ello, ¡alabemos al Señor con o sin música! No necesitamos de la ocasión perfecta para adorar y alabar al Señor; de hecho, ¡solo necesitamos a un Dios bueno y perfecto para hacerlo!

Grande es el Señor, y muy digno de ser alabado [...]. (Salmo 48:1)

Dios es grande, por ende nuestra alabanza también debe serlo para estar a Su altura y corresponder con Su grandeza. Como ya mencioné antes, Lo adoramos por lo que Él es, y, dado que Su esencia no cambia —Dios es inmutable—, la loa no debe depender de nuestros —mutables— estados de ánimo ni de nuestras preferencias personales. Así las cosas, es Su grandeza —no nuestra personalidad, gustos ni filiación religiosa— lo que debería guiar nuestra alabanza. Por eso y para *ir sobre seguro*, debemos alabarlo y adorarlo como lo dice la Biblia, pues es el manual de instrucciones con el que contamos para hacerlo de la forma correcta. En consecuencia, si las Escrituras dicen que debemos clamar al Señor, entonces eso será lo que hagamos. Cabe aclarar que nada tiene que ver nuestra confesión con la adoración verdadera: bien pentecostales, bien carismáticos... debemos adorar como lo diga la Biblia. Todo creyente debería saber que Dios es intrínsecamente merecedor de adoración y alabanza por toda la eternidad.

David nos muestra un ejemplo magistral de lo que es adorar a Dios sin importar las circunstancias en las que nos encontremos. En el Salmo 22, vemos que David no se sentía bien y, aun así, alababa al Señor porque sabía que, incluso en los momentos más difíciles, Dios es siempre digno de alabanza. Tan hermosa sería su loa que Jesús, durante Su calvario en la Cruz, elegiría justamente este de entre los casi 2.500 versículos que contiene el libro de los Salmos:

> Dios mío, Dios mío, ¿por qué me has abandonado?
> ¿Por qué estás tan lejos de mi salvación y de las palabras de mi clamor?
> Dios mío, de día clamo y no respondes;
> Y de noche, pero no hay para mí reposo.
> (Salmo 22:1-2)

Estas palabras nos dan una idea de la más pura agonía que vivió Jesús en el peor momento de Su vida. Con todo, el tercer versículo, a través de la locución adverbial «sin embargo», marca un fuerte contraste con los versículos precedentes:

> Sin embargo, Tú eres santo,
> Que habitas entre las alabanzas de Israel.
> (Salmo 22:3)

Considero que la frase «Sin embargo, Tú eres santo» destaca en este pasaje, pues nos recuerda que la esencia de Dios se mantiene «a pesar de las circunstancias». Ese es, precisamente, el sentido del versículo, pues David quería recalcar que, incluso cuando atravesamos las más duras circunstancias, Dios sigue siendo el mismo. De hecho, en teología, la «inmutabilidad» de Dios hace referencia a Su *invariabilidad*, o sea: a Su capacidad de «permanecer siempre igual». La Biblia misma lo confirma en Malaquías 3:6, que dice: «"Porque Yo, el Señor, no cambio [...]"».

Sin importar cómo nos sintamos, Dios siempre será el mismo: Aquel digno de alabanzas. Por ello, debemos alabarlo incluso en tiempos difíciles; aunque nuestro corazón esté en medio del fragor de la batalla. Además, en la Biblia dice —a propósito del *Tú* anteriormente mencionado—: «[…] Tú […] habitas entre las alabanzas […]» (Salmo 22:3). ¡Cuán maravilloso es saber que Dios habita en nuestras alabanzas! Como dato curioso, el verbo que el salmista utiliza en este versículo es «habitar», que en hebreo es un sinónimo de «sentarse; reclinarse y relajarse». Por consiguiente, podemos entender que, cuando alabamos a Dios, Él siente deseos de sentarse a escucharnos y disfrutar de nuestra loa sin perderse detalle alguno. ¡No tengo palabras para describir la emoción de saber que el Dios del universo se sienta a escucharnos! Por eso, ¡no dejemos que las circunstancias de este mundo empañen el maravilloso acontecimiento de la adoración! Seamos constantes en ella, pues Dios valora el hecho de que, en medio de nuestra tribulación, podamos alzar la voz en alabanza; para Él, que lo alabemos en tiempos difíciles es algo especial: hace que el Señor se acerque a escucharnos con mayor atención.

A mi parecer, las canciones que los santos Le cantan a Dios desde este mundo son más valiosas para Él que aquellas provenientes del cielo. Creo que —aquí en la tierra— los redimidos elevan loas desde sus vidas humanas, muchas veces en medio del dolor, la angustia o la desesperación; por su parte, los ángeles del cielo cantan en presencia de la gloria divina, de modo que el Señor no otorga el mismo valor a ambos tipos de alabanza. Un redimido puede cantar en cuanto lucha contra el cáncer; duerme junto a un cónyuge que no ha sido salvo en Cristo; teme por su estabilidad laboral, o sufre por un hijo rebelde que está sumido en las adicciones. Para Dios, es muy significativo el escuchar las canciones de alabanza de aquellos que sufren, pues es como si le declarasen con cánticos: «¡Aunque en mi vida haya problemas, Tú sigues siendo el mismo!».

La adoración como Arma contra el Enemigo

Ahora que tenemos claro cuál es la verdadera fuente de la adoración, estamos preparados para usarla. Como ya hemos visto, adoramos a Dios por lo que Él es: Su naturaleza divina, omnipotencia, omnisciencia y omnipresencia. El reconocer que Dios es todo aquello convierte a nuestra alabanza en una eficaz arma de combate contra el enemigo. Se dice que «cuando alzamos nuestra voz para adorar a Jesús, el diablo pierde la suya», y el siguiente salmo nos explica el porqué:

> Sean las alabanzas de Dios en su boca,
> Y una espada de dos filos en su mano.
> (Salmo 149:6)

En este versículo, el salmista compara las alabanzas en nuestra boca con un arma en nuestra mano, y me consta que no se equivoca. Hace algunos años, fui a predicar a una ciudad del Medio Oeste de los Estados Unidos, y allí experimenté la fuerza de la alabanza para alejar el pecado y al enemigo. Sucedió que, al terminar mi prédica, una señora me abordó y me lanzó una avalancha de cumplidos. Me sentí tan incómodo que busqué huir de la situación retrocediendo de a pocos —ya que no tenía a nadie a mi alrededor que pudiese darme una mano—, pero no lo conseguí porque ella insistía en acercarse cada vez más. De repente entendí que solo el Espíritu Santo podría sacarme del tal aprieto, entonces hice caso de lo que Él puso en mi corazón: procedí a hablarle a aquella mujer de mi fantástica esposa, Cindy, sin escatimar en elogios para referirme a ella. Así pues, cuanto más le hablaba de mi esposa a aquella señora, más se alejaba ella de mí; casi podría decirse que, hablándole de Cindy, la «saqué» del recinto en donde estábamos. En ese instante, como una revelación, lo comprendí: así es el poder de la alabanza. Por eso me atrevo a sugerir que, cuando el enemigo nos ronde, le hablemos sin cesar de Dios, pues eso hará que se aleje de nosotros y que la energía del recinto cambie. Después de todo, el salmista tenía razón: ¡las alabanzas a Dios en nuestra boca son una espada afilada en nuestra mano!

Dado que el objetivo de la alabanza es glorificar a Dios, fortalecer a los santos y horrorizar al diablo, este último —con astucia y maldad— se esfuerza por convencernos de limitar nuestra alabanza a Dios únicamente a la cita dominical en la iglesia… ¡Qué estratégica jugada! Si lo consigue, pasaremos seis días apartados del arma más efectiva para mantenerlo a raya. Sigamos el ejemplo de David, que conocía el secreto último de la victoria:

> Bendeciré al Señor en todo tiempo;
> Continuamente estará Su alabanza en mi boca.
> (Salmo 34:1)

Fijémonos en las palabras del salmista: ¡en *todo* tiempo! Como ya he mencionado antes, me encanta usar dichos populares para mis explicaciones y, tal como reza uno bastante conocido: «Hay dos momentos para alabar al Señor: cuando tenemos ganas y cuando no». Una vez más, el dicho lo resume todo: la alabanza debe ser parte de nuestro día a día, sin importar nuestro estado de ánimo, nuestra energía ni el tiempo libre que tengamos. Sencillamente, Dios es digno de alabanza tanto en nuestros mejores momentos como en los peores; por eso, cuando no sintamos ganas de alabarlo, sigamos el consejo que David —conocido como el *adorador*— nos dejó en la Biblia:

> ¿Por qué te desesperas, alma mía,
> Y por qué te turbas dentro de mí?
> Espera en Dios, pues he de alabarlo otra vez
> Por la salvación de Su presencia.
> Dios mío, mi alma está en mí deprimida;
> Por eso me acuerdo de Ti [...].
> (Salmo 42:5-6)

En los momentos en que David no sentía ganas de alabar a Dios, fue severo consigo mismo y dijo: «Alma mía, tú no decides sobre mi obediencia. ¡Mientras respire, mi tarea será alabar a Dios!».

El bello testimonio de David no es el único que contiene la Biblia sobre el poder de la alabanza y la adoración; hay muchísimos más. Particularmente en Hechos 16, se nos presenta la historia de Silas y Pablo, quienes, al ser arrestados —y después golpeados— por predicar, acabaron encerrados en un presidio. Sin embargo, la violencia y los castigos que sufrieron por cuenta de su fe no la menguaron en absoluto y, en consecuencia, su canto se hizo poderoso:

> Como a medianoche, Pablo y Silas oraban y cantaban himnos a Dios, y los presos los escuchaban. De repente se produjo un gran

> terremoto, de tal manera que los cimientos de la cárcel fueron sacudidos. Al instante se abrieron todas las puertas y las cadenas de todos se soltaron. Al despertar el carcelero y ver abiertas todas las puertas de la cárcel, sacó su espada y se iba a matar, creyendo que los prisioneros se habían escapado. Pero Pablo clamó a gran voz, diciendo: «No te hagas ningún mal, pues todos estamos aquí». (Hechos 16:25-28)

¡Los cánticos de Pablo y de Silas contuvieron a los presos! ¿No es acaso normal que los reclusos quieran escapar de la cárcel y recuperar su libertad? Contra todo pronóstico, ninguno de ellos se fugó, pues las alabanzas de Pablo y de Silas los dejaron inmóviles. La Biblia bien nos lo dijo: «[...] Muchos verán esto, y temerán y confiarán en el Señor» (Salmo 40:3). Loar al Señor es un arma poderosa, por eso, cuando los hombres de fe cantaron en la cárcel, Dios les prestó atención y se sacudieron los cimientos, se abrieron las puertas y se soltaron las cadenas. Con certeza, los presos hubieron de ver algo sobrenatural que los dejó petrificados, sin voluntad siquiera de escapar.

¿Qué dijo Jesús sobre la Adoración?

La mayor enseñanza del Nuevo Testamento acerca de la adoración vino de Jesús mismo y, curiosamente, ocurrió en el lugar menos esperado. Durante Su prédica, cuya audiencia se limitó a una persona, no hubo líderes de adoración ni músicos que Lo escuchasen; fue una sobria clase magistral en la que Jesús le enseñó a la única oyente que la alabanza y la adoración son liberadoras. Si bien este versículo se suele asociar con cánticos y música, Jesús lo utilizó para hablar de libertad, para recordarnos que la adoración es mucho más de lo que tendemos a pensar.

> «... Pero la hora viene, y ahora es, cuando los verdaderos adoradores adorarán al Padre en espíritu y en verdad; porque ciertamente a los tales el Padre busca que lo adoren. Dios es espíritu, y los que lo adoran deben adorar en espíritu y en verdad». (Juan 4:23-24)

Necesariamente, el hecho de saber lo que Jesús dijo sobre la adoración debe sacudirnos como cristianos. Él nunca mencionó a los músicos, la tarima, los instrumentos ni el coro de la iglesia; mucho menos dirigió a ellos Su mensaje en Juan 4. Jesús le habló a una mujer de cuestionable moral que, para ahorrarse la vergüenza y las habladurías de las otras mujeres del pueblo sobre su vida promiscua, buscaba agua a una hora específica del día. Aquella inmoral mujer era, además, una samaritana; o sea que no solo se la irrespetaba por ser mujer y se la excluía por su pecado, sino que también se la odiaba por su origen étnico.

A pesar de todo lo que le jugaba en contra, la mujer no recibió por parte de Jesús una charla sobre moralidad, pureza sexual o santidad; en su lugar, Él se centró en la adoración y en su fuente divina, pues entendía —como ya hemos visto en este capítulo— que así dotaría a la infeliz mujer de un arma poderosa contra el enemigo.

Recapitulemos: al hablar de la fuente de la adoración, nos referimos a la certeza —y claridad— de que el hecho de adorar no está condicionado por quiénes seamos, cómo nos sintamos, qué hagamos ni cuál sea el tamaño de nuestro pecado; está sujeto a Dios. Él, al ser inmutable, no cambia en función de nuestras circunstancias particulares y temporales, de modo que cualquier alma, hora y lugar son perfectos —y aptos— para alabarlo.

Cuando nos referimos a la adoración como un arma, hablamos de la extraordinaria capacidad de la alabanza para alejar el pecado y al enemigo de nuestro corazón. Por ello, cuando estés luchando contra el pecado en tus pensamientos, habla de Dios en voz alta y verás al mal salir despavorido. Recuérdalo: Jesús dijo que aquel que puede adorar a Dios podrá enfrentar cualquier aspecto de su vida: su borrascoso pasado, su vago presente o su penoso futuro.

En suma, sin importar lo que hayas vivido o la situación que estés pasando, hoy te animo a adorar al Señor; a que elijas alabarlo todo el tiempo. Si no sabes cómo hacerlo, empieza por reconocer lo que Él es: *Dios es amor; Dios es grande; Dios es fiel.* Ten la plena seguridad de que, al ser quien es Él, adorarlo te ayudará a superar cualquier obstáculo de tu vida, ya sea hoy o en los días venideros.

Finalmente, recuerda que fuiste creado para alabar y adorar a Dios, y que tienes en la mano un arma poderosa, capaz de vencer cualquier obstáculo que se te presente. ¡Únete al coro y alza la voz en eternas alabanzas al Dios venerable, grande y misericordioso que vive en el cielo!

> Y oí decir a toda cosa creada que está en el cielo, sobre la tierra, debajo de la tierra y en el mar, y a todas las cosas que en ellos hay:
>
> > «Al que está sentado en el trono, y al Cordero, sea la alabanza, la honra, la gloria y el dominio por los siglos de los siglos». (Apocalipsis 5:13)

PREGUNTAS

1 .¿Cómo te darías aliento para alabar a Dios cuando no sientas ganas de hacerlo?

2. ¿Cuándo fue la última vez que adoraste profusamente a Dios? ¿Cuál fue la razón?

3. Lee los Salmos 98:1, 63:4, 47:1 y 149:3 (u otros versículos que traten sobre la alabanza y la adoración) y responde: ¿Cómo espera el Señor que sean nuestra alabanza y adoración? ¿Crees que serían distintas para las personas introvertidas, reservadas, descoordinadas o sin talento musical? Reflexiona al respecto.

EL CROMOSOMA X
Y OTRAS FALACIAS QUE INTENTAN CONDICIONAR MI FUTURO Y MI ETERNIDAD... Y LA LUCHA POR LA VERDAD

Cuando llaman Locura a la Verdad

«La tolerancia es para las personas, no para las verdades. Del mismo modo, la intolerancia es para las verdades, no para las personas. Se es tolerante con quienes yerran e intolerante con el error».
FULTON J. SHEEN[1]

C. S. Lewis dijo: «Cuando el mundo entero va corriendo hacia el abismo, aquel que corre en dirección contraria parece haber perdido la cabeza».[2] En este capítulo, dedicado a la letra X, navegaré aguas turbulentas y nadaré —y mucho— a contracorriente. Sé bien que algunos creerán que he perdido la cabeza, mas no seré el primero en vivir tal situación. He aquí algunos ejemplos de la Biblia:

- Jeremías fue privado de la libertad por causa de sus proféticas palabras:
  «"... 'El Señor te ha puesto por sacerdote en lugar del sacerdote Joiada, para estar encargado en la casa del Señor de todo loco que profetice, a fin de que lo pongas en el cepo y la argolla...'"».
  (Jeremías 29:26)
- Jesús era la —mismísima— Verdad, mas Su familia pensó que Él había perdido la razón:

> Cuando Sus parientes oyeron esto, fueron para hacerse cargo de Él, porque decían: «Está fuera de sí». (Marcos 3:21)

- El apóstol Pablo predicaba la verdad; con todo, el gobierno lo tildó de loco:

  Mientras Pablo decía esto en su defensa, Festo dijo a gran voz: «¡Pablo, estás loco! ¡Tu mucho saber te está haciendo perder la cabeza!». (Hechos 26:24)

- En su respuesta al gobernador Romano, Pablo afirmó tajantemente:

  [...] «No estoy loco, excelentísimo Festo, sino que hablo palabras de verdad y de cordura...».
  (Hechos 26:25)

A veces, aquello que el mundo llama demencia no es otra cosa que verdad y sensatez. Sí, hemos de reconocer que amamos a Dios «con locura» y que, si se nos puede acusar de haber perdido la cabeza, ha sido por Él, únicamente.

Antes de sumergirnos en las turbulentas aguas de este capítulo, me permitiré explicar que —en inglés— existe una peculiar metáfora para referirse a un problema que salta a la vista, pero que nadie resuelve, pues todos fingen no darse cuenta y eligen ignorarlo; se trata de «un elefante en la habitación». Si bien esta expresión no es la más usada en el mundo hispanohablante, es muy diciente y nos ayuda a entender los tiempos modernos. Como bien sabemos, los elefantes son enormes criaturas que viven —o deberían vivir— en libertad, ya que son animales salvajes que se estresan al estar confinados entre cuatro paredes; como consecuencia, si se los encierra, desatan el caos y complican la vida de todos en el lugar —la habitación— donde se los tenga presos. Por tal motivo, la popular metáfora anglosajona se vale de la figura del elefante para describir temas de dominio popular ante los cuales la gente —por miedo, comodidad o diplomacia— prefiere guardar absoluto silencio. Tristemente, hoy en día, los matrimonios, las familias y los ministerios se enfrentan a manadas de elefantes que corren por todas partes sin que nadie las detenga. Es aún peor ver a la sociedad moderna guardar silencio y negar así cualquier esperanza de solución a tan evidente problemática. Mientras aún haya tantos «elefantes en las habitaciones», no podremos desarrollarnos plenamente ni tendremos conversaciones honestas y verdaderas, puesto que de nada sirve negar aquello que es evidente a los ojos. Este capítulo pretende sacar al elefante de la habitación, en lugar de seguir perpetuando las cortinas de humo que se han cernido sobre aquellos temas que tanto nos intrigan, incomodan y preocupan, pero de los que nadie habla.

Comencemos con una pregunta —casi— retórica: ¿Qué hacemos si la Palabra de Dios contradice nuestra manera de vivir o nuestra opinión sobre un determinado tema? ¿A quién de los dos se le da la razón?

No en vano le dedicamos el séptimo capítulo de este libro a Dios y a Su naturaleza, para establecer bases sólidas en caso de encontrarnos ante encrucijadas de este tipo. En dicha sección, mencionamos que una de las características de Dios era Su *omnisciencia* —Su capacidad de saberlo y conocerlo todo— y que, por ende, obedecerle es más un acto de sensatez que de religiosidad. Así las cosas, cada vez que desobedecemos las Escrituras —la Palabra de Dios—, es como si desafiásemos Su omnisciencia y nos creyésemos más sabios que Él. ¿Cómo es posible semejante despropósito? ¿Acaso sabemos más que Dios sobre finanzas o sobre el diezmo?, ¿sobre el amor o el sexo?, ¿sobre el alcohol y las adicciones?, ¿sobre la identidad sexual?

En la actualidad, desde los púlpitos más liberales, se refuerzan los modos de vida pecaminosos; mientras tanto, quienes deberían alzar la voz y hacerse escuchar por todos los rincones del país solo guardan silencio. Como consecuencia, hay —en nuestra sociedad— más de un elefante suelto desordenándolo todo y arrastrándonos al abismo. Por ello, hoy retiraremos el tupido velo que separa la tolerancia de la intolerancia para abordar, al fin, la tan ignorada problemática.

Tal parece que el COVID-19 desencadenó una serie de cambios generalizados en la mentalidad de la gente. Si bien es cierto que la ansiedad y el miedo que acompañaron a la pandemia afectaron a muchísimas personas de los Estados Unidos y el resto del mundo, aspectos como la identidad sexual y de género —y hasta la biología— se pusieron en tela de juicio. Al parecer, la incertidumbre de aquellos tiempos trajo consigo peligrosas ideas y, sin la guía de los valores cristianos ni de la iglesia, el país quedó a la deriva. Como consecuencia, hoy se les pregunta a los niños con cuál género se identifican, y se les permite competir en deportes femeninos a quienes biológicamente son hombres.

Como ya empezará a notarse, el elefante del que hablaremos hoy es la identidad de género en nuestros tiempos. A lo largo de las siguientes páginas seré aquel loco que nada a contracorriente mientras la sociedad se deja arrastrar por el raudal hacia una estrepitosa caída por las cataratas. Por ello, me veo en la obligación de hablar sobre el contexto que ha planteado, ratificado y permitido que tantas falacias se cuelen en nuestra legislación. Quisiera, además, cuestionar a las iglesias y a los pastores que han usado sus púlpitos para defender posturas pecaminosas entre los fieles; a los pastores que han dejado de predicar la Biblia para complacer a su público, y que —no conformes con ello— atacan a quienes defienden la verdad. No se trata de generar discordias, de ofender a nadie ni de desahogar un enojo personal, pues no es el caso. Este capítulo es, más bien, un intento desesperado de luchar por la verdad y de ser un pastor que devuelva las ovejas perdidas al rebaño. Mis palabras no pretenden condenar ni señalar, sino arrojar luz sobre tan espinoso tema.

> Pero todas las cosas se hacen visibles cuando son expuestas por la luz, pues todo lo que se hace visible es luz. Por esta razón dice:
>
> «Despierta, tú que duermes,
> Y levántate de entre los muertos,
> Y te alumbrará Cristo». (Efesios 5:13-14)

Como es sabido, un pez muerto flota en el agua y va hasta donde lo lleve el río; por el contrario, los peces vivos pueden nadar río arriba. En estos tiempos en los que la sociedad se deja influenciar por las modas y la rebeldía sin causa, solo una iglesia despierta puede hacerles frente a las corrientes que tratan de imponernos su forma de pensar y de vivir. Necesitamos un reavivamiento, pues estar vivos en Cristo nos permitirá resistirnos a la fuerza de la corriente.

> Seguían el mal ejemplo de la gente de este mundo, y obedecían al poderoso espíritu en los aires, que gobierna sobre los malos espíritus y domina a las personas que desobedecen a Dios. (Efesios 2:2 TLA)

Dios es, pues, el único que sabe cómo funciona todo en el mundo y en la vida. Recordemos —una vez más— que Él es omnipotente, omnisciente y omnipresente, y, por ende, lo mejor es guiarnos por Sus definiciones sobre el mundo; las que Él mismo creó. Aspectos como la política, los fallos de las cortes y la preferencia de las mayorías son volátiles y cambiantes, mas Su Palabra no lo es. O sea: debemos tener el cuidado de no confundir las políticas del gobierno de turno con la *verdad de Dios*, pues las primeras pueden someterse a votación, pero la segunda no.

Un claro ejemplo de cuando la verdad de Dios se ve enfrentada a las volátiles premisas del mundo moderno son las investigaciones sobre el cromosoma X y todo el genoma humano que indican que el marcador genético Xq28 está ligado a la herencia de la homosexualidad en los hombres. Una bióloga molecular presentó las primeras pruebas directas de que existe un «gen de la homosexualidad», tras identificar una secuencia del cromosoma X probablemente asociada con este comportamiento.[3] ¡La ciencia afirma —y el gobierno y las cortes reafirman— que debemos aceptar cierto comportamiento y estilo de vida porque, al parecer, está codificado en nuestros genes! No en vano el título de este capítulo es tan largo y controversial como acertado.

El afirmar que existe una predisposición genética al pecado es quitarle a Dios la posibilidad de enviar al infierno a los pecadores, pues ellos estarían libres de culpa por haber nacido con la inclinación de hacer aquello que Él mismo les prohíbe. ¿Acaso no sería ilógico? ¡El asegurar que los genes nos condicionan de tal manera es negar toda responsabilidad —y libertad— de los humanos para elegir o desechar conductas pecaminosas! Resulta imposible creer en Dios y en Su palabra y, a la vez, pensar que llevamos el pecado escrito en el código genético; eso sería como darle carta blanca al mal, pues, al estar tatuado en lo más profundo de nuestra biología, no se lo podría llamar por su nombre. Recordemos que, en ocasiones, las palabras más cuerdas y ciertas suenan como una sarta de mentiras y viceversa; para la muestra el testimonio de Pablo en Hechos 26:25, donde el gobernador de turno legalizó la locura y criminalizó la verdad y la sensatez.

A decir verdad, aquella situación no está muy lejos de lo que sucede hoy en día en la sociedad, pues, en nuestro afán por *redefinir* el mundo en el que vivimos, acabamos —inexorablemente— por *debilitar* los pilares morales que lo sostienen. Así, cuando redefinimos conceptos como el matrimonio y la sexualidad, también cambiamos el lugar que ocupa Dios en la sociedad y en nuestras vidas. He aquí un salmo que les recuerda a los jueces —y al sistema judicial— su deber y labor entre los hombres:

> Dios ocupa Su lugar en Su congregación;
> Él juzga en medio de los jueces.
> ¿Hasta cuándo juzgarán ustedes injustamente
> Y favorecerán a los impíos? (Selah)
> Defiendan al débil y al huérfano;
> Hagan justicia al afligido y al menesteroso.
> Rescaten al débil y al necesitado;
> Líbrenlos de la mano de los impíos.
> Ellos no saben ni entienden;
> Caminan en tinieblas;
> Son sacudidos todos los cimientos de la tierra.
> Yo dije: «Ustedes son dioses,
> Y todos son hijos del Altísimo.
> Sin embargo, como hombres morirán,
> Y caerán como cualquiera de los príncipes».
> (Salmo 82:1-7)

Cabe aclarar que el simple hecho de que algo sea legal o esté permitido no lo convierte en correcto ni significa que debamos hacerlo. Tengamos en cuenta las palabras del Apóstol Pablo:

> ¿O no saben que los injustos no heredarán el reino de Dios? No se dejen engañar: ni los inmorales, ni los idólatras, ni los adúlteros, ni los afeminados, ni los homosexuales, ni los ladrones, ni los avaros, ni los borrachos, ni los difamadores, ni los estafadores heredarán el reino de Dios. Y esto eran algunos de ustedes; pero fueron lavados, pero fueron santificados, pero fueron justificados en el nombre del Señor Jesucristo y en el Espíritu de nuestro Dios. Todas las cosas me son lícitas, pero no todas son

> de provecho. Todas las cosas me son lícitas, pero yo no me dejaré dominar por ninguna. (1 Corintios 6:9-12)

Además de obedecer la ley de los hombres, hemos de vivir de acuerdo con la ley divina y superior.

El Punto de Partida de la Batalla

Quiero especificar que esta batalla que libramos hoy no comenzó en un juzgado ni en Washington D. C. ni mucho menos en un campus universitario; el conflicto se originó en la mente de las personas. Como vimos en capítulos anteriores, es en el interior del ser humano donde surgen las cosas que luego habrán de afectar su exterior. Así, el problema al que hoy nos enfrentamos pasó de la mente de los individuos a su modo de vida, y después —por extensión— a las leyes y al sistema judicial. Nos hemos autoengañado al responsabilizar a la genética, en lugar de ver la batalla y el pecado que, lejos de tener su origen en un cromosoma, nacieron en una mente pecaminosa.

Aunque suene reiterativo, Satán usa la mente humana como campo de batalla, y las preguntas satánicas, como estrategia de guerra. En la Biblia, el diablo habló en tres ocasiones, y en ninguna de ellas afirmó nada; él se valió de los siguientes cuestionamientos a personajes bíblicos:

1. A Eva:

La serpiente era más astuta que cualquiera de los animales del campo que el Señor Dios había hecho. Y dijo a la mujer: «¿Conque Dios les ha dicho: "No comerán de ningún árbol del huerto"?». (Génesis 3:1)

2. Acerca de Job:

Satanás respondió al Señor: «¿Acaso teme Job a Dios de balde?…». (Job 1:9)

3. A Jesús:

Y acercándose el tentador, le dijo: «Si eres Hijo de Dios, ordena que estas piedras se conviertan en pan». (Mateo 4:3)

Todos los días, nosotros también somos víctimas de este tipo de ataques satánicos, pues, con muchísima frecuencia, nos surgen preguntas como las siguientes: *¿Acaso Dios se olvidó de ti? ¿Existe un Dios? ¿En realidad eres hombre? ¿En realidad eres mujer?* ¡Una batalla mental se libra constantemente en nuestras cabezas! Soy muy consciente de lo fuertes que pueden ser tales arremetidas, así que cada domingo, durante la adoración, me siento en la primera fila y, mientras todos cantan el himno o canción correspondiente, yo combato mis pensamientos díscolos con cuatro pasajes bíblicos llenos de poder:

> Pongan la mira en las cosas de arriba, no en las de la tierra. (Colosenses 3:2)
>
> Pues como piensa dentro de sí, así es él [...]. (Proverbios 23:7)
>
> Por lo demás, hermanos, todo lo que es verdadero, todo lo digno, todo lo justo, todo lo puro, todo lo amable, todo lo honorable, si hay alguna virtud o algo que merece elogio, en esto mediten. (Filipenses 4:8)
>
> Destruimos argumentos y toda altivez que se levanta contra el conocimiento de Dios, y llevamos cautivo todo pensamiento para que obedezca a Cristo. (2 Corintios 10:5 NVI)

De nuevo, ¡la Palabra de Dios es el arma más eficaz contra el enemigo! Fijémonos ahora en el último de estos versículos.

Cabe remarcar que los pensamientos díscolos suelen instalarse en nuestra mente para convertirse después en modos de vida; ellos nos recorren desde la *cabeza* hasta los *pies*. Ningún humano está exento de este tipo de sabotajes, pues, tal como nos muestra un relato del Antiguo Testamento, incluso el salmista David luchó contra sus propios pensamientos rebeldes. Como reza la conocida historia, David, tras haber recibido la unción por parte de Samuel, sobrevivió a varios peligros: mató a un gigante con una honda, esquivó varias veces las lanzas que le arrojaron y pasó una década escapando de Saúl. Luego de haber sobrevivido a tanto —y cuando ya le faltaba poco para ser coronado—, se le metió en la cabeza una idea que pudo haber desviado el plan del Señor: dudó de los milagros que Dios había hecho para él y tomó su propia determinación.

En 1 Samuel 26, Dios puso a dormir —profundamente— a un ejército entero, mas David no alzó su brazo en contra de Saúl, sino que, en su lugar, tomó la lanza y la vasija de agua de su enemigo y se las mostró desde la lejanía. A pesar del milagro de haber encontrado inconscientes a quienes habrían podido matarlo, David tuvo miedo y dudas que, desde su cabeza, descendieron hasta sus pies, e hicieron que huyese del lugar.

> Entonces David se dijo: «Ahora bien, voy a perecer algún día por la mano de Saúl. Lo mejor para mí es huir a la tierra de los filisteos. Saúl se cansará, y no me buscará más en todo el territorio de Israel, y escaparé de su mano». Se levantó, pues, David y se pasó con los 600 hombres que estaban con él a Aquis, hijo de Maoc, rey de Gat. (1 Samuel 27:1-2)
> El número de los días que David habitó en el territorio de los filisteos fue un año y cuatro meses. (1 Samuel 27:7)

Así, en lugar de alabar a Dios por la victoria y por haberle salvado la vida, el miedo invadió la mente de David y lo hizo dudar de si viviría siquiera hasta el día siguiente; sus batallas mentales pesaron más que los milagros que había experimentado, entonces se fue en la dirección contraria.

Si analizamos el anterior versículo, la duda —humana— se expresa con la construcción: «David se dijo». ¡Cuánto poder tuvieron aquellas palabras! Como David, nosotros también nos enfrentamos a pensamientos rebeldes que, desde la cabeza, llegan hasta los pies y nos llevan a sitios distintos de los que Dios nos tiene preparados. En 1 Samuel 27:1, David se enfrentó con sus pensamientos díscolos y en 1 Samuel 27:2, sucumbió ante ellos; las dudas surgieron en su cabeza para luego materializarse en sus pies y llevarlo a emprender la huida. Al igual que él, perdemos la batalla cuando vamos del *pensamiento* a la *acción*.

Cabe resaltar que David, en medio de su lucha mental contra las voces de duda que lo atormentaban, guardó silencio y no le contó a nadie la batalla que estaba librando. ¡Cuán oportuna habría sido una confesión entonces! Para la mayoría de nosotros —como sucedió con David—, el miedo a compartir aquello que nos turba por dentro suele ser mayor que la necesidad de desahogarnos; de ahí que el refranero popular diga que «no hay nada que enferme más que un secreto». En el caso David, los pensamientos díscolos lo guiaron —a él y a otros 600 hombres con sus respectivas familias— hacia el reino de Aquis y, luego, hasta el mismísimo Gat, tierra de Goliat de Gat, el temido gigante. Con todo ello en mente, no cabe duda de que, cuando no tenemos a nadie en quien depositar el peso de nuestros secretos y de nuestras batallas, acabamos por involucrar —y a arrastrar a la guerra— a otros que nada tienen que ver en ellas. Por eso, antes de llevarnos por delante a terceros inocentes —tal vez a nuestra pareja, hijos, familiares o amigos—, es mejor recurrir a una persona santa que nos oriente y ayude a resolver los pensamientos necios antes de que, de la cabeza, lleguen a los pies y sean ellos los que guíen nuestros pasos.

Al convertirnos en cristianos, fuimos —a la vez— *adoptados* por la familia de Cristo y *reclutados* por Su ejército. Aunque suene un poco belicista, es preciso entender que la batalla constante en la que vivimos no nos permite ser débiles ni ingenuos: debemos ser conscientes de que una iglesia que no sepa de armas ni de guerra no podrá vencer al enemigo. Esto es, toda victoria requiere de valor, persistencia y disciplina, y la nuestra no es la excepción.

En efecto, los ejércitos destacan por su disciplina y su obediencia al líder, pues, de lo contrario, no podrían actuar como una unidad ni ser efectivos en misión alguna. Así, nadie se une al ejército con exigencias como: «¡Quiero que mi ropa sea de Nike!», «por favor, ¿me darías zapatos Jordan nuevos, en lugar de las botas?», «¡no quiero madrugar mañana porque me voy a acostar tarde hoy!» ni «¡los jueves, en lugar de brócoli, quisiera cenar pizza, por favor!». Si así fuere, esa persona no tardaría mucho en darse cuenta de que está en el lugar equivocado. Francamente, en el ejército no hay cabida para las preferencias —ni deferencias— personales: se obedece la voz del comandante y punto.

Hemos de recordar que los cristianos somos soldados de Cristo y que, si queremos ganar la batalla, debemos marchar, con paso firme, a la voz de nuestro Comandante. Así pues, nos es preciso cambiar nuestras prioridades y aceptar que, con la salvación, también nos llegó una orden de reclutamiento. ¡Es hora de que entendamos que la única manera de ganar esta guerra es involucrarnos y enlistarnos todos! Si seguimos creyendo que el problema son la carne y la sangre —y no las fuerzas detrás de ellas—, estaremos condenados a la derrota.

Justamente, ¡esa ha sido la principal estrategia de Satán desde el comienzo! Para ganar la lucha, tenemos que armarnos con herramientas espirituales y blindar nuestros escudos con la Palabra y la obediencia.

Entonces, ¿cómo hacemos para ganar la batalla que se libra en nuestra mente? La respuesta —una vez más— está en las Escrituras: aprendiendo a detectar la meditación —el pensamiento— antes de que se manifieste.

> Sean gratas las palabras de mi boca y la meditación de mi corazón delante de Ti,
> Oh Señor, roca mía y Redentor mío.
> (Salmo 19:14)

Si prestamos atención al siguiente pasaje, el «campo de batalla» que nos atañe se hace evidente en la frase: «estimaron que no valía la pena tomar en cuenta el conocimiento de Dios».

> Además, como estimaron que no valía la pena tomar en cuenta el conocimiento de Dios, él a su vez los entregó a la depravación mental, para que hicieran lo que no debían hacer. Se han llenado de toda clase de injusticia, maldad, avaricia y depravación. Están repletos de envidia, homicidios, desacuerdos, engaño y malicia. Son chismosos, calumniadores, enemigos de Dios, insolentes, soberbios y arrogantes; se ingenian maldades; se rebelan contra sus padres; son insensatos, desleales, insensibles, despiadados. Saben bien que, según el justo decreto de Dios, quienes practican tales cosas merecen la muerte; sin embargo, no solo siguen practicándolas, sino que incluso aprueban a quienes las practican. (Romanos 1:28-32 NVI)

Hoy en día, existen dos tendencias en el cristianismo que reflejan los tiempos en los que vivimos y la batalla a la que nos enfrentamos: la *apostasía* y la *deconstrucción* de la doctrina cristiana. Por una parte, la primera hace referencia a los cristianos que dejan de serlo, con frecuencia porque se convierten en ateos.

Si tuviese que describir este fenómeno de forma sucinta, diría que en realidad no se trata de una cuestión teológica, sino netamente emocional, pues suele suceder en personas abatidas por la tragedia, cuya rabia con Dios se transforma —con el tiempo— en incredulidad.

Por otra parte, la *deconstrucción* del cristianismo —la más común y peligrosa de las dos tendencias— ocurre cuando las personas modifican los preceptos de las Escrituras a su antojo y conveniencia. Inclusive, hay predicadores que alteran la Biblia en sus sermones. Esta práctica me recuerda un relato de Jeremías 36, que habla sobre Joacim, quien reinaba en tiempos de la invasión de Babilonia. Un día, Jeremías predicó un mensaje que desagradó al rey Joacim y este, sin reparos, cortó pedazos de la Biblia y los arrojó al fuego (ver Jeremías 36:23). Por aterradora que suene esta historia, vivimos en una época plagada de reyes Joacim en diversísimos ámbitos como la política, el sistema judicial y los medios de comunicación. En el relato, a pesar del atrevimiento del rey, justo después de que este quemase la Palabra, Dios le ordenó a Jeremías tomar un nuevo rollo y reescribirla. Ello nos demuestra que, por más de que intentemos alterar la Biblia —quitarle o añadirle pasajes— los intentos por transformar las Escrituras nunca prosperarán, pues «"El cielo y la tierra pasarán, pero Mis palabras no pasarán"» (Mateo 24:35).

En efecto, tan peligroso es trastocar los mensajes de la Biblia que el libro de El Apocalipsis dice que una maldición caerá sobre aquellos que osen alterar la Palabra de Dios:

> Yo testifico a todos los que oyen las palabras de la profecía de este libro: si alguien añade a ellas, Dios traerá sobre él las plagas que están escritas en este libro. Y si alguien quita de las palabras del libro de esta profecía, Dios quitará su parte del árbol de la vida y de la ciudad santa descritos en este libro. El que testifica de estas cosas dice: «Sí, vengo pronto». Amén. Ven, Señor Jesús. La gracia del Señor Jesús sea con todos. Amén. (Apocalipsis 22:18-21)

El mensaje final de la Biblia es claro: por una parte, no se le debe sumar ni restar a la Palabra y por la otra, Jesús vendrá y Su gracia nos cobijará a todos. Es por ello que, si alguien quiere restarle o adicionarle algo a las Escrituras, más le vale no llamarlo cristianismo, pues la mismísima Palabra así lo prohíbe. Quien, a sabiendas de dicha advertencia, insista en tal quimera, demostrará —como los *deconstructivistas*— que no cree en Dios, sino en sí mismo.

Hace poco, el rector de una universidad cristiana me envió un artículo que analizaba un texto creado con inteligencia artificial —específicamente con ChatGPT— en el que se apoyaban modos de vida pecaminosos. El osado escrito afirmaba que Jesús acepta a los individuos que se identifican como transgénero, al sostener que «no existe hombre ni mujer». Aquel pasaje —tan artificial como la inteligencia que lo escribió— continuaba: «Jesús la miró con bondad y le respondió: "Hija mía, benditos los que buscan la unidad entre ellos, pues conocerán las más profundas verdades de la creación de mi Padre [...] No tengas miedo, pues en el reino de Dios no existe hombre ni mujer, ya que, en espíritu, todos son uno. Las puertas del reino de mi Padre se abrirán para quienes amen y sean amados, pues Dios no mira los cuerpos, sino los corazones"».[4]

Si la iglesia aprobase la elección personal de la identidad de género y no se pronunciase frente a ella, estaría tergiversando las Escrituras, pues sería como afirmar que Dios comete errores y —desde luego— no es así. Con semejante transgresión, no solo estaríamos dudando de la omnisciencia de Dios, sino, además, de la inerrancia de la Biblia. En efecto, es imposible negar que en las Escrituras se mencionan dichos temas —por ende, que Dios se refiriese a ellos— sin deconstruir la Biblia (ver 1 Corintios 6:9-10; Romanos 1:24-26). Así las cosas, si un pastor apoya la decisión personal sobre la identidad de género es porque, sencillamente, no cree en Dios ni en Su Palabra.

La Cuestión de la Homosexualidad

Ha llegado el momento de tratar un tema bastante peliagudo: la homosexualidad. Para comenzar esta sección, quisiera citar al gran predicador F. W. Boreham, quien se propuso el objetivo de no condenar asunto alguno nunca en sus prédicas, pues aplicaba el principio de que «la mejor manera de demostrar que una vara está torcida es colocarla junto a otra que esté recta».[5]

Concuerdo con él en que la labor de un buen predicador es ubicar la vara recta y dejar que la comparación hable por sí misma.

Para abordar el tema que nos atañe, tomaré como punto de partida tres pasajes que les servirán de guía y conforto a quienes sufren o ven sufrir a sus familiares o amigos; incluso a quienes desean saber cómo ministrar o simplemente a quienes anhelan ser libres:

> Los discípulos le dijeron: «Si así es la relación del hombre con su mujer, no conviene casarse». Jesús les dijo: «No todos pueden aceptar este precepto, sino solo aquellos a quienes les ha sido dado. Porque hay eunucos que nacieron así desde el seno de su madre, y hay eunucos que fueron hechos eunucos por los hombres, y también hay eunucos que a sí mismos se hicieron eunucos por causa del reino de los cielos. El que pueda aceptar esto, que lo acepte». (Mateo 19:10-12)
>
> Sin embargo, quiero que estén libres de preocupación. El soltero se preocupa por las cosas del Señor, cómo puede agradar al Señor. Pero el casado se preocupa por las cosas del mundo, de cómo agradar a su mujer, y sus intereses están divididos. La mujer que no está casada y la virgen se preocupan por las cosas del Señor, para ser santas tanto en cuerpo como en espíritu; pero la casada se preocupa por las cosas del mundo, de cómo agradar a su marido. Esto digo para su propio beneficio; no para ponerles restricción, sino para promover lo que es honesto y para asegurar su constante devoción al Señor.
> (1 Corintios 7:32-35)
>
> Un ángel del Señor le dijo a Felipe: «Levántate y ve hacia el sur, al camino que desciende de Jerusalén a Gaza». [...] Él se levantó y fue. Y había un eunuco etíope, alto oficial de Candace, reina de los etíopes [...] que había venido a Jerusalén para adorar. Regresaba a su país sentado en su carruaje, y leía al profeta Isaías. Y el Espíritu dijo a Felipe: «Ve y júntate a ese carruaje». Cuando Felipe se acercó corriendo, le oyó leer al profeta Isaías, y le preguntó: «¿Entiende usted lo que lee?». El eunuco le respondió: «¿Cómo podré, a menos que alguien me guíe?» [...]. (Hechos 8:26-31)

> Entonces Felipe, comenzando con este pasaje de la Escritura, le anunció el evangelio de Jesús. Yendo por el camino, llegaron a un lugar donde había agua; y el eunuco dijo: «Ahí hay agua. ¿Qué impide que yo sea bautizado?». Y Felipe le dijo: «Si usted cree con todo su corazón, puede». «Creo que Jesucristo es el Hijo de Dios», respondió el eunuco. Y mandó parar el carruaje; ambos descendieron al agua, y Felipe lo bautizó. (Hechos 8:35-38)

1. El origen de los pensamientos: Mateo 19:10-12

En este pasaje, Jesús mismo explica que en algunos hombres existe el sentimiento —y, por ende, el pensamiento—: «No me gustan las mujeres»; incluso especifica que, en ocasiones, puede que haya sido Dios mismo quien lo haya puesto en una persona en concreto. No obstante, la confusión —frecuente en estos tiempos— radica en la idea de que el no sentir atracción por las mujeres es sinónimo de sentirla por los hombres, y nada está más lejos de la verdad. De hecho, la ausencia de ganas de estar con una mujer podría ser el preludio de un ministerio al servicio de Dios; esta condición —o ausencia de ella— no necesariamente debería tener una connotación sexual, ya que su naturaleza puede ser ministerial y vocacional. Si nos fijamos con atención, en el pasaje, Jesús habló del celibato como un regalo y como algo que Dios le inculca al hombre.

Como hemos visto en repetidas ocasiones, los pensamientos rebeldes son el origen de muchos conflictos en nuestros tiempos, y la homosexualidad no es la excepción: ella es, en efecto, un pensamiento díscolo que tergiversa la intención de Dios. Vemos que las Escrituras la condenan, razón por la cual surge la confusión de qué hacer cuando un hombre no siente deseos hacia una mujer. Por ello, hoy cabe recordar que existe otra alternativa distinta a dejarse llevar por un pensamiento pecaminoso: el celibato.

2. El propósito del celibato: 1 Corintios 7:32-35

En el mencionado pasaje, Pablo habló del propósito y de los beneficios del celibato. Contrario a las ideas modernas sobre la soltería y la abstinencia sexual, las Escrituras celebran estas opciones y las recomiendan en algunos casos. Sin embargo, como hoy en día la mayoría de las personas opta por casarse, la minoría que no ve en el matrimonio una opción de vida se siente discriminada y menospreciada por una sociedad que se obsesiona con la vida en pareja. Como consecuencia de ello, quienes no se sienten atraídos por las mujeres —y por ello no experimentan deseos de casarse— acaban por concluir que su lugar está con otros hombres y que son homosexuales; no obstante, esa no es una opción bíblica. Debemos entender que, en ocasiones, la sociedad contradice los preceptos de la Biblia y apoya conductas pecaminosas como el divorcio, a la vez que desaprueba comportamientos cristianos tales como el celibato y la soltería. Dios dice: «Si estás soltero, quédate así; si estás casado, permanece en tu matrimonio».

3. Las recompensas del celibato: Hechos 8:26-38

En esta sección abordaré la historia de un hombre que escuchó el mensaje de Dios y atendió —para beneficio de un continente— el llamado del celibato: se trata del eunuco etíope de Hechos 8:27, considerado pieza clave en la llegada del evangelio a África. El hombre, por su condición de eunuco, nunca tuvo hijos terrenales, pero su descendencia espiritual hoy suma quinientos millones de cristianos. En la actualidad, el llamado «reloj biológico» marca los tiempos de una sociedad obsesionada con la inmediatez y desconoce que los propósitos de Dios siempre son mucho mayores al tiempo y al espacio de nuestras vidas humanas. Entonces, dejémonos guiar por el «reloj espiritual» en lugar del *biológico* y entendamos que la familia espiritual es otra forma de dejar nuestro legado en el mundo.

Dios nos invita a ver más allá de lo aparente y a no caer en las trampas del enemigo, que a menudo intenta confundirnos con sus triquiñuelas, especialmente en lo que respecta la identidad de género. Si mantenemos la vista fija en el cielo, veremos que, después de cada tormenta, el Señor nos bendice con un hermoso arcoíris. De hecho, ¡el primero de ellos fue el regalo con el que Dios selló Su promesa de jamás volver a destruir la tierra con un diluvio! Desde entonces, el arcoíris es un símbolo de Su clemencia. Al mirarlo, yo veo a toda la humanidad, por eso me es imposible asociarlo solo con un grupo específico de personas. Es más, si hemos de hablar de inclusión, nadie es más incluyente que Él, que nos dijo en Su Palabra: «Por cuanto todos pecaron [...]» (Romanos 3:23) y cuyo hijo inmolado nos dijo: «"[...] al que viene a Mí, de ningún modo lo echaré fuera"» (Juan 6:37). Dios «[...] quiere que todos los hombres sean salvos y vengan al pleno conocimiento de la verdad» (1 Timoteo 2:4), por eso debemos tener siempre presente que Dios amó tanto al mundo —el mundo entero, sin excepciones— que a través de Su hijo, Jesús, encontró la manera de que regresásemos a Él. Basta de celebrar y normalizar el pecado; ¡hacerlo nos aleja del Señor!

Renovar la Mente

Dios es incluyente, pero las definiciones modernas de Dios y nuestra percepción de Él están distorsionadas, lo cual le ha abonado el terreno al enemigo, que siempre está sembrando la semilla del pecado en las mentes de los hombres. Al respecto, A. W. Tozer dijo: «Cada día, diez mil pensamientos cruzan nuestras mentes e intentan predecir en lo que nos convertiremos».[6] ¡Diez mil pensamientos negativos intentan definirnos todos los días! Por eso, debemos actuar con firmeza y disciplina para evitar que germinen en nosotros retoños de pecado.

¡No creamos en todo lo que pensemos! La mente humana es el campo de batalla predilecto de Satán y allí se libra una guerra constante entre nuestra antigua naturaleza y la nueva. Entonces, ¿cómo obtener la victoria? Limpiando el terreno, o sea: renovando la mente. Sobre ello, en Romanos, Pablo dijo:

> Y no se adapten a este mundo, sino transfórmense mediante la renovación de su mente, para que verifiquen cuál es la voluntad de Dios: lo que es bueno y aceptable y perfecto. (Romanos 12:2)

La palabra *renovación* es sinónimo de «reforma».[O] Reformar algo, queramos o no, siempre acaba costando más y tardando más de lo presupuestado. Renovar no siempre es fácil, pero al final vale la pena. Veamos lo que Pablo mencionó al respecto:

> Pues aunque andamos en la carne, no luchamos según la carne. Porque las armas de nuestra contienda no son carnales, sino

> poderosas en Dios para la destrucción de fortalezas; destruyendo especulaciones y todo razonamiento altivo que se levanta contra el conocimiento de Dios, y poniendo todo pensamiento en cautiverio a la obediencia de Cristo. (2 Corintios 10:3-5)

Entonces, ¿cómo renovar nuestras mentes? Pues derribando fortalezas y destruyendo especulaciones. Los fortines están protegidos por murallas para que al enemigo le resulte imposible ingresar; estas fortificaciones se construyen con la finalidad de garantizar que nada —ni nadie— del exterior llegue hasta el interior. Visto así, nuestras preconcepciones sobre la cultura, la vida, el dinero, la sexualidad y la identidad de género son murallas que impiden que la verdad de Dios entre en nosotros, pues los muros erigidos por las inclinaciones políticas y tendencias ideológicas son extremadamente robustos. Para abrirle a Dios los portones de nuestra fortaleza, es preciso entender que a nosotros, como cristianos, no nos deben concernir las ideologías políticas.

A decir verdad, los pensamientos díscolos —ajenos a Dios— son comunes a toda la humanidad. Aunque muchos piensen lo contrario, no estamos exentos de ellos por el simple hecho de ser cristianos. En realidad, todos y cada uno de nosotros —heterosexuales u homosexuales— seguiremos luchando contra las mentiras y los pensamientos carnales, pues son inherentes a la condición humana. Sin embargo, una idea solo se materializa si le damos el poder para hacerlo. Por eso, ¡no permitamos que los pensamientos se alcen por encima del conocimiento de Dios y acaben convirtiendo nuestra mente en una fortaleza que no deje entrar la Palabra de Dios! Recordemos que en 2 Corintios 10:5 dice que hemos de destruir «[…] todo razonamiento altivo que se levanta contra el conocimiento de Dios […]». Así que ¡manos a la obra!

Para derribar tal fortaleza, debemos renovar nuestra mente con el conocimiento de Dios que se encuentra en Su Palabra. De hecho, Pedro nos exhorta a crecer «[…] en la gracia y el conocimiento de nuestro Señor y Salvador Jesucristo […]» (2 Pedro 3:18). Personalmente, he notado que, a medida que pasan los años y me hago mayor, las batallas en mi mente se intensifican; por consiguiente, mi conocimiento de Dios debe seguir aumentando cada día, pues conocer al Señor es mi arma —y la de todos— en esta guerra.

Cabe aclarar que la *renovación de la mente* no solo involucra la Palabra de Dios, sino también al Espíritu de Dios. En efecto, tan generosa es Su naturaleza que el Espíritu de Dios emplea la Palabra para reprendernos cuando tenemos pensamientos que contradicen Su verdad. El mecanismo de protección es más que perfecto: si, constantemente, llenamos nuestra mente de la Palabra de Dios, en el momento en que alguien intente convencernos de ideas pecaminosas y contrarias a ella, inmediatamente, se activarán nuestras alarmas. De golpe, el Espíritu Santo nos lo hará notar: «Ese pensamiento no es bueno. No te dejes seducir por ese discurso». Tal como sucede con los controles de seguridad de los aeropuertos, Él nos advierte de la presencia de elementos prohibidos en nuestro equipaje, con los cuales no podremos viajar. Así, cuando el Espíritu Santo diga: «Esa no es la verdad de Dios», tendremos que sacárnosla de la cabeza de inmediato y desecharla para siempre. El Espíritu nos da el poder para negarnos a ejecutar los pensamientos impíos que tengamos, pues ¡el hecho de pensar algo no nos obliga a hacerlo!

Veamos el siguiente ejemplo de cómo poner la verdad de Dios por encima de nuestros pensamientos díscolos; he aquí algunas afirmaciones acerca de nuestro nacimiento y sobre cómo nos hizo Dios:

- Soy quien Dios me ha creado para ser.

  > Jesús les respondió: «¿No han leído que Aquel que los creó, desde el principio los hizo varón y hembra…?». (Mateo 19:4)

- Yo no elijo mi género; Dios ya lo eligió por mí.
- Confío más en Dios que en lo que diga en un formulario de mi institución educativa.

Cuando llenamos nuestra mente y nuestra boca de la Palabra de Dios, ¡no hay cabida para las mentiras de Satán!

Clarence Macartney —gran predicador de inicios del siglo XX— es el autor de algunos libros que han tenido una gran influencia en mí. De hecho, considero que su obra *The Greatest Words in the Bible and in Human Speech* es muy poderosa e interesante. En ella, Macartney describe la época en la que el mundo estaba fascinado por el vuelo transatlántico: los tiempos en los que Charles Lindbergh despegó en su aeroplano —el Spirit of St. Louis— del entonces aeropuerto Roosevelt Field en Long Island, Nueva York, y voló durante 33 horas hasta aterrizar en París. Muchos habían intentado tal proeza, pero Lindbergh fue el primero en cruzar el océano y llegar, sano y salvo, al otro lado del Atlántico.

En el libro en cuestión, Macartney narra la historia de un piloto que despegó en su vuelo transatlántico y que, tras pocos minutos en el aire, escuchó ruidos al interior de la cabina. Miró hacia sus pies y vio que una rata —fuera del alcance de sus manos— estaba royendo los cables de la aeronave. Aunque no pudiese quitar de ahí a la rata, el piloto sabía que, si no hacía nada, el roedor acabaría por destruir el pánel de control, y él moriría en las heladas aguas del Atlántico. ¿Qué debía hacer? El hombre tomó la ingeniosa decisión de elevar aún más el aeroplano, hasta llegar a una altitud en la que ningún roedor pudiese respirar ni sobrevivir.[7]

Como aquel sagaz piloto, todos tenemos ratas que nos mordisquean la mente día tras día, con pensamientos como: «Eres un fracaso», «no le importas a nadie», «no eres capaz de hacer nada» o «no eres lo suficientemente bueno para ser cristiano». Por eso, cuando los pensamientos rebeldes nos roan la cabeza, ¡elevémonos! Pongamos la Palabra de Dios por encima de ellos, de modo que la presión misma de la verdad divina ahogue las mentiras que pretenden vendernos. No olvidemos que las ideas no pueden condenarnos si somos capaces de detectarlas y de controlarlas antes de que bajen de la cabeza a los pies. Debemos estar armados con la Palabra y listos para pisar el acelerador y para dejar que Dios nos lleve a volar en alturas que no conocíamos.

PREGUNTAS

1. Apunta al menos cinco versículos para tenerlos preparados en caso de que necesites «pisar el acelerador».

2. ¿Cómo se ha renovado tu forma de pensar desde que encontraste a Jesús?

3. De las personas que forman parte de tu vida, ¿a quiénes les puedes confesar tus «pensamientos díscolos»?

LOS JÓVENES Y LOS ANCIANOS
(«Young» es *joven* en inglés)

Reducir la Brecha Generacional en la Iglesia

«Cuando los pecadores son descuidados y estúpidos, y están hundiéndose hacia el infierno sin preocupación, es tiempo que la iglesia se reanime. Es tanto el deber de la iglesia de despertar como el de los bomberos es despertarse cuando hay un incendio durante la noche en una gran ciudad».
CHARLES FINNEY[1]

En varios capítulos de este libro hemos hablado sobre el reavivamiento y su importancia para la iglesia de hoy. Cabe aclarar que el mero hecho de reconocer que la iglesia necesita un reavivamiento es aceptar que —en mayor o menor medida— está en decadencia, pasmada y estancada. Por eso, el admitir que lo requiere con urgencia es un acto de humildad que debe surgir del corazón mismo de una iglesia honesta, consciente y despierta. Al respecto, veamos las afirmaciones de J. I. Packer: «El reavivamiento es la visitación de Dios, que despierta a los cristianos dormidos y restaura un profundo sentido de la presencia cercana y la santidad de Dios. De allí, surgen una vívida idea del pecado y un profundo ejercicio de arrepentimiento, alabanza y amor en el corazón, con efusión evangelística».[2]

Ahora bien, reconocer la necesidad del reavivamiento es clamar por que Alguien venga y arregle aquello que no funciona en el mundo. Pero ¿por qué el reavivamiento comienza en la iglesia de Dios y sale de allí al resto del mundo? Porque el Señor necesita una iglesia santa, activa y colmada del Espíritu, que esté plenamente equipada para acoger y guiar a las —nuevas— almas que reciban la salvación en Cristo. Si la iglesia no puede ser un refugio para que las almas ávidas de Jesús sientan Su amor y Su presencia, entonces no está haciendo bien su trabajo. Sería como si Dios liberase a la gente de la esclavitud y, justo después, la llevase a una iglesia llena de esclavitud religiosa. ¿¡Qué sentido tendría!? La gente necesita sentir a Jesús, no a la iglesia, por eso la prioridad de esta última debería ser mantener viva la pasión por Él, en lugar de preocuparse por cosas mundanas y pasajeras.

Como ya he mencionado antes, vivimos luchas semejantes a las de los últimos días; por este motivo, necesitamos una iglesia digna de tales tiempos, en la que reavivar la fe y la pasión por Cristo tenga la absoluta prioridad. Al respecto, G. Campbell Morgan dijo: «El reavivamiento no puede planearse, pero podemos desplegar las velas para atrapar el viento del cielo cuando Dios decida soplar sobre Su pueblo nuevamente».[3] El siguiente pasaje del libro de los Hechos nos muestra desde dónde está soplando el viento del cielo y dónde debe izar sus velas la iglesia:

> «… "Y sucederá en los últimos días", dice Dios,
> "Que derramaré de Mi Espíritu sobre toda carne;
> Y sus hijos y sus hijas profetizarán,
> Sus jóvenes verán visiones,
> Y sus ancianos soñarán sueños;
> Y aun sobre Mis siervos y sobre Mis siervas
> Derramaré de Mi Espíritu en esos días,
> Y profetizarán…"».
> (Hechos 2:17-18)

Me llama la atención cuán específicos son los versos: «Sus jóvenes verán visiones, y sus ancianos soñarán sueños». Por la forma en la que está escrito el pasaje, pareciera como si el énfasis estuviese —intencionalmente— en el rango de edades de quienes habrán de recibir las visiones y los sueños, y no en las capacidades que les serán otorgadas. ¿Qué habrá motivado tan interesante redacción? Pues bien, esto —como todo en las Escrituras— tiene un propósito claro: enfatizar que todos, jóvenes y ancianos, formamos parte del plan de Dios para los últimos días. Ahora, te pregunto: ¿Te consideras anciano o joven? (Por favor, fíjate en los criterios y las razones de tu respuesta). Aunque parezca trivial, la pregunta se hace necesaria si recordamos que son ese tipo de etiquetas las que nos inspiran o nos disuaden de participar en el tan necesario reavivamiento. Por ello, sin importar la edad que tengas, hoy te recuerdo que eres una pieza clave en el plan de Dios para los últimos días.

Retomando el pasaje que nos compete, me inclino a pensar que «los sueños y las visiones» de las que habla son, en la práctica, más adjetivos que sustantivos. Esto es: la iglesia de los últimos días requiere que todos, jóvenes y ancianos, visionarios y soñadores —respectivamente— trabajen unidos en un solo corazón: el de Jesús.

Los grupos de edades a los que hace referencia el pasaje —los jóvenes y los ancianos— son extraordinarios, cada uno a su manera, por lo que reunirlos con un mismo propósito sería un gran acierto para la iglesia, pues cada uno tiene sus propios dones y batallas, experiencias y enseñanzas que se complementan entre sí. Tristemente, las divisiones han llevado a la iglesia a pensar en ellos como opuestos en lugar de complementarios, algo que solo ha fomentado la desunión en la ya fragmentada «esposa de Cristo». Con ello en mente, resultan más que acertadas las palabras del gran reformador Martín Lutero: «Donde Dios construye una iglesia, el diablo construye una capilla».[4] ¡Cuánto daño le ha causado a la iglesia de Dios la capilla de Satán! Esta infame vecina se ha encargado de distanciar a los *soñadores* de los *visionarios*.

Al igual que un árbol, la iglesia necesita de sus raíces —que le recuerdan su origen e identidad— para permanecer anclada al suelo en medio de las tempestades y resistir el paso del tiempo. También precisa de sus ramas y hojas, ya que es a través de ellas que se oxigena y que recibe la energía necesaria para vivir; de hecho, las hojas son las partes más altas de una planta y su *visión* del exterior es —infinitamente— mayor que la de las raíces. En suma, es la sinergia entre ambas partes —las raíces y las hojas— la que permite que una planta sobreviva, crezca y dé frutos en cualquier medio en el que se encuentre. De la misma manera, los soñadores de la iglesia se aferran al pasado e intentan —a toda costa— preservarlo, pero, al no contar con la visión del medio en el que se encuentran ni el oxígeno del exterior, corren el riesgo de ahogar y marchitar al árbol. Asimismo, los visionarios de la iglesia desbordan entusiasmo y creatividad, pero carecen de raíces que les brinden el agua de vida, y de la estabilidad para seguir elevándose hacia el cielo.

La iglesia de los últimos días necesita tanto de la consciencia y prudencia de los soñadores como de la innovación y proyección de los visionarios. Podría decirse que, mientras los soñadores consideran que todo es sagrado, los visionarios creen que nada lo es; así, sin los segundos, los primeros se estancarían, pero sin los primeros, los segundos no serían más que unos rebeldes sin causa. Como si de una balanza se tratase, es en el centro donde se halla el equilibrio.

Por lo anterior, quisiera dirigirme a todos, jóvenes y ancianos, para que preparemos juntos nuestra iglesia de los últimos días, pues el reavivamiento digno de ella requerirá de los dones que cada grupo etario pueda aportar. En tan críticos tiempos, la iglesia necesitará de cuatro elementos clave: la *intrepidez*, la *paciencia*, la *sabiduría* y el *testimonio*. Las dos primeras vendrán del corazón rebelde de los visionarios y los dos últimos, del corazón sensato de los soñadores.

La Sabiduría y el Testimonio del Soñador

Quisiera comenzar esta sección definiendo lo que es un testimonio para los cristianos. A diferencia de lo que muchos puedan creer, no es un sinónimo de «biografía», pues esta tiene como protagonistas a una persona y a las acciones *naturales* de su vida; un testimonio, por su parte, relata las acciones *sobrenaturales* de Dios en la vida de una determinada persona (o grupo de personas). Dios es la estrella —y el protagonista— de los testimonios, mientras que las personas son el punto central de sus biografías. Antiguamente, se oía a los viejos santos decir: «Sin prueba no hay testimonio», y aunque suene arcaico y vetusto —pues parece que la palabra «testimonio» ya no se usa con la misma frecuencia de antaño— la prueba es, en efecto, lo que nos da el testimonio. Recuerdo que, en la iglesia, solíamos asistir a «encuentros de testimonio» para escuchar los relatos de los demás, y —a fuerza de haber presenciado muchos— yo podría describir la trama básica de un testimonio de la siguiente manera: «Estaba mal, muy mal;

ya no podía soportar más aquella situación, pero en el último momento, Jesús intervino y me rescató».

Cuando yo tenía 27 años y estaba formando una iglesia, David Wilkerson, mi mentor, me dijo que orase por los mayores y que no me olvidase nunca de ellos. Para él, los «copitos de nieve» —como solía llamarlos— eran personas que conocían a Dios y que Lo habían visto obrar, lo que hacía de su experiencia un tesoro invaluable para la iglesia del futuro. Si bien nunca me he olvidado de aquellas palabras, ahora que soy un «copito de nieve» más, las entiendo mejor que nunca: la gente mayor tiene historias de milagros para contar, y David Wilkerson lo sabía. Mi experiencia a lo largo de todos estos años me ha enseñado que, cuando un anciano dice: «¡Ven y te cuento lo que ha hecho Dios por mí!», con su testimonio, nos está regalando —además— su invaluable sabiduría.

Como aporte anecdótico, hace poco, me di a la tarea de calcular la edad de algunos de mis amigos más cercanos; las personas mayores que Dios ha puesto en mi vida: el más joven tiene 70 años, y los otros, 73, 76, 82, y 88. Entre todos, ¡tienen en promedio 77 años! Debo confesar que no sabría cómo pelear esta batalla sin sus testimonios y sabiduría, y que doy gracias por contar con su presencia en mi vida. En palabras del pastor y escritor Tan Seow How: «Nuestros líderes de la próxima generación deben seguir nuestros pasos, no nuestra sombra».[5] Les agradezco a todos esos hombres por haber dejado las huellas que me mostraron el camino.

La Intrepidez y la Paciencia del Visionario

En 2023, se estrenaron dos películas cristianas que llamaron la atención de la crítica y del mundo: *Sonido de libertad* y *La revolución de Jesús*. En efecto, la sorpresa de la crítica no fue menor cuando las cifras mostraron que *Sonido de libertad* había superado en taquilla a *Indiana Jones y el dial del destino*.

Traigo a colación estos filmes porque sus respectivas temáticas son —cada una a su manera— relevantes para el tema que hoy nos ocupa. Por una parte, *Sonido de libertad* nos muestra que la intrepidez y valentía de una persona dispuesta a abrir puertas que otros preferían mantener selladas —rescatar del tráfico sexual a niños indefensos, en este caso— pueden marcar la diferencia e impactar muchas vidas. *La revolución de Jesús*, por otra parte, nos mostró el *avivamiento del pueblo de Jesús* que ocurrió hace medio siglo. A mi modo de ver, este largometraje es un grito profético que pretende avisarle a la iglesia de los vientos que soplarán para ella en el futuro cercano, pues —sin duda— llamarán a su puerta gentes muy distintas de los cristianos que acostumbran a venir los domingos por la mañana.

Cada cosecha trae sus novedades, y la iglesia está a punto de experimentarlas de primera mano, ya que vendrán cambios sustanciales para los que deberá estar preparada. Estamos *ad portas* de atestiguar la salvación en Cristo de las multitudes que entrarán a la iglesia, por lo que las congregaciones requerirán de mucha paciencia para gestionar tal crecimiento. Mas ¿cómo prepararse para semejante avalancha de fieles? Primero, recordemos que la iglesia ha de ayudar a las personas a parecerse a Jesús, no amoldarlas a la imagen de una confesión específica, del líder de turno ni de la iglesia misma. Como Dios —a través del Espíritu Santo— rescatará a miles de almas tan distintas entre sí —traídas de las mismísimas entrañas del infierno—, necesita prever la diversidad de sus orígenes y crianzas para aceptarlas y abrazarlas con el amor y la fraternidad de Jesús. En efecto, muchos se habrán criado como ateos, y otros llegarán a la iglesia con su turbulento pasado aún a flor de piel. Con certeza, la iglesia de hoy pronto entonará himnos de adoración junto a personas que podrían causarle cierta incomodidad, y, si no está preparada para acogerlas, las juzgará y las discriminará. Por eso, desde ahora, Dios nos llama a encontrar en nuestros corazones la paciencia y la intrepidez necesarias para acompañar el divino rescate de tantas almas.

Como preparación para gestionar la cosecha de los últimos días, el entender Romanos 14 y 15 resulta crucial e indispensable, pues, si cada nueva cosecha de almas tiende a sacudir el *statu quo* y la comodidad que reinan en la iglesia, mucho más lo hará una de semejantes proporciones. A propósito del tema, Winkie Pratney, evangelista de juventud neozelandés, dijo: «El reavivamiento trae consigo una santa sacudida a la apatía y el descuido».[6] En el siglo I, el mensaje de Romanos 14 y 15 cuestionó y sacudió a la iglesia de entonces, ya que, en aquella época, se enfrentaba a un enorme obstáculo, uno al que nosotros tal vez debamos hacer frente también:

> Así que, nosotros los que somos fuertes, debemos sobrellevar las flaquezas de los débiles y no agradarnos a nosotros mismos. (Romanos 15:1)

Como vimos en el pasaje, Pablo describió a los dos tipos de personas que conformarán la nueva iglesia: los *fuertes* y los *débiles*; de entre ellos, serán los primeros quienes carguen con la mayor parte de la responsabilidad de la cosecha. Así pues, he aquí el consejo de Pablo para «los fuertes»:

> Por tanto, acéptense los unos a los otros, como también Cristo nos aceptó para la gloria de Dios. (Romanos 15:7)

Las Escrituras instan a los creyentes a actuar «como Cristo» y, contrario a lo que uno podría pensar, no suele tratarse de complejas batallas, sino de gestos y acciones simples que —a la par de ser maravillosas— representan todo un reto para los hombres. Curiosamente, tras leer sobre la vida de Jesús, podríamos llevarnos la idea de que Su presencia les resultaba más agradable a personas de dudosa virtud que a los religiosos de la época, pues estos últimos solían ser fríos con Él. En los Evangelios, se hace mención de ocho cenas a las que Jesús fue invitado, de las cuales solo tres fueron con amigos, mientras que a las cinco restantes podríamos llamarlas *cenas de pecadores*, dada la reputación de los comensales que compartieron mesa con Jesús. En retrospectiva, podríamos afirmar que, durante Su vida, Cristo nunca se enfrentó a un mal que no pudiese curar, a un defecto de nacimiento que no pudiese revertir ni a un demonio que no pudiese exorcizar; sin embargo, sí que estuvo frente a muchos religiosos a quienes no pudo convencer.

Como ya he mencionado en varias ocasiones, el juicio se avecina y, en preparación para tan cruciales acontecimientos, la iglesia debe purificarse para recibir el reavivamiento. En vista de todo ello, elementos como la intrepidez, la paciencia, la sabiduría y el testimonio se hacen indispensables, y, para poder desarrollarlos plenamente, tanto los jóvenes como los ancianos deben superar retos y trabajar hombro a hombro. He aquí tres personas que los visionarios deberían conocer y dos árboles que los soñadores no deberían ignorar:

Un reto para los visionarios: Tres personas que deberían conocer

Antes de presentar a las tres personas en cuestión, ahondemos en el terrible veneno que intoxica nuestra sociedad y que ya ha afectado a una gran parte de ella:

> Pero debes saber esto: que en los últimos días vendrán tiempos difíciles. Porque los hombres serán amadores de sí mismos, avaros, jactanciosos, soberbios, blasfemos, desobedientes a los padres, ingratos, irreverentes, sin amor, implacables, calumniadores, desenfrenados, salvajes, aborrecedores de lo bueno, traidores, impetuosos, envanecidos, amadores de los placeres en vez de amadores de Dios; teniendo apariencia de piedad, pero habiendo negado su poder. A los tales evita. (2 Timoteo 3:1-5)

Afortunadamente, no todo son malas noticias, pues cuando Satán desate lo peor de sí, Dios hará lo mismo. Repasemos el versículo de Hechos 2:

> «... "Y sucederá en los últimos días", dice Dios,
> "Que derramaré de Mi Espíritu sobre toda carne;
> Y sus hijos y sus hijas profetizarán,
> Sus jóvenes verán visiones,
> Y sus ancianos soñarán sueños..."».
> (Hechos 2:17)

Así las cosas, el mensaje de hoy es claro: Jesús no nos salvó únicamente para que pudiésemos ir a la iglesia ni bajó a la tierra ni murió de semejante manera solo para asegurarnos un lugar en el encuentro dominical. ¡No! Por eso, visionarios, si quieren hacer lo que Dios los ha llamado a hacer en la vida, deben conocer a estas tres personas.

Podría decirse que el personaje *estrella* de la Biblia es —sin duda alguna— Jesús. Lo sigue David, el segundo personaje más nombrado, quien —además—

fue un *cantautor* con varios «discos de platino» (reconocimiento que se le otorga a un artista en los Estados Unidos cuando vende más de un millón de ejemplares), pues sus Salmos (canciones) son conocidos a nivel planetario. En la Biblia se relatan las múltiples facetas de su vida, desde su adolescencia hasta el destino que Dios le asignó: David fue rey, general del ejército, político, líder nacional, pastor y escudero, pero —ante todo— fue alguien que siempre amó a Dios. Ahora, hablaremos de tres personas que —de maneras distintas— ayudaron a David a ser lo que fue: un Samuel al que escuchar, un Goliat al que vencer y un Saúl al que perdonar. Sin ellos, David no habría podido entender el llamado que Dios tenía para él.

1. Un Samuel al que escuchar (1 Samuel 16)

Según la Biblia, Samuel fue quien encontró, reconoció y llamó a David cuando su padre se olvidó de él. Samuel fue la voz santa en la vida de David y, con certeza, todos tenemos a una persona así en nuestro camino: alguien que ve futuro en nosotros, incluso antes de que nosotros mismos podamos verlo. Por eso, un Samuel es la primera persona que todo visionario debe conocer.

> «... Pregunta, te ruego, a las generaciones pasadas,
> Y considera las cosas escudriñadas por sus padres.
> Porque nosotros somos de ayer y nada sabemos,
> Pues nuestros días sobre la tierra son como una sombra.
> ¿No te instruirán ellos y te hablarán,
> Y de sus corazones sacarán palabras?...».
> (Job 8:8-10)

Ahora te pregunto: ¿Quién te acompaña en tu proceso? ¿De dónde obtienes tu sabiduría?

2. Un Goliat al que vencer (1 Samuel 17)

En capítulos anteriores hemos hablado de la figura de Goliat y de su relación con David. En esta ocasión haré énfasis en la necesidad de vencer a un Goliat para forjar el carácter de un soldado de Cristo. Por ello, me veo obligado a exponer una situación que se ha vuelto repetitiva y afecta —en especial— a las nuevas generaciones: la ausencia de *Goliats* para combatir. Esto, lejos de ser una crítica a la juventud, es un llamado a la reflexión para el gobierno, los padres y los maestros, pues a menudo buscamos eliminar a los posibles Goliats del camino de nuestros jóvenes, en lugar de dejar que los chicos aprendan a luchar por sí mismos. No es sano generar —como hemos venido haciendo— ambientes en los que siempre gane todo el mundo, donde todos se lleven un trofeo a casa —independientemente del resultado— y donde nadie sea expulsado de equipo alguno. Como anécdota personal, una vez abrí el armario de mi hija menor y noté que tenía 17 trofeos. Asombrado, le pregunté cómo había ganado tantos, y ella procedió a explicarme: «Este de aquí fue por participar; este, por quedar en octavo lugar...». Yo no podía del asombro; en mis tiempos, el que quedaba de octavo era «el perdedor», y ¡nadie recibía un premio por quedar en el octavo puesto de nada ni muchísimo menos existían los trofeos de participación!

Con perplejidad, veo que el gobierno estadounidense quiere aprobar una ley llamada *equitable grading scale* (escala de calificación equitativa), que descartaría la posibilidad de obtener notas de 0 (cero) y que les permitiría a todos los estudiantes repetir los exámenes que hubiesen reprobado. Me pregunto ¿¡por qué no existía eso cuando yo estaba en la escuela!? En mis tiempos, el que no estudiaba sacaba malas notas. Punto.

Esta reflexión no pretende ofender a nadie, sino recalcar la necesidad de enfrentarnos a desafíos, luchas y —ocasionalmente— frustraciones para fortalecer nuestro carácter y prepararnos para los retos de la vida, que —con seguridad— no serán pocos. Precisamos hacer frente a algo más grande que nosotros, para así aprender a contar con el Dios todopoderoso. A fin de cuentas, sin Goliat —el gigante—, David no habría experimentado la ayuda del Señor en las batallas difíciles ni habría aprendido a confiar en el Señor —ni en él mismo—, virtudes que lo ayudaron a tener un exitoso futuro haciendo la obra de Dios. Por todo ello, hoy te digo: llegará a tu vida algo más grande que tú y habrá batallas para las cuales necesites confiar en Dios si quieres salir victorioso. No se trata de una exageración, pues quienes responden a Su llamado y le hacen frente a males como la pobreza, la injusticia social, el racismo, el tráfico sexual, la orfandad, la juventud desfavorecida, el hambre, las misiones o la migración saben que, si no contasen con Dios, les sería imposible siquiera encontrar las fuerzas para combatir cada día.

3. Un Saúl al que perdonar (1 Samuel 18)

A pesar de que Goliat haya pasado a la historia como el emblemático enemigo de David, Saúl representó para él —y para su futuro— una amenaza mayor que la del conocido gigante. Si bien Goliat podría haber acabado con la vida del salmista, Saúl habría podido destruir su alma, pues, como ya vimos antes, su odio le causó a David —en múltiples ocasiones— daños y problemas. En consecuencia, David aprendió la lección del perdón y descubrió que dicha virtud es crucial para quienes aspiran a seguir el llamado de Dios. Con seguridad —en el viaje de la vida— nos lastimarán, ofenderán y abatirán e, inevitablemente, comprenderemos que el perdón es fundamental para las almas virtuosas e indispensable en el carácter de los creyentes. Además, tal como le sucedió a David con Saúl, el ejercicio del perdón será una lucha constante que refuerce nuestro compromiso con Dios y nuestra voluntad para servirle.

En suma, David tuvo maestros que le enseñaron —voluntaria o involuntariamente— las virtudes que luego necesitaría en su vida. Desde la guía de Samuel hasta la constante envidia de Saúl, David aprendió que el carácter se forja con perseverancia, paciencia, perdón y fe en Dios, y entendió que la victoria no se obtiene solo venciendo a Goliat un día, sino perdonando a Saúl todos los días, por casi trece años. Sabemos que el mismo hombre que un día le dio trabajo a David, luego sintió celos de él e intentó asesinarlo. Con cada nuevo ataque, David se aferró al perdón, pues allí encontró la fuerza para seguir adelante. Como él, toda la humanidad debería aprender que la única manera de avanzar hacia el futuro es dejar atrás los deseos de venganza y abrir el corazón al perdón y a la reconciliación. Muy seguramente sea así que la iglesia de los últimos días y las ingentes cantidades de personas abatidas, heridas y desoladas encuentren la paz y la fortaleza para escuchar el llamado de Dios.

Para terminar esta sección, invito a los visionarios a decir:

- Samuel, te encontraré.
- Goliat, ¡prepárate, que aquí voy!
- Saúl, te perdono. ¡Ya no puedes controlarme!

Un reto para los soñadores: Dos árboles que deberían conocer

Antes de entrar en materia con respecto a los árboles, quisiera compartir un hito reciente en la historia de los Estados Unidos, que —curiosamente— pasó desapercibido: por primera vez, la cantidad de personas de 65 años o más superó a la población de 18 años o menos. ¿Sabías que, de todas las personas en la historia que han superado los 65 años, dos terceras partes están vivas en la actualidad? Los mayores de 65 ahora forman el 14 % de la población estadounidense.[7]

¡Tal parece que los *copitos de nieve* somos todo un batallón! Aunque hoy yo me considere un soñador, hacia el final de mi época de visionario, leí el último libro de Billy Graham, *Casi en casa,* con el que quisiera presentar esta sección:

> No, la vejez no es para enclenques. Pero eso no es toda la historia, ni tampoco Dios propuso que lo fuera. En tanto que la Biblia no soslaya los problemas que enfrentamos al envejecer, tampoco pinta a la vejez como un tiempo que haya que aborrecer o una carga que haya que aguantar apretando los dientes (si nos queda alguno todavía). Tampoco nos pinta en nuestros últimos años como inútiles e inefectivos, condenados a pasar nuestros últimos días en un aburrimiento interminable o en una actividad insulsa hasta que Dios finalmente nos lleve a casa. Más bien, la Biblia dice que Dios tiene una razón para dejarnos aquí; si no la tuviera, nos llevaría al cielo mucho más pronto.[8]

Las palabras de Graham son de una sabiduría profunda, pues yo también creo que —como en el fútbol— el segundo tiempo es igual de importante que el primero —o incluso más—, ya que es cuando se define el marcador. Si bien nunca estaremos a salvo antes de llegar *a casa* —porque siempre tendremos que librar batallas y enfrenar desafíos— la realidad es que existe una razón para que estemos aquí.

A propósito de deportes, quisiera compartir un relato de los Juegos Olímpicos de 1986 en México, donde John Stephen Akhwari, de Tanzania, compitió junto a otros 74 maratonistas de talla mundial. Akhwari fue el último en llegar a la meta: de hecho, la cruzó cuando ya había oscurecido, se había terminado la premiación y solo quedaban unos cuantos espectadores. Resulta que el atleta continuó corriendo a pesar de haber sufrido una fuerte caída durante la carrera y de haberse dislocado una articulación. Cuando le preguntaron por qué no se había retirado de la competencia, el deportista contestó: «Mi país no me mandó a 8.000 km de distancia para que empezase la carrera. Me mandó a 8.000 km para que la terminase».[9] ¡Qué decisión y qué entrega tenía este atleta con la misión que se le había encargado! De la misma manera, todos nosotros estamos llamados a terminar esta carrera y a llevar a buen puerto la misión que Dios nos encomendó.

En el libro del Apocalipsis, Jesús dio una descripción a la que todos deberíamos aspirar:

> Su cabeza y Sus cabellos eran blancos como la blanca lana, como la nieve. Sus ojos eran como una llama de fuego. (Apocalipsis 1:14)

El cabello blanco representa la sabiduría y la experiencia; los ojos de fuego, el fervor y el entusiasmo. El pasaje hace énfasis en la combinación de los cabellos blancos con el fuego en la mirada. A veces, las personas mayores se conforman con la experiencia que las canas traen consigo, y se olvidan de volver a encender la llama; de avivar el fuego de la pasión por Dios. Soñadores, ¡es hora de reavivar el fuego en la mirada!

Por eso, he aquí el primer desafío: conviértanse en palmas y cedros.

> El justo florecerá como la palma,
> Crecerá como cedro en el Líbano.
> Plantados en la casa del Señor,
> Florecerán en los atrios de nuestro Dios.
> Aun en la vejez darán fruto;
> Estarán vigorosos y muy verdes,
> Para anunciar cuán recto es el Señor;
> Él es mi Roca, y que en Él no hay injusticia.
> (Salmo 92:12-15)

Los justos son como las palmas y los cedros. Para conocer un poco mejor estos dos tipos de árboles, veamos algunas de sus características:

Las palmas

Las palmas son árboles que crecen en ambientes hostiles y, por tal motivo, pueden sobrevivir incluso en el desierto. Gracias a su capacidad de adaptación, desarrollaron raíces profundas capaces de buscar agua por debajo del suelo para mantenerse siempre verdes —y dar fruto—, sin importar dónde se las siembre.

Además, durante las tormentas, las palmas cimbrean y se arquean, pero no se rompen. Como en el desierto las tormentas de arena son inevitables, las palmas se tuercen con los fuertes vientos, pero, una vez que pasa el mal tiempo, vuelven a erguirse mirando al cielo. Se trata de árboles muy resistentes, que pueden aguantar la adversidad y que no se quiebran bajo presión.

Los cedros del Líbano

Los cedros del Líbano son árboles tan increíbles que, en lugar de alimentar a los parásitos, los matan. La ingente cantidad de savia que contienen en su corteza, madera, piñas y hojas hace que los parásitos se ahoguen cuando intentan alimentarse de ella. ¡Es un mecanismo perfecto que protege los robustos troncos desde el interior!

Que Dios también nos conceda a nosotros el estar así de llenos de Su savia. ¡Cuán increíble sería el tener tanto de Jesús en nuestro interior que, cuando el enemigo intentase «tomar un bocado» para devorarnos, en lugar de afectarnos o despedazarnos, acabásemos derramando la savia de Jesús y ahogando con ella al enemigo!

Podría decirse que los cedros tienen en su interior algo más grande —y poderoso— que aquello que los ataca desde fuera. Por eso, cuando los muerden, no sale amargura, sino solo vida. Además, estos árboles son célebres por su longevidad y aunque estén llenos de canas por fuera, llevan intacto el fuego de sus ojos, porque la vida los llena y recorre por dentro.

Ahora bien, soñadores y visionarios: ¿Cuál es el testimonio de los viejos cedros y de las palmas?

Yo fui joven, y ya soy viejo,
Y no he visto al justo desamparado,
Ni a su descendencia mendigando pan.
(Salmo 37:25)

Con la metáfora de David sobre los cedros y las palmas, nos llega el verdadero mensaje: Dios nunca nos fallará, Él siempre estará allí y siempre proveerá para nosotros.

Hace poco, mi hijo me envió un mensaje de texto para preguntarme qué hacer cuando alguien se enoja con Dios debido a las circunstancias en las que se encuentra. Le respondí que —a menudo— la edad de una persona es un factor crucial a la hora de discernir entre los problemas que hay en su vida y sus respectivas causas. A los jóvenes suele resultarles sencillo concluir que «Dios no es bueno» al verse enfrentados a situaciones difíciles, mientras que para alguien mayor suele ser más fácil encontrar la paz y la sensatez afirmando: «Él es mi roca; no hay injusticia en Él». Si bien no se trata de una regla infalible, la edad tiende a desempeñar un papel muy importante al momento de distanciarnos de las emociones —que nos llevan a ver el problema como algo personal en contra nuestra— para entenderlo y poder decir: «Ya veo lo que Dios está haciendo. Él ha estado presente todo este tiempo». Sin duda, los años traen consigo experiencia y la experiencia, perspectiva; he ahí la bendición de contar con *copitos de nieve* que le aporten a nuestra vida sensatez y perspectiva.

Por todo lo anterior, exhorto a las personas mayores a que creen pequeños grupos donde puedan compartir sus experiencias y sabiduría con los adolescentes. Cabe aclarar que no es cuestión de exhibir los viejos trofeos en vetustas y empolvadas vitrinas, sino de guiar y aconsejar a las nuevas generaciones para que obtengan sus propias victorias. Además, animo a los jóvenes a que formen pequeños grupos en los que puedan escuchar las historias y testimonios de los mayores, conscientes de que todos tienen algo que aportarles a los demás.

Para finalizar este capítulo, traigo a colación las palabras de Gerald Sittser —de su libro *Water From a Deep Well*—, en las que explica los peligros de una «iglesia unigeneracional»:

> Una iglesia unigeneracional tiene la capacidad de generar energía, pero carece de raíces, y, cuando se desvanecen las emociones o llegan las dificultades, se marchita. Al cabo de poco tiempo, no queda nada de ella. Sin una memoria cultivada, vivimos apenas con lo del día, a base de modas pasajeras y novedades. Pero los cristianos no estamos en una competencia entre generaciones donde el premio es el cielo; por el contrario, todos formamos parte del mismo equipo de relevos. Tenemos una herencia, una historia familiar ricamente abonada; tenemos que conocer a aquellos miembros de nuestra familia que ya sortearon los obstáculos del camino y que nos esperan en la meta. Cuanto más los conozcamos, menos aislados y solos nos sentiremos. No somos huérfanos.[10]

Me encanta la metáfora del equipo de relevos, pues el *testigo* que le entreguemos a la siguiente generación será el relato de lo que Dios puede hacer —y lo que ha hecho— por nosotros. Notemos cuán apropiada es la palabra «testigo» en este contexto, pues es a la vez el *objeto* que se le entrega a un compañero del equipo de relevos y aquella persona que *da testimonio* de lo que ha presenciado.

A propósito, he aquí un par de versículos del Salmo 71 que han sido muy significativos para mí:

> Oh, Dios, Tú me has enseñado desde mi juventud,
> Y hasta ahora he anunciado Tus maravillas.
> Y aun en la vejez y las canas, no me desampares, oh Dios,
> Hasta que anuncie Tu poder a esta generación,
> Tu poderío a todos los que han de venir.
> (Salmo 71:17-18)

Que los ancianos estén listos para declarar y enseñar, y los jóvenes, para recibir y continuar. Que la intrepidez de los visionarios inspire a los soñadores a revivir el fuego de sus ojos, y que la perspectiva de los soñadores les traiga sabiduría a los visionarios. Así, por la gracia de Dios, ganaremos todos —jóvenes y ancianos— esta carrera, juntos en la iglesia de los últimos días.

PREGUNTAS

1. ¿Estás satisfecho con la edad promedio de tus amigos más cercanos?

2. ¿Qué palabras sabias te dirías si pudieses regresar el tiempo hasta cuando tenías la mitad de tu edad actual? ¿Hay alguien en tu vida que también necesite de esas palabras?

3. De las dificultades que estés atravesando en tu vida, ¿hay alguna que creas que una persona una década mayor que tú no haya afrontado aún? ¿Hay alguna que creas que la mayoría de quienes te llevan diez años sí haya experimentado?

4. ¿Hay algún problema «del tamaño de Goliat» que te haya estremecido el corazón? Piensa en uno para el que sepas que necesitas contar con Dios.

EL CELO

(«Zeal» es *celo* en inglés)

Cuando se acaba, Viene algo Mejor

«Si los pecadores son celosos en sus pecados,
¿no habrían los santos de serlo por su Dios?
Si las cosas del tiempo pueden agitar las pasiones humanas,
¿no deberían las realidades de la eternidad ejercer
una mayor y más enormemente conmovedora
fuerza en nosotros?».
CHARLES SPURGEON[1]

Cuando una experiencia importante llega a su fin, a menudo sentimos deseos de prolongarla. Dichos deseos son un bellísimo síntoma de que aún conservamos algo del Apóstol Pedro en nuestro interior, pues fue esta su reacción al ver la gloriosa imagen de Jesús, que hablaba con Moisés y Elías en la cima del Monte de la Transfiguración:

> Entonces Pedro dijo a Jesús: «Señor, bueno es que estemos aquí; si quieres, haré aquí tres enramadas, una para Ti, otra para Moisés y otra para Elías». (Mateo 17:4)

En esencia, las palabras de Pedro manifestaban sus deseos de cambiar la pesca por la construcción, pues quería hacer tres tiendas para que todos acampasen allí; de modo que la escena de aquella charla entre Jesús, Moisés y Elías no acabase. Él estaba dispuesto a dar todo de sí para perpetuar aquella ocasión maravillosa.

De la misma manera, hay algo en nosotros que nunca querría que las cosas buenas acabasen y, por eso, busca el modo de prolongarlas: ya sea un libro, una película, un almuerzo o una singular escena bíblica, cuando nos encontramos *ad portas* del final de algo bueno, nosotros —como Pedro— hacemos «enramadas en el Monte de la Transfiguración» para perpetuarlo.

Como es de todos sabido, a lo largo de nuestra vida, el Dios omnisciente nos hace transitar por diversos ciclos que nos dejan aprendizajes permanentes. Dicho esto, para que las enseñanzas puedan dar sus frutos de sabiduría en el futuro, debemos estar preparados y aceptar los finales con la misma fe y alegría que los inicios. Si bien la compañía de Moisés y de Elías en el Monte de la Transfiguración agradaba a Jesús, Él sabía que un problema se avecinaba en el piedemonte y que era necesario atenderlo: un niño pequeño bajo influencia demoníaca —a quien los demonios quemaban y ahogaban— y su angustiado padre necesitaban desesperadamente de Su ayuda.

Jesús entendió que lo que sucedía al pie de la montaña era tan importante como lo que sucedía en la cima, y actuó en consecuencia. Sobre la mesa, en el Monte de la Transfiguración, estaba la pregunta: ¿Nos quedamos aquí a hablar con Elías y Moisés, o descendemos para liberar al niño de su sufrimiento? Aunque Pedro ya hubiese dado su voto, el de Jesús fue mayoritario:

> Cuando llegaron a la multitud, se acercó a Jesús un hombre, que arrodillándose delante de Él, dijo: «Señor, ten misericordia de mi hijo, porque es epiléptico y sufre terriblemente, porque muchas veces cae en el fuego y muchas en el agua…». (Mateo 17:14-15)

El anterior pasaje aporta una curiosa descripción de la escena, pues, al decir que la multitud «*esperaba*», las Escrituras nos dan a entender que la gente sabía que Jesús habría de llegar hasta aquel sitio. Aunque Jesús se encontrase en un lugar y momento plácidos, era consciente de que la vida sigue y de que siempre habrá nuevos retos que esperen en el horizonte.

En efecto, tiempo después, Jesús enfrentó una situación similar —y aún más importante— con Sus discípulos, cuando les anunció que Su tiempo con ellos se agotaba. Sin duda, fue un momento triste para todos, ya que escucharlo hablar del fin de Su ministerio terrenal no era asunto menor, pero Jesús —colmado de sapiencia— intentó explicarles que aquel *adiós* sería el inicio de algo grande:

> «... Pero Yo les digo la verdad: les conviene que Yo me vaya; porque si no me voy, el Consolador no vendrá a ustedes; pero si me voy, se lo enviaré...». (Juan 16:7)

En otras palabras, el mensaje de Jesús fue: *Cuando algo se acaba, viene algo mejor.*

Jesús vivió y predicó la fe y la confianza en el inicio y fin de los ciclos a lo largo de Su ministerio en la tierra. Si lo analizamos, en el día de Pentecostés ocurrió algo similar: los discípulos fueron a un aposento alto, el cielo se abrió, y el Espíritu Santo descendió con su fuego y los llenó a todos. No obstante, allí no era posible *acampar* —no había invitaciones especiales ni podían subir a Instagram las fotos con llamas en sus cabezas ni nada por el estilo—. En realidad, era claro que los eventos de Hechos 2 habían llegado a su fin, mas las consecuencias de lo sucedido en aquel lugar habrían de sentirse por todo el mundo: los acontecimientos del aposento alto encendieron algo en los corazones de los 120 allí reunidos y habrían de desempeñar un papel clave en la obra de Dios.

De la misma manera, el Señor también te ha preparado a ti —te ha dado todas las herramientas necesarias—, y ahora es el momento de que desciendas de la montaña y te pongas manos a la obra. Para tu guía y conforto, Tito habló de cómo Dios nos prepara:

Porque la gracia de Dios se ha manifestado, trayendo salvación a todos los hombres, enseñándonos, que negando la impiedad y los deseos mundanos, vivamos en este mundo sobria, justa y piadosamente, aguardando la esperanza bienaventurada y la manifestación de la gloria de nuestro gran Dios y Salvador Cristo Jesús. Él se dio por nosotros, para redimirnos de toda iniquidad y purificar para Sí un pueblo para posesión Suya, celoso de buenas obras. (Tito 2:11-14)

¡Cuán increíbles son las cosas que Dios ha hecho por nosotros! Como vimos en el pasaje, Su inmensa generosidad —al enseñarnos tan valiosas lecciones sobre cómo vivir— no solo es señal de Su bondad y omnipotencia, sino que requiere una respuesta de nuestra parte. Visto con detenimiento, el final del pasaje encierra el elemento clave en la vida de un verdadero cristiano: *el celo*. Nosotros, como creyentes, debemos ser celosos de todo lo referente a nuestra fe y guardarla como un preciado tesoro. En la Biblia, se nos explica que Cristo nos liberó para que contribuyésemos a la liberación de otros, pues fuimos redimidos y purificados para que nos convirtiésemos en un pueblo «celoso de buenas obras», de Su Palabra y de Su mensaje.

Lejos de las demás connotaciones de la palabra *celo*, Tito 2 hace referencia al esmero, cuidado, ahínco y meticulosidad con los que todo creyente debe guardar su fe y misión cristianas. Para entenderlo mejor, podríamos decir que:

- El celo reacciona ante lo que ve desde la cima, y por eso desciende de ella hasta el piedemonte.
- El celo reacciona ante la experiencia del aposento alto, y baja las escaleras hasta las calles, donde las gentes esperan.
- El celo no piensa en «seguir adelante» ignorando los acontecimientos, sino que se cuestiona sobre «lo sucedido» y su posible enseñanza e impacto en el futuro.
-

En su libro *Practical Religion* (traído al español como *Caminando con Dios*), J. C. Ryle —escritor inglés del siglo XIX— describió el *celo* de la siguiente manera:

> El celo cristiano es un deseo ardiente de agradar a Dios, de hacer su voluntad y de promover su gloria en el mundo. Por naturaleza nadie siente ese deseo, pero Dios lo pone en el corazón de cada creyente en el momento de su conversión. En algunos creyentes este deseo es mucho más fuerte que en otros. [...] Un hombre celoso vive para una sola cosa. Toda su vida está entregada a un solo propósito y éste es el agradar a Dios.[2]

Por definición, el *celo* es un fuego ardiente, ferviente y vehemente en el alma del hombre. Como todo fuego, el celo devora y se expande; contagia, arrolla y no deja nada indemne a su paso. Así pues, la lista de Tito 2 es la chispa que enciende la lumbre de nuestra alma y que nos invita a tener «celo de las buenas obras»; él nos recuerda que debemos agradecer a Dios por Su gracia, por la piedad que nos hace negar la impiedad, y porque servimos a un Rey que regresará. El recordar siempre todo lo que Dios ha hecho por nosotros y a Quien servimos nos vuelve —necesariamente— celosos de la adoración, del testimonio y de la oración. Verbigracia, en la Biblia, vemos que la iglesia de Corinto ardía por causa de su celo:

> [...] El celo de ustedes ha estimulado a la mayoría de ellos. (2 Corintios 9:2)

El celo es, a la vez, una pasión por avanzar y una necesidad de defender aquello que se ama. En efecto, las Escrituras describen a un Jesús consumido por el celo de Su templo cuando entró a purificarlo y a expulsar a los cambistas:

> [...] «El celo por Tu casa me consumirá». (Juan 2:17)

Recuperar el celo fue parte de las instrucciones que Jesús le dio a una iglesia *tibia* llamada Laodicea, que estaba estancada y no avanzaba ni defendía su pasión cristiana. Como ya he mencionado en anteriores capítulos, un fuego que pierde temperatura acabará —tarde o temprano— por apagarse, ya que la «tibieza» es el primer síntoma —y paso— de la extinción de una llama. El celo cristiano, como fuego piadoso, necesita del ardor constante para no estancarse ni extinguirse; por ello, nuestra misión es avivar continuamente el celo de nuestra fe, pues —tal como nos muestra el libro del Apocalipsis— es uno de los mandatos de Dios que nos ayudan a valorar Su amor por nosotros:

> «"'... Yo reprendo y disciplino a todos los que amo. Sé, pues, celoso y arrepiéntete...'"». (Apocalipsis 3:19)

En la Biblia, hay un personaje tan inadvertido como curioso —pues no forma parte de ninguna historia en concreto—, cuyas apariciones en las Escrituras no pasan de meros nombres en una lista; no obstante, su apelativo encierra una historia en sí mismo, ya que se trata de un discípulo de Jesús que —en esencia— lleva el *celo* unido a su nombre. Se trata de Simón, *el zelote*, que solo se menciona tres veces en la Palabra.

Para empezar, el apelativo *zelote* tiene un origen aún controversial y los historiadores proponen tres explicaciones posibles para él: (1) Tenía vínculos con *los zelotes*, una secta de extremistas que repudiaba el gobierno de los romanos y, en consecuencia, quería derrocarlos; (2) se utilizaba la amplificación de su nombre a Simón «el zelote» para diferenciarlo de Simón Pedro, o (3) se lo llamaba así porque era un apasionado seguidor de Cristo, casi un fanático. Desde un punto de vista lingüístico, la palabra «zelote» significa «que arde de celo, que hierve»,[P] por lo que no es de extrañar que la leyenda cuente que murió como mártir predicando el Evangelio en Egipto, Irán y en otros países del Medio Oriente.

En mi opinión, las tres explicaciones de su apelativo —*el zelote*— contienen un poco de verdad; puede que él, entre otras cosas, haya sido un fervoroso seguidor de Cristo. Ahora bien, lo realmente importante del relato es que Jesús hubiese tomado el «celo» mal enfocado de Simón y lo hubiese transformado en una inmensa pasión por Él. Según cuenta su historia, Simón, el zelote, vivía completamente entregado a la política, pero, como no aprobaba a los gobernantes de turno, dedicaba todo su tiempo y energía a buscar el modo de derrocarlos para que los zelotes volviesen a gobernar. Se trataba de un hombre ávido de respuestas y en constante búsqueda de soluciones para los problemas de la ciudad —y los suyos propios—, que creía en la política como herramienta de transformación y de cambio. A pesar de su ingenuidad, Simón era un hombre apasionado y Jesús vio en él un inmenso potencial, así que Cristo —en su infinita sabiduría— logró transformar el celo y pasión por la política de «el zelote» en algo mucho mayor: ¡la pasión por el reino de los cielos!

Como en el caso de Simón, el celo y la pasión que llevamos dentro es aquello que define —o debería definir— nuestras obras y misión en la vida; por ello, observar nuestro fuego interior es la mejor forma de saber si estamos —o no— en contacto con nuestro divino motor interno. Una historia que ilustra a la perfección esta premisa es la de Pete Sampras, el famoso tenista estadounidense que batió el récord de *Grand Slam* antes que Federer, Djokovic y Nadal. Hace años, leí un artículo escrito tras su retiro de las canchas, donde el tenista —ganador de 14 *Grand Slam*— confesaba que, antes de salir a jugar cada uno de sus partidos, solía darle palmadas con ambas manos al suelo de los vestidores; era su manera de decir: «¡Llegó la hora!».

En el artículo, Sampras comentaba: «Siempre me he dicho a mí mismo que, cuando deje de golpear el piso, sabré que el momento de retirarme ha llegado». En un momento dado, notó que había dejado de hacerlo. Para él, el tenis había pasado a ser solo una cuestión de trabajo y dinero, razón por la cual supo que debía dejarlo.[3]

A pesar de que no soy deportista profesional y de que conocí el tenis gracias a la pasión de mi esposa por ese deporte, entiendo a la perfección las palabras de Sampras, pues yo también doy palmadas y —aunque sea figuradamente— golpeo el suelo cada vez que voy a predicar o a escribir libros o mensajes. Después de cuatro décadas de ejercicio, me sigo emocionando y siento que algo en mi interior dice: «¡Tenemos que ganar millones de almas; todas esas vidas necesitan un cambio!». Mentiría si dijese que lo hago por mera obligación, pues la verdad es que creo —desde lo más profundo de mi alma— que todos deberíamos acudir a la casa de Dios con entusiasmo y alegría, con el corazón lleno del ardiente *celo* de la fe. Las palmadas son de pasión y de celo; son nuestra manera de gritar: «¡Hoy tenemos la oportunidad de adorarlo y glorificarlo por todo lo que Él ha hecho por nosotros!». ¡Es el *celo* lo que nos lleva a golpear el piso con energía y gratitud porque Dios nos ha salvado, cambiado y llenado de Él!

Si lo analizamos en profundidad, al mundo lo mueve la pasión de quienes golpean el piso con celo y furor, no la avaricia de quienes actúan motivados por el dinero, la fama o el poder. Por eso, cuando hablamos de la iglesia, me asusta más su indiferencia que su celo defensivo, puesto que el estar bajo ataque es un síntoma de que sus acciones incomodan y de que, en consecuencia, el mundo reacciona a su celo por defender la fe y los preceptos cristianos. Lamentablemente, hoy en día, da la impresión de que la mayor parte de la iglesia ha perdido su celo. Por el contrario, el celo del mundo —por defender sus ideales y valores modernos— parece ir en aumento. Otrora, la iglesia solía ser el bote salvavidas que rescataba a los condenados para evitar que muriesen ahogados en el pecado; sin embargo, ahora se asemeja más a un crucero todo incluido que promete descanso y vacaciones a todos aquellos que atraviesen sus puertas. Como es de suponerse, una iglesia indiferente no puede marcar la diferencia en un mundo al borde del abismo, por ende, es tarea de todos el recordar cómo y por qué llegamos hasta la iglesia, para que nuestra pasión por Cristo sea la leña que la reavive cada día y la impulse a defender con celo la misión que Dios le dejó, como «Su esposa en la tierra».

Justamente, Jesús se «envolvió de celo» cuando vino a este planeta:

> Vio que no había nadie,
> Y se asombró de que no hubiera quien intercediera.
> Entonces Su brazo le trajo salvación,
> Y Su justicia lo sostuvo.
> Se puso la justicia como coraza,
> Y el casco de salvación en Su cabeza;
> Como vestidura se puso ropas de venganza,
> Y se envolvió de celo como de un manto.
> (Isaías 59:16-17)

Además, en palabras de Pedro, Jesús dejó «[...] ejemplo para que sigan Sus pasos» (1 Pedro 2:21). Entonces, ¿por qué nos resulta tan incómodo cuando los demás siguen a Jesús y se visten con Su mismo manto de celo? Con gran asombro, he observado que los cristianos más fervorosos causan molestia en los menos dedicados, quienes, con frecuencia, los tildan de fanáticos y ensimismados. ¿Qué razones habrá detrás de tal rechazo hacia los creyentes más apasionados? Bien, alguna vez alguien definió a los *fanáticos* como: «personas que aman a Jesús más de lo que tú Lo amas»; la experiencia me ha llevado a entender que justo ahí radica el origen de la molestia. Esto es, el entender que la pasión por Cristo en nuestro corazón ha mermado o se ha extinguido debe de ser muy difícil y molesto; más aún si es el prójimo, con su celo, quien lo pone en evidencia.

Se abre ante nosotros, entonces, el interrogante: ¿Por qué se ha extinguido el fuego cristiano en tantas personas? Bueno, según Proverbios, «por falta de leña se apaga el fuego [...]» (Proverbios 26:20), y, si hemos de ser honestos, como humanos, tendemos a descuidar la lumbre de nuestras almas. Así las cosas, ¡es nuestro deber echarle leña al fuego para que no deje de arder nunca! Las llamas que se alimentan una vez por semana —por ejemplo, los domingos— no suelen sobrevivir los crudos inviernos, porque las bajas temperaturas acaban por consumir el ínfimo calor que desprenden. Ahora bien, ¿cuál es el secreto de una hoguera siempre ardiente? Pues calentar todo a su alrededor. Si lo analizamos, una lumbre «egoísta» piensa solo en sí misma y genera tan poco calor que acaba por extinguirse en tiempos de frío; en contraposición, un hogar al que no se le agota la leña y cuya temperatura es suficiente para dar y compartir, sin duda alguna, perdurará la estación invernal. Nosotros, como lumbres del fuego cristiano, mantenemos nuestro celo cuando hacemos lo que Jesús nos enseñó: vivir al servicio del prójimo, en lugar de centrarnos solo en nuestro propio beneficio y comodidad.

Todo lo que Sube tiene que Bajar

Volviendo al Monte de la Transfiguración, ¿qué habría ocurrido si los discípulos se hubiesen negado a bajar de la montaña? Sin hablar de las consecuencias históricas, pensemos en las lecciones que los múltiples relatos de montes y montañas nos han dejado: en la historia bíblica, siempre hubo cimas a las que llegar y poblados —y gentes— necesitados por los que bajar. Verbigracia, en Mateo 5-7, Jesús dio el Sermón de la Montaña —el más bello sermón que se haya predicado jamás—, tras el que, seguramente, Le habrán pedido que predicase otro mensaje adicional. No obstante, Jesús nos regaló tan maravilloso sermón —tal como fue— para que se convirtiese en Su poder en la tierra. Luego, en Mateo 8, cuatro personas esperaban por Jesús y Él lo sabía; personas que no necesitaban de sermones, sino de milagros: un leproso que necesitaba sanar, un centurión cuyo criado estaba paralítico, la suegra enferma de Pedro y un grupo de endemoniados que hacía estragos en la ciudad.

Como dato curioso, la Biblia contiene un sinnúmero de eventos entrelazados, lo que hace que cada historia tenga un porqué y un para qué. A veces, el sentido de un relato se hace evidente al leer otros pasajes de las Escrituras. En efecto, vemos que en Hechos 2 el Espíritu Santo descendió, el fuego tocó a los discípulos, la iglesia nació y la gente cambió; así se originó el día de Pentecostés. No obstante lo que Dios hiciera fuese increíble, no debemos omitir un pequeño detalle: siempre, cuando algo acaba, viene algo mejor. Así, a Hechos 2 solo habría podido sucederlo Hechos 3, para poner a prueba la veracidad y profundidad del cambio en las personas.

Veamos qué sucedió en Hechos 3:

> Cierto día Pedro y Juan subían al templo a la hora novena, la hora de la oración. Y había un hombre, cojo desde su nacimiento, al que llevaban y ponían diariamente a la puerta del templo llamada La Hermosa, para que pidiera limosna a los que entraban al templo. Este, viendo a Pedro y a Juan que iban a entrar al templo, les pedía limosna. Entonces Pedro, junto con Juan, fijando su vista en él, le dijo: «¡Míranos!». Él los miró atentamente, esperando recibir algo de ellos. Pero Pedro le dijo: «No tengo plata ni oro, pero lo que tengo te doy: en el nombre de Jesucristo el Nazareno, ¡anda!». Y tomándolo de la mano derecha, lo levantó; al instante sus pies y tobillos cobraron fuerza, y de un salto se puso en pie y andaba. Entró al templo con ellos caminando, saltando y alabando a Dios. Todo el pueblo lo vio andar y alabar a Dios, y reconocieron que era el mismo que se sentaba a la puerta del templo, La Hermosa, a pedir limosna, y se llenaron de asombro y admiración por lo que le había sucedido. (Hechos 3:1-10)

Luego de Hechos 2 —que relata la mayor obra de Dios en la iglesia—, desde el aposento alto se corrió la voz sobre las obras y el poder del Señor; con los 120 que se encontraban allí, bajó el rumor de Su grandeza. Aquellos 120 testigos de tan magnífica obra tuvieron que descender, pues su celo por Dios y por la Palabra los obligó a servirle; en efecto, tanto el pueblo como Dios los necesitaron, tal como relata la Biblia en Hechos 3.

Así, el Pentecostés —de Hechos 2— sería puesto a prueba en el pasaje subsiguiente. Para nadie es un secreto que la vida real pone a prueba la preparación de todos: no importa el oficio o el tiempo, a todos nos llega la hora de dejar el entrenamiento y salir a la cancha a jugar el partido; solo allí, sabremos si tenemos lo necesario para vencer —o no—, y cobrará sentido toda nuestra preparación. Sin embargo, para ello, debemos sudar el uniforme y ensuciarnos las zapatillas. En Hechos 3, vemos que el primer milagro —después de abandonar el aposento alto— involucraba a un cojo; o sea: a una persona que no habría podido subir las escaleras hasta el aposento elevado por sí misma. La conclusión es más que evidente: si la iglesia no baja a la tierra —suda la camiseta y se mancha los zapatos— para ayudar al pueblo necesitado, infinidad de personas —como el cojo— nunca recibirán el milagro que los aguarda. Por hermosa que sea la vista desde la cima de la montaña, todo lo que sube tiene que bajar porque es en la tierra donde Dios nos necesita. Por ello, ¡no tengamos miedo de los descensos, pues son parte del camino!

Repasemos el versículo 1 de dicho pasaje:

> Cierto día Pedro y Juan subían al templo a la hora novena, la hora de la oración. (Hechos 3:1)

Cabe precisar que la *hora novena* equivale a las 3:00 p. m., momento habitual de oración en la cultura judía; ello quiere decir que, luego de tocar las vidas de Sus discípulos y prepararlos para actuar, Dios los envió de regreso a su horario —y función— habitual, conque volvieron a la reunión de oración de siempre. Este último gesto es esclarecedor: el Señor sabía que serían de inmensa ayuda a las afueras del templo, como cristianos de la *hora novena*. Bien, tú y yo no somos distintos, y Dios nos está llamando a ser, también nosotros, cristianos de las tres de la tarde.

¿Qué es «un Cristiano de las Tres de la Tarde»?

Es un cristiano que fue tocado por el Espíritu Santo en un contexto —tiempo y lugar— especial, y que luego traslada a su cotidianidad el nuevo —y divino— fuego que recibió. Técnicamente, se trata de un mismo espacio, ahora habitado por una persona distinta: un creyente transformado y salvado. Los «cristianos de las tres» frecuentan los mismos sitios a los que solían ir antes de ser salvos en Cristo, pero llevan consigo una perspectiva y un corazón renovados. Dios obra Sus milagros en los contextos normales, pues Él no cambia los lugares ni los espacios, sino a las personas que los habitan, para que sean ellas quienes los transformen. En palabras de George Campbell Morgan: «Si no puedes ser cristiano en donde estás, no podrás serlo en ninguna parte. No se trata del lugar, sino de la gracia».[4]

Con todo lo anterior en mente, veamos las cuatro características de un *celoso cristiano de las tres*:

1. Todos los días cuentan

El domingo no es el único día para ser felices. La fe y el celo cristianos pueden estar presentes en nuestro corazón los siete días de la semana; depende solo de nosotros. No hace falta que el pastor y el coro nos acompañen a la escuela, universidad, trabajo o a nuestros hogares para que sintamos el fuego de Dios. Por nuestra cuenta, podemos gritar, cantar y adorarlo todos los días y en todo momento, gracias a que —como vimos hace un par de capítulos— Él es la fuente de nuestra adoración y fue quien encendió Su lumbre en nosotros.

Según la Biblia, los discípulos permanecieron diez días en el aposento alto; fue una especie de retiro (espiritual) en el que el Espíritu Santo los tocó y, una vez equipados, el Señor los mandó de regreso a su vida y rutina de antes, pero llenos, salvos y listos para trabajar en Su obra. A saber, Dios no quiere aislarnos del mundo; al contrario: quiere llenar nuestros días para que traigamos al mundo natural las maravillas del sobrenatural. Mantener nuestro celo cristiano es, pues, la mejor manera de ser un puente entre ambos mundos.

2. Ir despacio le da a Dios tiempo para intervenir

Antes, pensaba que Times Square era el sitio más costoso del mundo para anunciar una marca o producto, pero me equivocaba: resulta que la NASCAR se lleva los honores —y el récord— de tener los precios más altos para tales fines. Aunque la velocidad a la que pasan los autos podría ser un obstáculo para publicitar en ellos, el prolífico ilustrador Sam Bass llegó a crear más de 350 diseños para pilotos como Bobby Allison, Dale Earnhardt y Jeff Gordon. Bass se refería a su obra como *arte*, pues consideraba a los autos «pinturas que van a 300 km/h (200 mph)»; para otros —en cambio—, los autos eran «vallas publicitarias que se mueven a 300 km/h». Para ser francos, la publicidad en los vehículos ni siquiera es del todo perceptible para quienes los ven en persona, porque, dada la altísima velocidad a la que corren los autos, su contenido solo puede leerse por televisión, cuando los videos son transmitidos en cámara lenta. Entonces, si una empresa patrocina un vehículo de la NASCAR, hace una inversión de entre 15 y 20 millones de dólares para que su marca aparezca en el capó de un auto que va tan rápido que, para verlo bien, hace falta apoyarse en la tecnología. A cambio de su mecenazgo, la empresa espera que la popularidad de la NASCAR juegue a su favor y la publicidad sea efectiva.

Muchos de nosotros —en sentido figurado— vamos por la vida a 300 km/h y, aun así, esperamos que los demás vean la publicidad del Señor que llevamos estampada en nuestro «capó». Sinceramente, si ni el ojo humano es capaz de retener imágenes a esa velocidad, muchísimo menos lo será de asimilar mensajes divinos y espirituales. De ahí que bajar la velocidad —como lo hicieron Pedro y Juan al lado del cojo, en Hechos 3— cobre una importancia vital en la obra del Señor, ya que es cuando nos detenemos a interactuar con los demás que «la publicidad de Dios» que llevamos estampada puede apreciarse y ser efectiva. Si Pedro y Juan hubiesen priorizado el llegar rápido al templo y hubiesen seguido de largo, ni el cojo habría recibido el milagro ni el pueblo habría presenciado el poder de Dios en ellos investido.

En tiempos donde las prisas son el pan de cada día, seamos nosotros quienes —a paso lento, pero firme— marquen la diferencia. Creo que Dios hoy nos está pidiendo que desaceleremos y —¿por qué no?— que nos detengamos un poco. De hecho, bajar la velocidad nos ayuda a descubrir maravillas, como veremos en el siguiente apartado.

3. Ver el extraordinario potencial de las cosas ordinarias

En el aposento alto, el Espíritu Santo tocó a los discípulos y, una vez ungidos, comenzaron a prestarles atención a las personas a su alrededor y a creer en los milagros. En el caso del hombre cojo, sabemos —por el relato bíblico— que su presencia en el templo no era ninguna novedad, ya que, desde niño, lo habían llevado allí todos los días. Seguramente, aquella tarde no fue la primera vez que los discípulos pasaron por su lado, pero —justo— ese día, notaron algo distinto en aquel hombre: visualizaron un posible milagro en una escena cotidiana. ¡Vieron, por primera vez, el extraordinario potencial de las cosas ordinarias!

Del mismo modo, cuando Dios toca nuestra vida, se renuevan nuestros ojos —y todos nuestros sentidos—, y pasamos de *oír* a *escuchar,* y de *ver* a *observar.* Comenzamos a estar más presentes, a andar más despacio, a detenernos, y a darnos cuenta de que hay gente a nuestro alrededor cuya presencia no habíamos notado antes. Cuando en nuestro corazón arde el celo por Dios, no solo crece nuestro amor por Él, sino también nuestro amor hacia el prójimo; sencillamente, cuando el amor del Señor nos inunda, nos desborda y empapa todo a nuestro alrededor. Por eso, no es posible tener al Señor en el corazón y seguir viendo —y tratando— al mundo como lo hacíamos antes, puesto que Él nos brota por los poros, nos transforma para que podamos transformar Su creación. Con el fuego de Dios ardiendo en nosotros, lo ordinario y lo común se ven distintos: el café de la mañana sabe diferente y las personas —todas, desde nuestra pareja, hijos y colegas hasta los desconocidos que vemos por la calle— parecen otras. ¡Es como ver un mundo en alta definición!

Ahora bien, ¿cómo podemos transformar lo ordinario en extraordinario? Una forma práctica de lograrlo es empezar a orar con otros tan a menudo como sea posible. En mi experiencia, formular una pregunta tan simple como: «¿Podemos orar juntos?» resulta tremendamente útil para llevar el Evangelio fuera de la iglesia. Te sorprenderías al saber cuán receptivas son las personas a que oremos con —y por— ellas; toda oración es un milagro en potencia, entonces, ¿por qué no compartirla con el mundo?

4. Mejor que un sermón, un testimonio

En el libro del Apocalipsis, la Biblia nos dice:

«... Ellos lo vencieron por medio de la sangre del Cordero y por la palabra del testimonio de ellos, y no amaron sus vidas, llegando hasta sufrir la muerte...». (Apocalipsis 12:11)

El anterior pasaje bíblico no dice: «lo vencieron por medio de *la palabra del pastor*», sino que fue «por la palabra del testimonio»; ¿por qué? Porque el testimonio es poderoso y refleja la experiencia real de una persona. En Hechos 3, vemos lo que sucedió a raíz de este milagro, la razón del regreso de los discípulos que estaban en el aposento alto:

> Y de un salto se puso en pie y andaba. Entró al templo con ellos caminando, saltando y alabando a Dios. Todo el pueblo lo vio andar y alabar a Dios, y reconocieron que era el mismo que se sentaba a la puerta del templo, La Hermosa, a pedir limosna, y se llenaron de asombro y admiración por lo que le había sucedido. (Hechos 3:8-10)
>
> Pero muchos de los que habían oído el mensaje creyeron, llegando el número de los hombres como a 5.000. (Hechos 4:4)

¡Cinco mil personas creyeron aquel día! Me imagino a Pedro y a Juan caminando, y al hombre —que solía ser cojo— ¡saltando y bailando a su lado! ¿Qué habrán pensado quienes asistían al templo al verlo sano y curado de su mal? Creo que, aunque trascendiese su lógica, la evidencia del milagro era aplastante. Citando el refranero popular: «una imagen vale más que mil palabras» y, a veces, la mayor demostración del poder de Dios es una vida transformada. Por eso, ¡no temamos compartir nuestro testimonio con los demás! Aquellos que nos hayan conocido antes de ser salvos en Cristo sabrán ver nuestro cambio y entenderán que el fuego y la pasión por Dios arde en nuestro interior. En Hechos 3, una vida transformada fue la prueba reina que llevó a miles a creer:

> Y viendo de pie junto a ellos al hombre que había sido sanado, no tenían nada que decir en contra. (Hechos 4:14)

El difunto evangelista británico Gipsy Smith dijo —a modo de broma— que «Existen cinco Evangelios: Mateo, Marcos, Lucas, Juan y el cristiano, pero la mayoría de las personas jamás leerán los primeros cuatro».[5] ¡Cuán ciertas fueron sus palabras! Pues hemos de recordar que Dios no nos transforma para la iglesia, sino para la vida; hemos sido salvos para convertirnos en Su testimonio vivo.

Hoy, le pido a Dios que encienda una nueva llama en tu alma y que te llene de celo por las buenas obras; le pido que abra tus ojos para que veas el extraordinario potencial de las cosas —y personas— ordinarias que te rodean, para que seas obrador de milagros tú también. Ralentiza tu paso —detente, si fuere necesario— para que puedas ver a los cojos que saltan, a los ciegos que ven y los milagros que ocurren. No hace falta que subas al aposento alto: solo ve a tu casa, tu escuela, tu trabajo, tu barrio, tu ciudad… lleva la verdad y difúndela con valor y convicción. Ahora, consciente de todo lo que Dios ha hecho —y hace— en tu vida, cuida con celo el fuego de Dios que arde dentro de ti y ve tranquilo, con la certeza de que ¡cuando algo se acaba, viene algo mejor!

Ahora, al término de esta travesía de la A a la Z, no me queda más que darte las gracias por haberte sumergido en estas páginas conmigo. De forma providencial, el último capítulo nos recordó que el *celo* es mucho más que el final de este libro: es el inicio de nuestra vida allá afuera como cristianos celosos, fervorosos y convencidos de que Dios está en cada letra de nuestro abecedario y en cada palabra que decimos. Por eso, ¡sal a la cancha y juega el partido hasta el final! Suda la camiseta, ensúciate las zapatillas y haz la obra de Dios en tu vida diaria. ¡Sé, siempre, Su testimonio andante!

PREGUNTAS

1. ¿Qué situaciones de tu vida se han asemejado a las enseñanzas y pruebas de Hechos 2 y Hechos 3, respectivamente?

2. En Apocalipsis 2:1-5, Jesús le habla a una iglesia que ha ido perdiendo el celo. Tú, como templo del Espíritu, responde con honestidad: ¿en alguna época de tu vida has amado a Jesús más que ahora? ¿Cómo eras en aquel entonces? ¿Cómo aplicarías en tu vida las instrucciones que Él le dio a la iglesia de Éfeso?

3. En esta travesía de la A a la Z, ¿cuáles temas te sorprendieron? ¿Cuál de todas las enseñanzas de este libro te resulta más difícil de seguir en tu vida? ¿Cómo le pedirías a Dios que te ayudase específicamente en ese aspecto?

4. Ahora, ya concluido nuestro recorrido por el alfabeto, ¿qué te inspira Dios a hacer a continuación? ¿Cómo materializarías ese «algo mejor que vendrá» para tu vida?

¿Cómo se Llega al Cielo?

La pregunta más importante que alguien pueda llegar a hacernos jamás es: «¿Ya renaciste en Cristo?», pues se trata —nada más y nada menos— de las instrucciones de Jesús para ir al cielo.

Lo increíble es que, si les preguntásemos a cien personas distintas «¿cómo se llega al cielo?», probablemente recibiríamos cien respuestas diferentes. ¡Impresiona —aún más— que todos parezcan saber cómo llegar a un sitio al que ni siquiera han ido!

¿Quién podrá conocer mejor que Jesús el camino hasta Su propia casa?

De hecho, Jesús fue claro y conciso en las indicaciones para llegar a Su morada. En la Biblia, Él dijo: «[…] "En verdad te digo que el que no nace de nuevo no puede ver el reino de Dios"» (Juan 3:3), y luego lo repitió: «"[…] 'Tienen que nacer de nuevo'"» (Juan 3:7).

«Nacer de nuevo» no es un invento de los religiosos; es una frase de Jesús. Lo que Él intentaba decir era que primero se nace *físicamente*, y luego se debe renacer *espiritualmente*. Así como conocemos nuestra fecha de *nacimiento físico*, también debemos tener presente nuestra fecha de *nacimiento espiritual*, y quizás, para ti, ese día sea hoy. En efecto, la Biblia dice: «[…] ahora es "el día de salvación"» (2 Corintios 6:2).

Ahora bien, ¿cómo se renace en Cristo? En realidad, solo hay que seguir tres sencillos pasos.

1. Admitir que somos pecadores

Todos estamos rotos, pues todos pecamos. No existe una promesa, un sacerdote, un pastor ni un programa que nos pueda curar, ya que el remedio debe venir desde adentro, no desde afuera. De ahí que el primer paso sea sincerarnos con Dios y admitir que somos pecadores.

Un pastor dijo alguna vez: «No somos gente que se equivoca y necesita que la corrijan; somos pecadores que necesitan un Salvador. Más que una nueva oportunidad, ¡necesitamos un nuevo nacimiento!».

2. CREER EN QUE JESÚS MURIÓ POR NOSOTROS

El problema del pecado es grave, tanto así que Dios envió a Su Hijo para remediar nuestra condición pecaminosa, pues nosotros mismos no podíamos. Si hubiésemos tenido esa capacidad, todo el sufrimiento por el que Dios hizo pasar a Jesús no habría sido más que el peor caso de maltrato intrafamiliar de todos los tiempos. Si bastase con ser buenos para llegar al cielo, Jesús no habría tenido que morir por nosotros en la cruz.

Estoy convencido de que, en la cruz, Jesús cargó con el peso de nuestros pecados. Él vivió una vida que yo no podía vivir, y murió como yo debía morir. Por si fuese poco, me dio una recompensa que yo no merecía: el cielo.

3. CONFESAR QUE JESÚS ES NUESTRO SEÑOR

¿Será que Dios envió a Jesús a morir en la cruz solamente para que pudiésemos ir a sentarnos en la iglesia todos los domingos? ¡Claro que no! Él murió por nosotros, porque quería que tuviésemos una *relación* con Él. Ir a la iglesia los domingos es un acto religioso, pero renacer en Cristo es *vivir* dicha relación. El cristianismo no se trata de acercarnos a un lugar, sino a una Persona -di vina-, y dejar que Ella tome el mando.

> Que si confiesas con tu boca a Jesús por Señor, y crees en tu corazón que Dios lo resucitó de entre los muertos, serás salvo. Porque con el corazón se cree para justicia, y con la boca se confiesa para salvación. (Romanos 10:9-10)

Confesar a Jesús por «Señor» es aceptar que Él es nuestro superior. No se trata de hacer, una vez por semana, lo que Dios quiere… ¡no! Se trata de dedicarle al Señor todos los días que Él nos regale sobre esta tierra. Es así como honramos Su señorío.

También tú puedes renacer en Cristo aquí y ahora. Si así lo decides, te invito a hacer la siguiente oración:v

Querido Señor Jesús:

Creo que Tú eres el Hijo de Dios. Creo que —en la cruz— te llevaste mi pecado, mi vergüenza y mi culpa, y pagaste con tu vida por mis faltas. Creo que enfrentaste el infierno por mí, para que yo no tuviese que ir. Te levantaste de entre los muertos para darme un lugar en el cielo, un propósito en la tierra y una relación contigo, Padre. Hoy, Señor Jesús, me alejo de mis pecados para renacer en Ti. Confieso que Dios es mi Padre, Jesús es mi Salvador, el Espíritu Santo es mi Ayudante y el cielo ahora es mi hogar... en el nombre de Jesús.

Amén.

NOTAS AL FINAL

Introducción

1 Sullivan, W. L. (2017). *Epigrams and Criticisms in Miniature* [Epigramas y críticas en miniatura]. University of Pennsylvania Press. (Obra original publicada en 1936). Traducción propia con fin ilustrativo, basada en la versión original del presente libro.

2 Arizona Christian University Cultural Research Center. (2022, mayo 10). «Release #5: Shocking Results Concerning the Worldview of Christian Pastors» [Publicación #5: Impactantes resultados acerca de la cosmovisión de los pastores cristianos]. *American Worldview Inventory 2022.* https://www.arizonachristian.edu/wpcontent/uploads/2022/05/AWVI2022_Release05_Digital.pdf

3 « Quote by Augustine of Hippo» [Frase de Agustín de Hipona]. (s. f.). *Goodreads.* https://www.goodreads.com/quotes/110766-if-you-believe-what-you-like-in-the-gospel-and. Traducción propia con fin ilustrativo, basada en la versión original del presente libro.

A: La expiación

1 Lewis, C. S. (1996). A *Grief Observed* [Un dolor observado]. (reimpr., ed. rev.). HarperOne. (Obra original publicada en 1961). Traducción propia con fin ilustrativo, basada en la versión original del presente libro.

2 Chambers, O. (2015). *Our Ultimate Refuge* [Nuestro refugio último]. Our Daily Bread

Publishing. (Obra original publicada en 1917). Traducción propia con fin ilustrativo, basada en la versión original del presente libro.

3 Chesterton, G. K. (2004). *El hombre eterno* (M. Ruiz Fernández, trad.). Ediciones Cristiandad. (Obra original publicada en 1925).

4 Kendall, R. T. (2012). *Unashamed to Bear His Name: Embracing the Stigma of Being a Christian* [Sin sentir vergüenza de llevar Su nombre: Abrazar el estigma de ser cristiano]. Baker Publishing Group.

5 Lewis, C. S. (2017). *Mero cristianismo* (V. Fernández Muro, trad.). Ediciones Rialp. (Obra original publicada en 1942).

B: La Biblia

1 «Quote by Charles Haddon Spurgeon» [Frase de Charles Haddon Spurgeon]. (s. f.). *Goodreads.* https://www.goodreads.com/quotes/397346-a-bible-that-s-falling-apart-usually-belongs-tosomeone-who. Traducción propia con fin ilustrativo, basada en la versión original del presente libro.

2 Graham, B. (2011). *Just As I Am* [Así como soy]. HarperCollins. (Obra original publicada en 1997). Traducción propia con fin ilustrativo, basada en la versión original del presente libro.

3 Kierkegaard, S. y Moore, C. E., ed. (2002). *Provocations: Spiritual Writings of Søren Kierkegaard* [Provocaciones: Escritos espirituales de Søren Kierkegaard]. Plough Publishing House. (Obra original publicada en 1999). Traducción propia con fin ilustrativo, basada en la versión original del presente libro.

4 McFarland, A. (2007). *The 10 Most Common Objections to Christianity* [Las 10 objeciones más frecuentes al cristianismo]. Bethany House Publishers.

5 Cohen, J. (2013, mayo 7). «6 Things You May Not Know About the Dead Sea Scrolls» [6 datos que tal vez desconozcas sobre los Manuscritos del Mar Muerto]. *History.com.* https://www.history.com/news/6-things-you-may-not-know-about-the-dead-sea-scrolls

6 Windle, B. (2019, octubre 11). «Pontius Pilate: An Archaeological Biography» [Poncio Pilato: Una biografía arqueológica]. *Bible Archaeology Report.* https://biblearchaeologyreport.com/2019/10/11/pontius-pilate-an-archaeological-biography

7 Biblical Archaeology Society staff. (2023, febrero 13). «The Bethesda Pool, Site of One of Jesus' Miracles» [El Estanque de Betesda, lugar de un milagro de Jesús]. *Biblical Archaeology Society.* https://www.biblicalarchaeology.org/daily/biblical-sites-places/jerusalem/the-bethesda-pool-site-of-one-of-jesus-miracles

8 Rogers, A. y Rogers, S. (2012). *What Every Christian Ought to Know: Solid Grounding for a Growing Faith* [Lo que todo cristiano debe saber: Bases sólidas para una fe en crecimiento]. B&H Publishing Group. (Obra original publicada en 2005).

9 Frank, R. C. (2015). *Fighting Cancer with Knowledge and Hope.* Yale University Press; Frank, R. (2015, marzo 1). «Bloodletting and The Death of George Washington: Relevance to Cancer Patients Today» [Las sangrías y la muerte de George Washington: Su relevancia para los pacientes de cáncer en la actualidad]. *Yale University Press.* https://yalebooks.yale.edu/2015/03/01/bloodletting-and-the-death-of-george-washington-relevance-to-cancer-patients-today

10 Edersheim, A. (1912) *The Life and Times of Jesus the Messiah* [La vida y los tiempos de Jesús el Mesías] vol. 1. Harvard University Press. (Obra original publicada en 1883).

11 McFarland, A. (2008). Las 10 objeciones más comunes al cristianismo (L. N. Sáez, trad.). Casa Creación. (Obra original publicada en 2007).

12 Hovey, E. P., citado en Challies, T. (2021). *Knowing and Enjoying God* [Conocer y disfrutar a Dios]. Harvest House Publishers. Traducción propia con fin ilustrativo, basada en la versión original del presente libro.

13 Hampson, T. (2020). *The Non-Prophet's Guide to Spiritual Warfare* [Guía de los no profetas para la Guerra espiritual]. Harvest House Publishers. Traducción propia con fin ilustrativo, basada en la versión original del presente libro.

14 Colson, C. y Fickett, H. (2008). *The Faith: What Christians Believe, Why They Believe It, and Why It Matters* [La fe: Lo que creen los cristianos, por qué creen en ello y por qué importa]. HarperCollins.

15 Habash, G. (2013, marzo 10). «How Many Copies Does It Take to Be an Amazon Bestseller?» [¿Cuántos ejemplares hay que vender para ser un *best seller* en Amazon?]. *Publishers Weekly.* https://www.publishersweekly.com/pw/by-topic/industry-news/bookselling/article/56284-how-many-copies-does-it-take-to-be-an-amazon-bestseller.html

16 Riches, J., ed. (2015). *The New Cambridge History of the Bible: Volume 4, From 1750 to the Present* [Cambridge, Nueva historia de la Biblia: desde 1750 hasta el presente]. Cambridge University Press.

17 «2022 Global Scripture Access» [Acceso mundial a las Escrituras]. (2022, septiembre). *Wycliffe Global Alliance.* https://www.wycliffe.net/resources/statistics2022

18 Holyart.com. (s. f.). «Mind-Blowing Statistics About Christianity You Need to Know» [Impresionantes estadísticas sobre el cristianismo que debes conocer]. *Holy Blog.* Consultado el 8 de noviembre de 2023, en https://www.holyart.com/blog/mind-blowing-statistics-christianity-need-know

19 Wells, J. (2005, julio 1). «Ethiopia: "The Country Blessed of God"» [Etiopía: «El país bendecido por Dios»]. *Christianity Today.* https://www.christianitytoday.com/history/issues/issue-87/ethiopia-country-blessed-of-god.html

20 «Quote by Charles Haddon Spurgeon» [Frase de Charles Haddon Spurgeon]. (s. f.). *Goodreads.* https://www.goodreads.com/quotes/8561226-the-word-of-god-is-like-a-lion-you-don-t. Traducción propia con fin ilustrativo, basada en la versión original del presente libro.

C: La iglesia

1 McDowell, J. y McDowell, S. (2017). *Evidence That Demands a Verdict: Life-Changing Truth for a Skeptical World* [Evidencia que reclama un veredicto: Verdades transformadoras para un mundo escéptico]. Thomas Nelson. Traducción propia con fin ilustrativo, basada en la versión original del presente libro.

2 Hughes, K. (2015). *Las disciplinas de un hombre piadoso* (Editorial Patmos, trad.). Editorial Patmos. (Obra original publicada en 1991).

3 VanderWeele, T. J. (2017). Religion and health: A synthesis [Religión y salud: Síntesis]. *Spirituality and religion within the culture of medicine: From evidence to practice, 419*, 357-401.

4 Lloyd-Jones, D. M. (1971). *Studies in the Sermon on the Mount* [Estudios del Sermón de la Montaña]. InterVarsity Press. Traducción propia con fin ilustrativo, basada en la versión original del presente libro.

5 Rainer, T. S. (2021, mayo 24). «The Once-a-Month Churchgoers Are Becoming More Common» [Cada vez es más usual que las personas asistan a la iglesia una vez al mes]. *Church Answers*. https://churchanswers.com/blog/the-once-a-month-churchgoers-are-becoming-more-common

6 Spurgeon, C. H. (1863, marzo 1). *The Church, the World's Hope* [La iglesia, la esperanza del mundo] [Sermón]. Tabernáculo Metropolitano. Londres, Inglaterra. Traducción propia con fin ilustrativo, basada en la versión original del presente libro.

7 «Don't Forget Your Purpose» [No olvides cuál es tu propósito]. (s. f.). *Ministry 127*. Consultado el 4 de marzo de 2023, en https://ministry127.com/resources/illustration/don-t-forget-your-purpose

8 Dullea, G. (1987, septiembre 28). «Ebony and Ivory: 1 Keyboard, 2 Good Hands» [Ébano y Marfil: Un teclado, dos hábiles manos]. *The New York Times*. https://www.nytimes.com/1987/09/28/style/ebony-and-ivory-1-keyboard-2-good-hands.html

9 Chambers, O. (septiembre 30). «The Assigning of the Call» [La asignación del llamado]. *My Utmost for His Highest. https://utmost.org/updated/the-assigning-*

of-the-call. Traducción propia con fin ilustrativo, basada en la versión original del presente libro.

10 «Polycarp» [Policarpo]. (2008, agosto 8). *Christianity Today.* https://www.christianitytoday.com/history/people/martyrs/polycarp.html

11 Wigglesworth, S., citado en Madden, P. J. (1993). *The Wigglesworth Standard* [El estándar Wigglesworth]. Whitaker House. Traducción propia con fin ilustrativo, basada en la versión original del presente libro.

12 Scott, R. (Director). (2000). *Gladiador* [Película]. Universal Pictures.

D: El discipulado

1 Tozer, A. W. (2011). *Renewed Day by Day, Volume 1: Daily Devotional Readings* [Renovado día tras día: Lecturas devocionales diarias]. Moody Publishers. (Obra original publicada en 1980). Traducción propia con fin ilustrativo, basada en la versión original del presente libro.

2 Lewis, C. S. (1970). *God in the Dock* [Dios en la silla del acusado]. Eerdmans Publishing. Traducción propia con fin ilustrativo, basada en la versión original del presente libro.

3 Elliot, E. (1985). *Portales de esplendor* (Editorial Portavoz, trad.). Editorial Portavoz. (Obra original publicada en 1956).

4 Nee, W. (2006). *The normal Christian life* [La normal vida cristiana]. Hendrickson Publishers. (Obra original publicada en 1957). Traducción propia con fin ilustrativo, basada en la versión original del presente libro.

5 Reynolds, W. A. (1959). The burning ships of Hernán Cortés [Las naves en llamas de Hernán Cortés]. *Hispania*, 317-324.

6 Marshall, P. [Director]. (1992). *Un equipo muy especial* [Película]. Columbia Pictures. Traducción propia con fin ilustrativo, basada en la versión original del presente libro.

7 Curtis, C. (2014, enero). «The Lives of Missionaries: William Borden» [Las vidas de los misioneros: William Borden]. *International Missions Project.* https://www.intlmissions.org/?p=2479

8 Manning, B. (2014). *La firma de Jesús* (Editorial Peniel, trad.). Editorial Peniel. (Obra original publicada en 1988).

E: La eternidad

1 Lewis, C. S. (2017). *Mero cristianismo* (V. Fernández Muro, trad.). Ediciones Rialp. (Obra original publicada en 1942).

2 «Life expectancy» [Esperanza de vida]. (s. f.). *Worlddata.info*. Consultado el 7 de noviembre de 2023, en https://www.worlddata.info/life-expectancy.php

3 Jeremiah, D. (s. f.). «What's Up with Heaven?» [¿Qué pasa con el cielo?]. *Sermons.love*. Consultado el 20 de octubre de 2023, en https://sermons.love/david-jeremiah/1249-david-jeremiah-whats-up-with-heaven.html

4 Colville, A. [@AlexJColville], (2022, junio 7). *By comparison, the division of the US National Institute on Aging that… biology of aging spends about $325 million a year*. [Tuit]. Twitter. https://twitter.com/AlexJColville/status/1534189266150084609. Traducción propia con fin ilustrativo, basada en la versión original del presente libro.

5 Regalado, A. (2022, junio 7). «Saudi Arabia plans to spend $1 billion a year discovering treatments to slow aging» [Arabia Saudita tiene planeado invertir mil millones de dólares anuales en busca de tratamientos para retrasar el envejecimiento]. *MIT Technology Review*. https://www.technologyreview.com/2022/06/07/1053132/saudi-arabia-slow-aging-metformin. Traducción propia con fin ilustrativo, basada en la versión original del presente libro.

6 Morris, L. (1991, mayo 27). «The Dreadful Harvest» [La terrible cosecha]. *Christianity Today*. https://www.christianitytoday.com/ct/1991/may-27/dreadful-harvest.html. Traducción propia con fin ilustrativo, basada en la versión original del presente libro.

7 Humphrey, J. M. (1918). *The Lost Soul's First Day in Eternity* [El primer día del alma perdida en la eternidad]. Messenger Publishing Company. (Obra original publicada en 1912). Traducción propia con fin ilustrativo, basada en la versión original del presente libro.

F: El perdón

1 «School Shootings in 2022: How Many and Where» [Tiroteos escolares en 2022: Número y ubicación]. (2022, enero 5). *Education Week*. https://www.edweek.org/leadership/school-shootings-this-year-how-many-and-where/2022/01

2 Lewis, C. S. (2017). *El peso de la gloria* (G. Esteban Villar, trad.). Ediciones Rialp. (Obra original publicada en 1942).

3 Ten Boom, C. (1984). *The hiding place* [El escondite]. Hendrickson. (Obra original publicada en 1971). Traducción propia con fin ilustrativo, basada en la versión original del presente libro.

4 Good Teaching. (2020, diciembre 20). *Winkie Pratney Hurt and Bitterness Complete 2 Sessions* [Winkie Pratney, El sufrimiento y la amargura, 2 sesiones completas] [Video]. YouTube. https://www.youtube.com/watch?v=naYGwNv0kHs. Traducción propia con fin ilustrativo, basada en la versión original del presente libro.

5 «Dr Karl Menninger, The Famed Psychiatrist, Once…» [El Dr. Karl Menninger, el famoso psiquiatra, dijo alguna vez…]. (2001, enero 2). *Sermon Central.* https://www.sermoncentral.com/sermon-illustrations/347/dr-karl-menninger-thefamed-psychiatrist-once-by-ernest-canell. Traducción propia con fin ilustrativo, basada en la versión original del presente libro.

6 City of Chicago. (2022). *Annual Comprehensive Financial Report For the Years Ended December 31, 2022* [Informe financiero detallado del año que finalizó el 31 de diciembre de 2022]. https://www.chicago.gov/content/dam/city/depts/fin/supp_info/CAFR/2022CAFR/OHare2022.pdf

7 «What are the chances of your mail being lost?» [¿Cuál es la probabilidad de que se extravíe tu correspondencia?]. (2023, febrero 24). *The Donut Whole.* https://www.thedonutwhole.com/what-are-the-chances-of-your-mail-being-lost

8 Según el informe anual de 2022 del Servicio Postal de los Estados Unidos, el USPS (por sus siglas en inglés) entregó el 99.1 % de todos los envíos de *first-class mail* (correo de primera clase) y 97.4 % de la totalidad de los paquetes enviados en 2022.

9 «One Day in the Postal Service» [Un día en el servicio postal]. (s. f.). *Postal Facts.* Consultado el 8 de noviembre de 2023, en https://facts.usps.com/one-day

10 Spurgeon, C. H. (1873). *Spurgeon's Sermons* [Los sermones de Spurgeon] (Vol. 19). Traducción propia con fin ilustrativo, basada en la versión original del presente libro.

11 Davis, R. L. (1984). *A Forgiving God in an Unforgiving World* [Un Dios de perdón en un mundo que no perdona]. Harvest House Publishers.

12 Lewis, C. S. (2017). *Reflections on the Psalms* [Reflexiones acerca de los salmos]. HarperOne. (Obra original publicada en 1958). Traducción propia con fin ilustrativo, basada en la versión original del presente libro.

13 Chong-Soon, C. (2008). *Son Yang-Won: Aeyangwon and Martyr of Love* [Son Yang-Won: Aeyangwon y mártir de amor].

G: Dios

1 Wright, N. T. (2004). *Luke for Everyone* [Lucas para todos]. Westminster John Knox Press. (Obra original publicada en 2004). Traducción propia con fin ilustrativo, basada en la versión original del presente libro.

2 Tozer, A. W. (1996). *El conocimiento del Dios santo* (A. Carrodeguas, trad.). Editorial Vida. (Obra original publicada en 1961).

3 Rees, W. E. (1971). *$3.00 Worth of God* [$3 de Dios]. Judson Press. Traducción propia con fin ilustrativo, basada en la versión original del presente libro.

4 Herblock. (1945, octubre 24). Do we have to invite Him as well? [¿También tenemos que invitarlo a Él?]. *Washington Post.* Traducción propia con fin ilustrativo, basada en la versión original del presente libro.

5 Lloyd, J. y Mitchinson, J. (2007). *The Book of General Ignorance* [El libro de la ignorancia general]. Crown.

6 NASA Science Editorial Team. (2020, febrero 1). «How Big Is the Solar System?» [¿Cuán grande es el Sistema Solar?]. *NASA Science.* https://science.nasa.gov/learning-resources/how-big-is-the-solar-system

H: El Espíritu Santo

1 «Holy Spirit» [Espíritu Santo]. (s. f.). *Ministry127.* Consultado el 29 de abril de 2023, en https://ministry127.com/resources/illustrations/holy-spirit. Traducción propia con fin ilustrativo, basada en la versión original del presente libro.

2 Rainer, T. S. (2021, mayo 24). «The Once-a-Month Churchgoers Are Becoming More Common» [Cada vez es más usual que las personas asistan a la iglesia una vez al mes]. *Church Answers.* https://churchanswers.com/blog/the-once-a-month-churchgoers-are-becoming-more-common

3 Bounds, E. M. (2008). *Power Through Prayer* [El poder por medio de la oración]. Wilder Publications. (Obra original publicada en 1910). Traducción propia con fin ilustrativo, basada en la versión original del presente libro.

4 «Quote by A. W. Tozer» [Frase de A. W. Tozer]. (s. f.). *Goodreads.* https://www.goodreads.com/quotes/964813-if-the-holy-spirit-was-withdrawn-from-thechurch-today. Traducción propia con fin ilustrativo, basada en la versión original del presente libro.

5 Lewis, C. S. (1971). *The four loves* [Los 4 amores]. Houghton Mifflin Harcourt. (Obra original publicada en 1960). Traducción propia con fin ilustrativo, basada en la versión original del presente libro.

6 Marsh, F. E. (1974). *Emblems of the Holy Spirit* [Emblemas del espíritu santo]. John F. Shaw & Co. (Obra original publicada en 1880). Traducción propia con fin ilustrativo, basada en la versión original del presente libro.

7 Dalbey, G. (2003). *Healing the Masculine Soul* [Sanar el alma masculina]. Thomas Nelson.

8 Manning, B. (2019). *El impostor que vive en mí.* (Editorial Peniel, trad.). Editorial Peniel. (Obra original publicada en 2002).

I: Israel

1 Heschel, A. J., citado en M. E. Cannon, ed. (2017). *A Land Full of God: Christian Perspectives on the Holy Land* [Una tierra llena de Dios: Perspectivas cristianas sobre la Tierra Santa]. Cascade Books. Traducción propia con fin ilustrativo, basada en la versión original del presente libro.

J: Jesús

1 «Top 90 Billy Sunday Quotes» [Top 90 de frases de Billy Sunday]. (s. f.). *QuoteFancy.* Consultado el 27 de octubre de 2023, en https://quotefancy.com/billy-sunday-quotes. Traducción propia con fin ilustrativo, basada en la versión original del presente libro.

2 «Primary Homework Help for Kids» [Ayuda para las tareas de los niños en educación primaria]. (s. f.). Consultado el 27 de octubre de 2023, en https://primaryhomeworkhelp.co.uk

3 «How Do Burglars Break into Houses?» [¿Cómo entran los ladrones a las casas?]. (s. f.). *ADT.* Consultado el 20 de mayo de 2023, en https://www.adt.com/resources/how-do-burglars-break-into-houses

4 En 2016, una aerolínea presumía de que sus aviones eran 99 % seguros en vuelo. La empresa era Qantas, que publicó un video sobre seguridad para hacerse publicidad basada en dicha afirmación.

5 «Whoever Takes the Son Gets It All» [Quienquiera que escoja al hijo se queda con todo]. (2014, octubre 15). *Tony Cook Ministries.* https://tonycooke.org/stories-and-illustrations/son-gets-it-all

K: El conocimiento

1 Tada, J. E. (2011). *Glorious intruder: God's presence in life's chaos* [Glorioso intruso: La presencia de Dios en el caos de la vida]. Crown Publishing Group. (Obra original publicada en 1989). Traducción propia con fin ilustrativo, basada en la versión original del presente libro.

2 Parks, K. (2023, mayo 24). «Target customers shocked after company features pride items by Satanist partner: Devil is 'hope' and 'love'» [Los clientes de Target están en *shock* porque el negocio empezó a vender prendas de una marca satánica, alusivas al orgullo LGBTQ, y en cuyos estampados dice que el diablo es «esperanza» y «amor»]. *Fox News.* https://www.foxnews.com/media/target-customers-shocked-company-features-gay-pride-items-satanist-partner-devil-hope-love. Traducción propia con fin ilustrativo, basada en la versión original del presente libro.

3 Lewis, C. S., citado en Loades, A. (1989). CS Lewis: grief observed, rationality abandoned, faith regained [C. S. Lewis: el dolor observado, la racionalidad abandonada, la fe recuperada]. *Literature and theology*, *3*(1), 107-121. Traducción propia con fin ilustrativo, basada en la versión original del presente libro.

4 Mote, E. (1834). My Hope Is Built on Nothing Less [Mi esperanza no se basa en nada menos] [Canción]. Traducción propia con fin ilustrativo, basada en la versión original del presente libro.

5 Duhigg, C. (2012). *The power of habit: Why we do what we do in life and business* [El poder del hábito: Por qué hacemos las cosas que hacemos en la vida y en los negocios]. Random House.

6 Yancey, P. y Stafford, T. (1979). *Unhappy Secrets of the Christian Life* [Secretos desafortunados de la vida cristiana]. Zondervan Publishing House.

L: El amor

1 «Quote by David Wilkerson» [Frase de David Wilkerson]. (s. f.). *Goodreads.* https://www.goodreads.com/quotes/814824-love-is-not-only-something-you-feel-it-is-something. Traducción propia con fin ilustrativo, basada en la versión original del presente libro.

2 de Kempis, T. (1827). *Imitación de Cristo*. Imprenta de Don Pedro Beaume.

3 Rogers, A., citado en Kirksey, F. L. (s. f.). «Send a Great Revival» [Envía un gran reavivamiento]. *Preaching Point*. Consultado el 10 de junio de 2023, en https://preachingpoint.org/send-a-great-revival. Traducción propia con fin ilustrativo, basada en la versión original del presente libro.

4 H. H. Meyer, ed. (1915, enero). Uniform Lessons Edition 47, núm. 1. *The Sunday School Journal* [Revista de la escuela dominical]. The Methodist Book Concern. Traducción propia con fin ilustrativo, basada en la versión original del presente libro.

5 Haddad, K. (2021, Agosto 16). «34 Years Ago: Northwest Flight 255 Crashes After Takeoff from Detroit Metro Airport» [Hace 34 años: Vuelo 255 de la aerolínea Northwest se estrella tras su despegue del Aeropuerto Metropolitano de Detroit]. *ClickOnDetroit*. https://www.clickondetroit.com/all-about-michigan/2019/08/15/32-years-ago-northwest-flight-255-crashes-after-takeoff-from-detroit-metro-airport

6 Lewis, C. S. (1998). *El problema del dolor* (S. Bunster, trad.). Editorial Universitaria. (Obra original publicada en 1960).

7 Dostoyevski, F. (2009). *Los hermanos Karamazov* (R. Ledesma Miranda, trad.). Editorial Edaf. (Obra original publicada en 1880).

M: El dinero

1 Graham, B. y Toney, D. L. (2011). *Billy Graham in Quotes* [Billy Graham en frases]. Thomas Nelson. Traducción propia con fin ilustrativo, basada en la versión original del presente libro.

2 Graham, B. y Lowe, J. (1999). *Billy Graham Speaks: Insight from the World's Greatest Preacher* [Billy Graham habla: Percepciones del pastor más grandioso del mundo]. John Wiley & Sons. Traducción propia con fin ilustrativo, basada en la versión original del presente libro.

3 Bunyan, P. (1998). *Pilgrim's Progress* [Progreso de un peregrino]. Oxford University Press. (Obra original publicada en 1678). Traducción propia con fin ilustrativo, basada en la versión original del presente libro.

N: El renacimiento en Cristo

1 «The Quotable Moody» [Las citas de Moody]. (s. f.). *D. L. Moody Center*. https://moodycenter.org/the-quotable-moody-d-l-moody-quotes. Traducción propia con fin ilustrativo, basada en la versión original del presente libro.

2 American Bible Society Record [Registro de la Sociedad Bíblica Estadounidense]. (1990, marzo). Presentado por el curso de homilética del West Coast Baptist College. Traducción propia con fin ilustrativo, basada en la versión original del presente libro.

3 Titan Submersible Implosion [Implosión del sumergible Titán]. (2023, octubre 30). En *Wikipedia.* https://en.wikipedia.org/w/index.php?title=Titan_submersible_implosion&oldid=1182627925

4 Bennett, R. (2022). *Is There Hope for the Unsaved? The Biblical Truth about Salvation You (Probably) Won't Hear in Church* [¿Hay esperanza para los no salvos? La verdad bíblica sobre la salvación que (probablemente) no escucharás en la iglesia]. Publicación independiente. Traducción propia con fin ilustrativo, basada en la versión original del presente libro.

O: La obediencia

1 Walden, K. (2022, abril 1). «Joy Dawson». *Daily Christian Quotes. https://www.dailychristianquote.com/joy-dawson-5.* Traducción propia con fin ilustrativo, basada en la versión original del presente libro.

2 «E. Stanley Jones Tells of the Time He Was About…» [E. Stanley Jones habla de aquella vez en la que estaba a punto de…]. (2004, mayo 16). *Sermon Central. https://www.sermoncentral.com/sermon-illustrations/16480/e-stanley-jones-tells-of-the-time-he-was-about-by-rodney-buchanan.* Traducción propia con fin ilustrativo, basada en la versión original del presente libro.

3 Vines, J. (2001). *Backslidden Believers* [Creyentes reincidentes] [Sermón]. Traducción propia con fin ilustrativo, basada en la versión original del presente libro.

4 Marshall, C. (2021). *A Man Called Peter* [Un hombre llamado Peter]. Evergreen Farm. (Obra original publicada en 1951). Traducción propia con fin ilustrativo, basada en la versión original del presente libro.

P: La oración

1 Meyer, F. B. (2010). *The Secret of Guidance* [El secreto de la guía]. Moody Publishers. (Obra original publicada en 1896). Traducción propia con fin ilustrativo, basada en la versión original del presente libro.

2 Lucado, M. (2007). *Discovering the Power of Prayer* [Descubrir el poder de la oración]. Integrity House. Traducción propia con fin ilustrativo, basada en la versión original del presente libro.

3 Osteen, J. (2004). *Your Best Life Now* [Tu mejor vida ahora]. Warner Faith. Traducción propia con fin ilustrativo, basada en la versión original del presente libro.

4 Dempsey, B. (2022, abril 23). «How Mail-In Rebates Rip You Off» [Cómo te estafan con los reembolsos que debes solicitar por correo]. *Investopedia.* https://www.investopedia.com/financial-edge/0810/how-mail-in-rebates-rip-you-off.aspx

5 Kizziar, T., citado en Chan, F. (2009). *Loco amor* (Belmonte Traductores, trad.). Casa Creación. (Obra original publicada en 2008).

6 «James Dobson». (s. f.). *AZ Quotes.* Consultado el 23 de octubre de 2023, en https://www.azquotes.com/quote/952000. Traducción propia con fin ilustrativo, basada en la versión original del presente libro.

7 Müller, G. (2015). *The Autobiography of George Müller* [Las memorias de George Müller]. Gideon House Books. (Obra original publicada en 1905). Traducción propia con fin ilustrativo, basada en la versión original del presente libro.

Q: Las riñas, los conflictos y las divisiones

1 MacArthur, J. (2003). Primera Corintios: Comentario MacArthur del Nuevo Testamento (J. L. Martínez, trad.). Editorial Portavoz. (Obra original publicada en 1984).

2 Keener, C. S. (2014). *The IVP Bible Background Commentary: New Testament* [Comentario IVP del contexto de la Biblia: Nuevo Testamento]. InterVarsity Press. (Obra original publicada en 1993).

3 Tozer, A. W. (2008). *La búsqueda de Dios* (D. Bruchez, trad.). Moody Publishers. (Obra original publicada en 1948).

4 Hughes, R. K. (1996). *Acts* [Hechos]. Crossway Books.

5 «Quote by Ravi Zacharias: Thomas Merton once said, "We cannot be at peace…"» [Frase de Rhavi Zacharias: Thomas Merton dijo alguna vez: «No podemos estar en paz…»]. (s. f.). https://www.goodreads.com/quotes/7356296-thomas-merton-once-said-we-cannot-be-at-peacewith. Traducción propia con fin ilustrativo, basada en la versión original del presente libro.

R: El arrepentimiento

1 Peterson, E. (2005). *Una obediencia larga en la misma dirección: El discipulado en una sociedad instantánea* (S. Cudich, trad.). Editorial Patmos. (Obra original publicada en 2000).

2 Welіever, K. (2013, enero 26). «Admission of Wrong or Change of Heart» [Reconocer las faltas o cambiar de parecer]. *ThePreachersWord*. https://thepreachersword.com/2013/01/26/admission-of-wrong-or-change-of-heart. Traducción propia con fin ilustrativo, basada en la versión original del presente libro.

S: El pecado

1 Finney, C., citado en John, J., y Stibbe, M. (2001). *A Box of Delights* [Una caja de delicias]. Monarch Books. Traducción propia con fin ilustrativo, basada en la versión original del presente libro.

2 «Ignatius of Loyola Quote: "Sin Is Unwillingness to Trust That What God Wants for Me Is Only My Deepest Happiness"» [Frase de Ignacio de Loyola: «El pecado es la negativa a confiar en que aquello que Dios quiere para mí no es otra cosa que la felicidad más profunda»]. (s. f.). *QuoteFancy*. https://quotefancy.com/quote/1303323/Ignatius-of-Loyola-Sin-is-unwillingness-to-trust-thatwhat-God-wants-for-me-is-only-my. Traducción propia con fin ilustrativo, basada en la versión original del presente libro.

3 Tozer, A. W. (2015). *The Root of The Righteous* [La esencia de los justos]. Moody Publishers. (Obra original publicada en 1955). Traducción propia con fin ilustrativo, basada en la versión original del presente libro.

4 «The Hunger of the Wilderness by A. W. Tozer – 1955» [El hambre de la tierra abandonada, de A. W. Tozer - 1955]. (s. f.). *Minds 2 Mentes*. https://minds2mentes.wordpress.com/2016/04/27/the-hunger-of-the-wilderness-by-a-w-tozer-1955. Traducción propia con fin ilustrativo, basada en la versión original del presente libro.

5 Stewart, J. S. (1940). *The Strong Name* [El nombre robusto]. T&T Clark. Traducción propia con fin ilustrativo, basada en la versión original del presente libro.

6 Walther, C. F. W. (2014). *The Proper Distinction Between Law and Gospel* [La verdadera distinción entre ley y Evangelio]. Just and Sinner. (Obra original publicada en 1929). Traducción propia con fin ilustrativo, basada en la versión original del presente libro.

7 «Sir Anthony Hopkins: Atheist Turned Christian Credits God for 45 Years of Sobriety» [Sir Anthony Hopkins: Ateo convertido en cristiano atribuye a Dios sus 45 años de sobriedad]. (2020, diciembre 30). *Charisma*. https://mycharisma.com/spiritled-living/supernaturaldreams/atheist-turned-christian-credits-god-

for-45-years-of-sobriety. Traducción propia con fin ilustrativo, basada en la versión original del presente libro.

8 Manning, B. (2015). *El evangelio de los andrajosos* (Grupo Nivel Uno, Inc. y N. Sáez, trad.). Casa Creación. (Obra original publicada en 1990).

T: La tentación

1 Lutzer, E., citado en Piper, J. (1995, enero 1). «How Dead People Do Battle with Sin» [Cómo luchan los muertos contra el pecado]. *Desiring God.* https://www.desiringgod.org/articles/how-dead-people-do-battle-with-sin. Traducción propia con fin ilustrativo, basada en la versión original del presente libro.

2 Chapman, J. W., citado en Stewart, A. (2011). «Giving Place to the Devil» [Darle espacio al diablo]. *PastorLife.* https://www.pastorlife.com/members/sermon.asp?SERMON_ID=2706&fm=authorbio&authorid=3381#:~:text=J.,door%20we%20have%20left%20open. Traducción propia con fin ilustrativo, basada en la versión original del presente libro.

3 Thomas, I. D. E. (2000). *The Golden Treasury of Puritan Quotations* [Antología de oro de las citas puritanas]. Banner of Truth Trust. (Obra original publicada en 1975). Traducción propia con fin ilustrativo, basada en la versión original del presente libro.

4 Simmons, R. (2002, febrero 28). *Sermon Central.* https://www.sermoncentral.com/sermons/where-lions-feed-robert-simmons-sermon-on-endurance-43796?page=1&wc=800. Traducción propia con fin ilustrativo, basada en la versión original del presente libro.

5 Elliot, J., citado en George, E. (2010). *Jueces/Rut: Cultiva una vida de integridad* (N. Bernal, trad.). Editorial Portavoz. (Obra original publicada en 2002).

6 Lewis, C. S. (1993). *Cartas del Diablo a su sobrino* (M. Marías, trad.). Editorial Andrés Bello. (Obra original publicada en 1942).

7 Thomas, I. D. E. (2000). *The Golden Treasury of Puritan Quotations* [Antología de oro de las citas puritanas]. Banner of Truth Trust. (Obra original publicada en 1975). Traducción propia con fin ilustrativo, basada en la versión original del presente libro.

8 Torrey, R. A. y Andrews, E. D. (2016). *Christian Living: How to succeed in the Christian Life* [Vivir el cristianismo: Cómo triunfar en la vida cristiana]. Christian Publishing House. Traducción propia con fin ilustrativo, basada en la versión original del presente libro.

U: La providencia invisible de Dios

1 Thomas, D. W. H. (2013). *¿Qué quiere decir la providencia de Dios?* (Publicaciones Faro de Gracia, Trad.). Publicaciones Faro de Gracia. (Obra original publicada en 2008).

2 Ryle, J. C. (2004). *Meditaciones sobre los Evangelios: Lucas 1–24* (E. F. Sanz, Trad.). Editorial Peregrino. (Obra original publicada en 1858).

3 Priscilla & Luis Bueno. (2018, abril 17). *Way Maker - Spanish (traducción oficial)* [Video]. YouTube. https://www.youtube.com/watch?v=9TIZMohIYqQ

4 «Abraham Lincoln». (2009, febrero 2). *Bible.org.* https://bible.org/illustration/abraham-lincoln-1. Traducción propia con fin ilustrativo, basada en la versión original del presente libro.

5 Gifford, J. (2014, enero 1). «Sermon: Virtuous Realities, Part 1 - Ruth 1, 2» [Sermón: Realidades virtuosas, parte 1 – Rut 1, 2]. *Lifeway.* https://www.lifeway.com/en/articles/sermon-ruth-virtue-relationships-1. Traducción propia con fin ilustrativo, basada en la versión original del presente libro.

6 Whitley, J. (2017, agosto 11). *Girl Got Faith.* https://girlgotfaith.com/2017/08/11/the-life-of-amy-charmichael. Traducción propia con fin ilustrativo, basada en la versión original del presente libro.

7 Barrett Browning, E. (2019). *Aurora Leigh* (J. Vales, trad.). Alba Editorial. (Obra original publicada en 1857).

V: El voluntariado y el servicio

1 Pierson, A. T., citado en Jeremiah, D. (2010, agosto 17). «First-Person: Mining Your Spiritual Gifts» [Primera persona: explotar tus dones espirituales]. *Baptist* Press. https://www.baptistpress.com/resource-library/news/first-person-mining-your-spiritual-gifts. Traducción propia con fin ilustrativo, basada en la versión original del presente libro.

2 Murray, A. (1988). *Money: Thoughts for God's Stewards* [El dinero: Reflexiones para administradores de Dios]. Revell Publishing. Traducción propia con fin ilustrativo, basada en la versión original del presente libro.

3 Stott, G. (1897). *Twenty-Six Years of Missionary Work in China* [Veintiséis años de labor misionera en China]. American Tract Society. Traducción propia con fin ilustrativo, basada en la versión original del presente libro.

4 Simon Sinek. (2020, junio 25). *What Makes the Highest Performing Teams in the World | Simon Sinek* [¿Cuál es el secreto de los equipos con mejor desempeño

del mundo? | Simon Sinek] [Video]. YouTube. https://www.youtube.com/watch?v=zP9jpxitfb4&t=21s

5 McManus, E. R. (2017). *The Last Arrow: Save Nothing for the Next Life* [La flecha final: No te guardes nada para la siguiente vida]. WaterBrook. Traducción propia con fin ilustrativo, basada en la versión original del presente libro.

6 «Quote from Living, Loving & Learning» [Frase del libro: *Living, Loving & Learning*]. (s. f.). *Goodreads.* https://www.goodreads.com/quotes/958314-your-talent-is-god-s-gift-to-you-what-you-do. Traducción propia con fin ilustrativo, basada en la versión original del presente libro.

W: La adoración

1 Armerding, C., citado en Jackson, G. S. (2009). *Quotes for the Journey, Wisdom for the Way* [Frases para el viaje, sabiduría para el camino]. Wipf and Stock. (Obra original publicada en 2000). Traducción propia con fin ilustrativo, basada en la versión original del presente libro.

2 Sweeting, G. (1988). *Psalms of the Heart* [Salmos del corazón]. Victor Books.

3 «Shirley Ceasar - This Joy I Have Lyrics» [Shirley Ceasar – Este gozo que tengo, letra]. (s. f.). *Song Lyrics.* Consultado el 25 de octubre de 2023, en https://www.songlyrics.com/shirley-ceasar/this-joy-i-have-lyrics. Traducción propia con fin ilustrativo, basada en la versión original del presente libro.

4 de Hipona, A., citado en Hughes, K. (2015). *Las disciplinas de un hombre piadoso* (Editorial Patmos, trad.). Editorial Patmos. (Obra original publicada en 1991).

5 Su Presencia Worship. (2016, abril 6). *El Corazon De La Adoración - Su Presencia (The Heart Of Worship - Matt Redman) - Español* [Video]. YouTube. https://www.youtube.com/watch?v=_MBEiXcwd1o

X: El cromosoma X y otras falacias que intentan condicionar mi futuro y mi eternidad… y la lucha por la verdad

1 «Fulton J. Sheen Quotes About Attitude» [Frases de Fulton J. Sheen sobre la actitud]. (s. f.). *AZ Quotes.* https://www.azquotes.com/author/13447-Fulton_J_Sheen/tag/attitude. Traducción propia con fin ilustrativo, basada en la versión original del presente libro.

2 «Quote by C. S. Lewis: "When the Whole World Is Running towards a Cliff…"» [Frase de C. S. Lewis: «Cuando el mundo entero va corriendo hacia el abismo…»]. (s. f.). *Goodreads.* https://www.goodreads.com/quotes/3189180-

whenthe-whole-world-is-running-towards-a-cliff-he. Traducción propia con fin ilustrativo, basada en la versión original del presente libro.

3 Hu, S., Pattatucci, A. M., Patterson, C., Li, L., Fulker, D. W., Cherny, S. S., ... & Hamer, D. H. (1995). Linkage between sexual orientation and chromosome Xq28 in males but not in females [Conexión entre la orientación sexual y el cromosoma Xq28 en hombres, pero no en mujeres]. *Nature genetics, 11*(3), 248-256.

4 Wiggins, C. (2023, agosto 16). «ChatGPT Writes Beautiful Transgender-Affirming Bible Verse» [ChatGPT escribe hermoso versículo bíblico que defiende la transición de género]. https://www.advocate.com/technology/chatgpt-writes-inclusive-transgender-verse. Traducción propia con fin ilustrativo, basada en la versión original del presente libro.

5 Croucher, R. (2008, noviembre 7). «F W Boreham: A Packet of Surprises» [F W Boreham: Una caja de sorpresas]. *John Mark Ministries.* https://www.jmm.org.au/articles/21885.htm. Traducción propia con fin ilustrativo, basada en la versión original del presente libro.

6 Tozer, A. W., citado en MacGregor, C. (1994). *The Christian Life for the Kindred in Spirit* [La vida cristiana para las almas afines a esta]. Multnomah Books. Traducción propia con fin ilustrativo, basada en la versión original del presente libro.

7 Macartney, C. E. N. (1995). *The Greatest Words in the Bible and in Human Speech* [Las mejores palabras de la Biblia y del lenguaje humano]. Kregel Publications. (Obra original publicada en 1938).

Y: Los jóvenes y los ancianos

1 Finney, C. G. (s. f.). «El avivamiento: Conferencia 2». *La verdad del Evangelio.* https://www.charlesgfinney.com/Span/avivamiento/avivamiento_cap2.htm

2 Packer, J. I. (1986). *Your Father Loves You* [Tu padre te ama]. Shaw Publishing. Traducción propia con fin ilustrativo, basada en la versión original del presente libro.

3 *Sermon index.* (s. f.). Consultado el 8 de noviembre de 2023, en https://www.sermonindex.net. Traducción propia con fin ilustrativo, basada en la versión original del presente libro.

4 Lutero, M., citado en Beeke, J. (2008). *La lucha contra Satanás* (PFG, trad.). Publicaciones Faro de Gracia. (Obra original publicada en 2015).

5 How, T. S. y Chan, C. (2022). *Generaciones Tomo 1: Cómo hacer crecer tu iglesia más joven y más fuerte. La historia de jóvenes que construyeron una iglesia de clase mundial.* Generations Pte. Ltd.

6 Pratney, W. (2010). *Revival: Principles to Change the World* [El avivamiento: Principios para cambiar el mundo]. Agape Force. (Obra original publicada en 1983). Traducción propia con fin ilustrativo, basada en la versión original del presente libro.

7 Caplan, Z. (2023, mayo 25). «2020 Census: 1 in 6 People in the United States Were 65 and Over» [Censo de 2020: Uno de cada seis habitantes de los Estados Unidos tiene 65 o más años]. https://www.census.gov/library/stories/2023/05/2020-census-united-states-older-population-grew.html

8 Graham, B. (2011). *Casi en casa: Reflexiones sobre la vida, la fe y el fin de la carrera* (M. A. Mesías, trad.). Grupo Nelson.

9 «Marathon Man Akhwari Demonstrates Superhuman Spirit» [El maratonista Akhwari demuestra un espíritu superhumano]. (1968, octubre 18). *Olympic News.* https://olympics.com/en/news/marathon-man-akhwari-demonstrates-superhuman-spirit. Traducción propia con fin ilustrativo, basada en la versión original del presente libro.

10 Sittser, G. L. (2010). *Water from a deep well: Christian spirituality from early martyrs to modern missionaries* [Agua de un pozo profundo: La espiritualidad cristiana desde los primeros mártires hasta los misioneros modernos]. InterVarsity Press. (Obra original publicada en 2007). Traducción propia con fin ilustrativo, basada en la versión original del presente libro.

Z: El celo

1 Spurgeon, C. H. (2006). *The Metropolitan Tabernacle Pulpit: Sermons Preached and Revised by Charles. H. Spurgeon* [El púlpito del Tabernáculo Metropolitano: Sermones predicados y revisados por Charles H. Spurgeon]. Pilgrim Publications. Traducción propia con fin ilustrativo, basada en la versión original del presente libro.

2 Ryle, J. C. (1996). *Caminando con Dios* (O. Ibáñez Negrete y T. R. Montgomery, trad.). Publicaciones Faro de Gracia. (Obra original publicada en 1887).

3 Reilly, R. (2003, junio 16). «Game, Set, Career» [Juego. Set. Carrera]. *Sports Illustrated.* https://vault.si.com/vault/2003/06/16/game-set-career. Traducción propia con fin ilustrativo, basada en la versión original del presente libro.

4 Morgan, G. C. (1906). *The Morning Message: A Selection for Daily Meditation* [El mensaje matutino: Una selección para la meditación diaria]. Hodder and Stoughton. Traducción propia con fin ilustrativo, basada en la versión original del presente libro.

5 Smith, R., citado en Zacharias, R. (2020). *La lógica de Dios* (Grupo Scribere, trad.). (Obra original publicada en 2019).

CONSULTAS AL DICCIONARIO DE LA REAL ACADEMIA DE LA LENGUA ESPAÑOLA

A: La expiación

- **A** Expiación
- **B** Confesar

B: La Biblia

- **C** Colarse
- **D** Inerrancia
- **E** Infalible
- **F** Fidedigna
- **G** Dichoso

H: El Espíritu Santo

- **H** Arras

N: El renacimiento en Cristo

- **I** Evangelio

O: La obediencia

- **J** Obediencia
- **K** Absurdo
- **L** Reincidir
- **M** Recompensa

S: El pecado

- **N** Reinar
- **Ñ** Abundar

X: El cromosoma X y otras falacias que intentan condicionar mi futuro y mi eternidad… y la lucha por la verdad

- **O** Renovación

Z: El celo

- **P** Zelote

AGRADECIMIENTOS

El columnista George Adams dijo una vez: «Ningún hombre se debe únicamente a sí mismo; nos debemos a otros miles de personas. Todos aquellos que alguna vez han hecho algo bueno por nosotros o nos han dado palabras de aliento han contribuido a la formación de nuestro carácter, así como a nuestros éxitos». Este proyecto llegó a feliz término gracias a la participación de «otros miles de personas». Su ejecución no se limitó a 27 semanas, pues más de cuarenta años de ministerio han abonado el terreno. Si bien es imposible agradecerles una por una a esas «miles de personas», no quedaría tranquilo si no les diese las gracias a algunas de ellas.

Gracias, Leslie Law, por todas las horas dedicadas a la meticulosa edición de este libro. Gracias, Amy Mathew, por tener siempre la voluntad de ayudar con alegría en lo que hiciese falta. Gracias, Dr. R. T. Kendall, por esos 27 correos los domingos en la tarde, llenos de comentarios y motivación para los sermones. Gracias, Luly McCoy, por llevar este proyecto del púlpito a la imprenta. Gracias, equipo de la Iglesia de Times Square, por hacer posible que llevemos el evangelio a todo el mundo. Gracias, Iglesia de Times Square, por su incesante compromiso con la cosmovisión bíblica en estos tiempos difíciles y oscuros. Y, finalmente, gracias a mi familia: Cindy, Christian, Anna, Grace y Lauryn, por el simple hecho de ser tan maravillosos.

Juntos creemos y buscamos traer millones de almas hasta Cristo. También juntos, hemos puesto a disposición de todas ellas esta cosmovisión bíblica para que sirva de punto de partida en su travesía con y hacia Él.

SOBRE EL AUTOR

Tim Dilena es el pastor principal de la Iglesia de Times Square. Con sus más de 40 años de experiencia y liderazgo pastoral, es el tercer pastor en ocupar esta posición desde que David Wilkerson fundase la iglesia en 1987.

En 1984, Tim se mudó a Detroit y fundó la iglesia Revival Tabernacle en un antiguo cine XXX con aforo de 900 personas. Después, fue pastor en Brooklyn, Nueva York, y luego, en Lafayette, Luisiana, antes de su regreso a la Gran Manzana en mayo de 2020 para dirigir la Iglesia de Times Square.

Tim estudió en la Universidad de Baylor, en la Universidad Estatal Wayne y en el Moody Bible Institute. Tiene un título profesional en Finanzas Corporativas y tomó cursos de extensión sobre apologéticas en la Universidad de Oxford, en Inglaterra.

Ha sido conferencista en las capillas de las Grandes Ligas de Béisbol, la Liga Nacional de Fútbol Americano y la Asociación Nacional de Baloncesto Femenino en Estados Unidos, y es, también, el autor del libro *The 260 Journey* (La travesía 260), un devocional diario que, capítulo tras capítulo, recorre el Nuevo Testamento en 260 días.

Tim y su esposa, Cindy, tienen cuatro hijos: Christian, Anna, Grace y Lauryn.

¿POR QUÉ SE LLAMA LA TRAVESÍA 260?

¡Ya puedes leer un nuevo libro de Tim Dilena!

El Nuevo Testamento tiene 260 capítulos y en un año hay 261 días, sin contar los fines de semana. La estrategia consiste en leer un capítulo diario de lunes a viernes y descansar sábados y domingos, para así recorrer el Nuevo Testamento en un año.

Cada día, *La travesía 260* explicará, brindará inspiración y dará vida a un versículo o pasaje del capítulo del Nuevo Testamento que corresponda a la lectura de ese día. Los relatos personales, las ilustraciones históricas, las citas y las referencias externas harán que el contenido de cada sección sea más fácil de comprender y de aplicar a la cotidianidad de los cristianos y cristianas.